Über dieses Buch

›Nacht und Nebel‹ beschreibt einen langen Passionsweg. Jede Station ein anderer Kerker, ein anderes Lager. Die Kapitel nennen die Stationen: Deutsches Polizeigefängnis Scheveningen. Polizeiliches Durchgangslager Amersfoort. Kriegswehrmachtsgefängnis Utrecht. Konzentrationslager Natzweiler. Außenkommando Ottobrunn. Außenkommando Dautmergen. Außenkommando Vaihingen. Konzentrationslager Dachau. Befreit. Heimreise.

Floris B. Bakels ist holländischer Patriot und gläubiger Christ. Die Passion, die er schildert, ist die seines Volkes und seine eigene. Er schildert sie nicht in bloßem Rückblick: Während seiner Gefangenschaft, noch in schrecklichsten Momenten, hat Bakels Tagebuch geführt. Er hat seine auf listig beschafftem Papier hingekritzelten Notizen bewahren können. Die sehr umfangreichen Konvolute liegen vor. Sie sind geprüft und transkribiert worden. Der Autor hat Auszüge aus ihnen mit heute geschriebenen, jetziges Wissen resümierenden Texten verbunden. Die Blätter aus der Not selbst, die Tagebuchaufzeichnungen, mischen die furchtbare Realität mit Träumen: der Sehnsucht nach dem verlorenen Glück, nach den Lieben, nach einer Zukunft in Frieden und Gerechtigkeit – spontane, ergreifende Prosa.

Bakels macht aus seinen Überzeugungen und Empfindungen kein Hehl. Er kann nicht vergessen, Unverzeihliches nicht verzeihen. Er zeigt schonungslos, was von deutschen Besetzern dem niederländischen Volk angetan wurde und wie problematisch der niederländische Widerstand war; er hat ihm angehört. Über Leben, Unleben und Tod, viele Tode in den Konzentrationslagern gibt ›Nacht und Nebel‹ genauen Bericht: auch über den Kampf ums Überleben, den grausamen biologischen Ausleseprozeß, nicht zuletzt aber über die rettende Kraft des Glaubens.

Der Autor

Floris Bertold Bakels, geboren 1915 in ’s-Gravenhage (Den Haag), Niederlande. Studierte Rechtswissenschaft in Leiden; 1938 Dr. juris. 1939–1942 Rechtsanwalt in Rotterdam. Verhaftung durch die Sicherheitspolizei April 1942; befreit in Dachau April 1945. Verheiratet, fünf Kinder.

Von 1946 bis 1980 im Verlagswesen tätig. Übersetzer von Sir Winston S. Churchills ›The Second World War‹. Artikel in Zeitschriften. Bücher: ›Verbeelding als Wapen‹ (1947, 1979); ›Goed Taalgebruik‹ (1955).

Floris B. Bakels

Nacht und Nebel

Der Bericht eines holländischen Christen aus deutschen Gefängnissen und Konzentrationslagern

Aus dem Niederländischen von Suzanne Koranyi

Fischer Taschenbuch Verlag

Fischer Taschenbuch Verlag
März 1982
Ungekürzte Ausgabe
Umschlaggestaltung: Jan Buchholz/Reni Hinsch
Fischer Taschenbuch Verlag
Lizenzausgabe mit freundlicher Genehmigung
der S. Fischer Verlag GmbH, Frankfurt am Main

Die niederländische Originalausgabe erschien 1977
unter dem Titel ›Nacht und Nebel.
Mijn verhaal uit Duitse gevangenissen en concentratiekampen‹
bei Elsevier Amsterdam

Satz: Wilhelm Röck, Weinsberg
Druck und Bindung: Clausen & Bosse, Leck
Printed in Germany
1280-ISBN-3-596-23468-9

Inhalt

Für Anne-Marie
Für Louise und unsere Kinder

Gehe wieder heim
und sage, wie große
Dinge dir Gott getan hat
Lukas 8, 39

Vorwort zur deutschen Ausgabe

Ende April 1977 erschien die erste Auflage der niederländischen Ausgabe dieses Buches unter dem deutschen Titel ›Nacht und Nebel‹. Eine niederländische Rundfunkgesellschaft, die KRO (Katholieke Radio Omroep = Katholischer Rundfunksender) wollte in einer Reportage auf diese Neuerscheinung aufmerksam machen: Ein Fernsehteam, meine Frau und ich sollten daher einige ehemalige Konzentrationslager aufsuchen und dort vor der Kamera darlegen, was von diesen Stätten, an denen einst solch entsetzliches Leid geschah, im Jahre 1977 noch geblieben war.

Einige Wochen vor den Dreharbeiten fuhr ich allein mit dem Auto los, um mich zu überzeugen, ob Natzweiler, Ottobrunn, Dautmergen, Vaihingen und Dachau überhaupt noch existierten. Es war durchaus denkbar, daß dort inzwischen Wohnsiedlungen oder Fabriken errichtet worden waren, und ich wollte den Fernsehleuten eine unnötige Reise ersparen.

Eines Abends kam ich in Vaihingen/Enz an. Das KZ war spurlos verschwunden. Ein Acker befand sich an seiner Stelle. Doch auf einem Hügel entdeckte ich einen einsam gelegenen Ehrenfriedhof mit einem verwitterten Mahnmal, einigen Gedenktafeln mit hebräischer Inschrift und 1480 Gräbern – ein Grab für zwei Tote. Ich ging ein wenig umher. Es war kalt, die Dämmerung brach herein.

Plötzlich sah ich vor den Gedenktafeln am Eingang eine hochgewachsene Gestalt, einen Mann, der mir den Rücken zukehrte. Er trug einen grauen Wintermantel, eine schwarze Hose und eine braune Pelzmütze. Ein KGB-Offizier, dachte ich, der ist hier am richtigen Platze. Ich schlenderte näher heran. »Guten Abend«, sagte der Mann, aber auch KGB-Agenten sprechen deutsch. Wir beide waren ganz offensichtlich von der Gegenwart des anderen an diesem verlassenen Ort überrascht und augenscheinlich auch ein wenig verlegen. »Sind Sie Lehrer?« fragte ich aufs Geratewohl. »Nein, Pfarrer.« Auf seine Frage teilte ich ihm mit, was mich hierher geführt hatte. Ich erzählte, daß ich als niederländischer Widerstandskämpfer vier Monate im KZ Vaihingen/Enz gefangengesessen und hier Dutzende guter Freunde verloren, daß ich ein Buch ›Nacht und Nebel‹ geschrieben hatte und daß in einigen Wochen ein niederländisches Fernsehteam an diesem Ort und in anderen ehemaligen KZs eine Reportage drehen wollte.

Er fragte mich, was für ein Buch das sei, und ich erzählte es ihm. Ob es auch auf Deutsch erscheinen würde? Ich lachte. Welcher deutsche Verleger würde es wagen, ein Buch zu veröffentlichen, in dem die Deutschen als Ungeheuer und Deutschland als verfluchtes Land dargestellt sind? Er teilte meine Meinung nicht. Die Deutschen, sagte er, brauchen ein Buch wie dieses, und sie können es auch ertragen. Die junge Generation weiß kaum etwas über jene Zeit. In der Schule, im Geschichtsunterricht werden die Jahre zwischen 1933 und 1945 fast immer totgeschwiegen, und die Eltern verlieren auch kein Wort darüber. Ich sollte mich doch entschließen, einen Versuch zu wagen, ich erwiese dem deutschen Volk damit einen Dienst...

Beim Abschied nannte er mir seinen Namen: Pfarrer M. Roser, Vaihingen/Enz.

Monate später, als sich der überwältigende Erfolg der niederländischen Ausgabe abzuzeichnen begann und eine Flut von Reaktionen auslöste, erinnerte ich mich an dieses seltsame Gespräch. Ich schrieb Pfarrer Roser und bat ihn, mir die Verlage zu nennen, die in Frage kämen. Umgehend schickte er mir zehn Namen.

Ich schrieb den zehn Verlagen einen Brief, in dem ich meine Absicht und meinen Wunsch erklärte, aber keineswegs ein Hehl aus meinen Befürchtungen machte, daß ihre Antwort negativ ausfallen könnte.

Fünf Verlage schwiegen sich in der Tat aus, vier Verleger antworteten freundlich: leider nein. Doch der S. Fischer Verlag in Frankfurt/Main zeigte Interesse. Und nach einiger Korrespondenz erreichte mich im August 1977 die Zusage.

Ich erinnere mich noch genau an diesen Tag. Ich befand mich alleine zu Hause, meine Familie war auf das Landgut im Osten der Niederlande gefahren, wo wir jeden Sommer verbringen und ich auch an den Wochenenden bin. Als ich den Brief vom S. Fischer Verlag gelesen hatte, saß ich lange regungslos da und blickte vor mich hin. Dann sprach ich ein Gebet, wie stets in entscheidenden Situationen meines Lebens.

Ich muß dem deutschen Leser mein Verhalten erklären. Ich betete zu Gott in einem Gefühl von Dankbarkeit, Schuld, Scham und großer

Verwirrung. Was Deutschland unserem Land und unserem Volk zwischen 1940 und 1945 angetan hat als Folge der beispiellosen nationalsozialistischen Dämonie, kann in hundert Jahren nicht vergeben, in tausend Jahren nicht vergessen werden. Wir Niederländer sind nicht rachsüchtig – wie könnte sich unser kleines Land, das überdies in wirtschaftlicher Hinsicht von Deutschland abhängig ist, denn Rachsucht erlauben? –, aber wir sind auch nicht vergeßlich. Es hat viele von uns große Mühe gekostet, einzusehen, daß und warum Deutschland, nun die Bundesrepublik, sich von einem Tag zum anderen vom Feind in einen Bundesgenossen verwandelt haben sollte. Wir empfinden keine Zuneigung zu »den Deutschen«. Der Leser dieses Buches wird dies, wenn er ehrlich ist, verstehen und sogar akzeptieren.

Doch über allen menschlichen Beweggründen, Argumentationen und Gefühlen ist Gott wirksam. Ich erkenne Seine Hand darin, daß meine Anklage, aber vor allem mein Glaube in der Sprache kundgetan wird, die wir so lange nicht ohne Furcht und Zorn hören und lesen konnten.

Wenn alle Menschen Kinder eines Vaters sind – die Deutschen beten »Vaterunser« wie wir »Onze Vader« –, so sind die Deutschen und Niederländer Brüder und Schwestern. Möge diese Übersetzung dazu beitragen, daß dies auch als Wirklichkeit gelebt werde.

FBB 1. August 1978

Der Übersetzung ins Deutsche hat sich Suzanne Koranyi hingebungsvoll gewidmet. Keine Mühe war ihr zu groß, um den Sinn meines auf Niederländisch verfaßten Buches treffend wiederzugeben.

FBB

Nacht und Nebel Nacht- und Nebel-Häftlinge waren politische Gefangene aus den zwischen 1939 und 1945 von Deutschland besetzten Gebieten, die – ob nun zum Tode verurteilt oder nicht – aus irgendwelchen Gründen auf Veranlassung der Gestapo, des Sicherheitsdienstes und/oder der Sicherheitspolizei spurlos aus ihrer Umgebung verschwanden.
Sie wurden in bestimmte KZs in Deutschland oder Frankreich transportiert und dort außergewöhnlich schlecht behandelt. Das KZ Natzweiler in den Vogesen war ein solches ›NN-Lager‹. Der Autor verbrachte zwanzig Monate seiner sechsunddreißigmonatigen Gefangenschaft im Lager Natzweiler und in zwei seiner Außenkommandos.

Einleitung

Ende Januar 1933 ergriffen die Nationalsozialisten die Macht in Deutschland. Adolf Hitler rüstete zum Zweiten Weltkrieg, der rund fünfzig Millionen Menschenleben fordern sollte. Unter diesen Opfern waren sechs Millionen Juden.

Am 10. Mai 1940 überfiel der »Führer« das Königreich der Niederlande. Einen Fünf-Tage-Krieg krönte er am 14. Mai 1940 mit dem Terrorbombardement von Rotterdam. Für die Niederlande begann die Besatzungszeit, die fünf Jahre dauern sollte. Im Gegensatz zu Belgien und Frankreich wurde in unserem Land keine Militärverwaltung, sondern eine Zivilverwaltung eingerichtet (wahrscheinlich im Hinblick auf die beabsichtigte Einverleibung als »germanisches Brudervolk«). Unter der Leitung von Seyss-Inquart hatten die Besatzer alle Zivilbehörden unter Kontrolle und erschwerten somit jeden wirksamen Widerstand.

Die Besatzungsmacht errichtete in unserem Land einen umfangreichen Militär- und Polizeiapparat, um die widerständischen Kräfte aufzuspüren und sie den deutschen Richtern auszuliefern oder um sie, falls das gewünschte Ergebnis dadurch nicht erzielt wurde, in Gefängnissen, Zuchthäusern und Konzentrationslagern verschwinden zu lassen.

Die Sicherheitspolizei (Sipo) faßte mich am 9. April 1942. Ein Spitzel hatte mich verraten. Es folgten drei Jahre in zwei Gefängnissen und sechs Konzentrationslagern.

Ich konnte nur überleben, weil Gott mir die Kraft dazu gab; weil ich – einen einzigen totalen Zusammenbruch nicht mitgerechnet – einfach weiterleben wollte; weil ich meine Frau und meine Angehörigen zu sehr liebte, um aufgeben zu können; weil ich eine eiserne Konstitution mitbekommen hatte; weil ich viele wunderbare Freunde besaß, die mir durchzuhalten halfen; weil ich die Last auf meiner Seele dadurch vermindern konnte, daß ich seit Mitte Juli 1942 unter den unmöglichsten Umständen und in Lebensgefahr ein Tagebuch führte.

Mein Tagebuch ›*ex carcere*‹ ist fast unbeschädigt erhalten geblieben, nicht zuletzt dank den für sie gefährlichen Bemühungen von M. E. Brandse, Dr. C. J. Broers und G. W. Baron van Dedem. Nach der Befreiung wurde es dem niederländischen Reichsinstitut für Kriegsdokumentation zur Verfügung gestellt, wo dreitausend fast unleserliche Papierfetzen ins Reine getippt wurden. 1947 gab Tjeenk Willink in Haarlem eine kleine Auswahl unter dem Titel ›*Verbeelding als Wapen*‹ (›Phantasie als Waffe‹) heraus. Das Büchlein enthielt gegen fünfzig Skizzen – Erinnerungen an glücklichere Zeiten –, die mit kursiv gedruckten Abschnitten über die mich umgebende Realität des Gefängnisses und Konzentrationslagers abwechselten. Andeutungen – mehr nicht. Es waren ein paar Scherben der Vase, nicht die Vase selbst.
In den Jahren nach 1945 glückte es mir nicht, genügend Abstand zu meiner Vergangenheit im Krieg zu gewinnen, um ein einigermaßen vollständiges Buch zu schreiben. Außerdem erschienen damals Hunderte von Büchern anderer über ihre Kriegserfahrungen. Hinzu kam noch, daß ich mir mit meiner ganzen Kraft eine neue Existenz, als Verleger, aufbauen mußte.
Und das war noch nicht alles. Meine erste Frau, an die dieses Tagebuch gerichtet war, und ich trennten uns 1948. Ich heiratete 1949 zum zweiten Mal, sie 1952. Meine zweite Frau schenkte mir vier Söhne und eine Tochter, und auch die Sorge für diese große Familie hielt mich von weiterer schriftstellerischer Tätigkeit ab.
Nun aber bin ich, ermutigt von meiner Familie und meinem Freundeskreis, von dem Arzt H. C. Moolenburgh aus Haarlem und von Prof. Dr. L. de Jong, Direktor des Reichsinstituts für Kriegsdokumentation und Autor von ›Het Koninkrijk der Nederlanden in de Tweede Wereldoorlog‹ (›Das Königreich der Niederlande im Zweiten Weltkrieg‹), soweit, daß ich sagen kann, was ich sagen muß. Ich bin davon überzeugt, daß dies einer der Gründe ist, warum mich Gott verschont hat, während Er soviele gute Freunde wieder zu sich nahm. Ich schreibe ihnen zur Ehre und zum Gedächtnis. Mit dem Wort »Held« sollten wir sparsam umgehen, aber soviele von ihnen waren Helden – zeit ihres Lebens, zeit ihres Widerstandes, ihres Leidens und ihres Sterbens für Freiheit, Menschlichkeit und Gerechtigkeit.

Ich habe noch eine Nebenabsicht.
Zwölf Jahre lang, von 1933 bis 1945 wütete die deutsche Dämonie unter der Menschheit. Mit ihr einher gingen unvorstellbare Schrek-

ken. Ich sehe darin eine Erscheinung des Antichrist, der zu dieser großen Macht gelangen konnte, weil die Menschheit dabei war, von Christus abzufallen.
Die deutsche Macht wurde 1945 überwältigt, kurz danach auch die japanische, aber eine wirkliche Klärung hat noch nicht stattgefunden. Der Ermordung von sechs Millionen Juden ist nichts gefolgt, was eine Wiederholung unmöglich macht. Man hat sich nicht bekehrt. Ganz im Gegenteil – man ist auf dem Weg der Gottesverleugnung, des Materialismus und des Unglaubens, ja Anti-Glaubens weitergegangen. Die Begleiterscheinungen sind ringsum in furchterregender Weise erkennbar. Es gibt keine Grenzen für unsere Schlechtigkeit.
Die Rufer in der Wüste warnen zu Recht vor künftigen Katastrophen. Als Autor dieses Buches schließe ich mich ihnen an. Die Toten verpflichten mich dazu.
Wer nun liest, wessen dämonisch Besessene fähig sind, der darf nicht aufseufzen: nur nicht mehr daran denken; das ist vorbei, wir leben in Frieden. Es ist nicht vorbei, und wir leben nicht in Frieden. Für mich steht fest, daß großes Unheil naht. Man kann seine Vorboten erkennen: Wenn der Mensch nicht wieder zu seinem Gott findet, wenn er nicht auf das hören will, was gesagt ist, nicht tun will, was befohlen ist.
Vielleicht profitieren unsere Nachkommen davon, wenn sie die Erfahrungen der Überlebenden des Zweiten Weltkrieges kennenlernen, vor allem, was Besatzung und Konzentrationslager betrifft: wie eine Schreckensherrschaft funktioniert und wie der Widerstand. Unsere Nachkommen sollen erfahren, wie allmächtig Gott ist und bleibt, auch wenn anscheinend Satan regiert. Das kann noch von Nutzen sein.

Die Struktur meines Buches erfordert nähere Erläuterung. Der größte Teil des Textes hat den Charakter von Betrachtungen, die in der Gegenwart geschrieben wurden und sich auf die Vergangenheit beziehen. Es mußten zusammenfassende Betrachtungen sein, da sonst der wünschenswerte Umfang des Buches zu sehr überschritten worden wäre.
Zum zweiten wurden Zitate aus dem Tagebuch übernommen. Drittens habe ich einen Epilog geschrieben, der versucht anzudeuten, wie ich jetzt im Leben stehe.
Schließlich sind später bekanntgewordene Fakten und einige Überlegungen eingeschaltet worden.

Mein Buch enthält viele Namen von Freund und Feind. Die Namen von Deutschen sind, soweit sie mir bekannt waren, voll ausgeschrieben. Die meiner Freunde und der vielen, die mir zu überleben halfen, wurden auch vollständig angeführt, nachdem ich ihre Zustimmung oder die ihrer Angehörigen erhalten hatte. Sie alle werden in Ehren genannt.

Einige Zitate aus dem Tagebuch sind literarische Skizzen. Sie wurden schon früher (2. Auflage 1979) in ›Verbeelding als Wapen‹ veröffentlicht. Ich konnte sie in diesem zweiten Buch nicht entbehren.

Das ursprüngliche Tagebuch selbst ist – unbearbeitet – fast unleserlich. Es enthält ein Durcheinander von religiösen Betrachtungen, Liebesbriefen, von endlosen Angaben und Mitteilungen über das Essen, von Erinnerungen an eine sehr glückliche Jugend, von literarischen Skizzen, von an die deutsche Adresse gerichteten Verwünschungen, von vielen Äußerungen des Wahnsinns und von Hunderten und Aberhunderten unzusammenhängender Worte und Namen. Durch diese Art der, oft alphabetischen, Aufzählung, versuchte ich, meinen überlasteten Geist in normale Bahnen zurückzuzwingen. Nicht-Eingeweihten sagen sie nichts. Das Tagebuch enthält fast keine einzige genaue Beschreibung der miterlebten Greueltaten; sie werden nur angedeutet. Hätte man mein Tagebuch entdeckt, entziffert, übersetzt und solche Beschreibungen gefunden, dann hätte ich natürlich um mein Leben fürchten müssen.

Vielen schulde ich unauslöschlichen Dank. Natürlich besonders denen, die mir in der Gefangenschaft beistanden, mich manchmal durch Krisen hindurchschleppten.

Ferner meiner ersten Frau, an die das Tagebuch tatsächlich gerichtet war und der mein Buch deshalb gewidmet ist; wir haben zusammen viel durchlitten und sind bis heute gute Freunde geblieben. Dann meiner zweiten Frau und unseren Kindern, die mir viel Glück schenkten und mich in schweren Zeiten liebevoll und geduldig umsorgten.

Ich danke dem schon genannten Dr. Moolenburgh, einem bibelgläubigen Christen. Auch Prof. Dr. L. de Jong, der mir vortreffliche Ratschläge erteilte, und weiter einigen Mitarbeitern des Reichsinstituts für Kriegsdokumentation, Frl. P. C. Gerritse und Dr. C. J. G. Stuldreher, die Angaben nachprüften und Untersuchungen anstellten. Ferner danke ich meinen Freunden Willem Roessingh und Pim Boellaard, ehemaligen Mithäftlingen aus dem Konzentrationslager, die meine Arbeit durchsahen und sich bemühten, mich vor Fehlern zu

bewahren. Ebenso danke ich Con Broers für das kritische Durchlesen des fünften Kapitels. Sollten dennoch Fehler bei Namen, Orten, Daten usw. stehengeblieben sein, so bitte ich dafür um Entschuldigung; Verbesserungen nehme ich gern entgegen.
Besonderen Dank gebührt den Verlagsdirektoren des Elsevier, J. C. de Graaff und Angèle Manteau für ihre wohlwollende Geduld und auch meinem erprobten Freund Dolf van den Brink, Präsident des Elsevier, der mir in schweren Zeiten stets zur Seite gestanden und mir auch jetzt wieder nützliche Hinweise gegeben hat.
Vor allem aber danke ich Gott, der mich verschont hat.
Ich glaube weiterhin, daß es Sein Auftrag war, dieses Zeugnis niederzuschreiben.

Winter 1976/1977 Floris B. Bakels RSzn.

Prolog

1877–9. April 1942

Die Großeltern Meines Vaters Vater war vor einem Jahrhundert ein mennonitischer Prediger auf der Insel Texel. Die »Kirche«, in der er predigte, war eine bescheidene Bauernscheune. Hausbesuche machte er zu Pferd; er hatte einen schwarzen Schlapphut auf und einem Umhang um und galoppierte über die großartige Insel, wo Nordwest- und Südweststurm einander abwechseln. Manchmal schien es, als ob sein Interesse an den Naturwissenschaften größer sei als das an der Theologie.

Vaters Mutter, die Tochter eines Reeders aus Friesland, war ein Schalk, stets aufgelegt zu Streichen. Sie hatte reges Interesse an Fürstenhäusern und an den Großen dieser Welt. Kranken und ins Unglück geratenen Mennoniten brachte sie Schüsselchen mit Suppe – und Scherze.

Meines Vaters Vater starb im Alter von sechsundsiebzig Jahren an einer Rippenfellentzündung, die er sich an einem stürmischen Tag bei Experimenten auf einem hohen Baum geholt hatte. Seine Frau starb bei uns zu Hause in Den Haag im dreiundneunzigsten Lebensjahr. Noch am Tag vor ihrem Tod war sie zu Scherzen aufgelegt, doch am nächsten Morgen fühlte sich Fokeltje zu müde, um aufzustehen, und tat den letzten Atemzug.

Meiner Mutter Vater war Mitglied der aus Twenthe, dem östlichen Teil der Provinz Overijssel, stammenden Patrizierfamilie van Wulfften Palthe. Jahrhundertelang waren die Palthes als Bürgermeister, Pfarrer, Notare oder Amtsrichter in oder bei Oldenzaal tätig. Mutters Vater geriet in Mißkredit, weil er eine Textilfachschule besuchte und sodann mit zwei Brüdern die weitbekannte Palthe-Fabrik in Almelo gründete. Es ging rasch bergauf, und ein recht ansehnliches Vermögen konnte zusammengetragen werden. Mit seiner Frau und seinen vielen Kindern bewohnte er ein sehr großes Haus in Hengelo, und im Sommer zog die Familie auf ihr Landgut Borg-Beuningen bei Denekamp. Da Mutters Mutter, die auch aus Twenthe stammte, ausnehmend gut Klavier spielte, vor allem Beethovens Sonaten, zog auch der Flügel immer mit um. Sie starb mit achtundsechzig Jahren. Ihr Mann, der zum zweiten Mal heiratete und in eine Villa beim Haager Westbroekpark übersiedelte, wurde vierundneunzig.

Im Hinblick auf das Folgende ist es wichtig, das hohe Alter der beiden Großelternpaare und übrigens auch meiner Eltern zu beachten.

Die Eltern Mein Vater, Reinier Sybrand, verlebte eine sehr glückliche Jugend auf Texel. Er spielte mit den Bauernjungen inmitten der Schafe, bekam Geigenunterricht vom Schneidermeister und wurde von seinem Vater aufs Gymnasium vorbereitet. In den Ferien segelte der Pastor mit seinen beiden Söhnen auf der Zuiderzee (jetzt Isselmeer). In jedem Hafen legte man an, um die Landschaft zu zeichnen.

Als Vater zwölf wurde, zog er zu zwei Tanten nach Haarlem, wo er das Städtische Gymnasium besuchte. Er war damals mager und melancholisch. Wie seine Eltern finanziell über die Runden gekommen sind, begreife ich nicht, aber sie ließen beide Söhne in Amsterdam studieren, als Korpsstudenten. Der ältere war der mennonitische Pfarrer Herman Bakels, der in den ersten Jahrzehnten dieses Jahrhunderts als Autor vieler populärtheologischer Bücher bekannt wurde. Von seinem ›Bouquetje Dogmatiek‹ verkaufte er mehr als zweihunderttausend Exemplare. Auch ein ›Biblisches Wörterbuch‹ stellte er zusammen. Sein Neues Testament, für Laien lesbar gemacht, war ebenfalls weit verbreitet.

Mein Vater machte in dem Amsterdamer Studentenkorps sehr bald seinen Weg. Er wurde Jahressprecher und Mitglied des Konvents »Beets«, wo er später ebenfalls Sprecher wurde. Er studierte Jura ohne Überzeugung, aber mit viel Eifer, und litt fortwährend an Heimweh nach seiner Insel, nach der Schönheit der Schöpfung und der Malerei, die er hatte ausüben wollen. Während seiner letzten Studentenjahre hatte er ein Zimmer in einem Haus gemietet, das im Tierpark ›Artis‹ lag; beim nächtlichen Gebrüll der Löwen und Tiger machte er sich das Bürgerliche Gesetzbuch zu eigen. Schließlich war er völlig überarbeitet und unglücklich, was ihn nicht daran hinderte, an einem Tag sowohl in der Rechtswissenschaft als auch in der Staatswissenschaft cum laude zu promovieren, weswegen er sich Mr. Dr. (Meester Doctor) nennen durfte, was er auch manchmal tat.

Mit Empfehlungsschreiben von seinen Professoren wohlausgerüstet, wurde er sofort auf einen für sein Alter recht hohen Posten ins Amsterdamer Rathaus berufen. In dieser Stellung, die ihn mit Grausen erfüllte, hielt er es drei Jahre aus.

Meine Mutter Henriëtte war die älteste von vier Schwestern und zwei Brüdern. Auf vergilbten Fotografien kann man noch erkennen, daß sie eine ernste, hübsche junge Dame mit schwarzem Haar und einem entschlossenen Kinn war, sich ihrer selbst, ihrer Familie, der Herrlichkeit von Twenthe und der Unberührbarkeit des Guten und Schönen voll bewußt.

Als sie vierzehn war, dachten ihre Eltern, daß die Zeit für einen Aufenthalt in der »großen Welt« gekommen sei. Meine Mutter besuchte einige Jahre eine höhere Mädchenschule in Amsterdam, wo sie glänzende Zeugnisse erhielt.

Zu jener Zeit, um 1895, waren die Familien in Twenthe deutsch orientiert. Man las – und zitierte ausgiebig – Goethe und Schiller. Man spielte Beethoven, Mozart und Brahms. Man nahm Gesangsunterricht in Leipzig und Dresden. Man fuhr in den Ferien nach Wiesbaden und Heidelberg. Man kleidete sich in Hannover ein und tanzte in Bentheim.

Es war der berühmte Schauspieler Eduard Verkade, der meinen Vater mit der Hengeloer Palthe-Familie und mit meiner Mutter in Verbindung brachte. Ein größerer Gegensatz als diese beiden war kaum denkbar. Vater: nicht sehr gesellig, sehr intelligent, emotional, ohne bekannten Namen, ohne Geld. Mutter: fünf Jahre jünger, eine große, stattliche Schönheit, selbstbewußt, von der Richtigkeit ihrer Ansichten felsenfest überzeugt und sowohl mit einem bekannten Namen als auch mit Geld versehen.

Es war klar, warum die beiden, die einen starken Charakter und absolute Integrität gemein hatten, so sehr voneinander angezogen wurden. Sie heirateten 1903 in Hengelo.

Das Paar ließ sich in Hilversum nieder. Man konnte sich nur einen Dienstboten erlauben. Vater fuhr täglich mit dem Zug in sein Amsterdamer Rathaus, wo er im Dickicht des Beamtenunwesens immer mehr unter dem diensteifrigen Getue der ehrgeizigen Funktionäre und unter der Unzuverlässigkeit seines Stadtrates litt. Nach drei Jahren verließ er das Rathaus, kaufte sich die nötigen Utensilien und begann zu malen.

Das war ein Wagnis. Malen hatte er nie gelernt, und er kannte niemanden aus der Kunstszene. Als fähiger Jurist, als der Mann seiner

Frau hätte er wahrscheinlich eine recht annehmbare Karriere vor sich gehabt. Stattdessen warf er alles über Bord und fing an, sich – von seiner hochherzigen Frau unerschütterlich unterstützt – als kleiner, unbekannter Maler herumzuplagen, so wie jeder ernsthafte Künstler, der nach der Verwirklichung des Unerreichbaren strebt.
Daß er als Künstler schon ziemlich bald Erfolg hatte, war seiner grenzenlosen Ehrfurcht und Bewunderung für die Schöpfung zu verdanken, seiner Begabung, seinem mächtigen Durchsetzungsvermögen, dem Glauben seiner Frau an ihn und der materiellen Unabhängigkeit, die ihre Familie ihm verschaffte.
Erst nach fünf Ehejahren kam das erste Kind: mein Bruder Hans; es folgten meine Schwester Mia, meine Schwester Renée und ich (am 19. Juli 1915).

Mein Vater arbeitete ohne Unterbrechung fast bis zu seinem Todestag, dem 9. Juli 1956. Ungefähr eine Woche danach war es meine Aufgabe, sein Atelier am Den Haager Westbroekpark aufzuräumen. Alles stand, lag und hing so, wie er es hinterlassen hatte. Ich wußte schon, daß er seine Palette, die ihm zu schwer geworden war, in der Mitte durchgebrochen hatte. Die Farbe darauf war halb vertrocknet. Ich fand in allen Aschenbechern Zigarettenkippen und kleine Zigarren. Ich fand auch angebrochene Schokoladenriegel und Skizzenbücher, Leinwand auf dem Fußboden und den grauen Kittel, den er beim Malen getragen hatte.
Das Atelier war so von seiner Persönlichkeit erfüllt, daß mich das Gefühl ergriff, er müsse noch leben. Später geriet der Name meines Vaters, der zu seinen Lebzeiten ein sehr bekannter Maler gewesen war, ein wenig in Vergessenheit. Wir, seine Kinder, organisierten 1974 zwei Ausstellungen seines Werkes. Seitdem ist der Maler Bakels in Holland wieder bekannt.
Aber ich bin meinem Bericht vorausgeeilt. –
Unsere Familie wohnte seit 1920 in einer stillen, vornehmen Straße im Haager Archipelviertel, in der Riouwstraat. In Nummer 144 hat sich fast meine ganze Jugend abgespielt.

Meine Jugendjahre Meine Jugend war besonders glücklich; nicht nur im Rückblick, sondern auch schon damals habe ich sie so erfahren.
Ohne Zweifel schlug ich vor allem meinem Vater nach. Ich war als

Kind kränklich und selten in der Schule zu finden. Ich litt an asthmatischer Bronchitis und wuchs als Jüngster von Eltern und Geschwistern innig behütet auf. Ich lebte mit Ärzten, Medikamenten, Thermometern und Dampfapparaten. Ich fand unser Zuhause herrlich – wir hatten ein Haus mit zwölf Zimmern, und eins davon war geheimnisvoll. Freundinnen brachten mir die Hausaufgaben. Mit roter Tinte, die gold-grün glänzte, machte ich Rechenaufgaben, Schreibübungen, zeichnete ich Landkarten von den Provinzen. Ich ließ eine schwere Blinddarmoperation über mich ergehen. Als ich ungefähr sieben Jahre alt war, spielte meine Mutter oft Klavier und sang dazu. Wenn es sehr schön wurde, verkroch ich mich unter dem Flügel. Sie spielte und deklamierte die Geschichte von Schneewittchen mit dem rabenschwarzen Haar, dem blassen Gesicht, den roten Lippen und dem vergifteten Apfel. Ich stellte mir Schneewittchen als meine Herzallerliebste tot in ihrem gläsernen Sarg vor und mußte bitterlich weinen.
Ein anderes Mal lag ich abends krank im Drienerhof, der Hengeloer Residenz meiner Großeltern. Man hatte einen »Musikabend« organisiert (»Soirée« war nicht die übliche Bezeichnung in der Provinz Twenthe). Ein aus »Holland«, also einer der beiden westlichen Provinzen der Niederlande, bestelltes Streichquartett trat auf. Meine Tür stand offen, das Flurlicht schien matt herein, ich lauschte der wehmütigen Musik von ferne, im Fieber. Da hörte ich leise Schritte. Meine Mutter erschien in einem schönen Kleid und sagte, daß die Herren nun eigens für mich vor meiner Türe spielen wollten. Sie taten es. Ich wurde in andere Welten entrückt und war vor Rührung außer mir.
Endlos, endlos sind die Erinnerungen an meine Jugendzeit. Viele von ihnen findet man in ›Verbeelding als Wapen‹ und einige in diesem Buch.
Als ich elf wurde, fanden meine Eltern, daß meinem Asthma und der Bronchitis ein Ende gemacht werden mußte. Sie schickten mich zu einer Dame, die eine schwedische Heilgymnastik praktizierte. Sie erwarb sich große Verdienste. Nach drei Monaten war meinem bronchialen Asthma der Garaus gemacht, und ich hatte nie wieder Beschwerden. Außerdem kauften meine Eltern ein Wohnschiff und eine Segeljolle auf den Kagerseen. Das Segeln lag mir im Blut, ich beherrschte es sofort. Von da an wurde ich gesund, ja stark, schließlich sogar bärenstark. Das kam mir später noch gut zustatten...

Für das zweite Städtische Gymnasium in Den Haag (das jetzige

Maerlant-Gymnasium) brauchte ich unter Rektor van Hille sechs Jahre. Sitzenbleiben oder Durchfallen gab es in unserer Familie nicht. (Einmal ist ein Bakels – ich – durchgefallen: in der juristischen Kandidatenprüfung. Man war sprachlos.) Die Jahre im Gymnasium waren wiederum eine glückliche Zeit. Bis zum Gymnasium hatte ich nur Freundinnen. Die Mädchen mit ihren langen Haaren, den Schleifen darin, ihren kurzen Kleidchen, ihren nackten Armen und Beinen, ihren hohen Stimmen und ihrem rätselhaften Benehmen hatten mich seit meinem sechsten Lebensjahr ungemein bezaubert. Daran änderte sich nichts, aber im Gymnasium bekam ich endlich auch Freunde. Damals lebten meine Eltern in Den Haag auf bescheidenem gesellschaftlichem Fuß. Vater, der zugleich Künstler und Jurist war, wurde in verschiedene Reichs- und Gemeindekommissionen berufen. Er war auch Rotarier und Präsident der Haager Kunstakademie. Außerdem arbeitete er Tag für Tag sehr hart in seinem riesigen Atelier hoch oben in unserem Haus. Mutter führte, mit ihren meist deutschen oder österreichischen Dienstmädchen, den Haushalt der Familie und verwaltete die Finanzen. Vater hatte keine Ahnung von Geld. Damit kokettierte er noch. Einmal hatte er jemanden porträtiert. Monate nach Lieferung des Bildes beklagte er sich über das Ausbleiben des Honorars. Mutter erklärte ihm, daß die Zahlung schon längst über das Postgirokonto erfolgt sei. Vater war trotzdem mißtrauisch. Mutter hob den Betrag von ihrem Konto ab, zeigte die Banknoten Vater, der verlegen lächelte, und zahlte den Betrag wieder ein.

Wir gingen fast nie zur Kirche. Vater, obwohl Sohn eines Pfarrers, war noch mehr als christlich-liberal, er war vielleicht sogar nichtchristlich. Er empfand jedoch eine sehr tiefe Bewunderung, ja Liebe für den Schöpfer, dessen Anwesenheit er in der Natur verspürte. Jesus Christus bedeutete ihm nicht viel, und ich sah ihn auch nie in der Bibel lesen. Vater glaubte an die Anwesenheit eines unabhängigen Anti-Gottes, der ›Bösen Macht‹, und er glaubte, daß das Gute und das Böse in ununterbrochenem Kampf lägen, daß es noch fraglich sei, welche Macht schließlich gewinnen würde, und daß er das Gute unterstützen müsse. Wenn er malte, fühlte er sich mit Gott verbunden.

Auch meine Mutter hatte nichts mit kirchlichem Leben im Sinn. Das Weihnachtsfest feierten wir zwar intensiv, doch sogar dann kam, und das war seltsam genug, das Evangelium kaum zur Sprache. Man konnte meine Eltern nicht einordnen, weder kirchlich noch politisch (meist wählten sie liberal). Politik wurde eigentlich für unter unserer Würde gehalten!

Mitten in meiner Gymnasialzeit fragte mich einer meiner Freunde, ob ich nicht einem kleinen Klub beitreten wolle, in dem Jungen und Mädchen sich im Winter mit Bridgespielen und Tanzfesten vergnügten und im Sommer auf den Metsbahnen in Scheveningen Tennis spielten.
Ich gehörte also jahrelang zur jungen Haager Gesellschaft und bewahre mir noch immer einen Schatz von Erinnerungen daran auf, zumal das schönste und liebste Mädchen – zwar kein Edelfräulein – und ich – auch kein Edelmann (die übrigen waren adlig!) – uns sofort Hals über Kopf in eine Verliebtheit stürzten, die diesmal einige Jahre andauerte.
Inzwischen, um 1930, wurde die Weltkrise immer deutlicher spürbar. Vom Vermögen meiner Eltern war bald nur noch wenig übrig. Mein Vater verkaufte zwar regelmäßig Bilder, hatte aber natürlich kein festes Einkommen. Meine Eltern wußten sich auf eine ganz bewundernswerte Weise zu helfen. Vater erwies sich als vorzüglicher Porträtist und übernahm zahlreiche Aufträge, die anständig honoriert wurden. Mutter lieferte ihren respektablen Beitrag zu den Familienfinanzen, indem sie Mädchen »von guter Familie aus der Provinz« als paying guests aufnahm.
Bei meinem Abitur war ich siebzehn Jahre alt. Ich wußte nicht, was ich wollte, und meldete mich freiwillig zum Militär. Ein seltsamer Schritt, denn unseres Wissens war bis dahin noch nie ein Bakels Soldat gewesen – bis auf meinen Vater, der, weil er ein Amsterdamer Gemeindebeamter war, sich selbst als Mitglied der damaligen Amsterdamer Bürgerwehr dauernd beurlaubte. Man befand mich für dienstuntauglich, weil man mich nicht nötig hatte. Wie viele meiner Freunde beschloß also auch ich, in Leiden Jura zu studieren. Vater glaubte, daß ich, sobald ich einmal den *Meester*-Titel (Magister Juris) hätte, für das Amt des Bürgermeisters geeignet wäre. Das war im Sommer 1933, einige Monate nach Hitlers Machtergreifung.

Ich kann mich nicht erinnern, daß sich meine Eltern, Geschwister, die anderen Familienmitglieder, Freunde und Bekannte zu jener Zeit besonders über Politik ereifert hätten, weder über die des Inlandes noch die des Auslandes. Wir lasen die anständige Haager Zeitung ›Het Vaderland‹. Rundfunk gab es noch kaum. England war weit weg, jenseits des Meeres. Frankreich war ein großes Land, auf der Hochzeitsreise machte man im leichtlebigen Paris Station. Die Schweiz, ja, dorthin fuhr man mit großen, grauen D-Zügen, das Gepäck in

Schiffskoffern verstaut. Man übernachtete im Schweizerhof, Basel, und reiste dann weiter zu einem »Familienhotel« in den Bergen.
Im deutschen Nachbarland – das war uns bekannt – geschahen die seltsamsten Dinge. Dort war ein ungeheurer Schreihals aufgestanden, dessen Reden wir zu Hause in dem riesigen Radio voller Lampen und Spulen, das mein Bruder gebaut hatte, hören konnten. Wir sahen ihn auch schon einige Male in der Wochenschau im Kino, einen possierlichen Kauz mit einer Schmachtlocke und einem Chaplin-Bärtchen. Ein paar Leute aus unserer Umgebung, darunter sehr respektable, fanden diese Bewegung noch nicht einmal so verrückt, und es gab welche, die wurden 1934, 1935, ja noch 1936 Mitglied der NSB (Nationaal-socialistische Beweging); später war damit wohl Schluß. Und was die Juden betrifft...
Von meinem achten bis siebzehnten Lebensjahr besuchte ich unzählige Konzerte des Residenz-Orchesters, meistens zusammen mit Mutter. Den Pauker auf seinem Podest hinter dem Orchester hielt ich anfangs für eine Art Hilfsgott. Der Konzertmeister war Sam Swaab. Eines Tages berichtete uns mein Vater bei Tisch, daß Swaab nicht zur Mitgliedschaft der ›Nieuwe of Literaire Sociëteit de Witte‹ (Neuen oder Literarischen Gesellschaft de Witte) in Den Haag zugelassen worden war. Weil er Jude war. Das war das erste Mal, ich muß damals dreizehn gewesen sein, daß ich mit dem Begriff »Jude« konfrontiert wurde. Ich glaube, daß ich noch nie bewußt von Juden gehört hatte (danach stellte sich heraus, daß es einige Juden in meiner Klasse gab). Und nun hatte es dieser kreischende Bursche mit dem seltsamen Runenzeichen auf dem Ärmel plötzlich auf Juden abgesehen. Wir fanden das alles recht lächerlich und gingen zur Tagesordnung über. Das ist unverzeihlich.

Die Familie Unsere Familie war eine starke Gemeinschaft, eine Festung, von der aus operiert werden konnte und in der man Sicherheit fand. Unser Vater, sowohl Intellektueller als auch Künstler, erzog uns nicht, sondern leitete uns in seiner emotionellen Sanftheit unbewußt durch seine Worte und Taten, durch sein Beispiel. Wir respektierten das Familienoberhaupt, das oben in seinem Atelier arbeitete. Mutter war pädagogisch rühriger. Sie führte den Haushalt, verwaltete die Finanzen und pflegte gesellschaftliche Beziehungen. Sie war viel geselliger als Vater. Sie hatte ausgesprochen viktorianische Ansichten; Diskussionen mit ihr waren manchmal schwierig. Beide

Eltern gaben viel Liebe, und wir Kinder konnten auch eine ganze Menge Liebe bei ihnen loswerden.
Mein um sieben Jahre älterer Bruder war meiner Mutter eine große Hilfe, denn ihr Ehemann kümmerte sich ja kaum um die gesellschaftlichen Angelegenheiten der Familie. Mein Bruder, dem es als Student in Leiden nicht so gut gefiel wie mir, hatte neben dem Studium sehr vielfältige Interessen. Er fotografierte und filmte, konstruierte umfangreiche Radioapparate, reiste gerne und versah eine Anzahl Funktionen in der NCSV (Niederländische Christliche Studenten-Vereinigung). Sein Studium und seine Promotion in Chemie waren langwierig; nach seiner Promotion sagte er der Chemie Lebewohl. Unsere Beziehungen waren manchmal etwas unbeständig, meistens aber gut. Meiner Schwester Mia, der die Ausbildung am musischen Zweig des Gymnasiums in Fleisch und Blut übergegangen war, fühlte ich mich eng verbunden. Sie war lieb, romantisch, leicht entflammbar und immer schon im voraus auf der Seite derer, die im Nachteil waren. Eine Zeitlang glaubte sie, »Kommunistin« zu sein. Sie war sehr intelligent. Für alles Südliche hatte sie eine Schwäche. Und für Juden. Innerhalb eines Jahres machte sie ihre Kandidatenprüfung in Jura und widmete sich weiterhin dem Cello. In Leiden studierte sie zusammen mit Prinzessin Juliana, unserer späteren Königin.
Meine Schwester Renée war überempfindlich und nicht so vital. Der phantasielose Schulunterricht war ihr ein Greuel. Sie hat viele Institute, Internate und Kurse durchlaufen. Sie liebte die Natur von ganzem Herzen, besonders Blumen und Pflanzen. Sie hatte eine kleine Buchbinderei und spielte ausgezeichnet Klavier.
Die ganze Familie war übrigens sehr emotional veranlagt, außerdem war sie zuverlässig, nicht ohne Selbstbewußtsein und ziemlich kritisch ihren Mitmenschen gegenüber. Einige wesentliche Errungenschaften der Menschheit kamen bei uns kaum zum Zuge: die Naturwissenschaften, Technik, Wirtschaft und besonders Handel. Nur meinem Bruder steckte noch der naturwissenschaftliche Unterricht in den Knochen, und natürlich beschäftigte sich meine Mutter mit Wertpapieren und dem Börsenkurs. Hauptsächlich interessierten wir uns für Sprachen, Theologie, Geschichte, Literatur und Musik.
Von schweren Krankheiten und anderen Unglücken blieben wir verschont; wir waren nichts gewöhnt. Als Vater, der einmal im Auftrag der Regierung nach Helsinki gereist war, dort hohes Fieber bekam, geriet die ganze Familie aus dem Häuschen. Vater weit weg ernstlich krank! So etwas konnte doch gar nicht passieren.

An einem Ferientag im Sommer unternahmen wir einmal eine Radtour auf der Veluwe; ich war damals zwölf. Als wir Heerde erreicht hatten, machte sich bei unserer Vorhut leichte Bestürzung bemerkbar. Vater und Mutter stiegen ab. »Daß es Floris nur nicht sieht!« flüsterte meine Mutter aufgeregt. Zu sehen war ein alter Dorfbewohner, der augenscheinlich einen über den Durst getrunken hatte und sich nun lallend entlang der Mauer vorwärtsschob. Man glaubte, daß der Anblick dieses Schauspiels für meine Psyche schädlich sei.
Der Leser wird sich fragen, ob mich eine so behütete, glückliche Jugend nicht besonders verwundbar für das schwere, zukünftige Leiden gemacht hat. Offenbar nicht. Offenbar ganz im Gegenteil.

Die Studentenzeit Ende August 1933 mietete ich mir ein Zimmer auf der Rapenburg 60 in Leiden, ließ meinen Kopf kahlscheren, packte alte Anzüge, Papierkragen, schwarze Selbstbinder, eine Mütze und einen alten Regenmantel zusammen, kaufte mit Mutter ein paar Möbel und etwas Geschirr, zog nach Leiden und bewarb mich um die Mitgliedschaft im Leidener Studentenkorps.
Die Fuchsenzeit war damals zwar nicht mehr so schlimm, aber doch schlimm genug. Wegen meiner Länge, meiner Unbeholfenheit und meines arroganten Benehmens wurde besonders mir die Fuchsenzeit sogar noch bis zum Weihnachtsfest danach sauer gemacht. Indessen kann ich mit einem Blick auf Späteres ersehen, daß ich viel von ihr gehabt habe.
Nach der Fuchsenzeit beschlossen zwei gute Freunde und ich, einen Klub zu gründen. Es wurde eine peinliche Zeit des Ränkeschmiedens, der Einladungen und des Eingeladen-Werdens, der Ausschlüsse, der Manöver, Manipulationen und Intrigen. Um diese Zeitenwende zu illustrieren, möchte ich erwähnen, daß wir drei am ersten Wochenende nach unserer Fuchsenzeit von dem Vater des einen Jungen eingeladen wurden, mit der Bitte, eine Liste der Füchse mitzubringen. Dieser Herr war damals Bürgermeister einer großen Stadt. Er schenkte uns Cognac ein, nahm sich die Liste vor und strich die Namen der Jungen an, die wir in unseren Klub aufnehmen sollten. Es stellte sich heraus, daß er fast ausschließlich die bekannten Namen angekreuzt hatte, glücklicherweise auch meinen. Wir befolgten seinen Rat zum größten Teil, und das Resultat war, daß unser Klub einer der besten wurde, die Leiden je gesehen hat – sogar bis zum heutigen Tag.
War die Fuchsenzeit noch eine Zeit des passiven Erduldens, so mußte

man in der Nach-Fuchsenzeit zeigen, daß man Charakter hatte. Das war bei mir mit einigen Raufereien verbunden (ohne daß es dabei wirklich zu Prügeleien kam). Wir hatten eine muntere Studentenzeit mit einem intensiven Clubleben, auch durch Elternhäuser, durch Geschwister. In meinem zweiten Jahr wohnte ich in einem Dachkämmerchen auf der Rapenburg 56. Selbstverständlich hatte ich dauernd Freundinnen. Vater und Mutter (die letztere viktorianischen Ansichten huldigend) beobachteten mich nicht ohne Besorgnis. Ich war dem Autofahren verfallen, mietete fortlaufend Wagen, und das kostete viel Geld. Nach zwei Jahren hatte die Krise ein fortgeschrittenes Stadium erreicht; meine Eltern ersuchten mich, nach Den Haag zurückzukehren und als »Fahrstudent« mein Studium mit Hilfe von Repetitoren zu Ende zu bringen. Ich kehrte heim ins Elternhaus und bekam zum Trost einen Polizeihund, der bei der Musterung durchgefallen war, den Schäferhund Max, dem ich viele Aufsätze gewidmet habe und der unter dramatischen Umständen gestorben ist.
Manchmal hörte ich in Leiden Vorlesungen bei den berühmten Professoren Meyers, Cleveringa, van Bemmelen und Kranenburg. Meine Haager Repetitoren waren fast genauso gut. Einige von ihnen sind später selbst Professoren geworden.
1936 und 1938 heirateten meine Schwestern. Beide bekamen drei Kinder.

Zu dieser Zeit berichtete unser damaliger »paying guest«, sie habe eine aus der Schweiz stammende Kusine mit niederländischem Namen, die nach einer unglücklichen Geschichte in die Niederlande gekommen sei und jetzt mutterseelenallein im Haager Rotkreuz-Krankenhaus als Schwesternschülerin arbeite. Natürlich wurde sie sofort eingeladen. Ich sah sie zum ersten Mal, als ich in unserem Hausflur stand und sie die Treppe herunterkam. Ich war wie vom Blitz getroffen. Wir verliebten uns sofort und verlobten uns bald. Jetzt hatte ich es wirklich eilig, mit meinem Studium fertig zu werden. Es zeigte sich, daß mein Mädchen damals nicht sehr gesund war, so daß sie in die schweizerischen Berge zu einer Kur zurückreiste. Ich mietete mir ein Zimmer am Katwijker Boulevard und vergrub mich in meine Bücher. Es wurde Winter, dann Frühjahr 1938. Meine Wirtin versorgte mich gut. Weststürme heulten um mein Fenster und bliesen eine Menge Sand durch Fenster und Türen. Jeden Tag aß ich zehn Schokoladenriegel. Ab und zu fuhr ich abends mit der Bahn zu kleinen Festen nach Leiden. Meine Klubgefährten hatten es nicht so eilig.

Der Sohn des Hauses in Katwijk war Mitglied der NSB, ein etwas sonderbarer junger Mann in einer schwarzen Uniform. Auf seine Einladung hin begleitete ich ihn einmal zu einem NSB-Treffen. Ich fand es komisch und uninteressant. Der ganze Kram sagte mir wenig zu, »unsereins« hatte nichts damit zu schaffen.
Anfang Mai 1938 legte ich, im Frack, erfolgreich mein Doktorexamen in niederländischem Recht ab; ich war damals zweiundzwanzig. Nur ein Klubkamerad war mir zuvorgekommen.

In der Gesellschaft Es war in diesem Jahr besonders schwierig, eine Anstellung zu finden. Mein Vater führte mich bei seinen Bekannten und Beziehungen ein – das war damals durchaus üblich –, und ich verschickte viele Bewerbungsschreiben. Ich bildete mir damals eine Menge auf mich ein, und als ich Absagen bekam, empfand ich das als persönliche Beleidigung. Es war eine unheimliche Zeit. Erst im April 1939, als der Krieg schon unvermeidlich schien, erhielt ich eine Stellung. Ich wurde »juristischer Beamter beim landwirtschaftlichen Krisenbüro des Wirtschaftsministeriums«. Noch nie habe ich so wenig Geld (hundert Gulden im Monat) mit so unnützen Tätigkeiten – wenn überhaupt – verdient. Ich ärgerte mich ganz besonders darüber, daß ein anderer seine Unterschrift unter etwas setzte, das man selbst geschrieben hatte.
Ich hatte mich zuvor auch bei einem bekannten Rotterdamer Anwaltsbüro beworben, wo die Stelle eines Junior-Mitarbeiters ausgeschrieben war. Man hatte mir damals abgesagt, doch jetzt erhielt ich einen Brief mit der Frage, ob ich noch interessiert sei. Aber ja.

So trat ich am 1. Juli 1939 als jüngster Mitarbeiter meine Stellung bei den Herren Blom & Hijmans van den Bergh, Boompjes 46, Rotterdam an.
Ich mietete ein Zimmer auf der Westerkade mit einem grandiosen Blick auf die Maas und wurde Mitglied bei der Vereinigung gleichen Namens. Als Rechtsanwalt sollte ich mich mit Hilfe meiner Vorgesetzten und durch Beziehungen in den Rotterdamer Kreisen einarbeiten.
Ich hatte mich kaum mit meinen ersten Scheidungsfällen und Strafsachen des Armenrechts befaßt, wobei mir der Anwaltsgehilfe (der viel mehr wußte als ich) half, als die Mobilmachung ausgerufen wurde. Der älteste Kompagnon und der älteste Angestellte wurden eingezo-

gen, und Loek Hijmans van den Bergh und ich blieben übrig, bald durch Piet Sanders als Dritten im Bunde verstärkt.
Meine Frau in spe hatte sich inzwischen als Kindermädchen alias Gouvernante an eine Familie am Rotterdamer Westersingel verdingt. Sie paßte dort auf das Söhnchen auf, das ihr seine schmutzigen Socken ins Gesicht warf. Die Situation war keineswegs angenehm, wenn ich – eitel und ehrgeizig wie immer, von Beruf Rechtsanwalt – an der Haustüre des großen, herrschaftlichen Hauses erschien, um das Kindermädchen an seinem freien Abend abzuholen.
Doch wichtiger war, daß Hitler Anfang September in Polen einfiel und damit den Zweiten Weltkrieg entfesselte.

Ehe Ich glaube, der unwahrscheinlich große psychologische Schock vom 10. Mai 1940 ist die Ursache dafür, daß ich mich nur schwach an die ersten acht Kriegsmonate erinnern kann. Ich hatte außerdem viel zu tun, mich als Rechtsanwalt einzuarbeiten. Zu den Armenrechtsfällen kamen schon bald Zeugenvernehmungen bei Schiffskollisionen, eine Spezialität meines Anwaltskollegen Hijmans van den Bergh. Ich erinnere mich auch an einen Fall ›S. S. M./van Krieken‹, der schon rund fünfundzwanzig Jahre lief und ein Dossier von einem halben Meter Dicke hervorgebracht hatte.
Es war eine Zeit voller Spannungen und grausiger Zwischenfälle, aber wir konnten uns nicht vorstellen, daß die gutmütigen, neutralen Niederlande unter dem calvinistischen Ministerpräsidenten »Vater« Colijn der Kriegsgefahr ausgesetzt sein könnten.
Nun schien es meiner zukünftigen Frau und mir doch ratsam zu heiraten. Die nervenaufreibende Arbeit als Kinderfräulein sollte endlich ein Ende haben. Die Wohnungssuche war damals überhaupt kein Problem; überall sah man an den Häusern Schilder mit der Aufschrift ›zu vermieten‹ und ›zu verkaufen‹. Wir mieteten eine recht angenehme zweite Etage am Westzeedijk. Der Vermieter schien über uns so glücklich zu sein, daß er – auf seine Kosten – die Wohnung streichen ließ, mit Vorhängen versah und außerdem noch eine Duschzelle installierte.
Wir heirateten am 5. Januar 1940 in Den Haag, an einem eisigen, sonnigen Tag. Wegen der Mobilisierung und unserer beschränkten Mittel wurde es eine einfache Hochzeit ohne große Festlichkeiten, Gesellschaften und Empfänge. Unsere dreitägige Hochzeitsreise führte uns auf die Insel Walcheren.

Der Mai-Krieg Am 10. Mai 1940 erwachten wir gleichzeitig durch nächtliches Grollen am Himmel und durch das dumpfe Gebell der Flak. Das mußte wohl ein Irrtum sein: eine Übung der Niederländer zur unrechten Zeit, verirrte deutsche Flugzeuge, die Verletzung der Lufthoheit durch britische Flieger. Wir schalteten das Radio ein, es kamen Meldungen von anfliegenden Junkers und Heinkel durch, Namen, die neu für uns waren. Wir liefen auf die Straße – und waren nicht die einzigen. Im heraufdämmernden Maimorgen standen überall Menschen und tauschten ihre Meinungen aus. Wir gingen zur Maas, Richtung Boompjes. Bei einem Transformatorenhäuschen an der Ecke der Rederijstraat/Boompjes sahen wir drei Soldaten aufgeregt an schweren Maschinengewehren hantieren. Wir glaubten, es mit niederländischen Elitetruppen zu tun zu haben; ihre Uniformen kamen uns merkwürdig vor... Es war 5.30 Uhr. In der Ferne sahen wir auf der Maas einige Wasserflugzeuge und auch Schlauchboote mit Soldaten. In der Richtung Waalhaven konnte man eine riesige Rauchwolke sehen. Die Menschenmenge auf der Straße glaubte – das konnten wir den Gesprächen entnehmen – an einen deutschen Überfall. Als wir nach Hause kamen, wurde es uns durchs Radio in einer Proklamation von Königin Wilhelmina bestätigt. Die Niederlande führten mit dem Deutschen Reich Krieg.

Während der fünf Kriegstage hingen wir entweder am Radio oder wurden auf der Straße in Diskussionen verwickelt oder redeten uns am Telefon wegen Angelegenheiten in der Kanzlei die Köpfe heiß. Auf der Straße wurde man öfters von Soldaten in verschiedenen Stadien der Panik angehalten. Es waren viele Gerüchte im Umlauf von Landesverrätern, Moffen in Krankenschwestertrachten – Mof, Mehrzahl Moffen, war der geläufige holländische Schimpfname für die Deutschen, besonders für die Besatzung 1940–1945 –, Exekutionen, aus dem Fenster schießenden Banditen, überwältigenden Siegen über die Deutschen, von der Emigration der Königin und der Regierung. Wir wagten uns manchmal bis zum Hafen vor und sahen schon am 11. Mai die ›Statendam‹ lichterloh brennen. Im obersten Stockwerk unseres Bürohauses hatte sich – wie sich später herausstellte – ein uns bekannter hoher Offizier verschanzt, der von dort per Telefon Informationen über das Vorgehen der Deutschen auf und beim Noordereiland weitergab. Doch schon am 12. Mai stand der ganze Boompjeskai in Flammen.
Dieser Mai-Krieg war ein Alptraum, und die grauenhafte Krönung

dieses Satanswerks kam am 14. Mai um 13.30 Uhr über Rotterdam. Die Stukas stürzten sich mit dem Geräusch von Todesposaunen herab und bombardierten die Stadt in Wellen. Die Etage unter uns war leer. Wir flüchteten uns dorthin, den Hund Max hinter uns herziehend. Alle Fenster waren wegen des Luftdrucks der Explosionen geöffnet. Zum ersten Mal – und das sollte nicht das letzte Mal sein – wurden meine Sinne zu Hilfsmitteln beim Aufnehmen eines Geschehens, das mein Hirn nicht fassen konnte und deshalb für unmöglich hielt: Mord an einer Stadt. Man sah sie heulend vom Himmel stoßen, man sah die schwarzen Punkte aus den Bombenklappen fallen, man sah die aufgetürmten Rauchkolosse, man hörte die Explosionen, roch das Feuer, spürte, wie der ganze schwache Deich wogte; unser Haus schwankte hin und her, man konnte es einfach nicht fassen: der Mof war dabei, Rotterdam dem Erdboden gleichzumachen.

Max lag zitternd auf unseren Knien, wir konnten ihn kaum bändigen. Als der Angriff vorüber war, erblickten wir sofort einen riesigen Menschenstrom, der sich, mit Gepäck beladen, westwärts über den Westzeedijk ergoß. »Die ganze Innenstadt brennt, die Krankenhäuser, die Kirche, der Coolsingel, Tausende von Häusern brennen, Tausend und aber Tausend Tote…« riefen sie.

Zuerst färbte sich die Sonne gelb, dann orange, darauf dunkelrot. Der Himmel füllte sich mit Wolkenungetümen aus wirbelndem Rauch, hellgrau, grau, schwarz, ganz im Innern flammend rot, bis in nächste Nähe. Auch der Zalmhaven bei uns um die Ecke brannte. Panikartig flüchteten wir mit einem Koffer voll Silber, Max zog uns fort. Im Westen, am Ende der Mathenesserlaan wohnte ein Vetter der Palthes mit seiner Familie. Dorthin flohen wir. Dort hörten wir, die niederländische Armee habe kapituliert.

Meine Frau und ich zogen uns in ein Schlafzimmer zurück, umarmten uns und versuchten, Ordnung in unsere Gedanken zu bringen. Es wollte uns nicht gelingen. Wir waren überzeugt, daß bald eine wilde Hunnenarmee in die Stadt einfallen würde, die die Frauen vergewaltigte, die Männer erschoß, die Häuser plünderte. Man ließ die Weinkeller leerlaufen. Ich hielt es nicht aus und ging wieder die Straße hinauf. Bei der Aelbrechtskade war ein gewaltiger Menschenauflauf, Kranken- und Personenwagen fuhren auf die großen Binnenschiffe. Man wollte anscheinend die Kranken aus dem Coolsingelkrankenhaus auf diese Schiffe evakuieren. Ein kräftiger Mann riß das Tor einer Holzhandlung auf. »Nehmt alles mit, macht zu, schnell!« Stämmige Männer wie ich räumten in wenigen Minuten das Holzlager vollständig aus und begannen, Landungsbrücken und Laufstege vom Kai bis zu den Schiffen aufzubauen, damit die Krankenwagen an Bord fahren konnten.

An diesem Abend waren wir schmutzig, gänzlich erschöpft, voller Todesangst und vor allem haßerfüllt. Meine Frau und ich erwogen, ob wir unserem Leben ein Ende machen sollten, und wenn ja, wie. Ich habe auch daran gedacht, den Moffen entgegenzugehen und zu versuchen, ein paar von ihnen umzulegen, bevor ich an der Reihe war.

Die Zeit der Besatzung beginnt Aber am nächsten Tag, dem 15. Mai, lebten wir noch. Die Feuersbrunst von Rotterdam hatte die Ausmaße einer ungeheuren Fackel angenommen. Wir waren in Sorge um meine Eltern und um andere Familienangehörige, die ihrerseits denken mochten, wir lägen zerschmettert unter den Trümmern. Vetter und Kusine liehen uns ihre Fahrräder, und wir radelten über Delft nach Den Haag. Max lief neben uns her.

Und dann konnten wir zum ersten Mal wieder ein bißchen lachen, denn links und rechts der von Flüchtlingen verstopften Straße lagen Wrackteile von Moffen-Flugzeugen, bestimmt Hunderte, dazwischen die Kadaver von Tausenden von Kühen, obszön aufgetrieben, die Beine in die Luft gestreckt.

In Den Haag angekommen, wurden wir erst einmal wütend auf die Menschenmassen auf den Caféterrassen am Buitenhof, die so dasaßen, als ob es keinen Krieg gäbe, als ob die königliche Familie nicht vertrieben worden, keine Stadt ausgemordet wäre, keine Armee kapituliert hätte. Dort und damals keimte unsere Verbundenheit auf mit den leidenden Kämpfern, unsere Verachtung für die willfährigen Nutznießer, später unser mörderischer Haß auf Landesverräter.

Zurück in Rotterdam, das noch immer lichterloh brannte (noch im Oktober sah ich das Lager einer Fellhandlung schwelen!), begannen Hijmans van den Bergh und ich, zusammen mit den nach und nach wieder zum Vorschein kommenden Mitarbeitern, Ordnung in die Angelegenheiten zu bringen. Die Kanzlei Boompjes 46 konnten wir anfangs nicht finden, doch nach einem bißchen Kletterei über rauchende Trümmer entdeckte ich unseren kleinen Geldschrank, versengt. Auf einem Fahrrad brachten wir ihn zu einer Tankstelle nach Kralingen, die einen Schweißapparat besaß, mit dem man ihn aufschneiden konnte. Wir fanden einen Betrag in Höhe von tausendachtzig Gulden in halbverkohlten Banknoten und verbogenen Gul-

den. Einige Tage später erhielten wir dafür in einem Schiedamer Geschäft, das als Filiale der Niederländischen Bank fungierte, tausendvierundachtzig Gulden zurück. Unsere Klienten Philippus van Ommeren waren bereit, uns einige Zimmer in ihrem Büro an der Westerkade zu vermieten und uns ein paar Möbel zu leihen. Alle Akten, inklusive Beweismaterial, waren natürlich verbrannt. Die Rotterdamer Anwaltschaft beschloß sofort, daß mit der Vernichtung der Beweisstücke nie Mißbrauch getrieben werden durfte.
Als einige Zeit später die beiden anderen aus der Armee entlassenen Anwaltskollegen zurückgekehrt waren, wurde ein Bürohaus am Eendrachtsweg gemietet. Es kam danach noch ein Junior-Mitarbeiter hinzu: Dr. J. C. de Jongh, auch ein Leidener.
Während Tausende von Rotterdamern monatelang Trümmer räumten, begann ganz allmählich das einigermaßen normale Alltagsleben der Besatzungszeit.

Jeder weiß, daß die Niederlande und das niederländische Volk ganz und gar nicht auf einen Krieg mit dem »Dritten Reich« vorbereitet waren – weder in geistiger noch psychischer, noch in technischer und organisatorischer Hinsicht. Es ist ein Wunder – und bewundernswert –, daß wir fünf Tage haben standhalten können. Während der Besatzungszeit haben wir, ohne den Mut zu verlieren, und indem wir immer wieder von vorne anfingen, einiges gelernt: Welcher Art die Terrormethoden sind, deren sich der Feind bedient, inwieweit man auf Bundesgenossen vertrauen darf, wie man Widerstandsorganisationen aufbaut, wie Spionage und ihre Bekämpfung funktionieren, wie man untertaucht, wie man dem Feind Hand- und Spanndienst leistet oder ihm aber wirksam entgegenarbeitet, wie man den Widerstand finanziert, wie eine Regierung in der Verbannung arbeitet, und so fort.
Oft stellt sich mir die Frage, ob die heutige heranwachsende Generation daraus genug gelernt hat. Neue Kriege, neue Besetzungen entziehen sich keineswegs jeder Vorstellung. Stehen wir bald wieder genauso wehrlos und hilflos der List und Tücke und den Machenschaften eines Feindes gegenüber wie im Mai 1940 und in den ersten Jahren danach? Gibt es Minister, Ministerien, Verwaltungsabteilungen, Autoritäten im Innenministerium, bei der Justiz, der Polizei, bei den Streitkräften u.ä., die sich mit den Erfahrungen von 1940 bis 1945 auseinandersetzen, die versuchen, die unzähligen damals gemachten Fehler ein »nächstes Mal« zu verhindern?

Der Anfang des Widerstandes Unter der Leitung von Reichskommissar Seyss-Inquart ließen die Deutschen in der allerersten Zeit beschwichtigende, ja versöhnliche Worte vernehmen. Ich leugne nicht, daß ich dadurch ein wenig beruhigt wurde. Die Nederlandsche Unie erschien auf der Bildfläche, und ich wurde sofort Mitglied, wie zweihunderttausend andere auch. In einem kleinen Unionsbüro, das Rob Baelde leitete, war ich ab und zu in der Sozialarbeit tätig.
Robert Baelde wurde am 15. August 1942 in den Wäldern von Gorp en Roovert bei Goirle zusammen mit Chr. Beunekers, O. E. G. Graf van Limburg Stirum, W. Ruys und A. Baron Schimmelpenninck van der Oye hingerichtet.
Diese deutsche Schandtat rief im ganzen Land große Empörung hervor (siehe L. de Jong, ›Het Koninkrijk der Nederlanden in de Tweede Wereldoorlog‹, Teil 6, erster Band, Seite 62ff.).
Zurück zum Sommer 1940. Schon bald zeigte der Mof sein wahres Gesicht. Er traf erste antijüdische Maßnahmen. Im Frühjahr 1941 rief ich meine Rotterdamer Kollegen in einem Rundschreiben auf, die sogenannte Ariererklärung nicht zu unterschreiben. Soweit ich weiß, wurde sie auch nicht unterzeichnet.
Ich schrieb auch bald eine eigene Streitschrift, ein primitives Flugblatt, weil ich merkte, daß sich viele einlullen ließen oder einfach Angst hatten. Ich tippte zu Hause Briefe in einer ziemlich geschwollenen Ausdrucksweise und verteilte davon zahlreiche Durchschläge, die ich in Rotterdam und Den Haag auf gut Glück in die Briefkästen warf. Das erfüllte mich mit größter Befriedigung.
Schon nach einigen Monaten, als ich fand, daß die Nederlandse Unie sich zu sehr von den Deutschen gängeln ließ, bedankte ich mich für die Mitgliedschaft in einem ausführlichen, mit Dokumenten versehenen Brief an das sogenannte Triumvirat. Ich behielt eine Abschrift, und das kam mir nachher teuer zu stehen.
Meine Frau wollte damals auf ein paar Tage einen Onkel, einen Notar, und eine Tante in Arnhem besuchen. Am Abend ihrer Abreise war sie schon wieder zu Hause. Nach der ersten Begrüßung hatte sich herausgestellt, daß Onkel und Tante die Deutschen gar nicht so arg fanden, kurzum ganz »falsch« lagen. Sie hatte sofort kehrtgemacht.
In ihrem ›Verordnungsblatt für die besetzten Niederländischen Gebiete‹ veröffentlichten die Moffen massenweise Verordnungen, die vor allem gegen die Juden gerichtet waren, sich aber auch mit zahllosen anderen Dingen befaßten.

Im Herbst 1940 wurde ich allmählich unverträglich und ungenießbar. Im Rückblick muß ich sagen, daß ich leicht wahnsinnig wurde. Ein bis dahin unbekanntes Gefühl ergriff von mir vollständig Besitz: Haß. Haß auf Deutschland, auf die Deutschen, jeden Deutschen, ihre Sprache, ihre Kultur, Goethe, Bach, den ganzen teutonischen Krempel. Ich geriet aus dem Gleichgewicht. Wenn ich auf der Straße einen Mof, einen einfältigen Wehrmachtsangehörigen mit seinem »Gott mit uns« auf dem Koppelriemen und seinen genagelten Kommißstiefeln, sah, schlug mein Puls schneller. Ich ballte die Fäuste, bekam schweißnasse Achselhöhlen, ich hätte ihn umbringen können.
Ich konnte die Ereignisse nicht als einen offiziellen Krieg zwischen zwei Ländern betrachten, den das stärkere Land gewonnen hatte, mit der formellen Besetzung des unterlegenen Landes als Resultat. Ich hielt den Zustand für ein unfaßbares kriminelles Geschehen auch deshalb, weil ich die Bombardierung von Rotterdam miterlebt hatte. Die Ernennung und Anwesenheit eines Reichskommissars mit allem dazugehörenden Unsinn deutscher amtlicher Stellen und Verordnungsblätter hielt ich für eine Farce, für eine düstere Komödie. In Wirklichkeit hatte ich es mit Gangstern zu tun, sonst mit niemandem.
Später sollte sich zeigen, wie recht ich gehabt hatte. Meine Empörung erreichte ihren Höhepunkt, als diese Gangster in unserem Land eine Art Rechtsprechung einführten, Landesgerichte. Deutsche Richter! Das war der Gipfel der Dämonie: Deutsche Banditen wurden eingesetzt, um über uns Niederländer Recht zu sprechen.
Mit meiner Arbeit ging es natürlich nicht vorwärts. Für meine Frau und andere muß ich unerträglich gewesen sein.
Am Anfang des letzten Briefes meines Freundes und Clubkameraden Kees Dutilh, der wegen umfangreicher Widerstandsaktivitäten erschossen wurde, stand es unumwunden: »Die größte Sünde der Deutschen ist, daß sie uns hassen gelehrt haben.« Dieser Mann war uns ein großes Vorbild.
Christian Corneille Dutilh leitete eine der wichtigsten Spionagegruppen (›Gruppe Kees‹), teilweise in Zusammenarbeit mit einem anderen guten Freund aus der Studentenverbindung, Jhr. Mr. E. W. de Jonge und mit Leen Pot. Auch meine erste Frau war in der ›Gruppe Kees‹ aktiv tätig.
Kees hatte zwei Brüder, die im Mai-Krieg eingezogen wurden. Es ärgerte ihn, daß er selbst nichts tun konnte. Nach der Kapitulation schloß er sich sofort dem Widerstand an. Schon bald wurde er von

einem deutschen Gericht zu drei Monaten Gefängnis wegen Zusammenarbeit mit »illegalen Zeitungen« verurteilt. Deutsche als Richter – wie konnten sie sich das erlauben!

Danach stieg Kees erst richtig ein. Durch Bücher und Gespräche mit Offizieren verschaffte er sich einen Überblick über militärische Angelegenheiten. Mit einer Freundin machte er lange Spaziergänge durch die Dünen. Sie schienen ein verliebtes Pärchen zu sein, aber in Wirklichkeit sammelte Kees zahlreiche Angaben – die später detailliert in eine Karte eingezeichnet wurden – über deutsche Befestigungen und Heeresgruppierungen entlang der holländischen Küste. Diese Angaben wurden auf verschiedenen Wegen zur anderen Kanalseite befördert: über die Schweiz, über Schweden, in Mikrofilmen und über Funk. Fast alle Informationen scheinen in England angekommen zu sein.

Kees wurde am 10. März 1943 im Café Zomerzorg zu Leiden verhaftet. Der berüchtigte Super-Landesverräter van der Waals, der nach dem Krieg hingerichtet wurde, hatte seine Hand dabei im Spiel. Während seiner Gefangenschaft in Scheveningen, Haaren und Utrecht scheint Kees »korrekt« behandelt worden zu sein; man krümmte ihm kein Haar. Die Deutschen stuften ihn als prominenten Gefangenen ein und behandelten ihn dementsprechend. Kees wurde zwangsläufig zum Tod verurteilt. Danach wurden Begnadigungsgesuche eingereicht. Die Familie Dutilh zog einen deutschen Rechtsanwalt hinzu, der sein möglichstes tat. Dem Vater, Dr. Jacq. Dutilh, gelang es, bis zum General der Flieger Friedrich Christiansen vorzudringen. Dieser meinte: »Wenn wir Ihren Sohn nicht erschießen, können wir niemanden mehr hinrichten; seine Spionagetätigkeit hätte Tausenden von deutschen Soldaten das Leben kosten können.« Die Deutschen bezeigten »dem Mann, der so seinem Vaterland gedient hat«, ihren Respekt. Die ›Gruppe Kees‹ hatte bis dahin die meisten Spionage-Erfolge aufweisen können.

Bei seinen Verhören hatte Kees den Fotografen Blazer, der die Mikrofilme besorgt hatte, belastet, in der Meinung, daß dieser über den Kanal entkommen sei. Das Urteil sollte kurz vor Weihnachten 1943 vollstreckt werden. Als Kees auf den Tod wartete, erfuhr er jedoch, daß auch Blazer verhaftet worden war. Er ersuchte um sofortigen Zutritt zum SD und widerrief seine Aussage, Blazer betreffend, der daraufhin freigesprochen wurde. Dieser Zwischenfall schob die Hinrichtung um zwei Monate auf. Im Haarener Gefängnis durfte Kees Besuch empfangen. Bei einem Besuch versuchte sein Bruder Han, ihm

ein paar Feilen zuzustecken. Es entging der Wache nicht; Han wurde einige Wochen festgehalten.
Kees schrieb einen Abschiedsbrief an seine Familie. Der Brief wurde aufbewahrt; er ist ein erhebendes Zeugnis; mit Zustimmung der Familie zitiere ich aus ihm:

24. Febr. 1944

Heute morgen lese ich Psalm 25, 1–11 und Psalm 130, 1–6, so wie ich es mir schon lange für meinen Todestag vorgenommen hatte, und der ist heute gekommen.
Ich flehe Euch an, seid nicht traurig wegen meines Todes, da ich selbst doch nicht betrübt bin. Es liegt eine innige, wahre Freude über jedem endgültigen Schritt, den wir im Leben und aus dem Leben tun, denn jeder Schritt bedeutet Bewegung und Fortschreiten. Die Freude, die ich so stark empfinde, soll Euren Kummer in diesen Stunden überstrahlen.
Versucht, nicht um einen Menschen zu trauern, der glücklich stirbt. Ihr werdet verstehen, wie gerne ich das Ende dieses verheerenden Krieges miterlebt hätte, und alle Zeichen sprechen für eine berechtigte Hoffnung auf ein Ende. Wie groß wäre meine Freude gewesen, hätte ich später beim Wiederaufbau aus dem Chaos helfen können, und doch wird es auch gut und beruhigend sein, dorthin zu gelangen, wo das schauderhafte Erbe einer Welt in Trümmern die Schönheit ihres Wesens nicht angetastet hat.
Ihr werdet diesen Brief vielleicht wieder einmal zur Hand nehmen und Zeilen daraus lesen und vorlesen. Dann aber werdet Ihr erkennen, daß mein Leben und die Erinnerung daran zwar aus einer traurigen Zeit stammen, ihr aber nicht angehören, weil sich die düstere, mich umgebende Hartherzigkeit in mir in eine stets größer werdende Sanftheit und Freude verwandelt hat, in eine Liebe, von der ich früher angenommen hatte, daß ich sie nie erfahren würde.
Daß ich in der letzten Zeit so oft habe schreiben dürfen, ist für mich ein unsagbarer Segen gewesen. Es hat mich von so viel Unruhe und Spannung befreit, daß ich jetzt, wenige Stunden vor meinem Tod, noch so ruhig hier sitzen und schreiben kann wie gestern, als ich es noch nicht wußte.
Ich hatte ein herrliches Leben und, trotz der Fehler, vielleicht auch ein gutes Leben. Ich habe es zumindest angestrebt, und ich befehle dieses Leben und seine Früchte Gottes Güte und Seiner ewigen Liebe. Sein Segen und Sein Trost, das Vertrauen auf Ihn und Seine empfangende

und gebende Liebe mögen in Dir, Vater, und in allen lieben Brüdern und Schwestern, Freunden und Freundinnen aufs neue bekräftigt werden.
Ich gehe getrost fort und bitte, daß ich in einer glücklichen Erinnerung an mein Leben und in einer freudvollen Erwartung des Todes sterben darf.

Am 24. Februar 1944 fiel Kees Dutilh im Fort Rhijnauwen bei Utrecht für sein Vaterland, die Freiheit, die menschliche Würde und Gerechtigkeit. (Siehe auch ausführlich L. de Jong, Band 6, erster Teil, S. 139f.)
Sein Gedächtnis sollte schon an dieser Stelle meines Berichts beschworen werden, der nun wieder zurückkehrt ins Jahr 1940.

Haß reibt auf. Haß verschließt den Liebeskanal. Wer so sehr haßt, kann nicht mehr lieben. Ich degenerierte und schloß mich aus. Mein Widerstand entsprang am Anfang nicht so sehr der Vaterlandsliebe. Ich widersetzte mich aus purem und unvermischten Haß. Die echte Vaterlandsliebe kam erst viel später.
In meiner eigenen Haager und Leidener Umgebung waren zu meiner Bestürzung nicht sehr viele Menschen zum Widerstand bereit. Natürlich war man wütend auf die Deutschen wegen ihres Einfalls und der Besatzung, aber ihr Verhalten ging dann doch noch an, man konnte weiterarbeiten; die zahllosen Unbequemlichkeiten mußte man notgedrungen in Kauf nehmen – es war eben Krieg, der Mof war übermächtig, anscheinend fast unbesiegbar, was sollte man dagegen unternehmen? Ich selbst dachte anders darüber. Für mich stand immer fest, daß diese satanische Macht früher oder später ihren gerechten Lohn erhalten und ausgerottet werden würde.
Nach und nach erreichten uns Gerüchte von Gefängnissen und sogar ›Konzentrationslagern‹, die die Deutschen hier eingerichtet hätten. Die Worte »Widerstandskämpfer«, »Illegalität«, »Illegale Organisationen« usw. kannte ich damals noch nicht. Ich hatte keine Ahnung, was diese Organisationen bedeuteten. Freilich war uns auch das Wort »Nazi« unbekannt. Wir redeten von den »Moffen« und machten keine Unterschiede. Alle »Moffen« waren in unseren Augen ohne Ausnahme Banditen.
Mein Freund und Kollege Otto Verdoorn, ein bärenstarker Mann, nationalistisch bis zum Chauvinismus, bekam Schwierigkeiten mit den NSBern. Eines Abends wurde an seiner Haustüre geklingelt. Als

er öffnete, drangen fünf schwarz uniformierte Männer ein. Er warf sie alle fünf hinaus – zusammen mit der Türe und allem Drumrum. Es stimmte mich überglücklich.

Hier scheint mir Besinnung nötig. Was ist Widerstand? Wer hat doch die Worte ›illegal‹ und ›Illegalität‹ erdacht? Und ›politischer‹ Gefangener? Es sind Ausdrücke aus der Nachkriegszeit, glaube ich. Wir selbst kannten diese Worte nicht; wir redeten von »Widerstand«. Die erstgenannten Ausdrücke sind deshalb lächerlich, weil nicht wir die »Ungesetzlichen« waren, sondern die Deutschen, die uns, alle Versprechungen mißachtend und ebenso unsere Neutralität, ohne Kriegserklärung angriffen und dabei verbotene Kampfmittel verwendeten. Die Deutschen hatten nicht das geringste Recht. Wir hatten das Recht auf unserer Seite. Wir waren die »Legalen«.
Wohl ist es begreiflich, daß diese Worte angebracht sind, wenn die Deutschen durch sie ihre Ansichten ausdrücken. So wird, wie vor einigen Jahrhunderten bei den Geusen, ein Schimpfname zu einem Ehrennamen.
Auch die Bezeichnung »politischer« Gefangener ist eigentlich unsinnig. Ich glaube, daß die meisten von uns überhaupt nicht »politisch« gefühlt haben. Sie kämpften gegen Unrecht, nicht für oder gegen eine bestimmte »Politik«.
Es gibt Leute, die mir eine Ähnlichkeit und Verwandtschaft zwischen den niederländischen Widerstandskämpfern 1940–1945 und Gruppierungen, wie der palästinensischen Befreiungsorganisation, der IRA in Irland, den Kroaten, den Basken, ja selbst der Roten-Armee-Fraktion usw. einzureden versuchen. Diese Leute sagten: So, wie die deutsche Besatzungsmacht dem niederländischen Widerstand gegenüberstand, so ordnet auch ihr jetzt die palästinensischen, irischen, baskischen usw. Widerstandskämpfer den Terroristen zu. Statt die Verwandtschaft zu fühlen, verurteilt ihr sie. Von euch sollte man doch Achtung, sogar Sympathie für Widerstands- und ›Freiheitskämpfer‹ erwarten können.
Es tut mir leid, aber ich sehe nirgends eine Verwandtschaft. Die Niederlande, die unbestreitbar *unser* Land waren, wurden ohne irgendeinen legitimen Anlaß von einer ausländischen Militärmacht unter Befehl einer kriminellen Obrigkeit angegriffen. Dem Besatzer war kein Terror zu grausam. Widerstand war in jeder Hinsicht geboten. Selten oder nie hat der niederländische Widerstand mit Wissen und Willen durch Handlungen wie Attentate, Geiselnahmen und Kape-

rungen das Leben unschuldiger Bürger in Gefahr gebracht. Er kann nicht im entferntesten mit dem Blutbad verglichen werden, das die genannten »Widerstandsgruppen« unter vollkommen Unschuldigen angerichtet haben. In den meisten Fällen kämpfen sie, ganz anders als wir, gegen legale Obrigkeiten. Nein, der Vergleich hinkt in jeder Hinsicht.

Widerstand Ich überlegte mit meiner Frau, ob wir nicht nach England fahren sollten. Es ging ein Gerücht, daß regelmäßig kleine Boote, sogar Kanus, nachts übersetzten, vor allem durch das Brouwershavense Gat.

Eines Abends klingelte bei uns ein Riesenkerl mittleren Alters, der einen Namen nannte, sich als Steuermann beim Rotterdamer Lloyd ausgab, erklärte, daß Herr Verdoorn ihn hierher geschickt habe, und mich fragte, ob ich mit nach drüben wollte. Wir waren damals – und freilich auch noch später – sehr gutgläubig und hatten die Bezeichnung »Spitzel« noch nicht gehört. Dieser Mann war Gott sei Dank kein Spitzel. Er wollte zusammen mit noch zwei anderen auf einer Schaluppe mit zwei Außenbordmotoren übersetzen; ein kleiner, geräuschloser Penta für die ersten Meilen, ein großer Seahorse für die offene See. Sie wollten verschiedene Informationen für die Regierung mitnehmen und einen Käse für die Königin! Wir baten um ein paar Tage Bedenkzeit. Danach ließen wir ihm ausrichten, daß wir nicht mitkommen würden. Ich hatte mich – zu Recht oder zu Unrecht – für das Bleiben in den Niederlanden entschieden. Schreckte ich vor der Gefahr der Überfahrt zurück? Ich glaube nicht. Ich fand, daß ich hier in den Niederlanden den Besatzern mehr schaden könnte als drüben, wo man eher Soldaten, Seeleute, Flieger benötigte. Ich hatte ja keine blasse Ahnung von militärischen Angelegenheiten. Ich wollte mich mit Feder und Wort einsetzen. Den Steuermann bat ich allerdings, einen Brief für die Königin mitzunehmen, und er versprach es. Ich schrieb einen sehr ausführlichen Brief (auch davon bewahrte ich eine Kopie auf) und gab ihn mit. Nach der Ankunft sollte eine Nachricht im Radio Oranje aus London durchgegeben werden mit den Worten ›Penta/Seahorse‹. Drei Monate später kamen diese Worte an einem Samstag Abend durch den gestörten Empfänger, und wenig später zitierte Königin Wilhelmina in einer Rundfunksendung ausführlich aus diesem Brief: »Wie sich ein Landsmann mir gegenüber ausdrückte...«

Ich schäme mich fast, es zuzugeben, aber nach der Bombardierung von Rotterdam war meine Angst vor Bombern gewachsen – fast schon ins Pathologische. Ab Mai 1940 wurde Rotterdam wiederholt von britischen Bombern überflogen, die manchmal auch ihre Last fallen ließen, unter anderem beim Westersingel ganz in der Nähe unseres Hauses. Meine Frau, die keine Furcht kannte, machte sich nichts daraus, aber der Hund und ich, wir begannen vor Angst zu zittern und im Hause Schutz zu suchen. Das dumpfe Grollen am Himmel, das rauhe Bellen der Flak, die Fallschirmfackeln, die Scheinwerfer ... mich ergriff panischer Schrecken. Wenn nachts ein wolkenloser Himmel zu erwarten war, fuhren wir oft mit dem Zug nach Den Haag, um dort bei meinen Eltern zu übernachten. So konnte es nicht weitergehen. Ich wollte die Nächte nicht mehr in Rotterdam verbringen. Meine Eltern stimmten mir zu, und schließlich gab auch meine Frau nach. Wir mieteten uns ein kleines Haus am Emmapark in Pijnacker, an dem noch gebaut wurde, und zogen ein, bevor es ganz fertiggestellt war. Täglich fuhr ich nach Rotterdam und zurück mit der kleinen elektrischen Bahn, die zwischen Scheveningen und Rotterdam-Hofplein verkehrte.
In Pijnacker, das damals eine ruhige Kleinhaussiedlung war, machten wir schon bald die Bekanntschaft des ausgezeichneten Bürgermeisters van den Helm und seiner Familie und vieler anderer, darunter Kurt Bolle, der – wir erfuhren es später – zu den tatkräftigsten Widerstandskämpfern gehörte. Der Bürgermeister erschien fast jeden Abend bei uns, um die englischen Nachrichten zu hören. Wir hatten ein Anti-Störgitter konstruiert und eine Europakarte an die Wand gehängt. Kurz vor den Nachrichten ließen wir Max hinaus, um bei Gefahr durch sein Bellen gewarnt zu werden. Wir saßen drinnen, steckten die Köpfe über dem Radio zusammen, und ich drehte mein Gitter solange hin und her, bis es mehr oder weniger deutlich aus dem Lautsprecher tönte: »This is the BBC Home Service. Here is the news and it is Frank Phillips reading it.«
Eines Tages wurde mir ein neuer armenrechtlicher Klient zugewiesen. Er hieß van den Acker und war in eine Arbeitsstreitigkeit verwickelt. Dieser junge, dunkelhaarige Mann sprach eine ganz andere Sprache als jene, die mir bislang geläufig war. Da war die Rede von Spionage, Geheimsendern, Waffendepots und von Plänen, wie man die Anlagen der Moffen in die Luft jagen könnte. Ich fand es zwar schaurig und riskant, war aber fasziniert. (Nebenbei bemerkt: ich hatte noch nie in meinem Leben eine Feuerwaffe in der Hand ge-

habt.) Ich zog meinen Kollegen Johan de Jongh hinzu. Er hatte verwandtschaftliche Verbindungen zu Philips in Eindhoven. Wir überlegten, was er und ich tun könnten, neben dem, was wir bislang schon taten – und das war wenig, auf jeden Fall zu wenig. Es wurde also beschlossen, daß wir mehr Sender beschaffen sollten. Später erschien bei uns in Pijnacker noch ein anderer Mann, namens Huybers, ein Freund van den Ackers, mit dem weitere Vereinbarungen getroffen wurden (seltsamerweise sollte sich später herausstellen, daß die beiden unter ihrem richtigen Namen mit uns verkehrt hatten, der Widerstand steckte damals noch in den Kinderschuhen).
Ich erinnere mich in diesem Zusammenhang, daß ich noch einen dritten Mann in Amsterdam hinter dem Concertgebouw aufsuchte. Auf einmal öffnete er seinen Schrank: er war vollgefüllt mit Feuerwaffen. Und noch später erhielt ich im Büro Besuch eines Bekannten von van den Acker. Auch mein Anwaltskollege de Jongh kam hinzu. Zu dritt besprachen wir das Anlegen von Waffen- und Munitionsdepots: wo und wie, und auch die Beschaffung von Waffen und Sprengstoff. Sehr viel später erfuhr ich, daß dieser Mann ein Spitzel der Rotterdamer Sipo war, der uns alle denunziert hatte. Mir kam nach dem Kriege zu Ohren, daß er deswegen von Widerstandskämpfern liquidiert worden ist. Seinen Namen will ich verschweigen.

Verhaftung Fast niemand hat die Fähigkeit, in die Zukunft zu schauen. Meistens sieht man aber auch hinterher nicht, wie die Ereignisse ihren Lauf genommen haben, erkennt nicht Ursache und Wirkung. Doch es gibt Menschen, die eine dunkle Ahnung haben, wie etwas ablaufen wird, und wenn es tatsächlich geschehen ist, dann denken sie: Natürlich, wie dumm, ich hätte es wissen müssen, so mußte es kommen, das ist mein Schicksal.

Am 9. April 1942 um 6.30 Uhr höre ich unsere Türklingel, einen billigen Hin-und-Her-Gong. Ich weiß Bescheid, sofort. Im selben Moment denke ich: daß es mich treffen soll, ist einfach ungeheuerlich. Es ist der Anfang eines Umschwungs.
Noch einmal wird geläutet. Mein Bruder Hans ist bei uns zu Besuch und schläft im ersten Stock. Wir bleiben wie erstarrt liegen. Wir hören Stimmen, Schritte von mehreren Leuten auf der Treppe zum ersten Stock. Jemand betritt – alleine – die Treppe zum zweiten Stock, und das ist so grauenhaft.

»Floris, bist du wach?« ruft mein Bruder.
»Ja.«
»Floris, bist du wirklich wach?«
»Ja.«
»Floris«, – wieder Schritte auf der Treppe – »hier sind zwei Herren von der deutschen Polizei für dich.«
Ich bleibe liegen. Ich war drei Tage krank, Grippe und Darmkatarrh. Links und rechts von unserem Bett steht je ein Mof im grauen Gummiregenmantel.
»Sind Sie Herr Backels?«
An der Aussprache meines Namens erkenne ich den Deutschen, der Name Bakels hat im Niederländischen ein langes a.
»Ja.«
»Sind Sie Herr Doktor Floris Bertold Backels?«
»So ungefähr.«
»Also stehen Sie auf. Sind Sie Frau Doktor Backels?«
Keine Antwort.
»Nehmen wir es an. Bitte stehen Sie auf. Du, Hendrich, schau dich mal um!«
Sie wenden sich von unserem Bett ab. Wir stehen auf. Ich sehe, wie ein Mof unsere Schränke und Koffer durchwühlt. Dort, unter einer losen Diele, sind Geheimpapiere versteckt. Ich gehe ins Badezimmer, der andere Gummimantel hinter mir her.
»Sie sollen ruhig bleiben, und keine Dummheiten.«
»Darf ich baden?«
»Nein, ziehen Sie sich an, wir haben wenig Zeit.«
Ich ziehe mich an, bin von der Grippe noch benommen. Der zweite Kerl läuft über den Flur, will nach unten.
»Passen Sie auf, unten im Zimmer ist der Hund«, sagt meine Frau. Der Hund bellt.
»Macht nichts, ich bin bewaffnet«, sagt Hendrich auf Niederländisch.
Beide Herren haben ihre Hüte aufbehalten. Eine Hitzewelle überflutet mich.
»In meinem Haus sollten Sie Ihren Hut abnehmen«, sage ich.
»Schöne Uhr«, sagt der Mof im Flur bei der Badezimmertüre vor der großen Standuhr; den Hut hat er auf.
Ich binde meine Krawatte vor dem Badezimmerspiegel. Im Spiegel sehe ich die weiße Kugel der Deckenlampe. Um Himmelswillen, sieh nicht zur Lampe, denk nicht an die Lampe, laß sie sich nicht umsehen,

laß sie um Himmelswillen nicht die Papiere in der Lampe finden. Ich bin fertig. Wir stehen alle im Flur, meine Frau in ihrem blau-weiß gestreiften Morgenmantel. Hendrich hat einen Packen Papiere in der Hand. Ich sehe, daß die Papiere, die unter der Schlafzimmerdiele lagen, dabei sind. Wir gehen hinunter. Mein Bruder hat den Hund im Vorzimmer an die Leine gelegt. Der Hund bellt nicht, knurrt nicht, liegt da und sieht zu. Er scheint auf alles gefaßt.

»Essen Sie was, bitte. Fünf Minuten.«

Meine Frau gibt mir zwei Butterbrote mit Zucker. Ich frage, ob noch Zigaretten da sind. Ja, zwei, Burleigh. Ich stecke mir eine an und esse rauchend. Ich blicke hinüber zu Max im Vorzimmer. Max erwidert meinen Blick, mit funkelnden Augen, regungslos. Hinter dem Hund – das große Fenster, hinter dem Fenster die Straße. Auf der Straße steht allerdings ein graues Auto mit einem Kerl, der zu unserem Haus herüberstarrt.

Mein Bruder fragt: »Was ist los mit meinem Bruder? Können wir Ihnen helfen?«

Keine Antwort. Der eine steht vor der Tür zum Garten, sieht hinaus, der andere durchsucht das Wohnzimmer. Der Inhalt meines Schreibtisches ist über den Boden verstreut. Ich sehe meine Frau an. Sie schaut mich mit unnatürlich klaren Augen an, so freundlich, ermutigend.

Der Mof kommt aus dem Wohnzimmer zurück. In seiner Hand befindet sich alles. »Fertig!«

»Also, Frau Doktor, Ihr Mann kommt mal mit. Vielleicht ist er heute abend schon zurück.«

Sie fragt, ob ich Waschzeug mitnehmen soll. Dadurch wird sie mir für eine Sekunde fremd; glaubt sie nicht an das heute abend?

»Nein. Bitte kommen Sie mit.«

Ich ergreife ihre Hand.

»Was soll ich den Eltern sagen?« fragt mein Bruder.

»Ich weiß es nicht«, sage ich, »sind keine Zigaretten mehr da?«

Hans gibt mir seine Schachtel, es sind noch vier drin. Ich sage »danke«, nehme auch die Schachtel mit den Kippen und stecke sie in meine Tasche.

»Zieh deinen Wintermantel an«, sagt meine Frau, »dir geht es noch nicht gut, es ist kalt draußen.«

Sie hilft mir in meinen dicken, dunklen Mantel. Die Haustür steht offen, die Knospen am Pflaumenbaum springen bald auf, die Sonne scheint.

»Ich komme vielleicht heute abend zurück«, sage ich zu ihr. Beide Moffen stehen dicht neben uns und sehen uns zu. »Sei stark«, sage ich.
Wir gehen hinaus. In der Türe steht meine Frau in ihrem Morgenmantel. Sie sieht mich unaufhörlich an, freundlich, unnatürlich freundlich, ihre Augen glänzen.
»Liebling«, sehe ich sie sagen.
Kein Mensch auf der Straße. Keine Menschenseele. Der Mercedes hat das Kennzeichen POL-1 A 9807. Ich steige hinten ein, ein Mof setzt sich neben mich, der andere vorn neben den Fahrer, der sich nicht umblickt und kein Wort sagt. Er läßt den Motor an, legt den ersten Gang ein, ich blicke zu meinem Haus hinüber, es ist niemand zu sehen. Der Wagen fährt schnell los. Auch die Straßen von Pijnacker sind menschenleer. Wir fahren Richtung Delft und biegen dann östlich von Delft in die gutausgebaute Schnellstraße nach Den Haag ein. Aber anscheinend ist das ein Irrtum, denn ohne sich an die Verkehrsregeln zu halten, wendet der Fahrer mitten auf der stark befahrenen Straße und fährt ohne Umweg nach Rotterdam, Eendrachtsweg 61, zu unserer Anwaltskanzlei.
Ich bin mit einem Mof in meinem Arbeitszimmer, die anderen veranstalten eine Bürodurchsuchung. Eingerahmt hängt der vollständige Text des Wilhelmus an der Wand. Der Mof fragt mich, was das ist. »Unsere Nationalhymne«. Er ist kurze Zeit ruhig, ruft dann lauthals »Saul und David. Schon wieder die verdammte Judenbande.« (In der achten Strophe des um 1570 entstandenen ›Wilhelmus‹ werden Saul und David genannt.) Er durchwühlt meinen Schreibtisch, verschiedene Flugblätter und Papiere nimmt er mit. Ein Exemplar von E. N. van Kleffens, unseres mit der Regierung ins Londoner Exil gegangenen Außenministers, ›Juggernaut over Holland‹, das von Übersee ins Land hineingeschmuggelt worden ist, läßt er liegen, zu dumm zu begreifen, was er da vor sich hat. Dann der Ruf »Also mitkommen«. Nach einer wortlosen Begegnung mit der fassungslos starrenden Frau des Hausmeisters sind wir zur Sipo-Dienststelle am Heemraadssingel unterwegs. Wagen fahren dort vor und wieder ab, es scheint einiges im Gange zu sein. Ich werde mit den beschlagnahmten Papieren in der Halle abgeliefert. Ich sehe viele holländische Fahnen, Radioapparate, Anstecknadeln mit dem aus Guldenstücken ausgesägten Portrait der Königin Wilhelmina, stapelweise Flugblätter. In einer Ecke stopfe ich meine Pfeife mit Zigarettenkippen und rauche. Ein Kerl in Uniform hält etwas von meinen Sachen hoch. Der im Regenmantel

ruft: »Das gehört dem da!«, schon merklich unhöflicher. Er läuft auf mich zu und schlägt mir die Pfeife aus dem Mund.
Jetzt beschleicht mich das Gefühl, daß mir etwas widerfährt, was mir nicht zugedacht sein kann. Ein Irrtum des Schicksals. Eine falsche Weichenstellung. Ich muß nur ein kleines Stück zurücksetzen und dann auf dem richtigen Gleis weiterreisen.
Wir gehen hinauf, in ein geräumiges Hinterzimmer. Unter Bewachung stehen dort zwanzig bis dreißig Männer, mehr oder weniger in strammer Haltung, das Gesicht der Wand zugekehrt. Fast alle scheinen Arbeiter zu sein, ich sehe Ledergamaschen und Lederjacken, Baskenmützen und Overalls. Ich nehme meinen Platz in der letzten Reihe ein. Der schwere Wintermantel drückt auf meine Schultern.
Plötzlich: Johan de Jongh, in der vordersten Reihe. Er blickt sich kurz um, wir haben uns gesehen. Jetzt starrt er still vor sich hin, seltsam gefügig. Johan und ich, all diese Männer, was soll das bedeuten? Weshalb haben sie mich festgenommen?
Langsam wird es zwei Uhr. In der Ferne höre ich die Geräusche von Rotterdam. Plötzlich sehe ich auch van den Acker mit seinem gebräunten Gesicht und den schwarzen Augen. Es ist kein erfreulicher Anblick. Was ist nur geschehen? Eigentlich ist nichts geschehen – noch nichts. *Vielleicht ist der Herr heute abend zurück.* Ich brauchte noch nicht einmal Waschzeug mitzunehmen. Du wirst sehen, gleich ist die Vorstellung über die Bühne gegangen. Aber die beschlagnahmten Papiere ... Lärm, die Türen werden aufgerissen. Alles raus, aber langsam, zu dritt. Die Vorhalle ist stark bewacht. Nagelsticfel, gefürchtet wie die Pest, eine Pest, der man bisher aus dem Weg gehen konnte. Jetzt stampfen sie klirrend um uns herum. Vor der Türe eine Reihe POL-Wagen, auf der Straße ein paar Schaulustige, alte Männer, einige Mädchen, ein Junge auf seinem Fahrrad. Er wirft uns eine Zigarette zu, ein Mof zertritt sie sofort. Immer zu dritt gehen wir hinaus. In jedem Wagen wartet ein Fahrer. Wegen meiner langen Beine – man bemerkt es scherzhaft – bekomme ich den Befehl, mich neben den Fahrer zu setzen. Die beiden anderen nach hinten, ein Mof dazwischen. Wir fahren an, halten sofort wieder, eine Kolonne formiert sich. Brüllende Deutsche mit Listen in der Hand gehen an den Wagen entlang, fragen nach Namen. Dann fahren wir, achtzehn Wagen hintereinander, ich im fünften, durch Rotterdam, über den Kanal; wir passieren Overschie und folgen der Schnellstraße nach Den Haag. Die Straße nach Scheveningen ... auf einmal wird mir speiübel. Die

Wagen der Kolonne halten jetzt größeren Abstand. Der Tachometer zeigt 95 km/h, ganz genau, oft überholen wir andere Fahrzeuge. Der Mof hinten bietet uns eine Zigarette an. Meine Hand zittert – schon mehr als lächerlich. Mich überlaufen ununterbrochen Schauder. Kalter Schweiß klebt unter meinen Achseln, obwohl ich in meinem Wintermantel fast ersticke. Die Tachometernadel steht jetzt auf 90, ich blicke zur Tür neben mir, zum Türgriff. Wir überholen einen großen Lastwagen von Verkade, Zaandam, Verwandten von mir. Ich muß schlucken, ununterbrochen schlucken. Ich muß mich erbrechen, der Fahrer muß anhalten. Was heißt »braken«? Erbrechen, sich erbrechen, *ich muß mich erbrechen,* und dann bei 50, 40, 30 vielleicht der Türgriff, der Graben, die Wiese, aber nach uns fahren noch dreizehn, kommt denn kein Dorf oder ein Weiler mit verwinkelten Gassen? Ich räuspere mich. »Ich muß...«. Ich bringe keinen Ton heraus. Wir befinden uns südöstlich von Delft, im Osten liegt Pijnacker, mit meinem Haus, mit meiner Frau, meiner Liebsten, allem, was ich liebe. »Ich muß...«

Ein Licht funkelt, dort über Pijnacker, über dem fernen Kirchturm, ein breiter silberner Lichtstrahl, der Turm wird angestrahlt. Da ist auch eine Schale, eine breite, hell erleuchtete Schale; darin befinde ich mich. Eine Hand erscheint aus dem Nichts und hebt mich empor – heraus aus dem Leben, dorthin, wo nur Schweigen und Licht herrschen. Und ich vernehme: *»Fürchte dich nicht. Ich bin es.«*

Deutsches Polizeigefängnis Scheveningen

9. April–17. Juli 1942

Zelle 712 Die Wagen formieren sich in der Van Alkemadelaan wieder zu einer Kolonne. Wir fahren bis zur Mauer, vorbei am Pompstationsweg, bis zu zwei schwarzen Toren. Sie sind geöffnet. Von den Toren bis zu den Wagen ist, wie auch um die Wagen, eine Postenkette von über 60, 70 Sipo-Männern aufgezogen worden. Sie sind einfach überall. Diese Fratzen könnten aus einem drittklassigen Gangsterfilm stammen. Wir gehen durch das Tor, durch schwere Schiebetüren, über einen Innenhof in ein niedriges Gebäude aus Backstein, mit Gittern. Irgendwie schafft es Johan, daß er neben mir steht, als wir uns in einer Reihe aufstellen müssen, mit dem Gesicht zur Wand, die Hände auf dem Rücken. Er flüstert. Zuerst verstehe ich ihn nicht. Er flüstert weiter, über van den Acker, Akten, Senderöhren, Waffen. Ich begreife ihn nicht ganz. Ich lausche der monotonen Musik des Gefängnisses: ununterbrochenes Schlüsselgerassel. Ich erhalte einen Tritt gegen das Bein. Ein Mof befiehlt mir, mein Bein, das rechte, zu heben und so stehen zu bleiben. Wir werden, einer nach dem anderen, in einen Raum geführt, wo man uns durchsucht. Unsere Kleidung können wir behalten, unsere ganze Habe nimmt man uns ab. Einzeln wird alles auf Karteikarten aufgeführt. Ich unterschreibe meine Karte. Die kleine lederne Brieftasche mit Fotos darf ich behalten. Gott sei Dank. Auch meinen Wintermantel und meinen vornehmen schwarzen Hut. Man führt mich durch einen langen, mit einer Kokosmatte ausgelegten Gang zum Flur F, zur Zelle 712.

Ganz hinten in der Zelle steht ein kleiner Mann – stramm. Er grüßt mich nicht. Eine Matratze, eine Decke, ein Kissen, ein Eßnapf und ein Becher werden hineingeworfen.

Die Scheveninger Zellenbaracken Die Zelle hat einen Durchmesser von etwa zwei mal drei Metern. Auf dem Boden große, dunkle Fliesen. Die Wände sind verputzt und gelb überstrichen. Hinten, über

die ganze Breite der Wand eine Holzpritsche mit Strohsack und Pferdedecken. Darüber, in einer Ecke, ein Holzbrett. An einer Wand ein hölzerner Klapptisch mit Hocker; in einer Ecke bei der Türe der Kübel; ein grauer Abfalleimer mit einer Nummer, darinnen noch ein Eimer mit Karbol. Ferner ein winziger Zinkkübel zum Waschen, ein Päckchen Toilettenpapier, ein Blechbecher, ein Löffel. Oben, hinten in der Zelle, die Rohre der Zentralheizung. Über der Türe zwei kleine, vergitterte Fenster mit zwei Pappläden für die Verdunklung.
Mitten in der Tür befindet sich eine kleine Luke, etwa zwanzig mal zwanzig Zentimeter groß, die nach außen heruntergeklappt werden kann, nachdem sie mit einem Steckschlüssel geöffnet worden ist, darüber ein rundes Guckloch. Die Tür wird mit einem schweren Schloß und zwei Riegeln verschlossen, einer oben, einer unten. An der Wand neben der Tür: die Zellenkarte, darauf Name und weitere Angaben. Auf der anderen Seite die Klingel, die draußen ein Zeichen herunterklappt.
Das Deutsche Polizeigefängnis Scheveningen unterstand der SS und der Gestapo, Kerlen mit den bekannten riesigen Mützen und Totenköpfen. Die Wärter wurden mit Herr Wachtmeister angesprochen. Bei verschiedenen Arbeiten mußten ihnen Gefangene helfen, die Kalfaktoren oder Flurwärter.
Ich versuche in diesem Buch, die richtigen deutschen Fachausdrücke zu gebrauchen. Meistens glückt es mir. Aber in einem wichtigen Punkt bin ich mir manchmal nicht sicher: SS, SD, Sipo, Gestapo – welcher Begriff war wann und wo der richtige?
Meine Unsicherheit ist nicht verwunderlich. Historiker, die sich mit dieser Frage beschäftigten, widmen den unzähligen deutschen Organisationen von Wehrmacht, Partei und Polizei ausführliche Betrachtungen, die dadurch noch komplizierter werden, daß diese Organisationen manchmal mit verändertem Namen, manchmal neu errichtet, manchmal miteinander konkurrierend die Szene beherrschten. Ich finde, daß es nicht meine Aufgabe ist, dies nochmals zu wiederholen.
Bezeichnend für alle Verwirrung in diesem Punkt ist wohl die Tatsache, daß viele von uns meinten, vom SD (Sicherheitsdienst) verhaftet worden zu sein, während es in Wirklichkeit die Sipo (Sicherheitspolizei) war. Man wußte auch manchmal nicht, ob man es nun mit einem Individuum von der Sipo oder der Gestapo zu tun hatte. Dann gab es noch die Grüne Polizei und die Ordnungspolizei und die Feldgendarmerie. Die Feldgendarmen waren an einer halbmondförmigen

Metallplatte zu erkennen, die sie an einer Kette um den Hals trugen. Auch der Aufbau der SS war kompliziert. Allgemeine SS, SS-Totenkopfverbände, Waffen-SS usw. Ach, uns war es gleich, wie der Hund hieß, der uns biß.

Mit den Riegeln fängt der Tag an. Ganz entfernt, am Anfang des Flurs beginnt das regelmäßige Klicken der beiden Riegel an jeder Türe, die von den Flurwärtern zurückgeschoben werden: klick-klick, klick-klick, immer näher, begleitet von einem heiseren »Morgen« bei jeder Zelle. Dann kommt der Wachtmeister mit seinem umfangreichen Schlüsselbund und öffnet die Türen. Die Gefangenen erhalten Wasser, um sich zu waschen. Sofort wird die Tür wieder verschlossen. Kurz darauf öffnet der Wachtmeister mit einem Steckschlüssel die Luken; dahinter drängen sich in den gegenüberliegenden Zellen Köpfe, bleich, lachend, grimassierend, albern. Eines Tages erkenne ich Pim van Doorn, einen Studienfreund aus Den Haag und Leiden (ein Jahr später ist er hingerichtet worden). Auf der ausgeklappten Luke darf man keinen Becher abstellen; erst wenn der Flurläufer vorbeikommt, hält man ihm durch die Luke den Becher hin, den er mit »Tee« oder eher Rübenwasser füllt. Die Riegel bleiben bis abends zurückgeschoben.
Im Laufe des Morgens werden die Häftlinge zum Hofgang auf einen Platz geführt, und zwar immer eine Seite des Flurs gleichzeitig, ungefähr fünfzig Mann. Der Wachtmeister öffnet die Türen, aber man darf erst auf ausdrücklichen Befehl hinaus, alle nacheinander, den Kübel in der Hand. Auf einen Befehl hin wird zum Müllabladeplatz marschiert, wo die Kübel abgesetzt und von einer Gruppe Gefangener gesäubert werden, und weiter zu einem Platz, einem sandigen Gelände von ungefähr fünfzehn mal fünfzig Meter Ausdehnung, westlich der Baracken, umgeben von einer hohen, gelblichen Mauer. Über der Mauer erscheinen in der Ferne das Dach des Wasserwerks in den Dünen und Wolken und Möwen. In der Mitte steht ein Turnlehrer, auch ein Gefangener, der leichte Übungen machen läßt. Wer nicht mitmachen will, steht am Rand, an einer bestimmten Stelle. Rauchen ist verboten. Ein paar SDler mit Pistolen halten Wache. Über dem Platz wölbt sich der Himmel, der für Gefangene so wichtig ist. Nach dem Hofgang marschieren wir durch andere Gänge zur Müllkippe zurück, um unsere gespülten und wieder neu nach Karbol stinkenden Eimer abzuholen. An ein paar Zellen sehen wir auf einem Stück Pappe die Aufschrift:

Ich bin Jude
Einzelhaft
Strenge Einzelhaft
Kalte Kost
Keine Begünstigung

Nach dem Hofgang muß die Zeit bis zum Mittagessen totgeschlagen werden. Schon bald entwickelt sich eine So-langsam-wie-möglich-Routine. Instinktiv tut man alles so langsam und umständlich wie möglich, um die Zeit zu vertreiben. Vom Gefängnisbibliothekar, einem stillen Mann – kein Gefangener – bekommen wir wöchentlich ein paar Bücher. Ich lese sie so langsam wie möglich, schließe mit mir selbst Wetten ab, wieviele Buchstaben ein bestimmter Satz enthalten wird. In einem Buch finde ich die Beschreibung einer Exekution. Ich weise den Gefängnisbibliothekar darauf hin, damit das Buch aus dem Umlauf genommen wird. Es kommt oft vor, daß ich zehn, zwanzig Seiten lese, ohne zu begreifen, was ich gelesen habe.
Das Mittagessen wird gegen 12 Uhr ausgeteilt. Schon Stunden vorher wissen wir, was es geben wird: im Gefängnis werden die Sinne auf eine unfaßbare Weise geschärft. Das ist nur logisch. Das Gehirn eines Menschen kann eine bestimmte Menge von Daten speichern. In einem Gefängnis wird nichts Neues hinzugefügt. Die Aufnahmefähigkeit wird nicht beansprucht. Ein Vakuum entsteht. Es wird nicht mit neuen Erfahrungen gefüllt, sondern das Vorhandene wird verstärkt. Morgens um neun rieche ich, was in der zweihundert Meter entfernten Küche gekocht wird. Man hört den Wachtmeister, der angeschlichen kommt, um durch die Gucklöcher zu spähen, schon, wenn er noch zehn Zellen entfernt ist. Jede Veränderung in der Zelle, die das Wachpersonal bei einer heimlichen Durchsuchung während unseres Hofgangs verursacht, springt bei der Rückkehr wie ein Splitter ins Auge: der Rahmen mit den Fotografien ist umgefallen, die Pantoffeln sind verschoben, der Teller auf dem Brett lehnt nicht an der Wand, sondern liegt, riesige Veränderungen für die Überempfindlichkeit des zu wenig ausgelasteten Sehvermögens.

In Scheveningen bestand das Mittagessen aus dreiviertel Liter Eintopf und war recht ordentlich. Nach zehn Minuten wurden die Schüsseln wieder eingesammelt; man mußte also in zehn Minuten tun, was man am liebsten stundenlang gemacht hätte. Ich schaufelte deshalb den Eintopf sofort auf meinen Teller. Mit meinem späteren Zellen-

genossen traf ich ein heroisches Abkommen: die eine Hälfte essen wir sofort, die andere Hälfte heben wir auf, »bis die Sonne in die Zelle scheint«, das war gegen drei Uhr. Also konnte man sich von 12 bis 15 Uhr auf etwas freuen. Gegen halb sechs bekamen wir einen Becher »Tee« und ein Stück Brot. Mit diesem Brot haben wir solche Kapriolen aufgeführt, daß ich sie kaum aufzuschreiben wage. So bewahrte ich die schon einige Zeit gekauten Brotreste am äußeren Zahnfleisch und in hohlen Zähnen auf, um sie dort später mit der Zunge hervorzuholen. Das war dann die Nachspeise. Die anderen gingen freilich noch weiter. Manchmal bekamen wir Kantine, eine Sonderzuteilung von einem Pfund Zucker. Ich schüttete ein wenig Zucker in den Tee, rührte kaum um und trank dann den Tee so schnell wie möglich. Das heiße Wasser gab dem gequälten Magen einen gewissen Halt, er ließ sich kurze Zeit betrügen. Im Becher blieb der Zuckersatz zurück. Die vier Brotscheiben wurden mit diesem Rest ›bestrichen‹. So war der einmalige Zuckergenuß von doppeltem Nutzen. Und meistens gelang es mir, das Brot erst gegen Abend aufzuessen, kurz bevor wir zu Bett mußten. Das kündigte am Ende des Flurs das sich stetig nähernde doppelte Klicken der Riegel an: klick-klick, gute Nacht, klick-klick, gute Nacht – die Kalfaktoren Buitelaar und Kuyper.
Meine Zelle hatte ein nach Westen gehendes Oberlichtfenster. Wie gesagt, kam die Sonne gegen drei Uhr und blieb bis kurz vor ihrem Untergang in der Zelle. Gelb, gelber, flammendgelb, zitronengelb, orangegelb trafen die Sonnenstrahlen auf die gelbe Wand. Hinzu kam – bis zu meinem Tod werde ich es im Gedächtnis bewahren, und bis zu meinem Tod werde ich es niemandem beschreiben können – der langgezogene Ton einer Heulboje, in der Ferne auf See. Das Gelb und der Heulton…
Am ersten Tag in Scheveningen gab ich meinem Zellenkameraden die Hälfte meines Essens ab. Er verschlang es auf eine scheußliche Weise, sein beiges, ehemals weißes Hemd stank. Ich begriff, daß ich ihm bald ähneln würde. Seltsam genug schien er kein politischer Gefangener zu sein, sondern ein Sittlichkeitsverbrecher. Ich weiß nicht, wie er in das »Oranjehotel« geraten war. Wohl weiß ich, daß man ihn der Unzucht mit Jungen verdächtigte; darüber sprach er mit Zurückhaltung. Freimütiger – und ausführlicher – berichtete er über seine Aktivitäten mit Frauen; anscheinend betrieb er ein gemischtes Unternehmen. Ab und zu brach sich seine Geilheit in zahllosen Obszönitäten Bahn, die er mit heiserer Stimme beschrieb: mit welchen Frauen er es getrieben hatte und auf welche Weise und wonach ihn in

der Zelle am meisten verlangte. Sadismus war für ihn kein Fremdwort. Er schilderte mir die in ihm aufsteigenden Phantasien so schamlos, daß die Kopulationen fast sichtbar wurden; seine Worte trieben auf einer Speichelflut hinaus. Übrigens schimpfte und nörgelte er den ganzen Tag und behandelte mich mit boshaftem Sarkasmus. Nach ein paar Tagen holte man ihn; ich habe ihn nie wiedergesehen.

Angst Die ersten zwei Wochen waren ein würgender Schrecken: Die Angst drückte uns die Kehle zu. Der Mof ließ uns wohlüberlegt im Unklaren. Wir wußten und hörten nichts. Was würde geschehen? Wird man mich verhören? Wie wird man mich verhören? Worüber? Weshalb wurde ich eingesperrt? Was wissen sie? Ist es mein Brief an das Triumvirat der Nederlandsche Unie, der an Deutlichkeit nichts zu wünschen übrig ließ? Ist es der vielleicht doch entdeckte Brief an die Königin in London? Sind es meine selbstgefertigten Flugblätter? Die Senderöhren? Die so oft angeforderten, aber nie erhaltenen Waffen? Haben sie etwas entdeckt? Was? Was hatten sie aus unserem Haus geschleppt? Hatten sie diese eine Akte aus dem Büro mitgenommen? Was stand denn nur in den Briefen? Schlüsselworte standen darin. Sind sie entschlüsselt worden? Wie finde ich das nur heraus? Warum haben sie auch Johan festgenommen? Es handelt sich also um eine Angelegenheit, die sowohl mich als auch Johan betrifft. Was kann das sein? Was hat er ausgesagt? Was van den Acker? Wir hatten doch zusammen kaum etwas unternommen! Dem Himmel sei Dank, es ist ein Irrtum, man wird uns freilassen. Wir haben nicht viel getan, aber...

Das Gefängnis. Was wußte man darüber? Als Rechtsanwalt hatte ich wiederholt mit Häftlingen im Rotterdamer Untersuchungsgefängnis gesprochen: unglücklichen, armen Schluckern, bleich, mit üblem Mundgeruch, irgendwie schuppig in ihrem Anzug aus braunem Boi mit der runden Eisennummer auf der Brust, meist in Holzschuhen. Sie kamen mir so völlig unwirklich vor: vertrocknet, steril, mit mechanischem Augenzwinkern. Das Gefängnis. Man hatte von Kerkern gelesen, Ketten, Ratten. Von verschmachtenden, dahinsiechenden Gefangenen, Gittern, Stroh und Lumpen, Wasser und Brot. Von einer Spinne, Lebensgefährtin eines Eingekerkerten. Jetzt war ich – als erster meiner Familie – selbst ins Gefängnis geworfen worden.
Das war ... eine Ehre! Das war das Oranjehotel! »In deze bajes zit geen gajes maar Hollands glorie potverdorie« (»In diesen Zellen sitzen keine Kriminellen, sondern Hollands Glorie, verdammt noch-

mal«). Aber über den Scheveninger Knast waren Schreckensgerüchte in Umlauf. Man würde gefoltert. Ich wußte, daß die Moffen vor den Augen eines Gefangenen, der nicht aussagen wollte, seinem kleinen Sohn den Arm ausrenkten. Und doch überwog ein munterer, kräftiger Ton, wenn über das Oranjehotel gesprochen wurde. Dazu gehörten Oranje Zal Overwinnen = OZO (Oranje wird siegen), ausgesägte Gulden und andere lobenswerte Kindereien, bei denen ich bis zum 9. April eifrig mitgemacht hatte.

In den ersten Tagen versuchte ich die Stimmung »Oranjehotel« und »Hollands glorie potverdorie« zu kultivieren. Ich marschierte auf und ab und sang leise Songs aus dem englischen Rundfunk: ›*The white cliffs of Dover*‹ und ›*Chattanooga Choo-Choo*‹ und ›*Shoeshine Boy*‹ und natürlich besonders oft das englische Soldatenlied ›*It's a long way to Tipperary*‹ ... doch merkwürdig, die Wirkung wollte sich nicht einstellen. Der Optimismus verkehrte sich ins Gegenteil: die Angst wuchs. Das war der Vorbote der Offenbarungen, die uns noch bevorstehen sollten: Zuerst furchterregend, dann befreiend.

Große Sprüche, falsche Worte werden entlarvt. Es gibt Tausende großer Worte, in einem Menschenleben wimmelt es nur so davon. Sie haben sich fast alle als unwahr erwiesen. Wir haben uns in jeder Hinsicht von der Wirklichkeit entfernt und finden uns wieder auf den Schwingen dieser Worte, der Trugschlüsse und Täuschungen in einem Irrgarten aus Lügengeweben, wo wir es nur in einem künstlichen Chaos von neuen Wahnbildern aushalten können. Es ist – das merkte ich bald – alles nicht wahr. Man nehme einen Krieg, ein Schlachtfeld, ein Feld der Ehre, Gott, Oranje und Vaterland, den Heldentod mitinbegriffen. Die geschickte Ausschmückung und Aufmachung eines Krieges zu einem dramatisch erhebenden Schauspiel ist Jahrhunderte alt und wurde schon wiederholt von Dichtern an den Pranger gestellt. Aber anscheinend nicht gründlich, nicht schlagend genug. Auch mitten unter uns gab es Menschen, die noch nichts begriffen hatten, obwohl sie alles deutlich sahen. Ein Krieg ist ein einziger schmutziger, blutiger Sumpf – auf beiden Seiten. Das Feld der Ehre ist am allerwiderlichsten. Gott – wer wagt es, seinen Namen im Munde zu führen? Die meisten kämpften ums nackte Überleben, gegen die Deutschen, und im günstigsten Fall für die Menschen auf der ganzen Welt, für das Recht, für die Freiheit – wirklich und im wahrsten Sinne des Wortes. In unserer Zeit kämpft man nicht mehr nur für das Vaterland – es geht um höhere Ziele.

Geraten wir aber in unmittelbare Lebensgefahr, dann lassen diese traditionellen Topoi ihre Larve fallen. Das erweckt doppelte Furcht. Der ersten Furcht – vor Folter und Tod – folgt eine zweite: die vor einer entlarvten Tradition, vor den kraftlosen und abgestumpften großen Worten. Ich schwebte. Jeder feste Halt zerbrach.
Und doch – als das Grauen zunahm, schien etwas von Wahrheit in Wort und Tradition zu liegen, ein primitives Element, das auf die Instinkte wirkt. Aber dann wurde die Wut größer als die Furcht. In diesem Buch wird man über dieses Phänomen etwas erfahren können. Der Ernst der Lage wurde so ungeheuer, daß manchmal sogar Feindschaft durch sie entkräftet werden konnte: Ich sah den Mof nach einiger Zeit nicht mehr als Feind, den man vernichten mußte, sondern als besessenen Mitmenschen, sogar als Schicksalsgefährten. Wenn ich diese Worte jetzt niederschreibe, erschrecke ich darüber; doch sie sind wahr – und deshalb werden sie nicht gestrichen. Auf die Dauer waren die Umstände zu ernst für Gefühle wie Haß auf Mitmenschen. Übrigens, auch hierin deutete sich später, als alles noch viel schrecklicher wurde, wieder eine Veränderung an.
Die erste Zeit in Scheveningen, isoliert von den anderen, erschrak ich oft über die Offenbarung. Ich glaubte: Du bist auf dem besten Wege, verrückt zu werden. Die Todesangst hat dich so sehr gepackt, daß du aus ganz gewöhnlicher Feigheit mürbe wirst, jämmerlich bist, vom Mitmenschen murmelst und dergleichen mehr. Wahrscheinlich stimmt das auch. Gewißheit habe ich nicht, doch ich neige zu der Ansicht, daß beides zutrifft: Die Todesangst bewirkte bei mir sowohl scharfe Einsichten als auch an den Wahnsinn grenzende Wachträume.

Not lehrt beten Alle Sprichwörter und Redensarten – nicht große Sprüche, Worte und Reden – treffen zu. So auch dieses. »Not lehrt beten« bedeutet, daß ein von Leid getroffener Mensch, der dieses Leid nicht aus eigener Kraft bewältigen kann, sich mit einer flehentlichen Bitte an seinen Schöpfer wendet. Fast immer heißt es in dieser Bitte, daß das Leid von ihm genommen werden möge, daß es wenigstens gemildert werde. Das scheint nicht der Sinn eines Gebetes zu sein. Ein wirklich frommes Gebet ist eine Bitte um Kraft und göttliche Nähe, verbunden mit einem Credo der Ergebung: Dein Wille geschehe. Man bittet, daß dem Menschen nicht mehr auferlegt werde, als er tragen kann. Der Christ beruft sich dabei auf die Vermittlung von Jesus Christus, dem menschgewordenen Sohn, und auf seine Verheißungen, auf deren Einlösung er Anspruch erhebt. Es trifft zu, daß Not beten lehrt. Es trifft auch zu, daß die Kraft zu glauben in demselben Maße schwächer wird, wie die irdische Not abnimmt. Wem es auf Erden wohlergeht, der neigt dazu, das Beten zu vergessen. Gott scheint nur in Notfällen brauchbar. Er ist überflüssig, wenn es nichts mehr zu klagen gibt. Dies ist die unschöne Wahrheit, der Beweis der unbegrenzten menschlichen Oberflächlichkeit und Undankbarkeit, vielleicht sogar der Dummheit. Gleichzeitig ist es ein scheinbar alles übertrumpfendes Argument von jenen, die sich Ungläubige nennen und sich erkühnen, jeden Glauben, insbesondere den christlichen, als Einbildung und Schwachsinn abzutun. Dies ist ein rein satanisches Argument, weil sich kaum dagegen argumentieren läßt. In der Unterdrückung, im Leiden finden die Menschen zum Glauben. Das ist nicht ihr eigenes Verdienst. Es ist eine Gnade, die sie von ihrem Schöpfer empfangen, gleichzeitig mit dem Kreuz – ob sie nun wollen oder nicht. Um ihren Glauben instandzuhalten, können die Menschen allerdings eines tun: Sie können beten. Denn ein betender Mensch ist unbesiegbar. Von den Deutschen ergriffen, erniedrigt, geschlagen, mißhandelt, bedroht, fanden Hunderte, Tausende zum Glauben. Es gibt unzählige Tagebücher, Briefe und andere Zeugnisse, die den Beweis dafür liefern.

Der Glaube Unter der deutschen Schreckensherrschaft gab es verschiedene Umstände, die die Bereitschaft zu glauben förderten: das Schuldgefühl, die Unsicherheit und den Inhalt des Evangeliums. Schuldig fühlt sich fast jeder – zu Recht. Es gibt wohl niemanden, der behaupten kann, ohne Schuld zu sein. Die Besatzungszeit trug dazu bei. Wir verfolgten die Deutschen, unsere Mitmenschen, mit tödlichem Haß, der auch in Taten umgesetzt wurde. Es war Krieg, und in Kriegszeiten ist das Verbrechen an der Tagesordnung und wird nicht nach dem Gesetz geahndet. Wer in Friedenszeiten vorsätzlich einen Menschen tötet, der ist ein Mörder und hat ein schweres Verbrechen begangen. Wer in den Reihen des offiziell anerkannten Feindes als Mörder wütet, der tut seine Pflicht. So ist es, und das ist tragisch, und es zieht Schuldgefühle nach sich, vielleicht sogar die Schuld. Wer unter Schuldgefühlen leidet, der wundert sich nicht, wenn er bestraft wird. Ich erlitt das mir von den Moffen angetane Unrecht als Strafe, vor allem am Anfang. Natürlich empfing ich meine Strafe – meinem

Gefühl nach – als verdiente Strafe nicht von der deutschen Seite! Die Strafe wurde mir von Gott auferlegt, gegen den ich während meiner sechsundzwanzig Jahre unaufhörlich gesündigt hatte. Die Moffen waren nur das Werkzeug. Sie behandelten mich ungerecht. Gott jedoch behandelte mich gerecht. Und dann die Unsicherheit. Menschen verlangen Sicherheit. Unaufhörlich und in jeder Hinsicht versuchen sie, ihr Leben mit Sicherheiten anzufüllen. Nur das Sterbedatum und die Art des Todes bleiben die beiden großen Unsicherheitsfaktoren, und gezwungenermaßen fügen sie sich hier. Doch die Erzeugung absoluter Unsicherheit in allen Einzelheiten wurde zum wesentlichen Bestandteil des deutschen Terrors. Die Verhaftung erfolgte unerwartet. Man erfuhr bis zum Verhör nicht, warum man verhaftet worden war. Man wußte nicht, wohin man gebracht wurde, bis man dort angelangt war. Die Dauer der Haft war unbekannt. Transport in Gefängnisse und Lager gingen unerwartet ab, der Bestimmungsort wurde geheimgehalten. Familienangehörige wurden nicht direkt oder erst sehr spät oder auch überhaupt nicht über den Aufenthaltsort informiert. Jede Sekunde eines jeden Tages in deutscher Gefangenschaft konnte buchstäblich alles mit sich bringen – die Exekution eingeschlossen. Dadurch wurde bei den Gefangenen die größte Unsicherheit geschaffen – absichtlich. So wollte man sie mürbe machen. Doch in Wirklichkeit wirkte gerade die Unsicherheit als äußerst starkes Stimulans auf die innere Kraft, den Glauben! Wenn einem alles und jeder entrissen wird, greift man von selbst nach der einzigen Ursicherheit: der Anwesenheit Gottes.

Und dann der Inhalt des Evangeliums. Das Evangelium – wörtlich: die gute Botschaft – richtet sich an die Unterprivilegierten, dic »underdogs«: Man braucht nur wenige Seiten des Neuen Testaments zu lesen, um festzustellen, daß Christus sich den Armen, Gebrechlichen, Kranken, Verstoßenen, Erniedrigten, Sündern und Verworfenen zuwendet und ihnen Seligkeit im Jenseits in Aussicht stellt. Dagegen werden die Reichen, die Mächtigen der Erde, diejenigen, denen alles nach Wunsch und Willen geht, die größten Schwierigkeiten haben, in das himmlische Königreich zu gelangen. Es ist deshalb selbstverständlich, daß Gefangene der deutschen Besatzungsmacht besonders empfänglich für das Evangelium Christi sein mußten. Wer von Schuldgefühlen geplagt wird, sich in der höchsten Unsicherheit befindet, geschlagen, getreten, gedemütigt, beschimpft, gefoltert, ausgehungert und Tag und Nacht mit dem Tod bedroht wird wegen Ta-

ten, die nur von den Besatzern selbst und von niemanden sonst als kriminell bezeichnet werden, Taten, die aus dem eigenen Gefühl heraus eine Pflicht waren, für den liegt es nahe, fest an die tröstlichen Versprechen zu glauben, die ewige Seligkeit im Jenseits verheißen. Damit verbunden ist Verachtung des irdischen Lebens, von der die Bibel ja überfließt.
Im Angesicht des Todes, von Dämonen umringt, von der Außenwelt hermetisch isoliert, von Frau, Kindern, Familie und Freunden getrennt, fühlt man sich anfangs »von Gott verlassen« – ein Schrei, den selbst Jesus am Kreuz ausgestoßen hat –, bis das Wunder von Gottes großartiger Anwesenheit geschieht, so wie es mir geschah, als ich eine Vision hatte, bei Pijnacker auf dem Weg zu einer drei Jahre dauernden Qual. Gerade im Reich des Satans war die Möglichkeit einer göttlichen Offenbarung am größten. Alle Bedingungen waren in vollkommener Weise erfüllt. Ich schreibe dies nach einigem Zögern nieder, mit einem Fragezeichen: Wurden die Bedingungen in den deutschen Gefängnissen und Lagern vielleicht deshalb so vollkommen erfüllt, um der göttlichen Offenbarung erneut eine große Chance zu geben? War unsere Gefangenschaft dann vielleicht kein satanisches, sondern gerade ein göttliches Werk? Ich fühle mich nicht kompetent genug, darauf eine Antwort zu geben. Ich würde sagen: Es war beides gleichzeitig. Und der Leser sollte mich jetzt nicht fragen, wie das vor sich gehen sollte. Und auch später nicht einen andern. Denn für die Menschen wird hier ein Begreifen unmöglich.

Hofgang Beim Hofgang in Scheveningen konnte man so vieles erleben. Zuallererst den Himmel. Die helle Luft und der klare Himmel waren das Wichtigste. Vögel flogen, so einfach über die Mauer. Ein Spatz flog auf, weg war er. Flügel…
Ein kleiner Garten war auf dem Platz angelegt worden. Einer meiner Zellenkameraden, Carel Graf van Lynden, wurde als Gärtner eingesetzt. Eine gute Wahl, denn seine Residenz war eigentlich der berühmte Keukenhof. Er sah gesund aus, wie er so mit seinem Spaten, der Harke und der Gießkanne hantierte. Unter seinen Händen blühte das Gärtchen auf. Ein anderer Zellengefährte, Johan Birnie, war ganz offensichtlich ein Marineoffizier. Blick, Gesicht, Haltung und Stimme: ein Marineoffizier vom Scheitel bis zur Sohle. Er lief aufrecht und rhythmisch, schwenkte weit ausholend die Arme, Brust heraus, Kinn gereckt. Es war ein stolzer, starker Gang. Mich kostete

es mit meinen bald gummiweichen Beinen anfangs Mühe, seinem Beispiel zu folgen, aber schließlich gelang es mir doch.
Physisch kann man sich wohlfühlen, wenn man geistig in Ordnung ist. Ich merkte, daß man diese Formulierung umkehren konnte: man bewegt sich ausgeglichen, und die Munterkeit folgt. (Genauso ist es mit dem Lachen. Meistens ist Lachen die Folge von Fröhlichkeit. Unter bestimmten Umständen ist es empfehlenswert, erst zu lachen und zu hoffen, daß die dazugehörige Fröhlichkeit folgt.)
Eines Tages stand eine Gruppe seltsam aussehender Neuer vor der Mauer auf dem Platz, der für unseren Hofgang vorgesehen war. Sie waren kahlgeschoren wie Füchse einer Studentenverbindung, und ihre Gesichter waren gebräunt. Unser erster Gedanke war: das sind doch wirklich gesunde Burschen! Doch ein Blick aus der Nähe zeigte das Gegenteil. Die braungebrannten Gesichter waren pergamentüberzogene Totenschädel, die leidlich ordentlichen Anzüge warfen große Falten. Die Hose hing seltsam flach hinunter, und wenn einer von ihnen ein Bein bewegte, schien es wie aus Holz – ein Holzpfahl. Ich begriff, daß sie ausgehungert waren. Sie warfen uns ein schwaches Lächeln zu. »Wir kommen aus Amersfoort«, flüsterte einer.

Zur Vernehmung Die Verheimlichung war ein wichtiger Faktor des deutschen Terrorsystems. Terror ist: jemanden unter Einfluß von Furcht und Schrecken zu etwas zu bringen. Die Furcht wurde schon durch die finstere Drohung mit unbekannten, aber keineswegs unmöglichen Mitteln geweckt. Von nackter Angst gewürgt, gaben viele bei den Verhören die verlangten Mitteilungen preis, ohne daß ihnen ein Haar gekrümmt worden wäre. Für diejenigen, denen trotz Folter kein Wort über die Lippen kam und die sich weigerten, andere zu verraten, sollte unsere Bewunderung und Verehrung unaussprechlich groß sein.
Mit Gott alleine in der Welt der überwältigenden deutschen Macht standhalten, keinen Fingerbreit weichen, die eigenen Prinzipien keinen Augenblick verleugnen – oder um Gunst und vor allem um Gnade bitten? Die Frage ist fast nicht zu beantworten. Alles hat sich zugetragen. Kaum etwas darf als unmoralisch verworfen werden.
Ich habe die größte Ehrerbietung für die zum Tode Verurteilten, die nicht um Gnade bettelten: aus Stolz. Sie wollten den verfluchten Feind nicht um ihr Leben anflehen. Das empfanden sie als unerträgliche Erniedrigung. Und damit hatten sie recht. Doch ist man, wenn es

um das eigene Leben geht, in fast allen Fällen bereit, sich zu krümmen und zu winden, schon um der Frau und der Kinder willen. Auch ich hätte es getan. Und wenn man schon nicht selbst um Gnade bitten wollte, dann hätten die nächsten Angehörigen Gesuche eingereicht. Ein großartiges Beispiel dieses Stolzes gab die Gruppe, die die Amsterdamer Einwohnermeldestelle überfiel. (Siehe Dr. L. de Jong, Band 2, zweiter Teil, Seite 680ff., vor allem 698–702.)
Ähnlich steht es mit dem Schweigen, dem Verschweigen von Namen, auch unter der Folter. Die Deutschen wandten grauenhafte Methoden an, um ihre Gefangenen »zum Reden zu bringen«. Ich kenne verschiedene Männer, die nicht schwach geworden sind. Es sind Helden.
Ich habe einige über ihre psychischen Reaktionen auf die Folter befragt. Meistens bekam ich folgendes zu hören: Die Drohung mit der Folter ist ärger als die Folter selbst. Und der Beginn der Folter ist furchtbarer als der weitere Verlauf. Man mußte zuallererst die Drohung durchstehen, dann die ersten Schmerzen. Wer das fertigbrachte, war meistens gerettet. Stolz und Trotz gaben die Stärke zu einem Wettstreit. Ihr Schufte, glaubt ihr, daß ihr mich auf diese Art kleinkriegt? Unter Stöhnen verspotte ich euch. Manche brachten es fertig, den Moffen die Meinung zu sagen. Ich kenne sogar einen, der seinem Henker zu Leibe ging und ihm die Fratze zerschlug. Dessen Stelle nahmen dann drei andere Mörder ein. Noch vor kurzem habe ich einen guten Freund gefragt, der bestialisch gefoltert worden ist, wie er es hatte durchhalten können zu schweigen? »Wenn du nur für dich selbst kämpfst, gibst du nach«, sagte er mir. »Aber ich wußte, für welche hohen Ideale ich gekämpft hatte, die meine eigene Person weit überragten – und deshalb konnte ich standhalten.« Wenn es aber um das Foltern der Allernächsten, von Frau oder Kind ging, dann glaube ich, daß kein Sterblicher geschwiegen hat.
Oder doch?

Zurück zur Bitte um Vergünstigungen.
Jan de Hartog beschreibt im vierten Band seines Werkes *Het Koninkrijk van de Vrede* (›Das Königreich des Friedens‹), wie ein sechzehnjähriges Mädchen seinen Vater, der in einem KZ in Deutschland nahe der niederländischen Grenze gefangensaß, besuchen wollte. Grenzenlose Naivität? Ein vollkommen unvorstellbares Unterfangen? Nein.
Drei Monate später hat meine Frau versucht, mich im PDA, dem Po-

lizeilichen Durchgangslager Amersfoort aufzusuchen, obwohl sie wußte, daß dies praktisch unmöglich war. Trotzdem ließ sie sich nicht abhalten. Selbstredend war ihr kein Erfolg beschieden. Sie berichtete mir, daß es ihr gelang, zu dem einen oder anderen »Führer« vorzudringen, nicht nur durch Beharrlichkeit, sondern wahrscheinlich vor allem dank ihrer äußeren Erscheinung. Es hat nichts genützt. Sie hat mir auch gesagt, daß sie bereit gewesen wäre, ihr Ziel im Notfall durch ein sehr großes Opfer – nicht finanzieller Art – zu erkaufen. Das kann man verurteilen; man kann es begreifen; man kann es bewundern. Meinem Gefühl nach zeugt es von einer beinahe übermenschlichen Liebe, wenn eine Frau bereit ist, ihren Feind – und was für einen Feind! – zu verführen, um auf diese Weise ihren Mann wiedersehen zu können.
Übrigens scheint es mir sehr zweifelhaft, ob der Beteiligte nach genossener Leistung die Gegenleistung erbracht hätte.
Es stellt sich mir eine zweite Frage, ob ein eventuelles Zusammentreffen im PDA unserem Glück wirklich förderlich gewesen wäre. Sie hätte sich zu Tode erschrocken, ich hätte mich tief erniedrigt gefühlt und wäre aus meinem mühsam erreichten Gleichgewicht gebracht worden.
Wie dem auch sei, der Besuch hat nicht stattgefunden. Sie lief damals um das PDA herum und hielt Ausschau nach mir. Auch später noch. Nehmen wir einmal an, sie hätte mich gesehen, zum Beispiel, als ich gerade von Berg verprügelt wurde. Ich darf nicht daran denken.
Ich komme zu dem Schluß, daß jeder seinem Gewissen folgen soll. Die Gewissen sind verschieden. Ich wage nicht, jemanden zu verurteilen, der sich in extremen Situationen extrem verhält.
Auch die nicht, die unter der Folter Namen nannten.

Nach dem Sittlichkeitsverbrecher bekam ich in Scheveningen mehrere Zellengefährten, darunter einen ungebildeten Mystiker, der vor sich hinstarrte und mit lauter Stimme obskure Berechnungen anstellte, die das Datum seiner Entlassung betrafen. Er jonglierte mit Zahlen. Je größer der Hunger wurde, je länger das Verhör ausblieb und je häufiger entsetzliche Laute aus den anderen Zellen drangen, desto furchtsamer wurde ich. Auf meiner Zellenkarte standen die Worte »Sabotage, Feindbegünstigung, Verbreitung von Flugblättern«. Tag und Nacht zerbrach ich mir den Kopf, was sie wohl wissen könnten. Und auch ich begann, »Berechnungen« anzustellen.

Ich spaltete mich allmählich in zwei Personen. Die eine versuchte, ein normaler Mensch zu bleiben, die andere wollte an der göttlichen Offenbarung vom 9. April festhalten. Langvergessene Bibeltexte drangen wieder in mein Bewußtsein, und nach ein paar Tagen setzten sich in meinen Gedanken die Worte fest: »Der Glaube kann Berge versetzen.« Ich glaubte, und deshalb konnte ich Berge versetzen. Wenn Gott für mich war, wer sollte gegen mich sein? In diesen Gedanken verbiß ich mich. Eine Bibel besaß ich damals nicht, auch geistlicher Beistand fehlte mir. Ich war mit Gott ganz allein, und ein entsetzlicher Kampf setzte ein, der zu einer Klimax führen sollte.

Wenn mein Glaube nur fest genug war, dann mußte sich die Zellentür öffnen. Daß diese Türe geschlossen blieb, war ein Beweis für meinen Unglauben.

Dann brach nach zwei Wochen der Tag des Verhörs an. Ich wurde im Gefängnis vom *Sachbearbeiter Kriminalkommissar* (oder Kriminalsekretär) SS Untersturmführer Walthes, später von SS Hauptscharführer Heyduck verhört.

Es schien sich hauptsächlich um meine Beziehung zu van den Acker und Huybers und um ihre Organisation zu handeln. Beim Verhör, bei dem mir nichts zuleide getan wurde, ging es anfangs noch recht gemütlich zu. Man stellte mir kaum Fragen. Der Mof mir gegenüber erzählte mir von van den Acker und Huybers und den anderen, die einer illegalen Organisation angehörten. Damals erfuhr ich zum ersten Mal davon, ebenso den Namen: ›*Leeuwengarde*‹ (›Löwengarde‹). Meine Kontakte zu beiden wurden genau aufgeführt, der Inhalt unserer Besprechungen ebenfalls, und ich wurde nur gefragt, ob das alles stimmte, was ich bestätigte. Ich hätte schwerlich anders gekonnt. Man fragte mich nach anderen Namen. Ich kannte keine anderen Namen. Dann kam es: »Jetzt haben Sie noch die Gelegenheit, in Ruhe auszusagen, Herr Doktor.« Das war eine Drohung, die mit dem Anbieten einer Zigarette verbunden war. Sie versetzte mich in Panik. Gott sei Dank konnte ich wahrheitsgetreu erklären, daß ich keine anderen Namen kannte. Dann kam die Frage: »Wo haben Sie Ihre Waffen versteckt?« Wahrheitsgetreu erklärte ich, keine Waffen zu besitzen. Der Mof, dessen Fratze wie eine Melone voller Kerne aufplatzte, warf plötzlich einen schweren Revolver auf den Tisch. »Das ist doch Ihrer!« Ich antwortete, daß ich nie eine Pistole besessen hätte – ich kannte noch nicht einmal den Unterschied zwischen Revolver und Pistole – und auch nie mit irgend etwas geschossen hätte. Er sah mich vergnügt an: »Stimmt, ist nicht Ihrer. Ist meiner.«

Dann kam die Rede auf die bei mir gefundenen Papiere, die verschiedenen »Flugblätter«, doch vor allem auf die Kopie meines langen (von ihnen übersetzten) Briefes an die Führung der Nederlandse Unie, in dem ich meine Ansichten über Besatzungsmacht, über Königin und Regierung in London und meine Weigerung, noch weiter Mitglied zu bleiben, dargelegt hatte. Dadurch wußte der Mof genau, wie ich dazu stand. Und ich konnte alles nur zugeben.
Andere Angelegenheiten kamen nicht zur Sprache; sie waren dem Kriminalsekretär anscheinend nicht bekannt.
Dann wurde einer Sekretärin das Protokoll des Verhörs diktiert. Der Text begann mit den Worten: »Ich bin königlich-niederländisch eingestellt.«

Verständigung In der Zelle hing ein Päckchen Klopapier. Aus einem sauberen Hemd, das meine Frau mir besorgt hatte, suchte ich die Nadeln heraus, mit denen es zusammengesteckt war. Mit einer Nadel stach ich Buchstaben ins Klopapier. Ich machte schöne Buchstaben, das dauerte herrlich lange. Während des Hofgangs gab ich die Briefe denjenigen, für die sie bestimmt waren, vor allem Johan de Jongh.
Abends war noch eine Verständigung anderer Art möglich.
Man hört und liest dauernd, daß sich Gefangene durch Klopfzeichen an den Wänden verständigen. In den Scheveninger Barackenzellen wurde nichts daraus. Die Zellennachbarn nebenan konnte man mit lautem Sprechen erreichen; die anderen waren durch keine Klopfzeichen erreichbar. Aber die Heizungsrohre leiteten Geräusche begrenzt weiter; Stimmen von weither klangen metallisch, wie durch einen blechernen, halbdefekten Lautsprecher. Es schienen Stimmen aus einer anderen Welt zu sein.
Abends gab es gehörigen Geräuschverkehr zwischen den Zellen, der verzerrt, in Beton eingebettet, unheilverkündend klang. Ich konnte einmal etwas ausmachen, eine Nachricht, was war es? Äußerst angespannt, das Ohr lauschend gegen die Wand gepreßt, erhielt ich durch Vermittler eine Verbindung.
Ja, ich hatte richtig verstanden. Ernst de Jonge, Praeses unseres Leidener Studentenklubs, ehemaliger Vorsitzender des Kollegiums, ehemaliger Vorsitzender des Leidener Studenten-Rudervereins Njord, saß in einer Zelle auf meinem Flur F, weiter vorn. In Ketten!
Ungefähr einen Monat nach meiner Verhaftung war im Gefängnis eine gedämpfte Erregung spürbar. Es wurde vieles weitergeleitet,

weitergerufen, signalisiert. Die Moffen hatten zweiundsiebzig Widerstandskämpfer erschossen. Auch über das Schicksal dieser Männer sei aus späterer Kenntnis berichtet.

Jonkheer Ernst W. de Jonge (ein bekannter Njord-Rennruderer aus Leiden) arbeitete vor dem Mai-Krieg bei der BPM-Shell auf Curaçao. Von dort begab er sich nach England, um als Geheimagent eingesetzt zu werden. Er wurde zusammen mit seinem Funker Radema in der Nacht vom 22. auf den 23. Februar 1942 von der Gruppe Hazelhoff Roelfzema mit einem britischen MTB-Schnellboot in Katwijk am Strand abgesetzt. Zusammen mit Leen Pot und Lex Althoff wurde er am 22. Mai 1942 verhaftet. Pot nahm die Möglichkeit in Den Haag wahr, während einer Überführung zu flüchten. Ernst wurde am 7. September 1944, fast zweieinhalb Jahre nach seiner Verhaftung, in Mauthausen liquidiert. Noch ein dritter Freund aus unserem Studentenklub hat im Krieg als Widerstandskämpfer sein Leben gelassen: Tjaard G. Buning. Er wurde am 13. Dezember 1944 verhaftet. Nach einem Aufenthalt im Oranjehotel wurde er am 6. März 1945 nach Amersfoort überführt und am 14. März nach Neuengamme, wo er am 29. März, einen Monat vor dem Ende, an Erschöpfung starb.
Auch Jonkheer Louis Bosch Ridder van Rosenthal, ein Mitglied unseres Klubs, war, wie sein Vater, der Alt-Bürgermeister von Den Haag und spätere Regierungspräsident der Königin in Utrecht, aktiv im Widerstand tätig. (Siehe de Jong, Band 6, Seite 135ff.; weiter E. Hazelhoff Roelfzema ›Soldaat van Oranje‹.)
Auch viele andere Mitglieder der Studentenverbindung haben sich am Widerstand beteiligt.
Die Frage, ob und inwieweit die Tätigkeit von Geheimagenten und Funkern in den Niederlanden, also die allergefährlichste Aktivität, Resultate erbrachte, die die schrecklichen Opfer aufwogen, ist für mich zu einem der schwierigsten Probleme der gesamten Besatzungszeit geworden. Mein Glauben unterstützt mich in der Auffassung, daß solche extremen Opfer, die aus Überzeugung bewußt und freiwillig erbracht wurden, niemals vergebens gewesen sein können.
Die Zweiundsiebzig vom OD (Ordedienst – Ordnungsdienst) waren von dem Feldgericht des Befehlshabers im Luftgau Holland, am 11. April im PDA verurteilt worden. Sie wurden in das KZ Sachsenhausen transportiert, wo sie am 31. Mai 1942 nicht standrechtlich erschossen, sondern durch Genickschuß umgebracht wurden. (Siehe L. de Jong, Band 5, zweiter Teil, S. 922ff.)

Unheil Noch zu etwas anderem war das Klopapier zu gebrauchen. Die Zipfel der Hosentaschen, der Taschen von Jacke, Mantel sind voller Staub. Dieser Staub ist oft mit Tabakfasern vermischt. Schon bald hatte ich alle Taschen durchsucht. Tabak und Staub wurden in einem Stück Klopapier zu einer mißgestalteten Zigarette gerollt. Neue Zellengefährten wurden angewiesen, dasselbe zu tun. Die Schwierigkeit lag darin, zu Feuer zu kommen. Während meiner Gefangenschaft spielten Zigaretten für jeden ohne Ausnahme eine Hauptrolle. Eine Zigarette zu besitzen, das bedeutete: höchstes Glück.

Einmal wöchentlich wurde im Gefängnis Kantine ausgegeben: Zukker, Margarine, Käse, ERU-Streichkäseeckchen, daran kann ich mich noch erinnern. Auch Marmelade. Die Flurwärter und der Kalfaktor brachten, von einem Wachtmeister begleitet, die Kantine vorbei. Für die Marmeladeportion mußte man einen Becher in die geöffnete Luke stellen. »Die Becher für Marmelade, meine Herren, Becher für Marmelade, meine Herren, Becher für Marmelade, meine Herren«. Immer näher kommend, sich dann entfernend der monotone Singsang, der den bevorstehenden Genuß einläutete.

Manchmal – nicht oft – wurde der Flur zum Ort des Schreckens, vor allem spätabends. Eines Abends näherte sich deutsches Gebrüll von ferne. Ein fremdes, seltsames Geräusch mischte sich darunter, ein Schlurfen, danach auch Keuchen. Der Lärm kam an meiner Zelle vorbei, ganz unverkennbar war Unheil im Gange: Keuchen, Stöhnen, undefinierbares, rhythmisches Klopfen und natürlich: »Los, los, Mensch, los, schneller, schneller!« Am nächsten Tag stellte es sich heraus, daß eine Anzahl Gefangener zur Strafe den ganzen Flur von Anfang bis Ende hatte entlanghüpfen müssen – wie Frösche.

Ein Wunder Wenn um halb sechs Uhr abends das Brot und der »Tee« ausgeteilt werden, dann erst erlaube ich mir, die Tage abzuzählen, die ich hier schon sitze. Nicht früher, das wäre nicht recht: das Brot soll warten... Am Anfang errechnete ich die Tage einmal, jetzt dreimal. Manchmal rechne ich absichtlich nachlässig, um unterschiedliche Resultate zu erzielen; dann darf ich ein viertes Mal nachrechnen, und das kostet Zeit, und dadurch sind wieder ein paar Minuten vertan. Ich rechne: vierundvierzig Tage, und noch einmal: vierundvierzig Tage, und dann schwindele ich, indem ich für den Mai dreißig Tage rechne statt einunddreißig, und dann komme ich auf dreiundvierzig, und jetzt kann ich noch einmal zählen: vierundvierzig Tage. Das heißt Gewinn – also Zeitverlust, ein paar Minuten sind inzwischen verstrichen. Ich habe das Brot derweilen nicht angerührt. Gewinn ist das, Gewinn – ein guter Tag! Und morgen heißt es rasieren, also wieder ein guter Tag.

Das Stück Brot ist geschnitten, aber nicht ganz durch, am unteren Ende hängen die Scheiben noch zusammen. So sorgfältig wie möglich trenne ich sie ab. Es sind vier, und ich habe einen Anschnitt. Ich lege mein Taschentuch auf den Klapptisch – ein Tischtuch gehört doch schließlich zum Essen. Ich blicke zu dem Frauenporträt an der Wand, zähle langsam bis hundert. Dann bete ich. Jetzt trinke ich langsam die Milch aus, während ich mit geschlossenen Augen am Tisch sitze. Auf dem Boden des Bechers klebt ein Zuckerrest, Zuckerkörnchen haften noch am Innenrand des Bechers, dort, wo ich getrunken habe. Den Becher lecke ich aus, er schmeckt nach Blech. Die Butterbrote lege ich auf ein Brett über der Pritsche. Wenn die Sonne untergegangen ist, werde ich sie essen.

Zuerst werde ich spazierengehen. Wie in billigen Verbrecherromanen: sechs Schritte hin, sechs zurück. Gestern waren es zweihundert Mal Hin-und-Zurück, heute also zweihundertfünfzig. Ich beginne zu gehen, mit meinen Füßen. Auf meinen Füßen befinden sich jetzt kleine Pfählchen, darüber Knie aus Gummi, darüber Pfählchen, darüber ein lebloser Unterleib, eine Vertiefung, ein Zwerchfell, ein Brustkorb, der Hals eines Truthahns, ein Kopf. Ich gehe. Der Gestank des Kübels ist penetrant, die Frühlingsluft weht durch das offene Klappfenster. Das Abendlicht wird immer gelber, gelber... Ich höre das Signal der blauen Bahn zum Meer. Später höre ich, wie der kleine Zug an der Haltestelle Pompstationsweg anfährt. Immer, morgens, mittags, abends, das Heulen in der Ferne, die Heulboje im Meer.

»Hallo«, höre ich, und Klopfen. Eine Zeitlang wird geklopft, in Zelle 714. »Hallo, wie spät mag es wohl sein?«

»Ungefähr acht Uhr, vielleicht zehn nach acht.«

»Also fast schon wieder ein Tag?«

»Ja.«

»Ich sitze jetzt zweihundertzwei Tage.«

»Ja.«

»Morgen soll ein Transport abgehen.«

»Du auch?«

»Keine Ahnung.«

Klopfen. Steinernes Geräusch in Beton. Weg ist er, witterte sicherlich Unheil. Die Wand ist gelber als gelb. Ich ziehe die Verdunklungsläden aus Pappe zu. Das Gelb wird matter, die Sonne ist fort.
O Gott, die Türe fliegt auf, im Türrahmen steht ein Ungeheuer, Wachtmeister SS-Rottenführer August Fischer. »Sie haben gesprochen.« »Aber nein, Herr Wachtmeister.« Die rot aufgedunsene Fratze, rohes Fleisch zwischen Mütze und Kragen mit Totenköpfen gepreßt, starrt mich glasig an. »Wofür sitzen Sie hier?« Der fleischige Mund brüllt. Man spürt, wie die Gefängnisinsassen lauschen. »Ich weiß nicht. Ich werde verdächtigt...« Mit einem eisernen Schritt tritt er vor. Das glasige Auge schielt. Seine Rechte weist auf mich. Ich sehe etwas. In der Hand, am Ende des Arms befindet sich ein Stück Papier. Ich glaube, daß mir das Papier von der Hand am Arm hingereicht wird. Das Fleisch atmet, ich rieche getrockneten Schweiß. Das Maul in diesem Fleisch verzieht sich. Ich nehme das Papier. Ich falte es auseinander. Ich sehe die Schrift.
Als ich aufblicke, ist die Tür geschlossen. Niemand da. Die blaue Straßenbahn zum Meer pfeift. Es wird dunkel. Ich öffne die Verdunklungsläden und stelle mich unter das Klappfenster neben der Tür, so daß ich durch das Guckloch nicht gesehen werden kann. Ich falte das Papier noch weiter auseinander: »Mein einziger Liebling«, lese ich. Ich stelle mich auf die Zehenspitzen. »Ich unternehme viel für dich. Du sollst...« Ich recke mich noch höher, »vor allem nicht«, ich stelle mich auf den Kübel, »glauben, daß sie...« Ich kann es nicht mehr entziffern. Ich kann das heimliche Briefchen, das mir durch Gottes Güte vom Feind überbracht wurde, nicht mehr lesen.
Wie aber war es dazu gekommen, daß der Feind es mir überbrachte? Ich erfuhr es viel später. Wachtmeister Fischer hatte Verbindungen zu den Flurwärtern K. und B. (Flur F) angeknüpft, denen er, gegen eine Belohnung in Form von Geld oder Waren, zu Diensten stand. So etwas Unglaubliches kam öfter vor; es lag auch gelegentlich auf der Hand. In seiner Freizeit besuchte Fischer die Frauen seiner Auftraggeber, gab Nachrichten weiter, nahm Nachrichten, Briefe, Eßwaren und so fort mit zurück. Es ist klar, daß dieser Kontakt zwischen den Gefangenen und »Zuhause« fast eine Lebensnotwendigkeit war. Hin und wieder gaben K. und B. Fischer auch Berichte mit, die andere Gefangene betrafen. Ich wußte anfangs nicht, daß sie das auch für mich getan hatten. Später hörte ich, daß meine Frau Fischer persönlich im Hause von B. oder K. getroffen hatte, genau konnte sie sich nicht mehr erinnern. Wohl aber erinnerte sie sich, daß Fischer von ihr

keine Belohnung in Form von Geld oder Waren verlangt hatte, sondern eine andere. Meine Frau wurde von ihm um den Küchentisch herum verfolgt. Die verlangte Belohnung bekam er nicht; wohl etwas anderes. Es scheint, daß man Fischer am Ende erwischt und an die Ostfront geschickt hat.
Ein Mann wie Fischer hatte es in der Hand, sich an Gefangenen zu rächen, deren Familien seine Forderungen nicht erfüllten. Theoretisch konnte solch ein Mann fordern und erhalten, was er wollte. Die Frauen vieler Gefangener ließen während der ganzen Besatzungszeit nichts unversucht, um Freilassung, Haftmilderung, Begnadigung, Begünstigungen usw. von deutschen Behörden zu erwirken. Natürlich stellte sich dabei die dringliche Gewissensfrage, wieweit sie mit einer eventuell verlangten physischen Gegenleistung gehen konnten. Manchmal boten die Frauen sich sogar selbst an. Ich wage nicht, darüber zu urteilen. Ich kann mir vorstellen, daß eine Frau den Wünschen des Feindes Gehör schenkt, wenn sie damit das Leben ihres Mannes retten kann. Natürlich sind diese Dinge auch geschehen. In einem Krieg ist nichts unmöglich.

Wohl nicht Ein paar Tage nach diesem Ereignis holte man mich aus meiner Zelle und brachte mich in eine Wachstube. Dort fand ich meinen Sachbearbeiter in der Gesellschaft meines Kollegen Hijmans van den Bergh vor, der mir in seinem besten Deutsch mitteilte, daß er von mir Informationen in Sachen ›*Ommen*‹/›*Espérance*‹ benötigte, einem Kollisionsfall, den ich für ihn übernommen hatte (Kollisionsfall wegen der dabei in Mitleidenschaft gezogenen Schiffe). Es war klar, daß dies ein Vorwand war. Erstens befand sich die vollständige Akte im Büro, und zweitens waren die Fragen, die Louk mir stellte, einfach sinnlos. Ich fürchtete, daß sogar der Mof diese List durchschauen würde. Mein Kollege flocht in seine Fragen sehr geschickt einige Informationen ein, die van den Acker und Huybers betrafen, sie belastende Umstände, in der Kanzlei gelagertes »unerfreuliches« Material usw. Er gab mir zu verstehen, daß er und unsere Angestellten alles gefunden und vernichtet hatten, ohne daß die Sipo davon wußte, so daß ich dies bei meinen Aussagen berücksichtigen konnte.
Bei den Verhören stellte sich ja immer die große Frage: Was wissen sie, was wissen sie nicht? Doch ich hatte mein Verhör schon hinter mir...
Nachdem wir also die Kollision durchgesprochen hatten, begann

mein Kollege, den Sachbearbeiter über meinen Fall zu befragen. Warum hielt man mich fest? Ich hätte doch nichts gegen die Besatzungsmacht unternommen? Ich sei doch die Sanftmut in Person, und so weiter. Der Deutsche mit seiner Verbrecherfratze – »eine Nachgeburt« hatte sie ein Zellengefährte genannt – grinste nur in sich hinein. Doch, doch, der Herr hatte wohl Dinge angestellt, die nicht *deutschfreundlich* waren. Beruhigend fügte er jedoch hinzu: »Aber erschossen wird der Herr wohl nicht.«
Louk und ich sahen uns an, erst noch mitlächelnd, dann albern, dann wich unser Lachen tiefer Bestürzung. Wir sahen auch den Mof an, dessen Gesichtsausdruck gar nicht mehr gemütlich war, sondern wie durch Zauberei deutlich bösartig. Ich fühlte, wie Kälte in mir hochkroch, fühlte plötzlich ein Prickeln auf der Kopfhaut: Er meint es ernst. Er wollte sagen: erschossen wird er wahrscheinlich nicht. Wahrscheinlich nicht. Also vielleicht – doch. Mein Gott, was habe ich denn nur getan?
So lief es. Wer von der Sipo verhaftet wurde, auf den machte jedes Wort, jede Geste, jede Andeutung einen ungeheuren Eindruck. Durch die Angst und den Hunger, aber auch durch die lange Isolation, die Sorgen, das strenge Gefängnisrégime, den Mangel an Kontakt mit draußen waren wir mehr als überempfindlich für jedes Wort, jeden Eindruck, für Geräusche, Gerüche, sogar für verstellte Gegenstände geworden. Und alles wurde sogleich in die dritte Dimension erhoben. Erschossen wird er wohl nicht – ich witterte großes Unheil, wie ein Raubtier.

Fassungslos stand ich einige Wochen später einem ausgestellten *Schutzhaftbefehl* gegenüber. Ich konnte recht gut Deutsch, aber was für eine unheilvolle Angelegenheit sollte dies sein? Wortwörtlich: Schutz-Haftbefehl. Was denn für ein Schutz? Tagelang zerbrach ich mir darüber den Kopf. Was sollte das bedeuten? Viel später, in Amersfoort, kam ich dahinter: Es ist der Befehl zur Festnahme eines Verdächtigen, den man verhaftet, um so den Staat vor ihm zu schützen. Das Tausendjährige Dritte Reich mußte vor mir in Schutz genommen werden.
Ende Mai erwache ich von einem sich stetig nähernden, alles übertönenden, Mark und Bein durchdringenden Grollen. Flugzeuge. Bomber. Die erste Luftflotte, die ich hörte. Von Westen nach Osten. Engländer, die RAF! Das Gefängnis schallte von Klopfzeichen, Signalen, undeutlichen Ausrufen wider. »Die Invasion!« wurde gerufen, »die

Invasion hat begonnen!« Es war Frühling 1942. Keine Invasion. In Wirklichkeit der erste von unzähligen Angriffen der Royal Air Force auf Deutschland. In der Nacht vom 30. zum 31. Mai 1942: 1130 Bomber über Köln!

Religiöser Wahn Mitte Juni, bei einem Hofgang, lösten sich Johans Schnürsenkel. Das war nicht das erste Mal. Beim letzten Mal hatte es uns eine Woche Hofgang-Verbot eingebracht. Anscheinend will er mir etwas Wichtiges mitteilen. Hinter mir schert er wieder in die Reihe der trabenden Gefangenen ein. Er zischt: »Meine Frau hat mich besucht – ich werde wahrscheinlich bald entlassen – du würdest vielleicht auch entlassen, wenn du endlich einmal die Wahrheit sagtest. Das meint jedenfalls mein Sachbearbeiter.«
In der Zelle setzte der Wahnsinn ein.
Ich begann nachzudenken, nachzudenken, immerfort nachzudenken.
Zu grübeln, zu berechnen und mir die phantastischsten Hirngespinste in den Kopf zu setzen. Hatten die Deutschen doch noch einen Funken Anstand und legten sie Wert darauf, daß man die Wahrheit sagte? Wurde ein Geständnis belohnt? Weshalb hatte ich bei meinem Verhör gelogen, jedenfalls einiges verschwiegen, wenn ich an Gott glaubte, an seine Macht, mich zu erretten? Wie konnte Gott zu mir halten, wenn ich aus Angst vor menschlichen Wesen meine Tätigkeit verleugnete? War das kein abscheulicher Unglaube? War es nicht so, daß man scheinbar Ungereimtes, ja Gefährliches tat und dann von Gott belohnt, gerettet wurde? Konnte man nicht Berge versetzen, wenn man glaubte? Auch ich wollte nach Haus; Johan hatte schon Besuch bekommen und würde wahrscheinlich bald entlassen werden, und ich nicht; meine Frau wartete auf mich, brauchte mich, hatte sonst niemanden...
Ich begann, nach Vorzeichen Ausschau zu halten. Ich stellte Berechnungen mit Daten an, mit Glückszahlen, bestimmten Zeitpunkten. Sie setzten sich aus unbedeutenden Vorfällen, aufgefangenen Worten, Zeichen zusammen, die etwas anzudeuten schienen. Natürlich, das war es! Ich brauchte nur die Wahrheit zu sagen, und Gott würde mir helfen.

War ich verrückt geworden? Die Wahrheit – sie hätte mich meinen Kopf kosten können. O Schrecken! Da ergriff der Unglaube schon wieder Besitz von mir. Keine Angst sollte man haben, keinem menschlichen Gedankengang brauchte man zu folgen, blindlings mußte man vertrauen, seinen Glauben beweisen, den alles umstoßenden Schritt tun. So ging es Tag für Tag, Nacht für Nacht. Da erhielt ich plötzlich Besuch von meiner Frau.

Eines Mittags holt man mich aus meiner Zelle und bringt mich nach vorn, dorthin, wo die Verhörzimmer liegen. Die Tür öffnet sich. Allmächtiger Gott!
Sie sitzt am Tisch, neben ihr der Sachbearbeiter. Katzenfreundlich sagt er: »Das ist eine Überraschung, was?« Ich bringe kein Wort heraus. Ich sehe sie an. Sie lacht. Sie holt Leckerbissen zum Vorschein, auch Butterbrote. Sofort fange ich zu essen an. Ich kann sie nur wortlos kauend anstarren. Dann endlich stelle ich die blödsinnige Frage: »Wie findest du meinen Schnurrbart?« Sie sagt: »Scheußlich.« Sie gibt mir eine Taschenbuchausgabe des Neuen Testaments. Am liebsten würde ich mich in meine Zelle zurückflüchten. Sie treibt Konversation mit dem Mof, fragt ihn, wann ich entlassen werde. Es ist eine ganz und gar unwirkliche Begegnung. »Hast du noch mehr Butterbrote bei dir?« – »Nein, leider nicht.« Oh, ein Besuch im Gefängnis!
Dieser Besuch flüsterte mir neue Anweisungen ein, Zahlen, Kombinationen, Eingebungen, eine totsichere Angelegenheit... Aber ich erfuhr auch, daß unser lieber Schäferhund Max gestorben war. Er war, nachdem man mich geholt hatte, rasch verfallen. Er war nicht mehr stubenrein und schämte sich deswegen. Seine Hinterbeine waren gelähmt, er konnte kaum noch laufen. Meistens zog er sich unter meinen Schreibtisch zurück. Meine Frau ließ einen Arzt kommen – unseren Hausarzt –, der feststellte, daß das Tier von seinem Leiden erlöst werden mußte. Er trug Max zu einem Platz im Licht. Dort gab er ihm die Spritze. Max nahm seine letzten Kräfte zusammen. Er schleppte sich unter meinen Schreibtisch zurück und starb dort.
Mit Hilfe eines Freundes begrub meine Frau ihn hinten im Garten. Heute stehen dort drei Pappeln. Sie hatte sie 1942 gepflanzt.

An jenem Tag, an dem meine Frau mich besuchte, läute ich abends in Zelle 712. Mein Gott, was habe ich getan? Nach einer langen Wartezeit erscheint ein mir unbekannter, mürrischer Wachtmeister: »Na, was ist los?« »Ich möchte sofort den Herrn Sachbearbeiter sprechen.« Er blickt auf meine Zellenkarte: Heyduck. Er verschwindet.

Ich kann nicht mehr zurück. Ich will nicht mehr zurück. Stark sein, stark bleiben, endlich glauben. Die Deutschen sind machtlos. Nur Gott ist mächtig.
Eine Stunde später werde ich zu Herrn Heyduck hineingelassen. »Na, Herr Doktor, was gibt's?« Lächelnd bietet er mir eine Zigarette an, die mich ganz schwindelig macht. Ich erzähle ihm alles. Ich erkläre ihm, daß ich als Niederländer und als Christ für die Wahrheit einstehen will. Verraten werde und kann ich – Gott sei Dank – niemanden, aber ich selbst habe mehr getan, als ich anfangs zugegeben habe. Ich spreche eine Zeitlang, er hört aufmerksam zu, liebenswürdig, die Atmosphäre ist gespenstisch. Ich weiß jetzt, daß ich mein Leben aufs Spiel setze.
Als ich fertig bin, sagt der Sachbearbeiter: »Also, wir haben Sie doch richtig eingeschätzt. Die Sekretärin ist jetzt nicht mehr da. Wir werden das alles aktenkundig machen müssen.« Er läßt mich in meine Zelle 712 zurückbringen.
Dort packt mich sofort Panik. Was habe ich getan? Ich habe auf Gott vertraut und meine Pflicht getan. Ich habe mich in Lebensgefahr begeben und das Lebensglück meiner Frau und meiner Angehörigen aufs Spiel gesetzt. Erschossen wird er – wohl nicht? Aber dann wieder: Der Glaube versetzt Berge, bleib ruhig, du wirst bald frei sein. Also habe ich alles nur getan, um frei zu sein? Nicht, um Gott zu gehorchen? Aber ich darf doch wollen, daß ich frei bin, das ist doch verständlich, ich darf doch darum bitten? Nein, das darfst du nicht, es geht nicht darum, ob du frei sein wirst. Sein Wille geschehe, auch wenn es dein Tod ist. Die Todesstrafe also? So ging es weiter, Tag und Nacht. Ich betete, und es wurde schlimmer.
Dann kam der Tag, an dem ich Johan beim Hofgang vermißte. Jetzt fing ich mit meinen Berechnungen von neuem an. Um mich zu peinigen, ließen sie mich sicherlich noch ein paar Tage sitzen. Samstags waren immer die Entlassungen. Ich addierte Zahlen, ich subtrahierte. Zahlen, Zahlenreihen, Anweisungen, Vorgefühle, Eingebungen von oben – am 4. Juli mußte es sein, 04071942, ich wartete, ich mußte darauf vertrauen. Gott stellte jetzt meinen Glauben auf die Probe. Er hatte meine Frau gesandt, um mir etwas zu übermitteln, ich durfte im Namen Christi bitten: laß mich am Samstag, den 4. Juli frei.

Der Tag bricht an, der große Tag des Wunders. Gott wird es vollbringen. Ich muß nur darauf beharren. Ich werde Berge versetzen. Ich schließe die Verdunklungsläden bis auf einen kleinen Spalt, um die

Zelle in gedämpftes, feierliches Licht zu tauchen. Ich werfe mich auf den Fliesenboden und beginne zu beten. Stundenlang bete ich, immer inbrünstiger. Ich gerate in Trance. Undeutliche Visionen suchen mich heim, und ich fange an, Gewißheit zu bekommen. Wir werden zum Hofgang geholt, »zum letzten Mal« sehe ich den Platz, meine armen Schicksalsgefährten, die noch hierbleiben müssen. Wieder zurück in Zelle 712, bete ich immer leidenschaftlicher. In der Ferne, auf dem Flur, Schlüsselgerassel. Tür auf, Tür zu. Holländische und deutsche Stimmen. Geschrei. Hin- und Hertraben. Sie kommen in meine Richtung. Näher. Schräg gegenüber. Tür auf, Tür zu. Auf meinen Knien liege ich vor der Türe. Nahe höre ich die Schlüssel, Stimmen. Stiefel dröhnen entlang und zurück. Auf der anderen Seite knallt eine Tür zu. Das ist der Augenblick. *Jetzt wird es geschehen.* Schritte kehren zurück, kommen entlang, gehen vorüber, entfernen sich weiter, immer weiter. Jedes Geräusch erstirbt. Tödliche Stille im Gefängnis. Ein Irrtum, es ist ein Irrtum, ich beharre darauf, gleich holen sie mich, Gott hat es versprochen.

In der Ferne Geklapper von Töpfen und Schüsseln, das Rollen des Essenwagens. Die Luken werden aufgeklappt. Das Essen wird ausgeteilt.

Mein Glaube war nicht ausreichend gewesen, ich hatte nicht im Namen Christi gebetet, ich hatte alles falsch gemacht, Gott konnte kein Verräter sein. Durchhalten! Jetzt gerade durchhalten! Man brachte mir mein Essen, ich stellte es zur Seite. Gleich entließe man mich, ich würde dann die Schüssel einem Nachbarn schenken. Die leeren Schüsseln wurden eingesammelt. Doch ich lag auf der Erde und betete. Ich betete stundenlang, die Wochenendstille war schon längst eingekehrt. Dann wurde ich wahnsinnig.

Man weiß es selbst, wenn man wahnsinnig wird. Daß man es schon ist. Man merkt, wie jemand versucht, auf dem Kübel stehend die Wand hochzuklettern, versucht, auf den Hocker zu steigen, dann fällt. Man hört Schluchzen, Heulen, Schreien. Wer ist das? Er sollte sich beherrschen. Man kann nicht glauben, daß man es selbst ist, es gibt plötzlich zwei Ich. Man kann nichts daran ändern. Ein Regulierungsmechanismus ist defekt. Und Gott ist nirgends zu sehen, auf keinem Feld, auf keinem Weg. Die Zellennachbarn fangen zu rufen an. Die Türe wird aufgestoßen. Fischer, mein Freund, schreit mit feuerrotem Kopf: »Ja, was ist denn hier los? Beruhigen Sie sich!« Ich klammere mich an ihn. Er verschwindet eilig, kommt mit einem Kalfaktor zurück, einer Schüssel Essen und einem Legespiel ›Das verlorene Erbe‹.

Nachbar Birnie ruft laut: »Du mußt dich sofort kalt waschen!« Tür zu. Weinend entkleide ich mich. Ich wasche mich kalt. Schluchzend setze ich mich an das Legespiel, zwischendurch esse ich die beiden Schüsseln leer. Johan Birnie höre ich in der Nebenzelle summend hin- und herlaufen. Ich bin ausgelaugt, gebrochen, ratlos, verstandeslos.

Dies war die erste von drei oder vier Krisen, die ich hatte, und mit Abstand die ärgste. Die Kanäle waren jetzt gegraben. Einige Tage später flüsterte der Kalfaktor: »In zwei Tagen werdet ihr mit einem Transport verschickt.«

Am 17. Juli, um halb zwei in der Nacht, gleißendes Licht. Überall im Gefängnis großer Lärm. »Fertigmachen zum Transport, schnell, schnell Mensch, los, los!«
Mein zweites Geständnis hatte man nicht schriftlich festgehalten.

Hinter den Vorhängen Der romantische Zug Scheveningen – Rotterdam Hofplein brachte uns mitten in der Nacht nach Amersfoort. Wir fuhren auf einem Umweg an Pijnacker vorüber. Alles war dunkel, ich sah nur schwarze Umrisse. Der Gedanke an Flucht stieg in mir auf, die Bahn verlassen, komme, was wolle. Mein Verstand siegte.
In Amersfoort formierte sich die Kolonne jener, die am meisten leiden sollten. Wir gingen zum Lager, bewacht von einer schwerbewaffneten Eskorte. Der lange Zug schlurfender Häftlinge kam nicht schnell vorwärts; bis auf Ausnahmen drängte man uns auch nicht. Gerade, als der Himmel im Osten hell wurde, gingen wir durch ausgestorbene breite Alleen, durch ein Amersfoorter Villenviertel. Da sah ich etwas Merkwürdiges.
Hinter den Fenstern der meisten Villen, unten und im oberen Stockwerk, wurden zwischen den Vorhängen schemenhafte Gestalten sichtbar, vor allem Kinder. Wenn man genau hinsah, erkannte man, daß sie Nachthemden anhatten. Meistens standen die Schatten regungslos. Manchmal wurde schwach gewinkt, ganz heimlich. Winkende Kinder wurden rasch weggezogen.
Es war ein Abschied von der bewohnten Welt. Sie war nun ein Schattenreich.

Polizeiliches Durchgangslager Amersfoort

17. Juli–13. November 1942

Das KZ (KL) oder Deutsches Konzentrationslager Vor der unlösbaren Aufgabe, ein KZ so zu beschreiben, daß der Leser einen wahrheitsgetreuen Eindruck erhält, mußte ich zurückschrecken. Ich schob das Problem vor mir her und versuchte, an dieser Stelle auf vielen Seiten eine sachliche Auseinandersetzung mit der KZ-Existenz zu führen. Ich habe alles wieder gestrichen. Das haben andere besser gemacht. Ich verweise, zum Beispiel, auf das bekannte Buch ›Der SS-Staat‹ von Eugen Kogon. Und auf das umfassende Werk von Dr. L. de Jong, Band acht.
Nur ein paar Angaben also:

Die SS-Führung konnte im KZ nicht alles selbst regeln und übertrug deshalb den Häftlingen bis zu einem gewissen Grad Selbstverwaltung; es kam vor, daß wir in manchen Lagern die SS kaum zu Gesicht bekamen – nur bei den Appellen –, aber daß wir in ihrem Namen von mehr oder weniger hochgestellten Häftlingen terrorisiert wurden: von der Lagerprominenz. Dazu gehörten unter anderem der Lagerälteste, die Block- und Stubenältesten und der Blockschreiber, die Mitglieder der Schreibstube und der Lagerpolizei, die Stubendienste und viele andere, darunter die Kapos, die in den Arbeitskommandos – unter den Oberkapos – den Befehl führten, und unter den Kapos wieder die Vorarbeiter. Also eine ganze Horde »Prominenter«. Es war im KZ buchstäblich von lebenswichtiger Bedeutung, ob sich die Lagerprominenz aus gewöhnlichen Kriminellen oder aus politischen Gefangenen (vor allem Kommunisten) zusammensetzte. Letzteres war natürlich ersterem bei weitem vorzuziehen. Wenn die tägliche Lagerleitung in den Händen der ›Bevauer‹ oder Befristeten Vorbeugehäftlingen lag (von uns »Berufsverbrecher« oder »Grüne« genannt wegen des grünen Dreiecks auf ihrer Kleidung), wurde das Elend unüberschaubar. In einigen Lagern wurde der Kampf um die Lagerleitung auf Leben und Tod zwischen den Grünen und den

Kommunisten geführt; keine Intrige war ihnen zu hinterhältig. Und die SS war der lachende Dritte.

Das Auftreten der aus Mitgefangenen bestehenden Lagerprominenz, vor allem der Block- und Stubenältesten und der Kapos, mußte dem der SS möglichst stark ähneln. Rücksichtsvoll oder gar relativ menschlich auftretende Prominente wurden fast nie von der SS in ihrer Funktion belassen.

Aber diese Regel hatte auch Ausnahmen. Ich erlebte ganz ausgezeichnete Lagerprominente, darunter zahlreiche Holländer (ich gehörte sogar selbst eine Zeitlang zur Lagerprominenz). Wer kann diese seltsamen Ungereimtheiten erklären? Ist es eine Widerspiegelung des fortwährenden, wenn auch nicht politischen Machtkampfes an der Spitze des KZ? Aber meistens war es so: Wer bei der SS gut angeschrieben sein wollte, der durfte ihr in bestialischem Auftreten nicht nachstehen. Ich wurde selbst viel öfter von Mithäftlingen als von der SS mißhandelt.

Es gab viele Arten von Führern und Prominenten, aber auch etliche Arten Gefangener. Von den »Grünen« sprach ich schon. Politische Häftlinge hatten ein rotes Dreieck auf Jacke und Hose, »Bibelforscher« oder Zeugen Jehovas ein violettes, Sittlichkeitsverbrecher ein rosafarbenes, Asoziale ein schwarzes, Juden natürlich ein gelbes – einen Davidstern. In ausländischen Lagern war auf das Dreieck ein Buchstabe gestempelt, der die Nationalität bezeichnete.

Niederländische politische Gefangene trugen dort das rote Dreieck (die Spitze nach unten) mit einem aufgestempelten H für Holland.

Die Konzentrationslager unterschieden sich, soviel ich weiß, anfangs nicht sehr in ihrer Anlage voneinander. Wichtig war natürlich die Umzäunung: meist Betonpfähle, oben nach innen gebogen, mit vielen Reihen Stacheldraht versehen, die oft unter Hochspannung standen; manchmal eine doppelte Umzäunung mit einem Pfad dazwischen; manchmal auch noch ein Wassergraben. In regelmäßigen Abständen Wachtürme aus Holz, besetzt von SS mit Maschinengewehren und Scheinwerfern. Das Lager betrat man durch das Tor (ein fester Begriff), das schwer bewacht wurde.

Unübersehbar im Lager: Der Appellplatz, der sich manchmal über ein riesiges Gelände erstreckte. Die Häftlinge wohnten in Baracken, in Blöcken, waren eingeteilt in Stuben. Dann gab es noch die Küchengebäude, das Krankenrevier (Häftlingskrankenbau, HKB, Krankenrevier, Revier), die Schreibstube, Bekleidungs- und Effektenkammer (der dort gelagerte Besitz der Häftlinge wurde auf Karteikarten detailliert aufgeführt), manchmal einen Baderaum, Abort und einen ›Bunker‹ für Häftlinge mit Sonderstrafen. Gab es ein Krematorium, mit hohem Kamin, im Lager, so war es mit dem Baderaum verbunden. Längst nicht alle Lager besaßen Gaskammern.

Der fremde Planet Bis hierher also meine summarische Beschreibung des KZs; diejenigen, die sich ein Urteil erlauben dürfen, also Häftlinge, die im KZ waren, stimmen darin überein, daß ein KZ unbeschreibbar ist. Es gehört einer anderen Welt an, es ist ein »fremder Planet«. Das Wesentliche läßt sich hier – wie auch bei Träumen – nicht in Beschreibungen erfassen. Wahrscheinlich hat man sich deshalb nie an einen wirklichen KZ-Film herangewagt. Das einzige adäquate Ausdrucksmittel könnte vielleicht die Musik sein. Ich werde, überzeugt von meiner völligen Ohnmacht, einen Versuch wagen und doch noch einen zweiten Anlauf zu einer Beschreibung nehmen.

Keine einzige – wirklich nicht eine einzige – Sekunde des Tages und der Nacht war ein Häftling seines Lebens sicher. Immer konnte alles geschehen, und man konnte es sich nicht schrecklich genug vorstellen, denn die Wirklichkeit übertraf jede Vorstellung. Wir wurden mit vollster Absicht und dauernd von der Lagerleitung terrorisiert. Vollzogen wurde dieser Terror durch Leute, die reine Verbrecher waren – Verbrecher, entsprungen aus Alpträumen. Zusammen formten sie eine satanische Macht. Katholiken mit ihrer vagen Vorstellung einer Hölle konnten sich keinen grauenhafteren Ort der Qual als das KZ vorstellen. Die Angst vor der satanischen Macht beherrschte alles. Wir waren – jedenfalls war das der Standpunkt der Machthaber – Häftlinge, keine Menschen. Man sprach von »hundert Stück«. Wir hatten keine Namen, nur Nummern. Wir besaßen nichts außer Brille oder Prothese, sogar keine Zahnbürste.

Die Rangordnung in einer normalen Gesellschaft existierte im KZ nicht. Der unterste Sklavenarbeiter konnte im Alltag ein General sein, der Lagerälteste höchstpersönlich ein Straßenpflasterer. Verbindung zur Außenwelt bestand kaum; in einigen Lagern war auch die Verbindung zur Familie zu Hause zerrissen: keine Briefe, keine Pakete, nichts – *Nacht und Nebel.*

Direkt unter der Angst regierten Hunger und Kälte. Wie die Angst, so beherrschte auch der Hunger jede Sekunde des Tages und der

Nacht. Die unwahrscheinlichsten Dinge haben sich abgespielt – Kannibalismus inbegriffen – als Folge des Hungers. Kälte – sie war noch schlimmer. Eine den Gefrierpunkt unterschreitende Kälte konnte uns wandelnde Gerippe im Winter, im Schnee schneller zum Wahnsinn treiben als Angst, Hunger, sogar als Mißhandlungen.
Eine Anmerkung zum schlimmen Thema Kannibalismus scheint mir an dieser Stelle notwendig.
Ich selbst wurde niemals Zeuge von Kannibalismus, glaube aber, daß es Ausschreitungen dieser Art gegeben hat, u. a. bei den Russen. Nach William Graig's Buch ›Enemy at the Gates – The Battle for Stalingrad‹ ist Kannibalismus bei deutschen Kriegsgefangenen vorgekommen, die nach der Schlacht um Stalingrad in sibirische und andere Lager abtransportiert wurden. Da die Leichen schon bald steinhart gefroren waren, nährte man sich von soeben Umgekommenen. Später lauerte man Schicksalsgefährten auf, die noch lebten. Und noch später hat man bei denen ein wenig nachgeholfen. Unglaublich? Unglaubwürdig? Keine Vorstellung ist zu unglaublich, zu bestialisch, um nicht Wirklichkeit gewesen zu sein. Man mache sich hier keine Illusionen. In Frankreich wurden Kinder gekreuzigt, um die Väter zum Sprechen zu bringen.
Im Geiste sehe ich nun, wie Leser, die über genug Einbildungskraft verfügen, dieses Buch weglegen. Sie wenden sich ab, wollen nichts davon hören. Ich halte diese Reaktion für falsch. Sie ist, ehrlich gesagt, feige. Wer es ablehnt, einen Blick in den Abgrund der dämonisch besessenen Menschenseele zu werfen, wird niemals zu einer wesentlichen Verbesserung der menschlichen Gesellschaft beitragen können. Großes Unheil ereignet sich gerade – auch und vor allem jetzt –, weil sich zu viele Mitmenschen geweigert haben und noch weigern, sich in vergangenes Geschehen zu vertiefen. Selbstschutz? Ach was. Man schützt sich nicht selbst, wenn man den Kopf in den Sand steckt. Das ist Feigheit. Und wie können wir jemals Gott und unserem Erlöser nahekommen, wenn wir nicht wenigstens in Gedanken in das Reich des Satans hinabgestiegen sind? Wer Gott sucht, der untersuche alle Dinge. Der nüchterne Holländer sagt schnell: Es wird schon nicht so schlimm werden. Ich behaupte: Es wird wohl so schlimm werden. Wer aus Bequemlichkeit und/oder Feigheit die Augen vor der Gefahr verschließt, leistet seinen Beitrag zu neuen Kriegen, zu einem neuen Weltkrieg.
Weder im Lager noch in den Arbeitskommandos war ein einziger Augenblick ohne Mißhandlungen. Immer – auch während der Nacht

– wurden irgendwo Menschen gequält. Das Jammern, Schreien, Brüllen der Männer, die mißhandelt wurden... Quälereien im großen Stil bis hin zu vielfachem Mord waren an der Tagesordnung. Inoffizielle Morde, offizielle Morde, das ganze Lager dazu angetreten. Deutsch war die Sprache. Aber auch Russisch und Polnisch.
Kaum jemand, auch nicht der prominenteste Holländer, war in guter Verfassung. Jeder klagte über körperliche Gebrechen. Dazu kam noch die Sorge um diejenigen, die wir zurückgelassen hatten. Um das KZ wütete ein Weltkrieg. Unser Land war besetzt, wurde im September 1944 wieder zum Kriegsschauplatz. Wie es uns möglich wurde, weiß ich nicht, aber wir waren immer auf dem laufenden, was die Nachrichten der Alliierten betraf. Wir wußten, wie es in den Niederlanden aussah. Oft kamen uns die schrecklichsten Vorstellungen von den Menschen daheim – falls diese noch nicht tot waren. Und wir konnten nichts dagegen tun.
Aber auch das war noch nicht alles. Wir degenerierten nämlich, in jeder Hinsicht, und wir wußten es. Oft wurde es gesagt und geschrieben, daß Häftlinge, die das Stadium von »Muselmännern« erreicht hatten – noch lebende, aber fast besinnungslose Skelette – aber auch diejenigen, denen es weniger schlecht ging, demoralisiert waren, ohne jeden Anstrich von zivilisierten Menschen, wie Tiere, nur auf die Erhaltung ihres eigenen Lebens bedacht. Das ist eine infame Lüge.
Es gab Menschen, die sich wie Tiere aufführten, ja, aber sie waren seltener als jene, die versuchten, sich selbst nicht aufzugeben, die versuchten, über ihre eigenen Schwächen hinauszuwachsen. Überaus anerkennenswerte Taten von Selbstaufopferung, Selbstverleugnung, Altruismus, Heldenmut, Barmherzigkeit und Nächstenliebe wurden in Hülle und Fülle von Häftlingen verrichtet. Darüber werde ich noch berichten. Aber doch merkten wir, daß wir degenerierten. Und das erzeugte neue Angst. Wer noch alle Sinne beisammen hatte, der spürte, daß er trotzdem degenerierte, und er hatte wirklich alle, aber auch alle körperlichen und geistigen Reserven nötig, die angegriffen werden konnten.
Indessen macht es noch ein ganz anderer Grund unmöglich, ein KZ zu beschreiben. Schon zuvor habe ich den Nachdruck auf die allgegenwärtige satanische Macht gelegt: die Hölle des KZ. Aber es gab auch – gerade deswegen – einen Himmel des KZ. Wie das Licht eines Leuchtturms bei Sonnenschein auf See nur schwach als ein Funke zu erkennen ist, aber nachts blendend hell über das Meer scheint und ki-

lometerweit zu sehen ist, so war auch der Allmächtige – im Alltag ein schwacher Lichtstrahl – im KZ auf wunderbare Weise gegenwärtig. *Und das ist die Botschaft, die ich zu überbringen habe.*

Die Feuertaufe Am 17. Juli 1942 ließ unser Transport aus Scheveningen im PDA die Empfangszeremonie über sich ergehen. Man versuchte, uns innerhalb von wenigen Tagen zu entmenschlichen, uns die Identität zu rauben. Unsere Habseligkeiten, alles wurde uns genommen. Wir wurden brutal geschoren, auch die Achsel- und Schamhaare wurden mit stumpfen Haarschneidemaschinen entfernt.
Wir bekamen eine Nummer (meine war 918).
Prominente im PDA waren u. a. der Lagerälteste Jan Hurkmans und der Blockführer Willem Eegdemans und Joop Greve. Vorarbeiter des Judenkommandos war Teun van Es.
Wir erhielten eine Uniform der Niederländischen Armee, oft blutbefleckt, manchmal mit Durchschüssen. Wir bekamen Holzschuhe, Fußlappen, Lumpen, die wir uns um die Beine wickeln sollten. Lumpen erhielten wir auch als ›Unterwäsche‹, Unterhosen mit einem Bein, ohne Schritt, zweimal zu klein, zweimal zu groß, genau wie die Uniformen. Wir bekamen Feldmützen. Das alles ging mit Gebrüll, Schlägen, Stößen und Tritten vor sich. Es gelang mir, meine kleine Bibel und ein Foto meiner Frau hineinzuschmuggeln.
Am ersten Tag im Polizeilichen Durchgangslager Amersfoort wurde uns, den zu Vogelscheuchen Verunstalteten, das deutsche Exerzieren beigebracht, ebenso die Lagerregeln, die Art, wie wir uns zu melden und wie wir zu grüßen hatten und so weiter. Die Lagerältesten, die Blockältesten, Kapos rannten herum, seltsam behende trotz ihrer vollgefressenen Bäuche. Sie teilten Tritte aus, kreischten, terrorisierten die fassungslose Sklavenherde unter den Augen ihrer kritisch zusehenden Vorgesetzten. So wurde erreicht, daß wir an unserem ersten Abendappell in der genau vorgeschriebenen Weise teilnehmen konnten.
Sofort danach lernten wir das deutsche Ungeheuer in seiner unverhohlenen Dämonie kennen.
Ein Häftling, der von einem Außenkommando zurückgekehrt war, hatte gestohlene Kartoffeln in seiner Kleidung versteckt. Bei der Durchsuchung wurden sie entdeckt. Er wurde von jenen vor die Menge geführt, die ihn ermorden sollten. Sein Gesicht sah gesund rot aus, fast unnatürlich rot. In der Tat: blutrot. Schon bald lag er auf der

Erde, Kartoffeln rollten aus seinen Taschen. Nun erzitterte sein Rükken unter den Schlägen. Er wälzte sich herum. Das war verhängnisvoll. Ein Mof zog seine Hose herunter, und noch mehr Kartoffeln rollten heraus. Die Fratze des Peinigers veränderte sich. Die kalte Gleichgültigkeit verschwand, der Gesichtsausdruck wurde aufmerksam, gierig, vergnügt, fast glücklich. Später sollte ich diesen Ausdruck erkennen als den eines Sadisten, der morden wird.
Der Unterscharführer trat ihm mit seinen Stiefeln zwischen die Beine. Sein Schlachtopfer, das jetzt den Tod roch, schrie wie ein Schwein, wollte sich aufrichten. Der zweite Tritt traf ihn dumpf wieder zwischen die Beine. Der Teufel sah das Blut und fing zu grinsen an – mit seinem Gebiß – die Lippen waren verschwunden. Er trat zu – und noch einmal. Das Geräusch veränderte sich plötzlich. Es wurde ein seimiges Schmatzen. Der Stiefel hatte einen Widerstand überwunden und drang tiefer ein. Jetzt verschwand der untere Teil des Stiefels bei jedem Tritt vollständig. Der andere Stiefel mußte einen Schritt zurücktreten, um in der Pfütze nicht rot bespritzt zu werden. Das Schreien wurde zum Röcheln. Dann Stille. Aber der Stiefel hörte nicht auf!
Das war unser erster Tag im PDA. Völlig verzweifelt, mit aller Kraft betend, versuchte ich, auf meiner Pritsche einzuschlafen. Konnte dies überlebt werden?
Nach dröhnenden Schlägen auf die Glocke sehr früh am nächsten Morgen wurde uns das Morgenritual beigebracht. Waschen, Anziehen, Bettenbauen, Becher »Tee« holen, schon wieder Exerzieren, Morgenappell. Unsere Gruppe wurde dem Holzfällkommando zugeteilt.

Morgens So wie ehemalige KZ-Häftlinge oft unter Alpträumen vom KZ leiden, so erfuhr ich dort den Segen, fast immer glückselige Träume zu haben. Aus den Träumen wurden wir von dem lauten Schlagen auf eine Glocke geweckt. Es war noch finsterste Nacht. Aber sofort ging das Licht an, und der Stubenälteste zog mit seinen Trabanten durch den Schlafsaal, ausgerüstet mit Knüppeln, um uns aus den »Betten« zu brüllen und, falls erforderlich, zu prügeln. Wir mußten uns mit nacktem Oberkörper erst »waschen«, selbstverständlich immer ohne Seife und Handtuch, in einem übervollen Waschraum voller keifender, röchelnder, spuckender Männer. Das Anziehen war eine einzige Qual, vor allem, wenn man am Vortag bei

der Arbeit naß geworden war. Es war ein Elend, sich in die durchweichte, stinkende Uniformhose und -jacke hineinzuzwängen, die spindeldürren Beine mit nassen, dreckigen Lumpen zu umwickeln und in die verfluchten Holzschuhe zu schlüpfen, die über die offenen Wunden schabten. Die von der Nacht übriggebliebene Körperwärme hatten wir mit einem Schlag verloren.
Zu den vielen Psychopathien der Deutschen gehörte das Bettenbauen. (»Du kannst leben wie eine Sau, wichtig ist der Bettenbau«.) Strohsack und Decken mußten mit der größten Präzision arrangiert werden. Auf den Millimeter genau. Für Hunderte von Betten gab es oft nur ein Brett oder Lineal, um damit über die gemachten Betten streichen und feststellen zu können, ob sie wirklich gerade und flach waren. Regelmäßig wurde kontrolliert. Die SS stellte sich an einer Seite des Schlafraumes auf, blickte nach unten, erste Etage, zweite Etage, dritte Etage, über alle Betten, um aufzuspüren, welche nicht in einer Linie und glattgestrichen waren. Hatte sie eines entdeckt, dann brach die Hölle los. Die Betten wurden wie besessen auseinandergerückt, alles mußte noch einmal gemacht werden. Nummern wurden aufgeschrieben, und so fort. Danach gingen wir – schon todmüde – in den naßkalten Lumpen hinaus in die Dunkelheit zum Morgenappell. Ein Tag voll Tod und Verdammnis lag vor uns.

Aus meinen Habseligkeiten hatte ich eine Tube Zahnpasta – aber keine Zahnbürste! – und eine große Packung Vitamintabletten ins Lager nehmen dürfen; beides hatte mir in Scheveningen meine Frau besorgt. In einem wahnsinnigen Hungeranfall sog ich die Zahnpasta ein und genoß den Pfefferminzgeschmack. Und danach schluckte ich – o Schande! – auch alle Vitamintabletten nacheinander. Folgen hatte es keine. Im Lauf von drei Jahren gelangten viele vollkommen ungenießbare, oft verunreinigte oder verdorbene Substanzen in meinen Magen, ohne daß ich Beschwerden bekam. Einmal verschlang ich viereinhalb Liter braune Bohnensuppe. Auch das hatte keine Folgen. Mein Magen schien aus Eisen zu sein.

Berg Ein Unterkommandant im PDA, dem Lagerkommandanten SS-Obersturmführer Heinrich und Nelis Stöver untergeordnet, war SS-Untersturmführer Berg. Es hieß, daß Berg schon seit geraumer Zeit in den Niederlanden lebte und dort etwas mit einem Holzhandel zu tun hatte, in Groningen oder Friesland. Berg war einer der gefährlichsten SS-Männer: leutselig umherblickend, in der Ferne boshaft lauernd, plötzlich auftauchend und grauenhaft gewalttätig: ein Massenmörder. Nach ein paar Tagen beim Holzfällkommando war ich schon fast hinüber, vor allem wegen der verfluchten Holzschuhe, die Geschwüre verursachten, denn jede kleine Wunde verwandelte sich im KZ in einer Stunde in ein Geschwür. Wir schleppten Baumstämme über ein Stoppelfeld. Zwei Mann pro Stamm. Immer langsamer, stolpernd und lahm schleppte ich mich weiter. Da sah ich in der Ferne auf einem Baumstumpf SS-Untersturmführer Berg mit seiner Reitpeitsche stehen. Obwohl die Entfernung hundert Meter betrug, wußte ich, daß er es auf mich abgesehen hatte. Langsam näherte er sich. »Halt, da!« Wir standen still. »Sie langes Elend, was sind Sie von Beruf?« »Rechtsanwalt, Herr Untersturmführer.« »Ha, ein Rechtsanwalt, ein Advokat sind Sie? So lerne ich Sie arbeiten. Weg da!« Mein Kamerad bekam einen Fußtritt. Er ließ den Baum fallen und verzog sich. »Sie tragen das alleine, los Mensch, aufheben!« Mit seiner Reitpeitsche versetzte er mir einen gemeinen Hieb. Ich zog den Stamm hoch. Brachte ihn auf meine Schulter. Er lag nicht gerade, nicht in der Mitte. Berg, der auf einem Stumpf stand, sah zu, wie ich ihn nach hinten verschob. Der Baum, jetzt im Gleichgewicht, drehte sich langsam nach links, nach rechts, hin und her. »Arbeiten sollen Sie, Sie Drecksack! Ihr seid noch fauler als die Russen!« Ich stolperte fort unter den sechzig Kilogramm, mit wankenden Knien. Der Peitschenstriemen glühte, immer mehr Blut rann in meine Holzschuhe. Ich stellte mir vor, ich sei Jesus, stolpernd und fallend unter seinem Kreuz auf dem Weg nach Golgatha. Als ich meinen Baum auf dem zugewiesenen Platz hatte fallen lassen und zurückging, um einen neuen zu holen, war Berg in der Ferne mit jemand anderem beschäftigt. Ich konnte mir einen leichteren Baum aussuchen. Ich machte weiter. Zum Weinen hatte ich keine Kraft mehr.

Schonung Am nächsten Tag meldete ich mich nach dem Morgenappell im Revier, meine Füße waren eine einzige Wunde. Es bestand so große Nachfrage nach dem »Doktor«, daß sich die Reihe der Häftlinge bis weit zur Tür hinaus erstreckte. Viele Juden befanden sich darunter. Obwohl ruhiges Auftreten und absolute Stille befohlen waren, hörten sie mit Jammern, Murmeln, Klagen nicht auf, begannen sogar zu streiten, wodurch sie uns alle in Gefahr brachten. Es war abzusehen, wann ein Revierkapo nach draußen stürmen und uns alle

wegknüppeln würde, die schwerverletzten Juden zuerst. Obwohl ich sehr pro-jüdisch war, wurde ich doch wütend. »Unselige, hört doch, ich bin doch für euch, wir tun alles, was wir können, zu Hause und hier, aber ihr verderbt es für uns alle. Haltet den Mund, Idioten!« So war es, nichts daran zu ändern. Die Juden mußten in ihrem Palästinakommando noch viel mehr als wir erdulden, aber das hinderte manche nicht daran, überall und immer, sogar während des Appells, Schwierigkeiten zu machen. Sie fielen durch ihr undiszipliniertes Verhalten, ihr Lärmen und Klagen auf. Wenn man etwas sagte, blickten sie erschrocken auf, murmelten Entschuldigungen oder Verwünschungen, versuchten flüsternd, ihr Verhalten zu erklären, waren kurze Zeit ruhig und begannen dann wieder aufs Neue. Natürlich war es die Absicht der SS, uns auf diese Weise zu Antisemiten zu machen. Am Ende erreichten sie das Gegenteil.
Endlich war ich bei Doktor Klomp an der Reihe, einem NSBer aus Ede mit Parteiabzeichen und Stiefeln. Ich wickelte die Lumpen von meinen Füßen – sie waren festgeklebt – und zeigte meine Wunden. Der Arzt sah mich an. »Wie heißt du?« »Bakels.« »Hast du in Leiden studiert, Chemie?« »Nein, Herr Doktor, das ist mein Bruder. Ich habe Jura studiert.« »Deinen Bruder habe ich in Leiden mal getroffen. Verbinden und vier Wochen Schonung!« rief er den Pflegern zu und nahm den nächsten Patienten in Augenschein.

Der Theologenkonvent Das Stück Papier mit »leichter Arbeit« ist von unschätzbarem Wert. Sein Besitzer braucht sich während der darauf angegebenen Zeitspanne weder beim Schießstand noch beim Holzfällkommando zu melden, sondern darf drinnen sitzen, in der Kartoffelschälecke beim Kartoffelschälkommando. Jeden Morgen nach dem Appell sehe ich zusammen mit mir gut hundert fiebrige, sieche Krüppel, ein Häuflein Elend, zur Baracke stolpern, um sich dort täglich zehn bis zwölf Stunden mit dem Schälen zu befassen. Es sind meist ältere Häftlinge, und vor allem Intellektuelle. Bei der Tür, die von Gertenbach aus Zandvoort, dem später hingerichteten Drukker der illegalen Zeitung ›Het Parool‹, bewacht wird, steht ein riesiger Trog voll Wasser, in den die geschälten Kartoffeln geworfen werden. Mit einem Stock werden sie unablässig umgerührt. Daneben steht unser Wachtposten, immer ein anderer, wir wechseln uns ab. Wenn sich ein Kapo oder jemand von der SS blicken läßt, ruft er leise »weiße Mäuse«; dann wird bei den unterschiedlichsten Beschäftigungen innegehalten, und jeder fängt eifrig zu schälen an. Bald fällt der Mof nicht mehr darauf herein, nähert sich dem Verschlag manchmal von hinten oder von der Seite und reißt plötzlich die Türe auf. Am liebsten sitze ich hinten in der Baracke zwischen sechs Pfarrern und einem Pastor. Nach meinem einsamen Glaubenskampf in Scheveningen bin ich für diese Gesellschaft zutiefst dankbar. Zuerst erzählt jeder von uns seine Lebensgeschichte. Auch hält ab und zu jemand eine kleine Vorlesung (während unsere Hände vom Kartoffelsaft ganz schrumpelig werden). Ich selbst halte einen Vortrag über den Beruf des Rechtsanwalts, während die Kartoffeln nacheinander in den Eimer plumpsen, der zwischen unseren armseligen, lumpenumwickelten Beinen steht. Dann stelle ich Fragen und erhalte Antworten, manchmal von einem reformierten, von einem streng reformierten, oft von einem katholischen »Kameraden«.

»Hat Jesus gesagt, daß es eine Herde und einen Hirten gibt?«

»Ja.«

»Hat er auch gesagt, daß er dort, wo zwei oder mehr in seinem Namen versammelt sind, in ihrer Mitte ist?«

»Sicher.«

»Kann ich daraus ableiten, daß Jesus gemeint hat, daß die, die an ihn glauben, eine Glaubensgemeinschaft bilden werden, eine Kirche?«

»So kann man es sagen, ja.«

»Es sollte also eine einzige christliche Kirche geben?«

»Ja.«

Meine Leidensgefährten schälen schneller.

»Aber einige von euch sind katholisch, andere reformiert oder streng reformiert, mit verschiedenem Bekenntnis.«

»Ob die Schlange im Paradies gesprochen hat, ja oder nein...«

»Und das ist noch nicht alles; es gibt noch griechisch-katholische Christen, glaube ich, und Remonstranten, Mennoniten, Altkatholiken, Baptisten. Und einen Protestantenbund. Gibt es nicht auch die Heiligen der letzten Tage oder so etwas? Und die Bibelforscher hier, die jeden Morgen beim Wecken ihr Lied singen? Und was gibt es sonst noch? Die Christengemeinde der Anthroposophen...«

»Ja, und es existieren noch viel mehr in den Niederlanden, in England, Amerika...«

»Aber Jesus hat doch gesagt, daß es eine einzige christliche Kirche geben soll.«

»Ja, das stimmt.«

»Dann seid ihr alle damit in Verzug.«

Schweigen. Dann: »Wir glauben wirklich alle an denselben Gott, es gibt nur einen Gott.«
»Sicher. Und an den einen Gott glauben auch alle Millionen Mohammedaner und die Juden.«
»Ja, alle glauben an den einen Gott, aber die Wege dorthin sind verschieden.«
»Ihr und ich, wir glauben an Gott durch Christus?«
»Aber sicher.«
»Ist es denn notwendig, wenn es schon so viele Wege zu Gott gibt, auch noch die christlichen Wege selbst zu unterscheiden?«
»Es gibt Unterschiede.«
»Wichtige?«
»Ja und nein. Es gibt schon wichtige Unterschiede, ja, beispielsweise zwischen Katholiken und Protestanten.«
»Ja? Und die sind so wichtig?«
»Ja. Die Katholiken haben einen Papst, eine Marienverehrung, Heilige, verschiedene heilige Sakramente, die Kommunion, die Beichte.«
»Macht es viel aus, wenn man in Not ist, wie wir hier, und den Tod vor Augen hat?«
»Es macht schon etwas aus, ja, aber nicht viel, wenn es darauf ankommt.«
»Aber es kommt darauf an, jetzt und immer.«
»Ja, das stimmt eigentlich, wir beginnen es einzusehen.«
»Habt ihr vor, die Unterschiede zu beseitigen, wenn ihr freigelassen werdet?«
»Wir lernen hier viel dazu im PDA. Aber es gibt so viele Kirchen, Organisationen, Komitees, juristische Verbindlichkeiten, Stiftungen, Bräuche, Traditionen, Völker, Länder... Das ist nicht so einfach.«
»Das verstehe ich. Aber so ist es nicht richtig. Es muß geändert werden.«
Am nächsten Tag setzen wir – wieder ein wenig hungriger und geschwächter – das Gespräch fort. Meine Theologen sind etwas weniger wohlwollend.
»Also weiter. Als ich verhaftet wurde, erlebte ich ein Wunder, wie ihr wißt. Sollte ich freigelassen werden, dann möchte ich mich vielleicht einer Kirche anschließen. Zu welcher würdet ihr mir raten? Soll ich die katholische wählen? Sie ist groß, altehrwürdig, international, hat schöne Bauten voller Bilder, Kerzen und Blumen. Zu dieser Kirche könnte ich mich hingezogen fühlen.«

»Deine Familie ist nicht katholisch.«
»Meine Familie ist – wenn überhaupt etwas – dann mennonitisch.«
»Dann wähle doch die Mennoniten.«
»Warum?«
»Weil du aus einer mennonitischen Tradition kommst.«
»Warum nicht reformiert? Und wenn ja, mit oder ohne?«
»Mit oder ohne was?«
»Sprechender Schlange.«
»Du ziehst es ins Lächerliche.«
»Überhaupt nicht. Ihr seid gute Kerle, seid gelehrt. Theologen seid ihr. Ich habe nur Gott und Christus. Aber ich habe noch viel mehr einzuwenden.«
Wieder verstreicht ein Tag. Das Schälen und Ausstechen geht automatisch vor sich. Staub aus Kartoffelsäcken löst Hustenreiz aus. Unsere Hände sind jetzt nicht nur schrumpelig, sondern auch eingerissen.
»Du sprachst von noch mehr Einwänden. Zähl ein paar auf.«
»Manchmal läßt euer Verhalten hier zu wünschen übrig. Prediger sollten doch ein Vorbild sein. Ein paar von euch beklagen sich zu oft. Ihr seid manchmal Egoisten, darauf aus, Essen zu organisieren. Ihr geht manchmal nicht ganz rechte Wege.«
»Ja, das stimmt. Wir sind auch nur Menschen.«
»Ihr verkündigt in euerem Beruf das Evangelium. Das macht ihr auch hier, aber zu selten.«
»Es ist gut, daß du das aussprichst. Wir haben auch Angst.«
»Die Diener des göttlichen Wortes – haben Angst?«
»Ja, Angst. Und auch wir kommen hier fast vor Hunger um.«
»Gib uns unser tägliches Brot. Bekommt ihr euer tägliches Brot?«
»Ja, sehr wenig, wie du weißt.«
»Genug?«
»Nein, nicht genug. Wir sterben hier alle vor...«
»Ja, das weiß ich. Aber ihr bekommt genug, wenn ihr glaubt.«
Stille.
»Seid ihr Kinder in Gottes Haus?«
»Wie meinst du das?«
»Euere Reden irritieren mich. Als ob ihr regelmäßig mit Gott sprecht und genau wißt, was er will oder nicht, was er ablehnt, was seine Zustimmung findet... Ihr macht aus Gott einen Menschen, einen Vater im Himmel. Wo ist der Himmel? Ich sehe nachts einen Raum ohne Grenzen, zum Bersten voll von Feuerbällen auf mathematisch be-

rechneten Umlaufbahnen. Wo ist der Himmel? Ist Gott dort? Wo? Wieso wißt ihr alles so genau? Und dann das Singen...«
»Welches Singen?«
»In eueren Kirchen singt man. Ziemlich scheußlich. Falsch und lustlos. Die Texte sind oft so irritierend komisch. Und dann kommen Männer in schwarzen Anzügen, die Stöcke mit einem Murmelsack aus Samt herumreichen, in den man Geld werfen muß. Und vorne gibt es feste Plätze für wichtige Leute, manchmal mit einem Namensschildchen aus Emaille. Ich habe geglaubt, daß für Gott alle gleich wichtig sind. Und Christus hatte besonderes Interesse für Zöllner, also NSBer und Sünder. Er wusch die Füße seiner Jünger... und dann der Papst!«
»Was ist mit dem Papst?«
»Der Papst – steif vor Macht, Geld und Gewändern, auf seinem Thron in Rom darf behaupten, daß er der Stellvertreter Gottes auf Erden ist.«
»Noch nie vom ersten Papst, Petrus, und seinem Auftrag gehört?«
»Natürlich, aber nie gelesen, daß Petrus und seine Nachfolger unbeweglich vor steifer Pracht auf einem Thron sitzen sollen, daß ihre Aussprüche unfehlbar sind, daß Menschen vor ihnen niederknien müssen, – wenn ich Papst wäre...« Sie lachen, endlich einmal.
»Ja, wenn du Papst wärst...«
»Dann würde ich von meinem Thron hinuntersteigen, gewöhnliche Kleidung anziehen, ansehnliche Geldsummen in meine Taschen stecken, Abschied nehmen und vielleicht in die Niederlande gehen, um Juden loszukaufen. Oder wenn das nicht möglich wäre, würde ich ihnen die Füße waschen, sie ein Stück begleiten, wer weiß, wie weit... Oder in den Zellen bei den zum Tode Verurteilten sitzen.«
»Der Papst«, sagt mein katholischer Bruder, »hat eine ganz andere Aufgabe. Er ist das Oberhaupt einer Weltkirche.«
»Nichts davon. Jesus Christus ist das Haupt einer Weltkirche. Von deiner und meiner. Und was den Papst betrifft: Wer sich erhöht, wird erniedrigt werden, nicht wahr? Oder irre ich mich?«
»Nein, so steht es geschrieben. Und auch umgekehrt.«
»Dann werden die hochmütigen, dünkelhaften Geistlichen, die sich einbilden, Kinder im Hause Gottes zu sein, erniedrigt werden. Beispielsweise hier in Amersfoort. Aber wer von euch hält jetzt für uns eine gute Predigt?«
Oft tat dies Pfarrer Henk Lieve. Er tat noch viel mehr. Während der Woche, aber vor allem sonntags war er abends unermüdlich in ver-

schiedenen Bibelkreisen in allen Baracken tätig. Er besaß eine Bibel. Viele Gespräche führte er mit den zum Tode Verurteilten. Sein ganzes Wesen strömte eine unüberwindliche Kraft aus. Wenn man mit ihm betete, fühlte man, wie diese Kraft sich übertrug.

Weder der Theologenkonvent noch ich gaben den Mut auf. Am Tag darauf machten wir weiter. Ich wagte die Bemerkung: »Ihr seid nicht nur Prediger und Seelsorger, sondern auch Theologen.«
Allgemeines Bejahen.
»Habt ihr euch schon einmal gefragt, ob ihr im Laufe von zwanzig Jahrhunderten den christlichen Glauben nicht vertheologisiert habt? Ich glaube, Christus hat gesagt, daß die Angelegenheiten des Glaubens den Gelehrten verborgen bleiben, aber Kindern offenbart werden. Aber was macht ihr? Ihr schreibt seit zweitausend Jahren kilometerlange Bücherreihen in allen Sprachen, Bibliotheken voll: über die Auslegung der Bibel, apokryphe und nicht-apokryphe Schriften, Kirchengeschichte, Lehrstücke, Dogmen, Thesen und was weiß ich. Ich glaube, daß ihr den Glauben unter Menschenwerk begraben habt wie Fresken, die in alten Gebäuden unter vielen Schichten schmutziger Farbe verborgenliegen. Ist das möglich?« Sie nickten. Ich glaubte in diesem Augenblick, daß wir im Grunde alle einer Meinung waren, aber doch kam hin und wieder durch den Kartoffelstrom ein Satz oder eine hochtrabende Formulierung von ihren Lippen, die mich betroffen machten. Still sagte ich mir dann: »Mein Gott, sie begreifen Dich nicht, Du bist nicht wirklich in ihren Herzen.«

Sprache Das PDA war ein »niederländisches« KZ in den Niederlanden unter deutscher Leitung. Dadurch unterschied es sich in vielerlei Hinsicht von den großen, berüchtigten Lagern in Deutschland. Die Prominenten des PDA waren Niederländer: der Lagerälteste, die Blockältesten, die Kapos, die Leute in der Schreibstube usw. Schon aus diesen deutschen Begriffen in dem niederländischen KZ wird deutlich, welch seltsames Durcheinander von deutschen und niederländischen Ausdrücken dies zur Folge hatte.
Man setzte für deutsche Worte niederländische mit einem ähnlichen Wortstamm ein, die aber eine völlig andere Bedeutung haben. Manchmal konnte man darüber lachen, aber bald gewöhnte man sich daran. Es war eine deutsch-niederländische Sprache entstanden.

Schreiben Meine Gefühle suchten einen Ausweg. Ich organisierte mir – diese Kunst lernte man schnell – ein paar Stückchen Papier und einen Bleistiftstummel und begann zu schreiben. Ich schrieb nieder, was mich bewegte, alles durcheinander. In Form eines Briefes an meine Frau. Der Brief erreichte einen Umfang von dreitausend Blatt. Hier folgt das erste Zitat aus meinem ›Tagebuch‹:

Unter dem Einfluß des Hungers kommt überall der wahre Adam zum Vorschein. Hoch oder niedrig, alt oder jung, geistlich oder nicht, wir werden alle mehr oder weniger gleich: Hunger vereinheitlicht. Hunger ist Angst. Was die Welt bewegt, was Streit hervorruft und Kampf und Krieg und alles Elend, das ist die Habsucht: ich will essen, mehr essen, viel essen, ich will dies und das und das auch, ich will zusammenraffen, besitzen, stapeln. Anstelle von: ich will geben, helfen, bringen, eine Bewegung zum Menschen hin und nicht, wie ein Croupier mit seiner Harke, zu sich selbst. Habsucht. Freßsucht. Was ist Habsucht anderes als Angst? Man will sicher sein, genug und mehr als genug zu haben, mehr und mehr und wenn möglich alles, aus Angst, zu kurz zu kommen. Und warum hat man Angst? Weil man nicht begreift, daß Gott mit uns ist, uns liebt und für uns sorgt. Gott nimmt jede Angst. Wenn es keine Angst mehr gibt, gibt es kein Mißtrauen und keine Habsucht mehr; und wenn das wegfällt, dann gibt es keinen Streit und keinen Krieg mehr. Übrigens: Sexualität wird hier völlig beiseite gelassen. Einer der wichtigsten Einflüsse auf das Tun und Lassen des Menschen wird hier ganz ausgeschaltet. Trübt dies mein Urteil, oder wird es gerade dadurch geschärft? Resultiert das Verschwinden des sexuellen Verlangens aus dem Hunger oder aus dem allgemeinen Unlustgefühl des Gefangenseins? Ich weiß es nicht. Wohl weiß ich, daß es ein Segen ist, daß diese Funktion wegfällt. Nur wenn man die amerikanischen Frauen in der neuen Baracke nebenan sieht, steigt etwas wie Erinnerung empor; sie erinnern mich an ein anderes Leben, an etwas Leidenschaftliches und doch Zärtliches, dem wir hier ganz entfremdet sind.

Ohne Haare, ohne Zivilkleidung, Uhren, Ringe und alles andere, uniformiert, hatte der Häftling nichts als sein Gesicht, es sprach um so deutlicher; der Rest war »dasselbe«.
Eines Tages erblickte ich bei einem neuen Transport ein auffälliges Gesicht. Bald darauf sah ich es wieder, in der Kartoffelschälecke. Ich machte die Bekanntschaft von Dr. H. B. Wiardi Beckman. Er war tief bewegt. Als ich ihn fragte, was geschehen sei, sprach er von seinem

Glücksgefühl, jetzt, nach einem monatelangen isolierten Zellendasein wieder Menschen zu sehen, Mitmenschen, und die Schönheit der Natur und der Wolken. Über seine Sache sprach er nicht mit mir. Wir alle hatten diese vernünftige Angewohnheit angenommen. Man wußte nie, wer mithörte und mit welcher Absicht. Man konnte nur in groben Umrissen erzählen, wessen man verdächtigt wurde!

Wiardi Beckman, einer der furchtlosesten niederländischen Sozialdemokraten der Vorkriegszeit, und Frans Goedhart waren in der Nacht vom 17. auf den 18. Januar 1942 am Scheveninger Boulevard bei minus zwölf Grad verhaftet worden. Beckman sollte mit einem britischen Schnellboot nach England gebracht werden, um die niederländische Regierung zu beraten und in ihr einen Sitz zu erhalten. Goedhart, zum Tode verurteilt, gelang an dem für seine Hinrichtung bestimmten Tag die Flucht.

In Amersfoort begegnete ich auch van den Acker und Huybers, und sie brachten mich in Verbindung mit anderen Häftlingen, die zur Leeuwengarde gehörten. Die Beziehung war nicht intensiv. Wie aus dem Vorangegangenen ersichtlich ist, hatte ich von der Existenz einer Leeuwengarde nichts gewußt, und eigentlich gab es jetzt keinen Grund, nun in Amersfoort noch eine neue Gruppe zu bilden. Wir hatten uns nichts mitzuteilen. Wohl wurde ich als Rechtsanwalt manchmal von Mitgliedern der Leeuwengarde angesprochen und gefragt, was ich von der Sache, ihrer Sache, hielte. Natürlich konnte ich nichts Vernünftiges darauf antworten. Ich fragte sie, was sie denn eigentlich getan hätten – eine unerlaubte Frage in einem KZ, denn man konnte nie wissen... Ich erhielt deshalb auch nur vage Antworten. Im Grunde, so schien es, hatte niemand eine Tat von Wichtigkeit begangen. Das konnte absichtliche Zurückhaltung sein, doch bei einigen konnte ich mich des Eindrucks nicht erwehren, daß sie wegen einer Dummheit und Ungeschicklichkeit verhaftet worden waren. Einer beteuerte, daß der SD ihn verhaftet habe, weil er eine Ansichtskarte mit einer Luftaufnahme vom Rotterdamer Flughafen Waalhaven in der Tasche gehabt habe. Sonst nichts. War das die Wahrheit? Wahr oder nicht, es ist ihm jedenfalls sehr teuer zu stehen gekommen...

Die zwei Brüder In Amersfoort gab es zwei Brüder, die nicht beliebt waren und allgemein gemieden wurden. Es waren unangenehme Burschen, Egoisten, Nörgler, nie bereit zu helfen, ausschließlich negativ eingestellt. Es schien, als ob sie nur sich hätten, sonst niemanden.

Einmal lag ich nachts wach, in einem Gefühl des äußersten Unbehagens: müde, ängstlich, frierend, verletzt, ohne Hoffnung. Beten half nichts, Gott schien sich in unerreichbare Fernen zurückgezogen zu haben. Der Schlafsaal war von einer Notbeleuchtung nur schwach erhellt. Weiter vorne sah ich, wie sich ein weißer Schemen bewegte, ein Mann, der oben aus seiner Pritsche kletterte, sicher, um den Abort aufzusuchen (die ganze Nacht hindurch waren stöhnende, sich Erleichterung schaffende, hustende, röchelnde und heimlich rauchende Männer auf dem Abort zu finden). Leise und vorsichtig näherte sich die Gestalt. Sie trug vollständige weiße Unterwäsche: ein Hemd mit langen Ärmeln, eine lange Unterhose. Sie seufzte. Murmelte. Sie war in jeder Hinsicht erbärmlich anzusehen. Eine arme, wehrlose, hilflose Kreatur. Ich sah, daß es einer der beiden Brüder war. In diesem Moment erlebte ich das Wunder der absoluten Nächstenliebe. Ich liebte die beiden, von allen wie die Pest gemiedenen Brüder von Herzen. Auch die anderen. Alle in der Baracke. Alle in Amersfoort, in den Niederlanden, auf der ganzen Welt. Auch die Feinde, den Feind. Alle meine Mitmenschen, alle von Gott erschaffenen, armen, verzweifelten, jammernden, und besonders die schlechten Menschen hatte ich innig lieb. Alle so verirrt. So hilflos und verlassen. So entsetzlich weit vom Glück entfernt. So alleine, in ihrer weißen Unterwäsche. Nie fühlte ich das zweite Gebot stärker und beseligender als in dieser Nacht. Ein alles durchdringendes Glücksgefühl hatte mich ergriffen. Vor Gott beugte ich mich, der nun aus weiten Fernen zurückgekehrt war.

Aus meinem Tagebuch:

Veere *Ich stand an einem heißen Septembernachmittag auf dem Campveerer Turm in Veere.*
Vor mir: Kies in geschmolzenem Teer; rundherum ein kleiner Eisenzaun mit leicht verbogenen Roststangen.
Alles andere sehr, sehr weit fort.
Im Norden: Das Veerer Gat. Schnell strömendes Spiegelwasser, das dennoch reglos scheint. Dort glitzert es weißlich-violett, in der Nähe bläulich, ganz nahe brackgrün. Schaumflocken, einige Schilfrispen und ein Stück Korken verraten, daß die Flut ihren Höhepunkt erreicht hat.

Kaum mehr sichtbar im Dunst, nur noch ein goldener Sonnenstrahl in einem Lufthauch: die Küste von Noordbeveland. Ein kleiner Turm, das Rot eines Dörfchens, das sich einsam in einem flimmernden Streifen verliert:
Die Nordsee.
Hier unten: die Bretterplattform der Anlegestelle, an der das solide Motorboot vertäut liegt, das den Fährdienst zum anderen Ufer unterhält. Jede Stunde einmal, für zwanzig Cent. Der Kapitän putzt die Lampe steuerbords, die Backbordlampe glänzt schon. An Bord sind: Fahrräder, drei Mädchen, Korbflaschen und Ballen. Zwei Feldjäger stehen auf der Plattform, lehnen sich an ihre Fahrräder, der eine spuckt aus und steckt sich eine Zigarette an, der andere kratzt sich unter seiner Mütze, spricht mit dem ersten; mir ist es egal, was er sagt, ihm auch: es ist zu heiß.
Ich wende mich um, dort liegt Veere. Das schlafende, vergessene Städtchen, das nie seine Rolle spielen durfte. Ihr trauert es nach, so wie es ihr immer nachtrauern wird. Das ist seine Schönheit, seine rührende Schönheit von altersher, zart, ein um den nie erlangten Ruhm trauerndes Städtchen.
Und trotzdem Glanz, gerade deswegen, gerade weil die Stadt gescheitert ist. Dort stehen die alten Häuser, großartig aufgebaut, doch immer klein geblieben, ein Märchenrathaus mit vergangenen Sprüchen und einem prächtigen Türmchen.
Der kleine Hafen: Bis hierher breitet sich der Geruch von Teer und Fisch, von Algen, Tauen und Meer aus; Goldhauch von trocknenden Netzen und Fähnchen, die sacht im Wind wehen. An Bord bewegt sich ein blauer Kittel, etwas wird dort gezimmert, ich höre Stimmen, drinnen, unter dem sonnendurchglühten Deck.
Im Osten ragt die massive Würde der Kathedrale auf, die robuste Riesenkirche, von flammendrotem Wein überwachsen – schon von Bergen op Zoom aus sichtbar.
Und um mich herum: die Linie des Horizontes, Farben, Anhöhen mit den Feldern und Dörfchen von Walcheren, Zeeland, dem Langejanturm von Middelburg, der hinaufweist zum Schöpfer all dieser Herrlichkeiten.
Herrlichkeit ... während die Sonne langsam versinkt, an diesem heißen Septembernachmittag, ergießen sich wie vor Hunderten von Jahren so innig-falsch wie klirrende Scheiben die inbrünstigen Schauer des Glockenspiels über die sonnenbeschienenen Dächer des träumenden Veere.

Der Stadtrat Während eines Abendappells – Muster: Vordermann und Seitenrichtung – fiel mir mein Vordermann dadurch auf, daß er nicht stillstand, sondern sich hin- und herwiegte, einen Zentimeter nach rechts, einen Zentimeter nach links. Ich zischte in seinen Nakken: »Steh ruhig, fall nicht auf!« – aber er reagierte nicht. Dann kam der Befehl »Mützen – ab!«. Mein Vordermann nahm wie wir die Mütze ab, aber langsam. Da sah ich auf seinem Hinterkopf einen breiten, sicher acht Zentimeter langen Riß voll geronnenen Blutes, das noch in seinen Nacken tropfte. Während die SS vorbeihastete, hatte ich Zeit, den Riß zu studieren. Seine Ränder sahen weißlich aus. Es war klar, daß er nicht mit dem Stiel, sondern mit der scharfen Kante eines Spatens geschlagen worden war. Der Mann befolgte alle anderen Befehle etwas verzögert, aber als wir einrücken konnten, blieb er noch stehen, schaukelte hin und her und fiel dann zu Boden. Ich hatte meine Baracke schon fast erreicht und sah mich um. Da erblickte ich zwei Mit-Häftlinge bei ihm, die ihn traten und zusammenknüppelten.
Als ich nach der Brotausgabe noch etwas umhergehen wollte, lag er leise röchelnd draußen vor einer Baracke. Ein stämmiger Kerl stand neben ihm, Hände in die Seiten gestützt: »So sehe ich dich nur zu gerne liegen«, sagte er. Zwei Männer näherten sich mit einer Schubkarre. Sie warfen ihn hinein und brachten ihn weg.
Es war der Stadtrat de Miranda aus Amsterdam.

Ein guter SS-Mann Als ich allmählich bessere Kontakte bekam, auch zur Kleiderkammer, brachte ich einen dort beschäftigten Schicksalsgefährten so weit, mir aus meiner Zivilkleidung ein Foto meiner Frau zuzustecken. Er besorgte mir das Foto, das mich tief bewegte. Nach einer gewissen Zeit kann man sich die geliebten Gesichter nicht mehr deutlich vorstellen, und nun sah ich sie plötzlich wieder… Einigen meiner Freunde zeigte ich das Porträt, ganz verstohlen, denn der Besitz eines Fotos war natürlich verboten.
An einem Sonntagnachmittag stand ich mit Frank Posthumus Meyjes hinter einer Baracke in der Sonne, sprach mit ihm über ›Zuhause‹ und zeigte ihm das Foto. Nicht er, sondern ein anderer reagierte: »Was haben Sie da? Schau mal her.« Gelähmt vor Schreck starrte ich in ein Gesicht unter einer deutschen »Hurra«-Mütze. Das Gesicht schaute nicht unfreundlich drein, also mußte man besonders auf der Hut sein. Haltung angenommen. Ich reichte ihm das Bild der Liebsten… »Ist

das Ihre Frau?« »Jawohl, Herr Unterscharführer.« »Hübsche Frau. Na, hab nichts gesehen.« Er gab mir das Foto zurück und schlenderte weiter. Es war Engbrocks, der gute SS-Mann.

Aus meinem Tagebuch:

Die Straßenorgel *Früher hatte der Freitag seinen ganz besonderen Reiz. Beim Kaffeetrinken schon konnte man sich ihm nicht entziehen: Die Drehorgel!*

Man hört sie bereits, wenn sie am entfernten Straßenende bei der Hausnummer 1 zum Vorschein holpert: undeutliche, schwache Geräusche, dazu monotones Geklapper, und doch ein einziges großes Versprechen, das Versprechen näherzukommen, vor unserem Haus anzuhalten, für fünf Minuten (Stuiver, fünf Cent) oder zehn Minuten (Dubbeltje, zehn Cent), das Versprechen von Musik, M u s i k!

Und da kommt sie herangeschwankt, die Orgel, immer näher, fährt um den Platz, noch vier, noch zwei Häuser: Die Musik verklingt, die Räder rattern jetzt ganz nahe – und da ist sie, mit einem harten Stoß aufgestellt: weiß-grün-golden bemaltes Gefährt, voller Stuckschnörkel und Holzpuppen mit Trommeln und Stöcken und Klappern. Vor unserer Haustüre. Drei Männer mit ihren gutmütigen Volksgesichtern und blauen Tätowierungen auf den Armen spucken in die Hände. Ich beobachte sie durch die zur Seite geschobene Gardine. Und nun verschwindet einer von ihnen hinter der Orgel, man hört ein mechanisches Geräusch, dann als Vorspiel einen Luftstrom und ... jetzt erklingt sie, die Musik, eine lärmend angesetzte Fanfare, Tonfeuerwerk in der langweilig-vornehmen Dezemberstraße, die plötzlich fröhlich wird, sich mit herrlicher Drehorgelmusik und ohrenbetäubendem Trommelwirbel füllt, Trommeln ohne Klangfarbe, ohne Ton. Einfach so, ins Blaue trommeln die wilden, verkrampften Holzpuppen – und dann ist es abrupt zu Ende.

Einer der Männer geht von Tür zu Tür, murmelt jedesmal ein paar Worte, wenn Münzen klingeln; für mich und mein Dubbeltje, noch warm aus Vaters Tasche, hat er ein grob-freundliches Geneverwort übrig – und ein neues Musikstück tönt farbig durch die Straße, hinauf zu den freitäglichen Giebeln, trompetet fröhlich dem Samstag entgegen. Auf der anderen Straßenseite hängen Laufburschen mit einem Bein über ihrem Fahrradsattel: sie sind »unterwegs«.

Jetzt ist ein Marsch an der Reihe, das bedeutet ein Maximum an Blasen,

Schmettern und Trommeln; die schwache Wintersonne läßt die farbigen Verzierungen an der Orgel kurz aufblitzen, das Musikwunder setzt sich geräuschvoll in Bewegung und holpert langsam fort. Es hinterläßt eine Spur von Musikfreude. Immer schwächer werden die Fanfaren in der wieder ins Schweigen sinkenden Straße und in meinen Kinderohren.

Die kleine Bibel Es war mir möglich gewesen, die Taschenbibel, die ich in Scheveningen von meiner Frau bekommen hatte, ins PDA hineinzuschmuggeln. Sie erwies mir dort so manchen unschätzbaren Dienst. Dr. Lieve hat in seinem Buch ausführlich geschildert, wie sehr die raren Bibeln im PDA dauernd ›besetzt‹ waren von Menschen, die vom Brot allein nicht leben konnten und nach stärkeren Texten lechzten. Der Mof erhob nicht nur gegen die Bibel, sondern auch gegen jede Art von Gottesdienst heftige Einwände. Ein strenges Bibelverbot war mit vielen anderen Befehlen und Verboten an jede Baracke geklebt. Einmal hat mir ein Mof rundheraus gesagt, daß die Bibel »zuviel Widerstandskraft gibt«...

Wieder verbreitete sich das Gerücht von einer ›Bibelrazzia‹ im Lager, dieses Mal mit dem Zusatz, daß jeder, den man bei einer Übertretung faßte, in ein Straflager abtransportiert würde. Bis zu diesem Zeitpunkt hatte ich auf Gott vertraut, dessen Wort ich unbedingt lesen wollte. Er würde dafür sorgen, daß dies straflos vor sich gehen konnte. Doch dieses Mal wurde ich unter dem Eindruck der unheilverkündenden Sanktion schwach. Ich wollte aber trotzdem meine Bibel nicht verlieren.
Ich fand einen Ausweg. Ich ließ die Bibel von hinten unter mein Hemd gleiten, wo sie auf einen Draht stieß, den ich um meine Taille trug, um meine Hose daran festzumachen. An diesem Tage wurden wir alle nach dem Abendappell durchsucht, Stück für Stück. Auch ich. Da niemandem die Idee kam, in der Nierengegend nachzufühlen, fand man meine Bibel nicht. Ich war reicher als jeder König. Anscheinend hatte ich richtig gehandelt. An diesem Abend suchte ich vor der ›Sperrstunde‹ wie gewöhnlich den Abort auf, um mir Erleichterung zu verschaffen. Ich löste den Draht, ließ meine Hose herunter und setzte mich. Als ich saß, fühlte ich etwas von meinem Rücken gleiten... O Gott! Ich sprang auf, aber da war es schon zu spät. Mit einem leisen Klatschen fiel meine Bibel unten in den Dreck. Da im KZ

fast jeder an Diarrhoe litt, war das Büchlein sofort verschwunden. Ich ließ mich auf die Knie nieder, krempelte einen Ärmel auf und begann, die Fäkalienmasse zu durchsuchen. Vergebens. Ich hatte meine Bibel verloren. Das war der Lohn für meine Angst und mein mangelndes Vertrauen.

Gewissensnot Das Lager ist angetreten. Versteinert vor Furcht sind wir Zeuge, wie die deutsche Bestie einen Gefangenen wegen *Fluchtversuchs* fertigmacht. Mit Kollektivstrafen wird der Appell dann ins Unerträgliche gesteigert. Als der Mof endlich sein »in die Baracken weggetreten, marsch, marsch« herausbrüllt und wir todmüde, dreckig, ausgehungert sind und uns selbst und die anderen kaum noch ertragen können und auf unseren verdammten Holzschuhen in die Baracken stolpern, treffe ich meinen Freund Wim Zeydner in einer Niedergeschlagenheit an, die bei ihm ungewöhnlich ist. Er ist Präses der Allgemeinen Synode der Niederländischen Reformierten Kirche.
Er scheint außer sich vor Jammer zu sein. Nur stockend kommen die Worte über seine Lippen. »Ich hätte etwas tun sollen. Wir haben alle tatenlos zugesehen, wie ein Mitmensch ermordet wird. Auch ich. Gebetet habe ich für ihn, aber ich hätte aus der Reihe nach vorne treten müssen, ich hätte im Namen Gottes protestieren müssen!« Andere haben sich mit ihrer Brotrinde, ihren Marmeladedeckeln mit gerösteten Bucheckern zu uns gesetzt. »Mensch, du bist verrückt! Wenn du, Pfarrer, den Mund aufgemacht hättest, wärst du sofort ein toter Mann gewesen, und vierundzwanzig andere auch. Mund halten und nicht auffallen, hör doch, du bist nicht ganz bei Trost.« Er starrt uns an, ein Gesicht mit hellblauen Augen, einem kräftigen Kinn; ein nobler Mann, außer sich vor Kummer. »Wer sagt das? Wer sagt mir, ob sie mir, ob sie uns etwas getan hätten, wenn ich meiner Pflicht nachgekommen wäre und protestiert hätte, unterstützt von der unüberwindlichen Macht Christi? Vielleicht wären sie abgezogen, die Deutschen.« »Ach Mensch, fasele doch nicht! Pfarrer, du bist schließlich lang genug hier; die Schufte schrecken vor nichts zurück, auch vor deinem Gott nicht. Laß es nur bleiben! Du würdest nur noch andere reinreißen, Pfarrer, also halte dich zurück.« Er gibt nicht auf. »Das ist menschliche Argumentation, aber hat es einer hier überhaupt schon einmal versucht? Ist jemand nach vorne getreten, als die Moffen gemordet haben, um ihnen im Namen Gottes und Christi zu befehlen

aufzuhören? Nein? Wie könnt ihr dann mit Sicherheit behaupten, was ihr sagt?« Er fängt wieder zu schluchzen an. »Aber ich, ich war zu feige dazu!«

Später versuchen wir, unter vier Augen und ganz vergeblich, aus diesem Dilemma herauszufinden. Wim Zeydner sagt zu mir: »Vielleicht hatten die anderen ja recht. Vielleicht hätten sie mich wirklich umgebracht, und noch andere dazu. Und was weiter? Ist das ein Grund, seine Pflicht zu versäumen? Es gibt zahllose Beispiele von Menschen in vielen Jahrhunderten, die auf ihr Gewissen gehört und ohne zu zögern ihr Leben geopfert haben. Aber ich, Präses der Allgemeinen...«

Und danach sagt er gedankenversunken: »Wer weiß, ob wir einem Menschenleben auf Erden nicht zuviel Wert beimessen, Floris. Ist es so entsetzlich, wenn ich mein Leben hergebe und das von anderen dazu? Gibt Gott soviel um Menschenleben, was meinst du? Es ist Krieg, zu Zehntausenden, Hunderttausenden verlieren Menschen ihr Leben, auf beiden Seiten. Messen wir unserem Dasein nicht einen zu großen Wert bei? Vielleicht – hörst du zu?« Ich lausche, betroffen von einem entsetzlichen Gedanken, den er nun, ganz leise, selbst ausspricht. »Vielleicht ist das alles gar nicht so schlimm, diese ganzen verlorenen Menschenleben. Wir hängen so an unserem Leben, aber lies doch die Bibel! Findest du dort nicht, daß unser irdisches Leben nicht viel wert ist? Daß es auf etwas anderes ankommt? Hat auch Christus nicht selbst sein Leben geopfert? Vielleicht gibt es göttliche Pläne, die weit über den Wert von Millionen Menschenleben hinausgehen...« Wir aßen unsere Brote – danach. Ein paar Wochen später wurde er entlassen. Und darauf bestieg er, mein guter Freund Wim, wieder die Kanzel, um das Evangelium Christi zu verkünden. Jetzt wußte er mehr darüber.

Nach seiner Entlassung stand er mit meiner Frau in Verbindung. Er gab ihr Konfirmandenunterricht. Am Palmsonntag 1944 nahm er sie als Mitglied in die Niederländische Reformierte Kirche auf.

Mehr bekommen als Andere Sehr geschwächte und abgemagerte Häftlinge konnten im PDA, meist durch Protektion, täglich eine sogenannte Sonderration bekommen, die aus einer zusätzlichen Scheibe Brot, einer Scheibe Wurst und einem Becher Magermilch bestand. Diejenigen, die dazu berechtigt waren, holten sich die Sonderration nach dem Abendappell in der Schreibstube ab, die dafür an der

Rückseite einen Schalter hatte. Auch besonders großgewachsene Männer, wie ich, bekamen diese Extraration zugeteilt. Ich war heilfroh darüber. Wenn nach dem Abendappell Hunderte erschöpfter, oft durchnäßter und verdreckter Häftlinge mit lautem Holzschuhgeklapper zur normalen Brotausgabe hineingingen, sah man hier und dort quer über den Appellplatz wandelnde Gerippe schlurfen, einen Becher in der Hand, hin zur Schreibstube, um ihren vielleicht lebensrettenden Schatz zu holen. Nach einiger Zeit kehrten sie zurück, setzten vorsichtig Fuß vor Fuß, um keinen Tropfen Magermilch zu verschütten.

Der Gang durch die Baracke, wo die meisten ihre magere Ration schon aufgegessen hatten, glich einem Spießrutenlaufen. Überall, auf und neben den Pritschen und an den langen Tischen, bohrten sich stechende Augen in den Ankömmling: »So Floris, wieder mal eine Sonderration?« »Hast du ein Glück, mit deinem Extrazuschlag!« »Tag Floris, kann ich gleich mal bei dir vorbeikommen?« »Hast du deine normale Portion auch schon gehabt?« »Dann guten Appetit.« »Ihr habt ein Glück mit der Sondermahlzeit!« Kaum jemand konnte seinen Mund halten. Der Neid blitzte meinen armen Kameraden aus den Augen. Und wenn ich weiterschlurfte, drehten sich die kahlen Köpfe mit. Hinter mir hörte ich noch weiter ein Murmeln.

Ja, so war es. Hier konnte man hell, klar und deutlich, ohne jede Beschönigung beobachten, was in einer Gesellschaft geschieht, wenn Besitz ungleichmäßig verteilt ist. Solange jeder dasselbe erhält, niemand Vorrechte hat, ist die Atmosphäre einigermaßen freundschaftlich; man sitzt in einem Boot: Zusammen muß man versuchen, lebend das rettende Ufer zu erreichen. Die Kameradschaft überwiegt, auch wegen des gemeinsamen Feindes. Aber sobald einer mehr als der andere bekommt – eine Extra-Portion, einen Nachschlag, ein Paket von Zuhause, doppelte Kantine – setzt die Verseuchung ein: Eifersucht, Diebstahl, Korruption, Tauschgeschäfte, Intrigen, sogar Prügeleien unter den Benachteiligten. Und das alles nicht verborgen, schlau, listig, unauffällig, elegant, sondern ganz brutal, roh, primitiv.

Das wußte die SS, und sie machte Gebrauch von ihrem Wissen, um das Elend zu vergrößern und Zwietracht zu säen.

Ich begriff, daß die Vorgänge im KZ dieselben wie »draußen« in der Gesellschaft waren, wo aber alles unauffälliger, nebulöser, gerissener zuging. Wahrscheinlich wendet niemand im Grunde etwas gegen ein mäßiges Leben ein, eine bescheidene, einfache, gesunde Existenz, die den Einzelnen mit allem wirklich Notwendigen ausstattet. Doch

wenn der Nachbar mit besonderen Reichtümern, mit neuem Besitz zum Vorschein kommt, dann fangen unsere Augen zu brennen an, die Pupillen werden weit, der Mund verkniffen, der Pulsschlag schneller: er hat, ich habe nicht, ich muß auch haben.
So sind wir. Auch ich bin so. Im KZ lernte ich den mörderischen Neid kennen. Ich mußte an die letzte These meines Vaters bei seiner Promotion in den Staatswissenschaften denken: »Öffentliche Zurschaustellung von übermäßigem Luxus sollte gesetzlich bestraft werden«. Ja, das wäre wenigstens etwas. Besser wäre es vielleicht noch, würde übermäßiger Luxus selbst unter Strafe gestellt werden...

Der Theologenkonvent (Fortsetzung) Eines Tages waren meine Pfarrer wieder einmal in eine theologische Auseinandersetzung verwickelt; das Thema habe ich vergessen. Wahrscheinlich war ich infolge der »Sonderration« wieder ein wenig zu Kräften gekommen, was bei mir immer im Rückgang des aufsteigenden Irrsinns, der mich manchmal bedrohte, und der Wiederkehr einer Spur aggressiver Ungeduld sichtbar wurde.
An diesem Morgen hielt ich den Moment für gekommen, einmal einen dicken Brocken in die Kartoffelschälecke zu werfen. Ich sagte: »Wenn ich euch so diskutieren höre, dann werde ich in meiner Vermutung bestärkt, daß der christliche Glaube bei euch in falschen Händen ist.« Sieben Augenpaare starrten mich entgeistert an.
»Die Kirchen monopolisieren die Ausübung des Glaubens. Wer glaubt, der muß in die Kirche gehen. Habt ihr euch schon einmal gesagt, daß der, der *wirklich* glaubt, nicht zur Kirche gehen muß?« Wir alle schälen eifrig weiter. Dann sagt einer: »Ich verstehe dich nicht. Der Herr Jesus hat die christliche Kirche gegründet, in der Seine Gemeinde zusammenkommt, um zu beten, zu singen, erbaut zu werden!« Ich fühlte meine Ohnmacht, das große Mißverständnis aus dem Weg zu räumen. Ich sagte: »Nehmt es mir nicht übel, wenn ich übertreibe, um das Problem verdeutlichen zu können. Ich glaube nicht, daß der Herr Jesus die Kirche, ja, eure vielartigen und unterschiedlichen Kirchen gegründet hat, um dort mit Theologisiererei, quengeligem Singen von seltsamen Liedern, dem Bezahlen von Geld in Säkken an Stöcken und dem Sitzen in Reihen nach Rang und Stand gelangweilt zu werden. Viele ärgert es auch, daß ihr theatralisch werdet, wenn ihr predigt, mit einer richtigen Pfaffenstimme. Immer weniger Menschen gehen ja auch zur Kirche. Ich glaube nicht, daß ihr richtig

handelt. Im Lauf von Jahrhunderten habt ihr eine eigene Atmosphäre, ein Ritual, eine Liturgie, eine Dekoration geschaffen, worin und womit sich das Glaubensleben abspielen muß, sonntags. Das ödet bereitwillige und gläubige Menschen langsam an. Sie kommen nicht mehr. Verzeiht mir, daß ich es auszusprechen wage: es scheint mir recht gut möglich, daß die Abtrünnigkeit nicht die Schuld der Menschen allgemein, sondern eure und die eurer Kirchen ist. Es gibt sehr viele Menschen, die an Gott und an Christus glauben, die aber nicht daran denken, in die Kirche zu gehen. Sucht die Ursachen doch einmal bei euch selbst. Hier in Amersfoort.« Die Atmosphäre war gespannt. Schweigend ließen wir die Kartoffeln in den Kübel fallen.
»Schön schälen und ausstechen, schön schälen und ausstechen«, rief Gertenbach monoton und rührte mit seinem Stock in dem riesengroßen Kübel. Ich hatte plötzlich Mitleid mit meinen Freunden, mit mir selbst, mit allen, allen armen Kerlen hier und draußen und überall auf der Welt.
»Es tut mir leid, wirklich leid, ich habe es nicht so gemeint, ich habe vielleicht Unsinn geredet, aber ich glaube, was ich sage. Ich wünsche mir so sehr, daß unser Glaubensleben in der Gemeinschaft mit den anderen wieder etwas Schönes wird, etwas Großartiges, etwas für draußen, nicht nur für drinnen. Ein Glaube, nicht für Kirchen, Kanzeln und Orgeln, sondern ein Glaube für das Leben auf hoher See, in den Bergen, in Autofabriken, in Großstädten, Zügen, Flugzeugen. Gott kann nicht in ein Haus eingesperrt werden. Er ist ein riesenhafter Gott mit einer riesenhaften Schöpfung, und nichts ist nur annähernd schön genug, um Ihn zu verehren...«
Da sagte einer: »Das kommt mir irgendwie katholisch vor. Die Katholiken überladen ihre Kirchen mit Bildern und Altären und Blumen und Kerzen, es ist manchmal überwältigend schön. Mich stößt das ab. Wir haben unseren reformatorischen Glauben von den Vätern geerbt. Wir haben einfache protestantische Kirchen, wir haben keine Päpste und Paläste, weder Gold noch Silber. Wir ehren unseren Gott demütig und bescheiden.«
»Du hast recht. Aber ich meinte auch nicht die Bilder und Kerzen. Ich meinte den Ein-Raum-Gott, angebetet in den Kirchen, verschwunden aber außerhalb der Kirchen, auf der Straße. Ich will Gott verehren in dem donnernden Getöse eines Hochofens, einer Stahlgießerei, einer Autofabrik. Ich möchte Gott verehren an Bord eines Schiffes auf See, bei rauhem Wetter und hohem Seegang. Draußen will ich Gott sehen, nicht drinnen.«

Nun fühlte ich mich sehr schuldig. Stille hatte sich ausgebreitet. Aber einer meiner Freunde, Henk Lieve, nickte mir freundlich zu. »Darüber sprechen wir noch einmal, ich verstehe, was du meinst.« Später erfuhr ich, daß er und ein anderer Pfarrer im PDA bei Nacht und Nebel in einem Verschlag mit blinden Fenstern einen zum Tode Verurteilten auf dessen dringlichen Wunsch getauft hatten, unter Lebensgefahr.

Ich bin wieder da Während eines Abendappells griff spürbare Bestürzung um sich. Immer wieder dröhnte SS an den versammelten Häftlingen vorüber, immer wieder tippten SS-Leute die Männer in der vordersten Reihe mit ihren behandschuhten Fingern an: fünfzehn, zwanzig, fünfundzwanzig, usw. Wir standen nur da, standen da, blieben stehen, Mützen ab, Haltung angenommen. Vor uns fanden endlose, immer aufgeregtere Diskussionen statt. Die meisten SS-Männer verschwanden, einige im Laufschritt. Wir blieben stehen. Hier und dort erhob sich Gemurmel, Worte, die weitergegeben wurden: *einer fehlt.* Eine Stunde verstrich. Zwei Stunden verstrichen. Weitere Stunden. Die straffen Reihen lockerten sich, Flüstern war zu hören. Im Block wartete das Brot. Es wurde spät, dunkel, kühl, kalt. Wir standen und standen. Ich muß es zugeben: Wir alle hofften, daß man den Flüchtling bald ergreifen würde.
Die Gesichter hellten sich dann auch auf, als sich weit in der Ferne zu dem Jaulen und Heulen der Hunde auf einmal menschliche Schreie fügten, die ihre Richtung änderten und der äußeren Umzäunung zu folgen schienen. Sie waren im Anzug. Sie hatten ihn. Und er wurde hineingeführt und triumphierend der Menge präsentiert. Und er stand ganz alleine zwischen denen, die ihn ermorden würden. Um seinen Hals hing das Schild *»Ich bin wieder da!«*

Nur ein einziger Fall einer gelungenen Flucht aus dem KZ ist mir bekannt geworden.
Im November 1944 waren im PD Amersfoort nur noch hundertvierzig Mann untergebracht. Tausende und aber Tausende von Häftlingen waren in deutsche Lager transportiert worden; die Juden in die polnischen Vernichtungslager. Im PDA wurde jetzt merkwürdigerweise das Rote Kreuz tätig, u. a. auch durch Frau L. H. M. A. van Overeem-Ziegenhardt und Jonkheer Dr. C. J. A. de Ranitz. Man erwartete, daß die letzten hundertvierzig Mann, die nur noch Haut und

Knochen waren, umgelegt würden, sobald es den Moffen in ihre Pläne paßte. Herman Heldring (mein Freund aus der Studentenverbindung), dem es gelungen war, sich eine Beschäftigung in der Küche zu verschaffen und der in dieser Funktion auch die SS-Hunde füttern mußte, hatte nicht die Absicht, sein Ende im PDA als politischer Gefangener abzuwarten. Er verständigte Frau van Overeem-Ziegenhardt und de Ranitz von seiner Absicht, einen Fluchtversuch zu wagen. Dieser wurde dadurch erleichtert, daß die Küche einen Ausgang hatte, der außerhalb der innersten Umzäunung lag.
An einem stockfinsteren Abend, bei Regen und Sturm, machte er sich mit den Hundenäpfen auf den Weg. Bei den SS-Baracken angekommen, lärmte er mit seinen Holzschuhen absichtlich, um die Aufmerksamkeit der SS auf sich zu ziehen, und, falls jemand erschiene, seine Anwesenheit mit dem Hundefutter zu erklären. Aber niemand tauchte auf. Herman stellte die Näpfe hin und nahm das erste Hindernis: eine Stacheldrahtsperre, dann einen tiefen Graben, und nochmals Stacheldraht, und nochmals. Eine Zange hatte er nicht, es war eine Frage des Sich-Durchzwängens. Dabei ging seine armselige KZ-Kleidung in Fetzen. Nach eineinhalb Stunden war er außerhalb der Umzäunungen. Er machte sich auf den Weg. Er hatte die Orientierung verloren. Nach einiger Zeit bekam er das vergitterte Eingangstor des PDA zu Gesicht; das hatte er nun nicht gerade beabsichtigt.
Er lief wieder in den Wald, irrte umher, näherte sich einer Villa, suchte sich einen dicken Ast als Waffe gegen möglicherweise übelgesinnte Hausbewohner und läutete, nahezu nackt, durchweicht, voller Schrammen, ausgemergelt und mitten in der Nacht. Eine Frau mit einer brennenden Kerze öffnete. Sie kam, sah und begriff. Nach einigen Stunden wurde Herman an einem sicheren Ort abgeliefert.
Ich habe ihn gefragt, woher er, der die Folgen einer mißglückten Flucht aus dem KZ kannte, den Mut zu einem Fluchtversuch genommen hatte. Er antwortete, er kenne keine Angst – was etwas anderes sei, als tapfer zu sein. Er fand die Moffen so schlecht, so dumm, so lächerlich, daß er unmöglich Angst vor ihnen haben konnte.
Einmal näherte sich Kotälla – einer der drei Kriegsverbrecher, die auch heute noch in Breda gefangensitzen (die anderen zwei sind Fischer und Aus der Fünten), zwei Häftlingen, Herman und einem anderen. Der andere bekam den Befehl, sich breitbeinig hinzustellen. Das tat er. Sofort wurde er mit einem dröhnenden Tritt zwischen die Beine zu Boden gestreckt. Herman bekam denselben Befehl. Er wei-

gerte sich, sah dem Mörder stahlhart, sogar lachend vor Verachtung in die Fratze. Der Mof drehte sich um und verschwand.

In den Bunker Eines Tages sprach es sich unter den Häftlingen herum: bei Deventer war ein deutscher Zug zum Entgleisen gebracht worden. Das innere Lager wurde hermetisch abgeriegelt, die Außenkommandos rückten nicht aus. Die Nummern von fünfzehn Gefangenen wurden aufgerufen. Sie traten heraus, wurden abgeführt, erschienen später in ihrer Zivilkleidung, wurden an der Seite aufgestellt. Sehr bald wußten wir: Sie kamen alle aus Deventer und Umgebung. Mehr brauchte man uns nicht zu sagen.

Vor dem Abendappell war die Gruppe der Fünfzehn verschwunden. An diesem Morgen, Mittag, Abend war die Lagermannschaft wie elektrisch geladen. Eine knisternde Spannung lag über dem Lager, auch über der SS. Es war das erste Mal, daß ich den Geruch von unmittelbarer Todesgefahr wahrnahm.

Als wir spätabends mit offenen Augen auf unseren Pritschen im Dunkel von Block III lagen, ging plötzlich das Licht an. Deutsche Stimmen, Stiefel, der Blockälteste. Plötzlich wird meine Nummer aufgerufen. »Hier!« rufe ich. Der Blockälteste erscheint. Hinter ihm die Moffen. »Sofort anziehen!« Ich zwänge mich in die noch nasse holländische Soldatenuniform, wickle die Lumpen um die Beine, schlüpfe in die Holzschuhe. »Der Häftling kommt mit!« Man starrt mich aus den Pritschen an, als ich zwischen den Moffen vorübergehe. Draußen stehen noch mehr, mit Taschenlampen. »Los, Mensch, los!« Fast im Laufschritt werde ich über den Appellplatz geführt, vorbei an dem schönen Blumengärtchen mit der Glocke, durch das Tor, zum SS-Quartier. Meine Personalien werden verlesen. Name, Geburtsdatum und -ort, Beruf. »Rechtsanwalt«. Man bringt mich zu einem Bau aus Beton: dem Bunker. Im Bunker eine Zelle, sehr klein im Licht der Taschenlampen. Keine Pritsche, nur eine Pferdedecke. Eine Tür aus Eisen. Hindurch. Eingeschlossen. Pechschwarze Dunkelheit. Mein Gott, verlaß mich nicht!

Ich höre eine Stimme: »Das sieht schlecht für uns aus« – eine hohe, zittrige Stimme. Ein anderer: »Neuer, wer bist du?« Ich antworte. Noch mehr Stimmen: ein Pfarrer, ein Pastor, ein Kaplan, ein Notar. Und ein Rechtsanwalt.

In der undurchdringlichen Finsternis ein Gespräch, das unvorstellbar ist. Leibhaftige Todesangst. Ein Jammern: »Unsere letzte Nacht. Wir wollen stark sein.« Manchmal wird gebetet. Ich suche nach einer Erklärung. Ich weigere mich, das zu glauben. Wer kommt hier aus Deventer? Niemand. Aber: einer aus Ruurlo... Grobe Worte von mir, um das dünne Netz von drohendem Wahnsinn zu zerreißen. »Bist du nicht bei Trost, Pfarrer...« Als ich aufwache, auf dem Betonboden, ist das kleine Viereck oben in der Zelle fahlgrau: Tageslicht. In der Ferne die Appellbefehle. Wir hören, wie die Kommandos ausrücken: »Links, zwo, drei, vier.« Jahrhunderte scheinen zu verstreichen. Wir hören nur die Vögel und deutsches Gebrüll, unverständlich. Bekommen wir Essen? Jetzt auch eine Frauenstimme. Flüstern, Geklirr, Türenknarren. Das ist alles. Das kleine Viereck wird dunkler, alles wird schwarz. Abend – Nacht. Die zweite. Ohne Essen. Ohne Trinken. Ohne Abort. Fast keine Gespräche mehr zwischen den Zellen. Die katholischen Geistlichen murmeln Gebete, ich flüstere mit.

Wieder ein Tag. Die Glocke, die Befehle, die Hunde, das Geschrei, die Sommervögel. Gegen Abend wieder Geklirr. Trampeln, Knirschen. Fluchen. Die Frauenstimme. Und dann wieder Stille.

Plötzlich – das Viereck ist schon lange unsichtbar – ein Schlüssel in meiner Türe. »Hier, essen. Schnell. Er liegt besoffen in seinem Zimmer. Ich habe die Schlüssel geklaut.« Ich esse, alles in mich hineinstopfend. Kalte Steckrüben, wie immer, Götternahrung. »Schau«, sagt sie und beleuchtet sich mit der Taschenlampe. Ich sehe ein dunkles Gesicht, schwarzes Haar, schwarze Augen, schön. »Ich bin Jüdin«, sagt sie, »ich sitze hier schon seit Monaten. Schnell, aufessen. Du mußt wieder hinein.« Und sie schließt mich wieder ein. Ich bewege mich in höheren Welten. Und dann die dritte Nacht, und der Morgen. Es muß ein Samstag sein. Samstag?

Plötzlich begreife ich: wir werden entlassen. Ich Idiot! Die Entlassungen sind immer samstags. Wir werden nicht zu den sehr schweren Fällen gerechnet. Man hat uns aus etwas heraushalten wollen, hat uns deswegen isoliert. Wir werden frei sein! »Menschenskinder, wir werden frei sein!« schreie ich. Die anderen schreien zurück. Sprechen, Beten, Lachen, Weinen.

Das muß die Glocke zum Mittagsappell sein. Schlüssel, Klappern, Schritte, Türen auf, SS. »Raus, aber schnell! Los, Mensch!« Wir fünf rennen hinaus, hinaus ans himmlische Tageslicht. Wir werden eskortiert. Am Garten vorbei. Zum Appellplatz. Zu unseren Plätzen in den Reihen. »Häftlinge – stillgestanden! Mützen ab! Die Augen – links!« Der Mittagsappell.

Danach kommen viele Freunde auf mich zu. »Gott sei Dank, Gott sei

Dank! Du lebst! Was ist geschehen?« Einige weinen. Ich spüre Arme um meine Schultern, sie nehmen mich mit... »Die fünfzehn sind erschossen worden, wir dachten, daß auch ihr...« Und dann platzt etwas in meinem Gehirn, und durch die schon in Scheveningen gebahnten Kanäle bricht die Flut, und ich muß schreien: »Gott sei Dank, ich lebe! *O Gott, man läßt mich nicht frei!*«

Nach dem Kriege habe ich mich um eine Aufklärung dieses unheimlichen Geschehens bemüht und sie auch erhalten.
Dank der Vermittlung von Prof. Dr. J. A. van Hamel, Vater des hingerichteten Agenten Lodo und des in Natzweiler am 19. Juli 1943 gestorbenen Gerard, kam es 1949 zu einer Begegnung zwischen Kriminalsekretär Karl Peter Berg, geboren am 18. April 1907 zu Honnef am Rhein, einem der übelsten Leuteschinder im PDA, und mir, in Anwesenheit des Generalstaatsanwaltes Dr. G. E. Langemeyer. Berg war zum Tode verurteilt. Es war ein Sommertag. Das große Fenster in Langemeyers Zimmer im Gebäude des Hohen Rates in Den Haag stand weit offen.
Berg wurde von zwei Polizisten hereingeführt. Langemeyer ersuchte sie, draußen vor der Türe zu warten. Wir waren allein: er, Berg und ich. Das offene Fenster befand sich etwa vier Meter über der Straße, im geschäftigen Haager Stadtzentrum. Berg saß davor. Ich war auf dem Sprung, um ihn fassen zu können, sollte er einen Fluchtversuch wagen. Er wagte ihn nicht.
Ich fragte Berg, warum wir im September 1942 drei Tage lang im Bunker eingeschlossen wurden. Er antwortete, daß Berlin befohlen hatte, die fünfzehn Geiseln korrekt zu behandeln und ihnen auch geistlichen und juristischen Beistand zu verleihen. Deshalb hatte man einige Geistliche, einen Notar und einen Rechtsanwalt von den Lagerinsassen im Bunker abgesondert, damit sie dort vorläufig zur Verfügung standen. Etwas später stellte sich heraus, daß man nicht an Beistand von Häftlingen, sondern von freien niederländischen Funktionären gedacht hatte. Diese wurden in aller Eile zusammengetrommelt. Uns hatte man vermutlich einige Tage »vergessen«.
Berg sprach noch in vollem Ernst von »Herrn Obersturmführer« und »Herrn Reichsführer SS«, so, als ob nichts geschehen wäre.
Er wurde am 22. November 1949 hingerichtet.

Aus meinem Tagebuch:

Scheveninger Wäldchen bei Nebel *Wieder ist ein Tag in der endlosen Reihe von Tagen angebrochen: Ich stelle mir mein Zuhause vor. Das eilige Frühstück an dem schon abgeräumten Tisch, auf dem nur noch an meinem Platz im Halbrund etwas zu essen steht; das Dienstmädchen ist mit dem Abräumen beschäftigt. Auf der Straße rattern Wagen, der Deckel eines Karrens wird zugeschlagen. Im Zimmer über mir fängt ein Klavierstimmer plötzlich mit seiner traurigen Arbeit an: ein Ton, und wieder, und wieder, dreimal nacheinander. Dann Stille – und dann wieder, eine Oktave dazu. Es macht mich nervös. Ich gehe mit dem Hund hinaus.*

Auf der Bankastraat spazieren vornehme Damen. Sie sind zum Friseur unterwegs oder zu einer Ausstellung oder zu einem Geburtstag. Die Straßen liegen im Nebel. Eine Kutsche vom Königlichen Hof wartet, ein Lakai auf dem Bock, ein weiterer beim Wagenschlag, mit einer Decke über dem Arm. Aus einem offenen Fenster greint ein Staubsauger in den Nebel. Ein Bettler wird nebenan von einem errötenden Dienstmädchen abgewiesen. Mit unverständlichem Geschrei preist ein Händler Äpfel an, unnatürlich rot auf dem Karren im Nebel.

Das Wäldchen. Die Kastanienallee, die ich durch ein großes Tor betrete. Weiter vorne zwei Leute, jeder geht für sich seines Weges.

Eine Dame mittleren Alters, unverheiratet, in blauem Mantel und schwarzem Strohhut mit weißem Band; sie hat ein Lorgnon und trägt eine große Tasche aus Kunstleder über dem Arm. Sie ist auf dem Weg zu einer kranken Freundin in einem Altersheim am Scheveningseweg.

Der andere: ein älterer, nicht sehr eleganter und doch irgendwie vornehmer Herr. Er ist Witwer und pensionierter höherer Beamter der Finanzverwaltung, wohnt in einem möblierten Zimmer in der Delistraat. Ich sehe vor mir: auf der Kommode die Fotografien seiner Frau, die vor sieben Jahren an Lungentuberkulose gestorben ist, und die seiner Tochter, seines Schwiegersohns, Regierungsbeamten in Indien. Ein Witwer, sein schwarzer Mantel schimmert grünlich an den Schultern, seine Melone ist altmodisch. Dazu ein Spazierstock aus Ebenholz, Hosenstege und ein goldhaariger Dackel.

Mein Hund Max rennt zu ihm hin, bleibt ganz nah vor ihm stehen. Der kleine Hund wartet schwanzwedelnd ab. Gespannt nähert sich die Nase von Max, ganz langsam, der des Hündchens – eine Pfote ein wenig vorgeschoben, noch eine Pfotenbreite näher … da! Eine Bewegung des kleinen Hundes läßt ihn zurückfahren, er knickt spielerisch zusammen,

stellt die Ohren auf, hat den tollen Kopf voller Pläne – Laufen … und da stieben sie hintereinander fort, nach links, auf den Hügel – verschwunden.
Der alte Herr fängt ein Gespräch über seine Tochter in Indien an und über den Hund, den er einmal früher besessen hat und über die Daendelsstraat, in der er früher einmal wohnte. Als er sich ausgesprochen hat und die Hunde sich müdegerannt haben, verabschieden wir uns.
Ich gehe weiter, keine Menschenseele ist zu sehen.
Nur die Hülle, rosa, einer Tafel Schokolade, und ein Stück durchweichtes, modriges, weißes Papier.
Und noch drei Dinge:
der nasse Septembernebel,
die knirschenden Muscheln auf dem Weg,
und in der Ferne, dort, wo die graue See wogt, im Nebel die unendlich wehmütige Klage des Nebelhorns, des Nebelhorns des Scheveninger Leuchtturms, im September… in den Wäldchen, mit Max.

Hunger Das mächtigste Gespann im KZ heißt Angst, Kälte und Hunger. Der Hunger ist ein so schwerwiegendes, alles beherrschendes Phänomen, daß ich ihn hier gesondert betrachten möchte.
Hunger, echte Hungersnot, zerrüttet den Körper und darüber hinaus auch den Geist. Er kennt eine Anzahl Stadien. Das gewöhnliche Hungergefühl ist jedem bekannt. Wenn der Hunger andauert, bekommt man einen Heißhunger, man wird schwindelig und hat ein hohles Gefühl in der Magengegend. Ein wenig zitternd steht man auf den Beinen. Das nächste Stadium kommt wie ein Alp: man stellt sich Speisen und Mahlzeiten vor; die Phantasien werden von heftigem Speichelfluß begleitet. Der Geist ist oft ganz klar; ein Prozeß des Absterbens, der Vergeistigung setzt ein. Die Konzentration läßt nach.
Für den Beginn der echten Hungersnot gibt es zahlreiche körperliche Symptome. Brausen im Kopf, zitternde Knie, allgemeine Erschöpfung; Wasser in den Füßen, unter den Augen, danach in den Beinen, sich weiter ausbreitend (Ödeme). Der Magen schwebt wie ein losgelöstes Organ über dem Bauch, man kann ihn dort fühlen. Manchmal scheint es, als ob im Magen ein Lappen ausgewrungen wird. Starke Schmerzen sind die Folge.
Der fortgeschrittene Hunger verursacht natürlich eine schreckliche Abmagerung, vor allem an den Oberarmen, dem Hals, den Schenkeln, dem Gesäß. Das Knie wird zu einem dicken Knochenklumpen

zwischen einer unteren und oberen Stange. Wenn man sich auf eine Holzbank setzt und wippt, merkt man, daß man auf zwei Stöcken sitzt, rechts – links. Man phantasiert, träumt bei Tag und vor allem nachts von Essensbergen und wilden Freßorgien. Die Fähigkeit zur Konzentration ist jetzt verschwunden, es gelingt nicht, die Gedanken zu sammeln. Gespräche werden rasch abgebrochen, ganz plötzlich. Zieht man sich eine kleine Wunde zu, dann schwillt sie in einer Stunde an; sie wird nicht mehr oder kaum heilen. Eine Kombination von Faktoren und das Essen, das man erhält, lösen meistens chronische Diarrhoe aus, man muß sich oftmals und plötzlich am Tag dringend erleichtern, von schmutziggelben oder hellbraunen Wasserströmen. Dabei wird man von dem Gefühl gepeinigt, daß das Leben aus dem eigenen Körper fortfließt.
Der Körper besteht nur noch aus Haut und Knochen: eine schmutziggraue, schlaffe, schuppige Haut, ein Sack, der um die Knochen drapiert ist. Immer friert man; alle Organe scheinen jetzt lose im Rumpf zu hängen: Herz, Lunge, Leber... und die Kälte umfängt sie. Aufstehen kostet große Mühe, Gehen noch mehr, im Kopf fühlt man sich ganz leicht, der Appetit nimmt ab, kann sogar völlig verschwinden. Dann hat man schon viel hinter sich, steht nahe vor dem Tod. Man ist zum »Muselmann« geworden, zu einem sich bewegenden Skelett, das durch ein paar Sehnen und Muskeln und einen Hautsack zusammengehalten wird. Gespräche mit Schicksalsgefährten werden unmöglich, zum Reden fehlt die Kraft.

C. E., dem Holzfällerkommando im PDA zugeteilt, erblickte am Waldrand ein paar verirrte Küken. Er schlich sich heran und packte eines, riß ihm den Kopf ab. Seinen Mund preßte er auf den Hals des Kükens und saugte es aus. Ein nächstes Mal aß er ein Küken roh.

Jonkheer Dr. W. d. B., ein bekannter Jurist, pflegte am Sonntagnachmittag im PDA auf seiner Pritsche, dritte Etage, zu sitzen. Dort schrieb er Rezepte auf. Jeder, der vorbeikam, wurde angehalten: »He, hast du nicht noch gute Rezepte für mich? Ich bin gerade bei den Käsegerichten. Kennst du noch einen leckeren Käseauflauf?« Es war sein völliger Ernst.

Jemand wird aus der Kartoffelschälecke weggerufen. Nach einer Viertelstunde ist er wieder da, total durcheinander. Wir bestürmen ihn mit Fragen. Er antwortet, von Schluchzern geschüttelt: »Heute werde ich entlassen, ich werde zu Mittag entlassen. Jetzt bekomme ich am Abend den Nachschlag nicht, der Nachschlag fängt gerade heute bei meiner Bettnummer an.«

Sjaak Mein Freund Sjaak van Otterlo, zweiundzwanzig Jahre alt, lief im PDA wie so viele andere auch mit einem roten runden Fleck am Rücken herum: einem Stück roten Stoffs, der hinten auf seine Uniform aufgenäht war. Auch für ihn bedeutete dies »zum Tode verurteilt« und »Fluchtgefahr«. Er durfte das innere Lager nicht verlassen.

Sjaak, ein reformierter Junge aus Den Haag, gutmütig, lachlustig, machte den Eindruck, als habe er einen besonders ausgeglichenen Charakter. Nichts schien ihm Schaden zufügen zu können. Er war häufig mit einigen Predigern zusammen, aber auch mit mir. Er erzählte von seinen glücklichen Jugendjahren unter den Fittichen einer warmherzigen Familie. Als ich ihn näher kennengelernt hatte, fragte ich ihn, wie er sich so ruhig, ja fröhlich im Angesicht eines vermutlich baldigen Todes verhalten könne. Er antwortete:

»Bald empfange ich den Tod aus der Hand Dessen, Der mich erschaffen hat, mich immer begleitet hat, auch jetzt bei mir ist und immer bei mir sein wird. Für mich macht es keinen so großen Unterschied aus, ob ich lebe oder ›tot‹ bin, wie man so sagt. Gott ist von Anfang an bis in alle Ewigkeit bei mir.«

Und etwas später: »Es kann mir nichts zustoßen, ohne daß Er, von dem ich soviel Glück erhalten habe, es weiß und es will.«

Einen Tag später war ich in ein Gespräch mit einer Gruppe von Neuzugängen verwickelt, die von Todesangst gepackt waren und Himmel und Erde verwünschten. Sie schienen ganz von Gott verlassen zu sein. Ich holte Sjaak. Sjaak legte ein inniges Zeugnis von Gottes Liebe, Allmacht und Nähe ab.

Am 26. Oktober 1942 wurde er erschossen.

Himmel In den Lagern gelang es den Deutschen trotz ständiger Versuche nicht, uns alles zu nehmen: nicht den Glauben, nicht die Freundschaft, nicht die Liebe, nicht die Erinnerung, nicht die Hoffnung. Und auch die Schönheit des Wolkenhimmels nicht.

Es schien mir ein großer Fehler der Deutschen, die Appelle während des Sonnenaufgangs und des Sonnenuntergangs abzunehmen. Erkannten sie nicht, daß der Anblick des Himmels im Licht des Morgenrots – vor allem –, aber auch des Abendrots, für die stocksteif dastehenden Ausgestoßenen einen einzigen großen Trost bedeutete? Der bestürzende Kontrast zwischen den Wundern dort oben und dem Jammertal hier unten mußte doch dem größten Dummkopf auffallen. Solange solche glanzvollen himmlischen Schauspiele in ihrer Farbenpracht noch möglich waren, solange konnten wir Häftlinge nicht ganz verloren sein. Als geübte Marionetten gehorchten wir den lächerlichen Befehlen, die uns zugekreischt wurden, *stillgestanden* und ähnlichem, aber unsere Gedanken enteilten durch die Wolkenwelten, durch die goldenen Türme und silbernen Kräusel, die Gott uns am Anfang eines aufreibenden Tages, einer gnädig geschenkten Nacht vorzauberte.

Ich zitiere aus meinem Tagebuch:

Der Sonnenuntergang vom 30. August 1942 *Der Himmel gestern abend, Sonntag, den 30. August 1942, zwischen sieben und neun Uhr, nach einem warmen, drückenden Tag mit ungewöhnlich lauen Winden und dem warmen Platzregen:*
Im Westen die Sonne, sinkend, versinkend. Erst weißes Feuer, dann schwächeres Weiß, dann gelblich, rosa, röter und wieder gelber, wäßrig, direkt über den bleifarbenen, den dunkelgrauen westlichen Wolkenbänken voller gefährlicher hellgrauer Haufen, Tupfer, Schlingen. Die Wolken haben Ränder aus Wassergold, aus klarstem Sonnenrauschgold: Sogleich fährt – sehr drohend und fern – ein goldener Kampfwagen mit zwölf weißen, sich aufbäumenden Hengsten heraus: Donar, der Donnergott. Elektrisch blau-weißes Flackerlicht, von Zeit zu Zeit in den dicken Bleibänken. Im Süden durchsichtigere Wolkenmassive, silbergrau, Fetzen. Zwischen den Fetzen bietet sich ätherisch, unendlich weiß eine Aussicht auf Sommerschneeberge, rötlich wie die Alpenkette, sehr, sehr hoch, vielleicht Wölkchen, ja, tatsächlich Wölkchen! Im Norden Rötliches neben Meergrünem, nein Pastellblauem, nein Meergrünlichblauem, Perlmutter: rötliche Türme aus dicken, fernen Kumuluswolken mit blauen Grotten voller Unheil, voller Gewalt und Leidenschaft, sich auftürmend in der Einsamkeit, nördlich, nordpolartig; und daneben: der nackte Himmel, über dem es Abend wird: meergrüne Seen, türkisener Dunst, hier und da feine Watteleitern, Reihen von feinsten Schäfchenwolken und Federchen, Windfedern – doch

die kupferroten Ungetüme, die Himmelspaläste ... Im Osten, ja, im Osten liegt die Hauptsache: das Unglück, die Verlorenheit; dort jagen, niedrig, graue Regenschleier auf Windflügeln übers Land, dort hängen windverwehte Vorhänge aus Regenwasser, dort ist es trostlos und so grau, und so düster, so düster... Ah! Es reißt auf! Es reißt auf, spaltet sich, weiterjagend, entzwei – und was dahinter ist, das schmerzt, das blendet, das ist atemberaubend und überwältigend: dort im abendlichen Osten, sich auftürmend im höchsten Himmel fast über mir: der Altokumulus, schneeweißes Gebirge, Glanzbauwerk mit Gewölben, Terrassen, blauen Grotten und Zinnen aus Silber, violetten Höhen und goldenen Tiefen: je länger, desto höher, je länger, desto feiner, ätherischer, himmlischer...

Eines Tages hatte ich das Unglück – oder das Glück – aus der Kartoffelschälecke zu leichter Lagerarbeit geholt zu werden. Der Leser hat keine Ahnung, welche Angst dies auslöste, wenn man glaubte, sicher zwischen den Pfarrern aufgehoben zu sein. Nichts war sicher in einem KZ. Die Arbeit bestand aus dem Weiterreichen von Backsteinen. Eine Reihe Häftlinge reichte Backsteinstapel (immer vier Steine) von einem großen Haufen weiter zu einer neuerrichteten Baracke. Der Mann vor mir, der mir stundenlang kleine Stapel anreichen sollte, die ich an einen dritten weitergab, hatte ein außergewöhnlich freundliches, ja gütiges Gesicht. Schon bald kam ich auf die Idee, ihm etwas Tröstliches zu sagen; es war Sympathie auf den ersten Blick. Mein Nachbar war – ich erfuhr es später – Pieter van Voorst sen., ein reformierter Prediger. Selten habe ich soviel menschliche Wärme wie diese erlebt, die der ›Gemeinschaft der Gläubigen‹ eigen ist. Darunter verstehe ich das spontan und ohne Ankündigung auftretende Gefühl der engen Verbundenheit zwischen Glaubensbrüdern. Im KZ wurde das ganz deutlich. Die Verbundenheit durch den Glauben, sogar mit Fremden, egal welcher Nationalität, war stärker als die mit nicht-gläubigen Schicksalsgefährten, die man schon monatelang kannte.

Gewöhnung Im Oktober, als ich aufgestiegen war zur hohen Funktion eines Hilfsschreibers in der Schreibstube, packte mich eine Angst, von der ich schon früher gequält worden war: die Angst vor der Gewöhnung an etwas, woran man sich nicht gewöhnen durfte. Schon nach einigen Monaten der Besatzung begannen viele – auch ich – sich an die Besatzer, ihr Verhalten, ihre Lügenkampagnen zu gewöhnen. Goebbels hat gesagt: Wenn man eine Lüge oft genug wiederholt, wird sie schließlich geglaubt. Es wurde für uns immer schwieriger, nicht ans tägliche, vergiftete Leben gewöhnt zu werden. Und das galt auch für Amersfoort. Anfang Oktober:

Es versetzt mich in Angst und Schrecken, daß es mir immer schwerer fällt, in Gedanken, wirklich, im materiellen Sinne, bei dir zu sein. Es ist alles so unwirklich: draußen. Ich habe mich schon so furchterregend daran gewöhnt. Deshalb versetze ich mich künstlich nach Hause…

Beispielsweise zeichnete ich. Ich zeichnete unser Haus in Pijnacker, ganz genau. Ich zeichnete die Grundrisse der Zimmer, gab alle Möbel an. Ich beschrieb, was an welcher Wand hing. Ich zeichnete die Grundrisse von Stadtvierteln, ich zeichnete eine Karte der Niederlande, ich zeichnete unser Segelschiff, unser Wohnboot, die Villa bei Denekamp, in der wir die Sommer verbrachten. Das waren die Seile, an denen ich mich in die normale Welt zurückzuziehen versuchte. Etwas später stellte ich Alphabete auf: Dinge, Begriffe, Orte, Personen, die mit A, mit B, C usw. anfingen, die alle aus der Zeit von ›vorher‹ stammten. Es war ein Gehirntraining.
Ich zitiere wieder:

Einfache Leute wissen sich oft zu benehmen. Aristokraten enttäuschen manchmal, sie sind mit Mangel und Erniedrigung nicht vertraut, sie kennen nicht Zufriedenheit, Einfachheit und Wahrheit. Sie sind an Verhätschelung gewöhnt, an Habsucht, gute Manieren, Kompliziertheiten, Konventionen, überlebte Sprüche und falsche Auffassungen. Das sollten wir nie wieder vergessen.

Glaube und Kirche Im Reich des Teufels, im PDA, wurde sehr oft über den Glauben debattiert. Bei diesen Diskussionen wurde es schlagartig klar, daß erstens der ›christliche Glaube‹ fast immer mit der ›christlichen Kirche‹ und dem ›Klerus‹ identifiziert wurde; zweitens, daß, wer nicht dafür, meist sehr dagegen war. Dabei schlugen die Wellen hoch. Manche Häftlinge, mit denen ich in den Lagern über den Glauben sprach, zogen sofort ein bedenkliches Gesicht, ja sie ließen schon im vornherein einen Abscheu erkennen: »Rede nicht von Christen, Kirchen, Pfarrern und Pastoren. Es ist eine große Scheinheiligkeit. Unzählige Verbrechen wurden und werden im Namen des Christentums begangen«, und so fort.

Zunächst ist an dieser weitverbreiteten Auffassung tatsächlich die Verwechslung von Glaube und Kirche schuld. Doch noch etwas anderes kommt hinzu. Man meint, daß diejenigen, die sich als Gläubige ausgeben, und vor allem die Diener des Glaubens, der Klerus, Übermenschen sind, die nichts Böses tun, nie sündigen, ein Heiligendasein führen. Wenn ein Pfarrer etwas Schlechtes getan oder einmal versagt hat, zeigt man verächtlich mit dem Finger auf ihn: »Und so jemand nennt sich Pfarrer!« Das gilt auch für jene, die sich deutlich als Christen ausgeben: »Sieh doch, was der tut, hör doch, was der sagt, und das will ein Christ sein!« Man duldet nicht, daß Christen sündigen. Es wird angenommen, daß jemand, der sich Christ nennt, ein (über alles erhabenes) Wesen ist, das keinen Versuchungen ausgesetzt ist, dem Fleisch abgeschworen hat, seine Nächsten immer liebt und fortwährend gute Taten vollbringt.

Ich frage mich, wie es zu dieser Annahme kommen konnte. Es ist doch eher das Gegenteil der Fall. Ein Christ ist sich besonders deutlich seiner Unvollkommenheit bewußt, seiner sündigen Natur; gerade er hofft auf die Erlösung aus seinem erbärmlichen Zustand durch Jesus. Vereinfacht: Man glaubt allgemein, daß ein Christ hochmütig von sich behauptet, ein guter Mensch zu sein. Doch in Wirklichkeit weiß ein Christ selbst zu genau, daß er das Gegenteil eines fehlerlosen Geschöpfes ist. Es werden dann oft Beispiele von Geistlichen oder Staatsmännern oder anderen Würdenträgern herangezogen, die unter dem Deckmantel des Kreuzes Schurkereien begangen haben. Man vergißt, daß diese Menschen sich selbst zwar als Christen ausgeben, daß sie aber von ihren Mitmenschen keineswegs für Christen gehalten werden. Und man vergißt die Möglichkeit, daß aufrechte, tiefgläubige Menschen dennoch sündigen. Vielleicht ist ihr Glaube manchmal umso stärker, je tiefer sie sinken: Immer mehr fühlen sie, daß sie verloren wären, wenn es keinen Erlöser gäbe. Gerade die Kranken brauchen einen Arzt... Die größten Sünder können die aufrichtigsten Gläubigen sein.

Dazu verschweigt man gerne, wie unendlich viel Gutes von Christen vollbracht wird. Oft im Verborgenen. Ohne Aufsehen. Nur wenige erfahren davon.

Andere Gegner kommen mit dem Begriff ›Erniedrigung‹, vor allem ›Selbsterniedrigung‹, in Konflikt, der mit dem christlichen Glauben eng verbunden ist. Sie fühlen sich vor den Kopf gestoßen. Warum dieses Knien, diese Selbstkasteiung, diese Wehrlosigkeit, das Sicherniedrigen? Wo bleibt die menschliche Würde? Wo das angemessene Selbstvertrauen? Darf man nicht stolz sein oder wenigstens zufrieden, wenn man etwas erreicht hat? Dies finde ich ein viel schwierigeres Problem.

Jeder kann sich über das Jammern, die fast unmenschliche Selbsterniedrigung, die Tendenz zum Masochismus bei Gläubigen ärgern. Dieses Problem ist meines Erachtens nicht zu lösen, wenn man nicht begreift, daß es unterschiedliche Denkebenen gibt: eine weltliche, eine gesellschaftliche und eine überweltliche, auf die Ewigkeit ausgerichtete. Vielleicht brauchen wir uns gesellschaftlich gar nicht so zu erniedrigen. Vielleicht können im Alltag verschiedene Gebote und Verbote Christi gar nicht befolgt werden (in einem Krieg beispielsweise). Vielleicht dürfen wir ruhig einmal stolz sein. Vielleicht dürfen wir manchmal über einem Mitmenschen zu Gericht sitzen: Es gibt Richter. Vielleicht dürfen wir ab und zu einen Schlag mit einem Schlag beantworten? Ja? Wirklich?

Nein, nicht wenn wir versuchen, auf der überweltlichen Ebene zu leben. Dann wissen wir, daß wir zu nichts imstande sind, wenn es nicht ›von oben gegeben wird‹. Daß wir völlig abhängig sind, daß es uns nicht zusteht, den Splitter zu sehen, nicht den Balken; daß wir Gewalt nicht mit Gewalt beantworten dürfen; und daß wir vor allem unsere größten Feinde am meisten lieben sollen.

Es ist tragisch, aber es ist wahr. Wenn sich der Direktor eines Unternehmens, ein Politiker, ein Beamter, ein Richter verhalten würden, wie es uns in der Bibel aufgezeigt wird, geriete die Gesellschaft aus den Fugen.

Aber vielleicht ist gerade dies die Absicht.

Abschied Am 13. November werden zahlreiche Nummern ›ausgerufen‹, auch meine. Fertigmachen zum Transport! Fertigmachen zum Prozeß! Weiter, ihr Drecksäcke, los, los, holt eure Sachen! Es sind die Mitglieder der Leeuwengarde. Einige kenne ich jetzt: Masselman, die Brüder van As, Chris Diters, Ben Veenstra und natürlich van den Acker und Huybers, aber es sind auch viele unbekannte Gesichter darunter. Immer wieder bin ich erstaunt zu vernehmen, daß ich angeblich zu ihrer Organisation gehört haben soll.

Die Metamorphose in der ›Effektenkammer‹ ist unglaublich. Plötzlich kann man uns wieder auseinanderhalten. Jungen in Overalls, ein

Pfarrer in seinem dunklen Anzug, mit hohem, weißem Kragen, Leute mit Ledergamaschen, Männer in guten Anzügen, ich mit meinem vornehmen Mantel und dem schwarzen Hut. Alles schlottert und schlackert um unsere knochigen Körper, aus unseren Kragen ragen magere Hälse wie die von gerupften Hühnern. Ganz plötzlich gibt es durch die Kleidung Standesunterschiede. Ob man will oder nicht.
Nachdem wir unsere Lagerhabe zurückbleibenden Freunden vermacht haben, marschieren wir – eskortiert – zu geschlossenen Lastwagen. Daneben und in den Wagen: niederländische Polizisten. Wie gewöhnlich rennen die Moffen brüllend umher, zählen, Listen in der Hand, schreien uns und sich an. Abschied von Amersfoort.
Sobald wir aus dem PDA heraus sind, verwandeln sich die Polizisten in Prachtkerle, völlig ›in Ordnung‹. Butterbrote geben sie uns, Käse, Äpfel, Zigaretten.
»Leute, wie seht ihr aus!«
»Ihr kommt nach Utrecht, in die Gansstraat.«
»Hat noch jemand einen Brief für Zuhause? Kleine Briefe, und mit Adresse.«
»Der Krieg läuft gut, der Krieg läuft bestens, der Mof rennt sich in Rußland fest.«
»Kopf hoch, Männer, jeder fühlt mit euch mit.«
»Zu Weihnachten seid ihr zu Hause.«
Und schon bald, am frühen Abend des 13. November liefern uns diese Prachtkerle im Untersuchungsgefängnis in der Utrechter Gansstraat ab.

Kriegswehrmachtsgefängnis Utrecht

13. November 1942–7. Juli 1943

»Verehrte Frau,
hiermit teile ich Ihnen vertraulich mit, daß Ihr Mann am Freitag, dem 13. November 1942 von Amersfoort nach Utrecht ins Untersuchungsgefängnis, Gansstraat, transportiert wurde.
Obengenanntes teile ich Ihnen auf die Bitte Ihres Mannes mit. Ich hoffe, Ihnen hiermit einen Dienst erwiesen zu haben und verbleibe

Ein Freund Ihres Mannes

PS. Ich hoffe, Sie so bald wie möglich persönlich aufsuchen zu können.«

Einer der – selbstverständlich anonymen – Briefe, die in großer Anzahl von den tödlich beunruhigten Angehörigen empfangen wurden. Geschrieben hat ihn einer der Polizisten, die uns in dem Gefängniswagen von Amersfoort nach Utrecht geleiteten.

Die Gansstraat Nach dem PDA war das ehemalige Utrechter Untersuchungsgefängnis (jetzt Kriegswehrmachtsgefängnis) in der Gansstraat eine – mirabile dictu – Oase, doch eine Oase mit unheilverkündendem Ausblick. Das Utrechter Gefängnis unterstand nicht wie das Scheveninger Oranjehotel der SS, dem SD, der Sipo oder Gestapo, oder wie sie sich sonst noch nannten, sondern es war der Wehrmacht unterstellt, und das bedeutete einen himmelweiten Unterschied. Der Kommandant war ein Hauptmann namens Wöllhardt, die Wache bestand aus Soldaten, die – wie man ihren Äußerungen und ihrem Äußeren entnehmen konnte – wegen erlittener physischer und – so glaube ich – vor allem psychischer Schäden für einige Zeit vom Frontdienst freigestellt waren und nun die weniger rauhe Arbeit als Gefängniswärter zugeteilt bekommen hatten. Das bedeutete eine vollständig andere Atmosphäre.

Hinzu kam, daß die deutschen Besatzer einen Teil des bisherigen niederländischen Personals behalten hatten. Diese Leute standen nicht nur ganz auf der Seite der Gefangenen, sie zögerten auch nicht, ihnen verschiedene Gefälligkeiten zu erweisen wie das Schmuggeln von Nachrichten ins und aus dem Gefängnis. Man war sogar bei Fluchtversuchen behilflich. Meiner Frau und mir wurden vom ›Neffen Jan‹, dem Hilfswärter M. E. (Ries) Brandse, unschätzbare Dienste erwiesen. Er ermöglichte uns monatelang eine intensive Korrespondenz. Diese Tätigkeit hätte ihn leicht den Kopf kosten können. Das muß hier sogleich erzählt werden:

Der ›Neffe Jan‹ war – und ist – M. E. Brandse aus Den Haag. Brandse, von Beruf Metzger, war einer Aufforderung des stellvertretenden Direktors des Untersuchungsgefängnisses nachgekommen, dort eine Stelle als ›Hilfswärter‹ anzutreten, um insbesondere für die neuangekommenen Häftlinge Kurierdienste verrichten zu können. Neffe Jan war überhaupt kein Hilfswärter. Er war Kurier, unter großer und ständiger Lebensgefahr. Brandse empfing von Gefangenen und von ihren Familien nicht nur Korrespondenz, sondern auch ›Werkzeuge‹: Eisensägen, Feilen. Immer mehr zerknitterte Briefchen wurden ihm in der Küche oder der Spülküche, wo er offiziell beschäftigt war, in die Hand gedrückt; immer mehr Briefchen schmuggelte er ins Gefängnis. Bei ihm zu Hause herrschte nach seiner Dienstzeit ein ständiges Kommen und Gehen von Ehefrauen, Söhnen, Töchtern, Vätern, die ›Post‹ brachten und in Empfang nahmen. Oft durften die Besucher einander nicht begegnen.

Er sann auf Mittel und Wege, um die Kontakte zu vereinfachen. Er ging bei einem Utrechter Zahnarzt in die Lehre. Als er die Anfänge der Zahnheilkunde, inklusive der Anfertigung von Kronen, begriffen hatte, meldete er dem deutschen Kommandanten, daß er auch Zahnarzt sei. Man ging darauf ein. Neffe Jan behandelte Gefangene, die »Zahnschmerzen« hatten, in ihrer Zelle; alle Apparaturen hatte er bei sich. Die deutschen Bewacher glaubten ihm den »Zahnarzt« und schlossen ihn bei den betreffenden Gefangenen während der Behandlungsdauer ein. Neffe Jan hatte auf diese Art reichlich Zeit zum Gedankenaustausch.

Plötzlich kamen die Deutschen auf die Idee, das Untersuchungsgefängnis durch ein kleines Gebäude neben dem Platz für den Hofgang zu erweitern. Baumaterial wurde aufgestapelt: Gerüste, Stützpfeiler, Bretter. Das war einer Gruppe von OD-Leuten, für die die Aussich-

ten schlecht standen, nicht entgangen. Mit Hilfe von Neffe Jan wurde ein Fluchtplan entwickelt, in dem vom Gerüstmaterial neben dem am weitesten außen liegenden Hof Gebrauch gemacht werden sollte. Hilfe von draußen wurde organisiert. Am Tag vor der Flucht wurde die bewußte Gruppe in die Küche zum Kartoffelholen und -schälen geschickt. Unter den Kartoffeln war eine Eisensäge verborgen. Am großen Tag wurde dafür gesorgt, daß die OD-Gruppe ihren Hofgang im äußersten Hof machte.
Es wurde nicht gesägt. Sie flüchteten nicht. Als die Gruppe in die Zelle zurückgekehrt war, teilte sie dem Neffen Jan mit, daß sie von der Flucht abgesehen hatte, um ihn nicht in Lebensgefahr zu bringen. Alle wurden hingerichtet.
Ein »guter« deutscher Soldat, der im Gefängnis zum Wachtdienst eingeteilt war, unterstützte Neffe Jan später. Der Deutsche suchte ihn auch zu Hause auf. Die anderen Besucher erschraken zu Tode, wenn sie den Deutschen in Uniform beim Neffen Jan antrafen. Der Deutsche beging am 31. August 1945 Selbstmord.
Neffe Jan übernahm am Anfang auch Kurierdienste für einen Gefangenen, der ihm später verdächtig vorkam. Es zeigte sich bald, daß dieser Mann ein Spitzel war. Er wurde »entlassen« und stattete dann dem Neffen zu Hause einen Besuch ab, um ihn auszuhorchen.
Eines Abends wurde geschellt. Neffe Jan dachte: Das ist der SD. Tatsächlich stürmten bewaffnete Männer die Treppe hinauf. Es war aber nicht der SD, es waren Widerstandskämpfer, die die Absicht hatten, den Neffen kaltzumachen, weil er sich mit einem Verräter eingelassen hatte. Es kostete unseren Neffen sehr viel Mühe, sie vom Gegenteil zu überzeugen.
Noch später wurde ein Familienangehöriger, der die Wohnung des Neffen oft betreten hatte, verhaftet. Es war ein älterer Herr. Er hatte ein Merkbuch bei sich, mit Namen und Adressen, auch der Neffe Jan stand darin. Er wurde verhaftet, sechs Wochen im Oranjehotel festgehalten und dann wieder freigelassen. Wenn sie gewußt hätten...
Neffe Jan, nunmehr fünfundsechzig Jahre alt, und seine Frau wohnen jetzt still und zurückgezogen in Rijswijk. Ihm wurde weder der Willemsorden noch der von Oranje-Nassau oder der des Niederländischen Löwen verliehen, nichts. Was er hat, ist eine schlechte Gesundheit und ein gutes Gewissen.

Bedenkt man die damaligen Verhältnisse, so konnten wir uns über die Verpflegung und Versorgung in Utrecht wirklich nicht beklagen.

Wir durften unsere Haare wachsen lassen, wir durften uns einige Male in der Woche rasieren (die Rasiermesser wurden ausgegeben und nach Benutzung wieder eingesammelt, aus Sicherheitsgründen). Einmal pro Woche wurde gebadet. Zu essen gab es nicht viel, aber es war ausreichend. Wer – wie meine Kameraden und ich – für die Gefängnisküche Gemüse putzen mußte (durfte), der bekam eine Sondermahlzeit als Lohn. Es gab eine Bibliothek. Es gab einen Sanitätsgefreiten, den wir uns – mit einem Gefangenen als Hilfskraft – in die Zelle kommen lassen konnten für kleinere Behandlungen. Manchmal kam sogar ein Zahnarzt...
Aber viel wichtiger war, daß nun eine Verbindung zwischen dem Gefängnis und ›Zuhause‹ bestand. Zu festgesetzten Zeiten durften Briefe geschrieben werden. Wir durften Briefe empfangen – übrigens eine alberne Erlaubnis für den, der illegal korrespondierte. Außerdem durften uns Päckchen und saubere Wäsche geschickt werden. In dieser Hinsicht wurden die meisten Gefangenen unglaublich verwöhnt. Es blieb kein Auge trocken, wenn ein deutscher Wärter mit großartigem Schlüsselgerassel die Zelle betrat, einen Namen aufrief und hinzufügte: »Schmutzige Wäsche.« Das besagte, daß die Frau unten war, schmutzige Wäsche holte und saubere Wäsche plus Lebensmittel und Zigaretten brachte.
Wir hatten jetzt Namen anstelle von Nummern und wurden wieder einigermaßen menschenwürdig behandelt. Der Kommandant war ein recht tüchtiger Mann. Er machte einen düsteren Eindruck, aber er war ausgesprochen freundlich. Auf Anfrage konnte man ein Gespräch mit ihm führen. Einmal sagte er mir bei einer solchen Gelegenheit: »Aber Herr Doktor, wir sind ja auf der Welt, um einander zu helfen, nicht wahr?«
Und dann die Päckchen von Zuhause – wir schämten uns fast, ihren Inhalt im Beisein anderer zur Schau zu stellen. Es war reine, in Nahrung verwandelte Liebe. Die Bevölkerung steckte damals schon tief in der Rationierung, und es war sonnenklar, daß die meisten Leckerbissen entweder für teures Geld schwarz erstanden oder – mit Lebensmittelkarten – vom eigenen Mund abgespart worden waren. Die Pakete, die ich von meiner Frau empfing, waren mit viel Phantasie zusammengestellte, vollkommene Kunstwerke.
Natürlich gaben die ›Päckchen von Daheim‹ auch Anlaß zu Spannungen und Streit, besonders, wenn einer größere und bessere bekam als ein anderer. Wir hockten alle in Gemeinschaftszellen, waren Tag und Nacht mit sechs oder sieben anderen Häftlingen zusammengesperrt.

Und niemandem entging die kleinste Kleinigkeit. Es kam auch vor, daß ein Häftling überhaupt nichts erhielt oder nur ein sehr bescheidenes Päckchen, und dann mußte man natürlich teilen. Wer Hunger hat, für den bedeutet Teilen eine riesige moralische Prüfung.
Briefe, Päckchen – einmal sogar Besuch. Ich weiß nicht, wie es möglich wurde, aber in Utrecht ist es vorgekommen, daß ein Häftling von seiner Frau Besuch erhielt. Auch ich gehörte einmal zu diesen Glücklichen.
Doch zu all dem kam etwas, das für mich von großer Wichtigkeit war. Das Utrechter Untersuchungsgefängnis war – verglichen mit Scheveningen und Amersfoort – in einem gemütlichen, behaglichen, holländischen Gebäude untergebracht. Die dunklen Tage des Novembers trugen zu dieser Atmosphäre ebenso bei wie die alten Jahrgänge von ›De Wereldkroniek‹ (›Die Weltchronik‹) und ›Panorama‹ in der Bibliothek (den Deutschen entging es natürlich, daß darin alle möglichen Reportagen über das Königliche Haus, aber auch über den aufkommenden Hitlerismus standen). Das Gebäude (etwa aus dem Jahre 1870) war gut geheizt und erleuchtet, die meisten Wachen waren recht gutmütig, erlaubt war vieles. Wir bekamen zu lesen. Und wenn wir es – so wie ich später, nicht anfangs – mit den Zellenkameraden gut trafen und alle ausreichend mit Päckchen versorgt waren, dann konnten wir es ganz gut aushalten, vor allem, wenn wir daran dachten, wie es ›draußen‹ aussah, wo die Bevölkerung unter Hunderte von Beschränkungen gebeugt ging und ein jeder jeden Moment Gefahr lief, bei Razzien oder sonstwie aufgegriffen und nach ›Moffrika‹ verschickt zu werden. Im Utrechter Gefängnis, fanden wir, waren wir sicher…
Doch dieser Anschein trog. Schon bald kamen wir dahinter, daß das Gefängnis der Sitz des ›Feldkriegsgerichts des kommandierenden Generals und Befehlshabers im Luftgau Holland‹ war, ein Kriegsgericht, das am laufenden Bande Todesurteile verkündete. Das verlieh unserem Aufenthalt einen sinistren Hintergrund. Ich komme darauf noch zu sprechen.
Auf jeden Fall sickerte es nun zu uns durch, daß wir aus dem PDA in dieses Gefängnis transportiert worden waren, um uns hier vor Gericht zu verantworten. Das hatten wir uns mühsam zusammenreimen müssen, denn von den Deutschen erhielten wir keinerlei Information. Und sobald wir dies begriffen, nahm die Gemütlichkeit des Kommandanten und der Wachsoldaten, ihre Freundlichkeit, einen außergewöhnlich unheimlichen Zug an: Man war freundlich zu uns, weil

wir vermutlich nicht mehr lange leben würden. Und besonderes Entgegenkommen löste besonderen Argwohn und besondere Furcht aus.
Mein Leben in der Zelle bekam übrigens auch dadurch Glanz, daß ich nun nach Belieben schreiben konnte. Daß unsere Zelle unglaubliche Mengen Toilettenpapier verbrauchte, war meine Schuld. In der Ecke jeder Gemeinschaftszelle stand eine ›Kübeltonne‹ hinter einer Holztrennwand mit einer niedrigen Schiebetür. Meine Zellengefährten gewöhnten sich daran, daß ich mich etliche Stunden am Tag hinter die Schiebetüre verzog, auf dem Deckel der Tonne Platz nahm und dort einen Stapel Toilettenpapier vollschrieb, auf einem Schachbrett als Unterlage. Ich machte ihnen weis, daß ich an einem Roman arbeitete. Das wurde auch den neugierigen deutschen Wachen erzählt, die manchmal durchs Guckloch einen Häftling zu wenig erblickten. Meine Ausrede wurde ohne weiteres geschluckt.
Neffe Jan holte uns fast täglich, um uns unten in der Küche Gemüse – vor allem Steckrüben – auszuhändigen, das wir in der Zelle putzen mußten. Ich steckte dann einen Packen Papier ein. Wir stolperten viele Eisentreppen hinunter. Neben der Küche befand sich ein von Gittern umgebener Innenhof. In barschem Ton befahl mir Neffe Jan, hinauszugehen und eine Kiste zu holen. Wenn der Begleitsoldat dann gerade nicht hinsah, verschwand mein Papier blitzschnell in seinem weißen Kittel, und ein Brief meiner Frau wurde in meine Hosentasche geschoben. Gleichzeitig nutzte er die Möglichkeit, mir die neuesten Nachrichten der BBC zuzuflüstern.
Mein Tagebuch aus der Gefangenschaft ist sehr umfangreich; mehr als die Hälfte, rund eintausendsechshundert kleine Papierseiten, wurden in den fast acht Utrechter Monaten geschrieben.
Noch eine Besonderheit von Utrecht erwähne ich hier im voraus, weil sie bei allen Häftlingen einen unauslöschlichen Eindruck hinterließ. Wiederum war es DAS GERÄUSCH. Sehr sonderbar: ungefähr dasselbe Geräusch wie in Scheveningen. Nicht weit von unserem Gefängnis entfernt muß sich eine Motorenfabrik befunden haben. Auf unsere Frage wurde uns gesagt, daß dort Flugzeug- und andere Motoren für die Deutschen überprüft würden. Tag und Nacht spielte sich unser Leben vor dem Hintergrund des fernen Motorengedröhns ab, ein Ton, dann eine Quinte höher, unablässig. Dieses ferne, dröhnende Donnern war die makabre Begleitmusik zur Todesangst vor den Todesurteilen im Kriegswehrmachtsgefängnis zu Utrecht.

Der »Prozeß« In diesem Untersuchungsgefängnis fand vor dem Feldkriegsgericht im Luftgau Holland Ende November im Kirchensaal der »Prozeß« gegen die Leeuwengarde statt.
Uns waren deutsche Rechtsanwälte zugeteilt worden. Meiner hieß Albrecht, er kam aus Hannover. Seinen Abscheu vor mir konnte er anfangs nur mühsam verbergen: Widerstand gegen die deutsche Besatzungsmacht, unglaublich! In der Hoffnung, er werde sich für mich etwas mehr einsetzen, teilte ich ihm mit, daß wir Kollegen seien. Sein Erstaunen wuchs. Er ließ sich von mir in eine Diskussion verwickeln. Ich war wieder zu Kräften gekommen und trieb ihn nicht schlecht in die Enge. Keine einzige Akte hatte er zu Gesicht bekommen. Wie konnte er dann allen Ernstes eine Verteidigung übernehmen? Bei uns kam so etwas nicht vor...
Wir sprachen auch über den Glauben. Ich sagte ihm, daß keine Besatzungsmacht wirkliche Macht über mich habe: Mächtig sei nur Gott. Ich erinnerte ihn an die Bibelstelle: »Und man wird euch vor Fürsten und Könige führen...« Er sperrte Mund und Augen auf. Danach sagte er: »Aber Herr Doktor, sind Sie als Jurist philosophisch veranlagt?« Er selbst hielt das alles für rückschrittliches Gerede. Und doch hat er sich ein wenig meiner Sache angenommen.
Der Tag meines Verhörs vor dem Feldkriegsgericht brach an. Zuvor hatte ich mich selbst fast verrückt gemacht. Was würde in der Verhandlung zur Sprache kommen? Meine ursprüngliche, schriftlich festgelegte Aussage oder die andere, die nicht zu Protokoll genommen worden war?
Ich erschien vor meinen »Richtern«, Mitgliedern des Kriegsrats in voller Kriegsmontur. Ihr Führer behielt sie aus einem Bild an der Wand über ihnen im Auge. Ich sah sofort, daß auch meine Sachbearbeiter Heyduck und Walthes anwesend waren. Ich mußte mich neben sie setzen. Der »Vorsitzende« verlas das Protokoll – das Protokoll meiner ersten Aussage –, ab und zu hob er seine Stimme vor Entrüstung. Er stellte ein paar einfältige Fragen. Ein Jurist müßte es eigentlich besser wissen! Sachbearbeiter Heyduck, der mit einem Bleistift spielte und auf seine Papiere starrte, hatte keine Fragen. Mein Rechtsanwalt hielt ein Plädoyer von wenigen Minuten. Hatte ich noch etwas zu sagen? Nein. Ich wurde zur Zelle S zurückgeführt.

Dies war eines der unglaublichen Ereignisse, die mir während der Gefangenschaft (und danach) widerfahren sind. Warum hatte Heyduck nichts gesagt? Seinen Fehler, von meiner zweiten Aussage kein Protokoll angefertigt zu haben, hätte er bei der Verhandlung wieder wettmachen können. Wagte er es nicht, für diesen Fehler einzustehen? Hatte er die ganze Sache vielleicht vergessen? Wollte er mich vielleicht schonen? Es kam nie Licht in dieses Geheimnis. Aber ein großes Licht ging mir auf, als ich ein paar Tage später die Urteile erfuhr. Gott hatte mein Gebet wirklich erhört. Und in einem gewissen Sinn, einem ganz anderen, einem unvorhersehbaren Sinn erhört…

Es war der Tag der Urteilsverkündung. Das Auftreten der Richter, der Staatsanwaltschaft und der Verteidiger war so sinnlos, daß wir uns, wie oft, wenn wir es mit den deutschen Machthabern zu tun hatten, fragten, ob sie sich selbst wirklich ernst nehmen konnten. War es die Möglichkeit, daß diese Offiziere, Kriegsgerichtsräte und Rechtsanwälte tatsächlich meinten, was sie sagten? Ein sogenannter imposanter, in Wirklichkeit allerdings komischer Auftritt war es, eine große Farce, sonst nichts. Glaubten sie selbst daran? Aber es ging doch um Menschenleben!

Zur Verhandlung erschienen wir alle zusammen, rasiert, die Haare geschnitten. Die Herren setzten ihre Kappen auf, der Vorsitzende erhob sich und verlas das Urteil. Ausgesprochen wurde es »im Namen des Deutschen Volkes«. Betrachtet man die Weitschweifigkeit des Urteils, dann mußte es schon lange vor dieser Verhandlung angefertigt worden sein.

Vor Gericht standen dreiunddreißig Mann von der Leeuwengarde. Hauptverdächtige waren Masselman und die Brüder van As.

Über einundzwanzig von uns wurde das Todesurteil verhängt. Bei den anderen wurde »das Verfahren bis auf weiteres abgetrennt«. Ich war unter ihnen. Ich hätte gewiß zu den einundzwanzig gehört, wenn meine zweite Aussage zur Sprache gekommen wäre.

Zurück in der Zelle, schienen wir auf eine grausame Weise in zwei Gruppen geteilt zu sein: in die der zum Tode Verurteilten und die der übrigen. Plötzlich lagen Welten zwischen uns. Wir ›Abgetrennten‹ – wir wußten übrigens nicht, was das hieß, es wurde uns nie erklärt – konnten unserer Freude in Anwesenheit der anderen unmöglich freien Lauf lassen. Diese spürten ihrerseits, daß sie, trotz des Entsetzlichen, das ihnen drohte, einen Glückwunsch hervorbringen sollten. Wir wiederum hatten das Bedürfnis, die anderen zu trösten, doch nicht zu sehr, denn sonst könnten sie von uns den Eindruck bekommen, daß wir nicht an die Bewilligung ihrer Gnadengesuche glaub-

ten, sondern der Überzeugung waren, daß sie wirklich hingerichtet würden. Eine gewaltige Spannung riß einen Abgrund zwischen beiden Gruppen auf. Wir waren Schicksalsgefährten, wir meinten es gut miteinander – doch wir gehörten plötzlich zwei verschiedenen Welten an: dem Reich der Lebenden und dem Reich der Toten. Erst viel später wurde ich über die fatalen Hintergründe aufgeklärt.
Zum Prozeß der Leeuwengarde (16.–29. November 1942) erhielt ich zu meiner großen Überraschung im April 1976(!) ausführliche Unterlagen.
Wir hatten uns vor dem Feldkriegsgericht des kommandierenden Generals und Befehlshabers im Luftgau Holland zu verantworten gehabt.
Das Gericht setzte sich zusammen aus:

als Richter: *1. Kriegsgerichtsrat d. Lw. Dr. Trunk als Verhandlungsleiter*
2. Oblt. Werner Reichardt, FLP. 5/III (Holland)
3. Schütze Gottfried Zug, Ers. Rgt. Hermann Göring, 5. Komp., als Beisitzer.
als Angeklagevertreter: *Kriegsgerichtsrat d. Lw. Dr. Eichler*
als Urkundperson: *Unteroffizier Fehse*

Die Prozeßnummer war 9 K.St.L. 569/42 Dr. Tr./Ku
Das Urteil mit dem Datum vom 27. November 1942 erstreckte sich über zweiundachtzig getippte Seiten.
Die Verurteilung im Namen des Deutschen Volkes fußte auf Spionage, fortgesetzter Feindbegünstigung, Wortbruch als Kriegsgefangener, Sabotage, unerlaubtem Waffenbesitz, Mordversuch.
Einundzwanzig von uns wurden zum Tode verurteilt.
Elf Verdächtige, darunter ich, wurden vom Verfahren abgetrennt und deshalb im Urteil nicht erwähnt.
Das Urteil mußte vom Wehrmachtsbefehlshaber in den Niederlanden, Friedrich Christiansen, bestätigt werden, der zugleich über die eingereichten Gnadengesuche entschied. Hier folgt seine Entscheidung (die Rechtschreibfehler wurden übernommen):

Der Wehrmachtsbefehlshaber in den Niederlanden — *H. Qu., den 14. Dezember 1942*

A. u. B. L. 115/42

Vollstreckungsanordnung

in der Strafsache des Feldgerichts des kommandierenden Generals und Befehlshabers im Luftgau Holland

gegen
Masselmann und Andere (Leeuwengarde)

wegen Spionage, Feindbegünstigung, verbotenem Waffenbesitz, Sabotage, Ehrenwortbruch und anderem.

Akt.Z.: 9 K.St.L. 569/42
Feldurteil vom 27. 11. 1942

1.) In Ausübung des mir übertragenen Gnadenrechts wandle ich die gegen die Angeklagten

1.) Dirk Bouterse (11),
geb. 7. 5. 1911 in Rotterdam

2.) Gerhard Muijs (12)
geb. 30. 10. 1917 in Rotterdam

3.) Jan van Burg (13)
geb. 30. 12. 1902 in Rotterdam

4.) Cornelis D. Heijkoop (14)
geb. 8. 8. 1904 in Rotterdam

5.) Pieter W. H. Willemsen (19)
geb. 2. 9. 1919 in Arnheim

6.) Izaak A. Nieuwveld (7)
geb. 19. 11. 1905 in Gouda,

7.) Gerrit van der Poel (10)
geb. 13. 7. 1909 in Rotterdam,

8.) Johannes van den Brink (20),
geb. 12. 7. 1897 in Barneveld,

erkannten Todesstrafen um in Zuchthaussstrafen von je 15 Jahren. Diese Zuchthausstrafen sind zu vollstrecken jeweils unter Anrechnung der seit dem 27. 11. 1942 erlittenen Freiheitsentziehung und des während der Kriegsdauer erfolgenden Strafvollzuges auf die Strafzeiten.

2.) Gegenüber den Verurteilten

9.) Philippus W. Masselmann (1),
geb. 14. 3. 1917 in Amsterdam,

10.) Andris Stemerding (2),
geb. 15. 5. 1921 in Soesterberg,

11.) Gerrit van As (3),
geb. 4. 10. 1902 in Rotterdam,

12.) Pieter van As (4),
geb. 25. 1. 1899 in Rotterdam,

13.) Binne Venstra (5),
geb. 25. 1. 1919 in Heerenveen,

14.) Frederik W. van der Borch tot Verwolde (6),
geb. 27. 10. 1919 in Geldermalsen,

15.) Jan Noordijk (8),
geb. 15. 2. 1901 in Schiedam,

16.) Cornelis J. Aubert (9),
geb. 9. 6. 1909 in Rotterdam,

17.) Jan Kars (15),
geb. 2. 7. 1903 in Schonhoven,

18.) Johannes (Jan) Faas (16),
geb. 1. 1. 1910 in Rotterdam,

19.) Franciscus M. van den Acker (17),
geb. 3. 2. 1917 in Rotterdam,

20.) Martinus J. W. Huijbers (18),
geb. 18. 1. 1921 in Geldermalsen,

21.) Gerrit W. Surquin (21),
geb. 4. 2. 1915 in Velp (G.),

lehne ich einen Gnadenerweis ab.

Die gegen sie erkannten Todesstrafen sind zu vollstrecken.

gez. Fr. Christiansen
General der Flieger

Die Richtigkeit vorstehender
Abschrift wird beglaubigt.
O. U., den 21. 12. 1942
Justizinspektor d. Lw.
als Urkundsbeamter der Geschäftsstelle.

Die Dreizehn wurden am 29. Dezember 1942 um 11 Uhr in eine andere Zelle verlegt. Dort verkündete man ihnen, daß ihre Hinrichtung bevorstehe. Pfarrer J. Kars bekam Gelegenheit, zusammen mit den zwölf anderen das Heilige Abendmahl zu feiern. Am selben Tag, um 14 Uhr, fielen sie auf der Leusderheide vor dem Exekutionspeloton.
Der ergreifende Abschiedsbrief von Jan Kars – in dem er den Psalm 56 anführt – wurde ins ›Gedenkboek van het Oranjehotel‹ (›Gedenkbuch des Oranjehotels‹) von E. P. Weber (Amsterdam 1947) aufgenommen.
Das Urteil mit seinen zweiundachtzig Seiten hinterläßt ein Gefühl großen Unbehagens. Sie waren Widerstandskämpfer, sie fielen für Freiheit und Gerechtigkeit. Uns steht nur schweigende Ehrerbietung zu. Andererseits – mit welchen Maßnahmen wollte man der deutschen Besatzungsmacht zu Leibe rücken! Man hatte ein paar Pistolen, ein paar Gewehre, etwas Munition, ein wenig Sprengstoff. Man zeichnete auf Stadt- und Hafenplänen die Einrichtungen ein, die die Engländer bombardieren sollten; aus keinem Bericht geht hervor, ob diese Informationen auch auf die andere Kanalseite gelangt sind. Man hetzte einander zur Liquidation von NSBern auf; man unternahm mit einem Pfadfindermesser einen einzigen Versuch, ohne Erfolg. Die Beziehungen untereinander waren oft keineswegs ideal. Und dies alles richtete sich gegen eine Wehrmacht, eine Luftwaffe und eine Kriegsmarine, die bis in den Herbst 1942 unüberwindlich schienen.
Es erinnert an verzweifelte, vor Wut weinende Soldaten, die im Mai-Krieg mit Pistolen auf Stukas schossen.
Ich ziehe folgenden Schluß: War auch der militärische Effekt gleich Null, so war der moralische zweifellos eindrucksvoll und wirkte sich in hohem Maße auf die Begeisterungsfähigkeit aus.

Niemals hat uns jemand erklärt, was die deutsche »Justiz« unter ›Abtrennung‹ versteht. Vermutlich dies:
Die Sicherheitspolizei versuchte, ihrer Schreckensherrschaft einen Anschein von Recht zu verleihen, indem sie bestimmte Akten den Feldkriegsgerichten übergab. Wenn diese weder eine Verurteilung noch einen Freispruch aussprechen wollten, wurden die betreffenden Akten an die Sipo zurückgesandt. Diese ergriff dann nach Gutdünken Maßnahmen, meistens Transport in ein KZ, vor allem ein NN-Lager (wo sich übrigens auch Nicht-NN-Häftlinge befanden). Wer den Begriff ›Nacht und Nebel‹ eingeführt hat, weiß ich nicht. Ich bringe ihn in Zusammenhang mit den Führerrichtlinien vom 7. Dezember 1941 und dem daraus hervorgegangenen berüchtigten Keitel-Erlaß vom 12. Dezember 1941 über das Vorgehen gegen Widerstandskämpfer in den besetzten Gebieten, mit den dazugehörigen Schriftstücken. In einem Brief nimmt Keitel dazu Stellung:

Der Erlaß bringt eine grundsätzliche Neuerung. Der Führer und Oberste Befehlshaber der Wehrmacht befiehlt, daß die von Zivilpersonen begangenen Straftaten der bezeichneten Art von den zuständigen Kriegsgerichten in den besetzten Gebieten nur abzuurteilen sind, wenn

a) das Urteil auf Todesstrafe lautet

und b) das Urteil innerhalb von 8 Tagen nach der Festnahme verkündet wird.

Nur wenn beide Voraussetzungen gewährleistet werden, verspricht sich der Führer und Oberste Befehlshaber der Wehrmacht von der Behandlung der Strafverfahren in den besetzten Gebieten die erforderliche abschreckende Wirkung.
Andernfalls sollen künftig die Beschuldigten heimlich nach Deutschland gebracht werden und die weitere Behandlung der Strafsachen hier betrieben werden. Die abschreckende Wirkung dieser Maßnahmen liegt

a) in dem spurlosen Verschwindenlassen des Beschuldigten,
b) darin, daß über ihren Verbleib und ihr Schicksal keinerlei Auskunft gegeben werden darf.

Diese ganze Angelegenheit hat einen merkwürdigen Hintergrund. Dr. L. de Jong behandelt sie im Band 3 seines umfassenden Werkes. Er hat mir, seiner Publikation vorgreifend, folgendes enthüllt:

Der Erlaß beabsichtigte, diejenigen, die nicht binnen einer Woche nach ihrer Verhaftung hingerichtet worden waren, heimlich in ein Gefängnis nach Deutschland bringen zu lassen, wo sie, wiederum heimlich, von einem Wehrmachtsgericht, einem Sondergericht oder vom Volksgerichtshof abgeurteilt werden sollten. Konnte diese Aburteilung nicht stattfinden, dann sollten die Häftlinge in ein KZ transportiert werden. Seyss-Inquart und seine Leute wandten dieses Dekret nicht buchstabengetreu an, ja sie legten es vorläufig zur Seite, eigenartig genug gedeckt durch ... Himmler. Die Deutschen zollten dem niederländischen Widerstand ... eine stille Bewunderung! In der festen Überzeugung, den Krieg gewinnen zu können – das war Ende 1941 –, wollten sie nach dem Krieg mit dem »germanischen Brudervolk« in den Niederlanden zusammenarbeiten. Mussert und seine NSB hielt man dafür nicht geeignet. Das gute Menschenmaterial sollte aus dem Widerstand bezogen werden... Wie Rauter es nach dem Krieg ausdrückte: »...die wertvollsten Niederländer, auf die man nach dem Krieg in den Niederlanden nicht verzichten wollte.« Braucht man einen schlagenderen Beweis für nationalsozialistische Stupidität? Man hielt uns Widerstandskämpfer nach einer Einverleibung der Niederlande für sehr wertvolle Marionetten!
Man wollte die Sipo-Häftlinge nicht an die Wehrmacht verlieren, man wollte einen Teil davon für später bewahren – nachdem der andere Teil hingerichtet worden war (vgl. das Verhör von W. A. H. C. Boellaard durch Himmler persönlich, publiziert in ›Onderdrukking en Verzet‹ ›Unterdrückung und Widerstand‹, Band 10, Seite 596–601).
Die als »brauchbar« eingestuften Widerstandskämpfer wurden dann in ein NN-Lager verschickt. Daß eine große Anzahl von ihnen dort doch umkam, nicht durch die Kugel, den Strick oder das Fallbeil, sondern durch Entbehrungen, Hunger und Mißhandlungen, ist eine andere Sache. Die Deutschen begannen ja einzusehen, daß sie den Krieg verlieren würden...

Einer der Häftlinge in meiner Zelle, Chris Diters, war der Sohn eines Unternehmers, selbst auch Unternehmer, aus Bussum. Wir zwei verstanden uns sehr gut. Er war ein Mann aus einem Guß: offenherzig, integer, reinen Herzens und Körpers. Dazu bärenstark. Einmal sah ich, wie er in der Gefängnisküche Neffe Jan aufhob und ihn zum Spaß mit dem Kopf nach unten über einen der Riesenkessel hielt.

Chris war ein tiefgläubiger Christ. Manchmal führte er sich ein wenig grob auf, doch meist war er ein sehr gefühlvoller Mann, voller Heimweh nach Frau und Kind. An den Päckchen, die seine Frau ihm schickte, konnte man sehen, wie sehr sie ihn liebte. Chris verdanke ich viel. Er fühlte stets mit mir mit, doch er behütete mich wiederholt vor dem »Wahnsinn« durch seinen starken Charakter und auch durch Worte von rauher Herzlichkeit.

Stolz Es geht die Rede von unglaublichen Demütigungen, die uns unsere Henker zugefügt haben sollen. Dieser Anklage kann ich nicht zustimmen. Meist fand ich, daß die Deutschen sich selbst viel mehr erniedrigten als uns. Doch eine große Ausnahme gibt es. Sobald wir verhaftet und auf Gnade oder Ungnade den Deutschen ausgeliefert waren, versuchten wir fast alle, uns bei ihnen einzuschmeicheln. In dieser Hinsicht war unsere Gefangenschaft tatsächlich demütigend. Auch für unsere Familien, sofern diese versuchten, für uns Erleichterungen zu erreichen oder sogar die Entlassung zu bewirken. Das versetzte unserem Stolz einen gewaltigen Stoß. Versucht wurde, die Erlaubnis für Pakete, Briefe, sogar für Besuch zu erlangen. Dienststellen in Den Haag wurden bearbeitet. Bekannte von Freunden kannten einen »guten« Deutschen irgendwo in einer Dienststelle. Unsere Frauen gingen in vollem Staat dorthin, um ihr, um unser Glück zu versuchen (meist ohne jeden Erfolg). Im KZ wünschte man sich ein besseres Arbeitskommando, eine Vergünstigung, ein Vorrecht, alles, bis zur Rettung des Lebens. Das bedeutete, daß man sich dem Feind voller Ehrfurcht, ja unterwürfig nähern mußte. Vor den deutschen Machthabern und denen, die es sein wollten – sowohl im Gefängnis als auch im KZ – krümmten sich viele kriecherisch, um für sich oder einen anderen etwas zu erreichen.
Der Leser denke hier vor allem an die Gnadengesuche, die von den zum Tode Verurteilten oder in ihrem Namen eingereicht wurden. Dies war alles moralisch zulässig, ja geboten. Es war inzwischen zu einer Demütigung geworden. Diese Verbrecher um eine Gunst zu bitten! Sehr groß war und ist meine Achtung vor den wenigen, die dabei nicht mitmachten. Vor allem für die Helden – und dies ist das rechte Wort –, die zu stolz waren, um Gnade zu erbitten.
Ja, es gab sie.

Aus meinem Tagebuch:

Der Zug von 12.40 Uhr *Der Zug kommt um 12.40 Uhr an, das haben sie geschrieben, das stimmt auch mit den fettgedruckten Buchstaben im Fahrplan überein. Jetzt ist es 12 Uhr, wir machen uns am besten gleich auf den Weg.*

Lastende Stille auf dem Bahnsteig. In einer Durchsage ist bekanntgegeben worden, daß der Zug voraussichtlich mit einer halben Stunde Verspätung eintreffen wird. Also in den Wartesaal. Wir müssen es einfach glauben: daß der Zug unterwegs ist, daß der Zug sich stetig nähert, daß der Zug jetzt schon Rotterdam passiert haben muß. Wir sehen nichts, hören nichts, aber sie haben geschrieben, daß sie diesen Zug nehmen werden. Wir müssen es also glauben.

Auf dem Bahnsteig nimmt die Geschäftigkeit zu. Die Menschenmenge wächst; alle sind gereizt, denn auch der Zug nach Amsterdam hat Verspätung. Alles muß auf den internationalen Nachtzug warten, der geruht, Verspätung zu haben.

Auf dem Bahnsteig stellen wir Wachen auf, eine am Anfang, die anderen ein Stück weiter oben. Unsere Nerven sind gespannt; ein Zug, der erwartet wird, ist ein Grund zur Unruhe. Das Bahnhofsgelände flimmert in der Sommersonne. In der Ferne wird rangiert und auf Signalhörnern geblasen. Der Zug hat jetzt eine dreiviertel Stunde Verspätung – dort auf der Signalanlage klappt ein Signal hoch. Noch immer nichts – doch, zunehmendes Geräusch – dort kommt er!

Ein Lokomotivenungeheuer, eine PO 4, eine ›3900‹ mit stolzer Brust und viel Dampf und Gebrüll. Dahinter das vorsichtige Geschlängel einer grauen Raupe. Ein metallisches Klirren auf den Weichen. Rote Kettenglieder des Speisewagens und der Mitropa-Schlafwagen. Langsam donnert der Nachtzug aus Italien in den Bahnhof. Als ob es das Alltäglichste von der Welt wäre, liest man ›Roma‹ schwarz auf weiß auf den staubig-stählernen Waggons. Viele Reisende beugen sich aus den Fenstern.

Wo sind sie denn? Ich sehe sie nicht, immer noch nicht, aber sie haben doch diesen – wirklich! Da sind sie! Mitrennen, sich durch die Menschenmasse schieben. Endlich kommt das Ungetüm zum Stillstand, mit einem pfeifenden Seufzer und dem schneidenden Wimmern von Stahl auf Stahl.

Ohrenbetäubend und ohne sich um irgend jemanden zu kümmern, läßt der Brüllaffe Dampf ab.

Die Begrüßung. Wie klein kommen wir uns vor, wir normalen, gutmü-

tigen, herausgeputzten Bürger! Schau die anderen an! Dunkelbraun, verschwitzt, die Romantik einer in der Nacht durchrasten Entfernung noch in den Augen, das Ausland strahlt noch von ihnen ab. Unbekannte Sachen haben sie bei sich: eine Tasche, einen Schal, Zigaretten, Geruch. Über dem Braun ihrer Gesichter liegt Staub, ihre Münder bewegen sich ein wenig anders, weil sie lange Zeit eine andere Sprache gesprochen haben. Ausländische Zeitungen stecken in ihren Taschen, sie haben Handschuhe an. Abgenutzte Koffer, mit flammend bunten, neuen Aufklebern neben den alten, abgeschabten, ergreifen wir durchs Fenster. Die Menge um uns herum sieht zu, einfältig-dumm.
Aus dem Küchenfenster des Speisewagens hängt ein dicker, fettglänzender Koch: Er lacht zu uns herüber, er versteht. An den zierlichen Tischchen sitzen Herren hinter großen Keramiktassen und trinken Kaffee, Herren mit Bärten und Schnurrbärten und französischen Zigaretten. Sie blicken erstaunt hin zu den vielen Holländern auf diesem Bahnsteig und machen sich dann weiter Notizen für die Besprechung sogleich in Amsterdam, im Carlton oder Amstel-Hotel.
Endlich sind sie am Bahnsteig gelandet. Umarmungen. Ein Wall von Koffern und Taschen türmt sich um uns auf. Lächelnd sehen die Leute zu. Der Stationsvorsteher mischt sich in nichts ein, pfeift aufgeregt und hebt seine Abfahrtskelle.
Darauf ein brüllender Stoß, dem eine Reihe noch lauter brüllender Stöße folgt: der Koloß mit seinen achtzehn Rädern dreht auf den Schienen durch! Doch er setzt sich in Bewegung, langsam schieben sich die Stahlwände vorüber – da fährt er, der Express: Einen wirbelnden Dampfstoß zischt der letzte Waggon aus; der Zugführer steht noch auf dem Trittbrett.
Er blickt in sein Kursbuch.

Wie wird es sein? Mit jeder großen ›Gemeinschaftszelle‹ im Utrechter Untersuchungsgefängnis war eine Schlafzelle verbunden, die aus einem schmalen Gang und vier einzelnen, vergitterten Kojen bestand, ohne Überdach, jede mit einer kleinen Stahltür versehen. In jeder Koje stand eine Pritsche. Da während unseres Aufenthalts meist mehr als vier Häftlinge in einer Wohnzelle hausten, waren in dem Gang vor den Kojen ebensoviele Pritschen aufgestellt, wie es überzählige Zellenbewohner gab.
Jeden Abend kam der Wachtmeister, um das Gitter zur Schlafzelle und die Türen der vier Kojen aufzuschließen. Uns blieb dann etwas

Zeit, um uns für die Nacht fertigzumachen. Einige putzten sich allabendlich die Zähne und zogen einen Pyjama an. Andere holten sich etwas mit ins Bett, an dem ihr Herz besonders hing: ein Foto, ein Butterbrot, einen Leckerbissen aus dem Päckchen von Zuhause. Ein jeder von uns nahm Zigaretten mit ins Bett, die wir vom Hofgang hereingeschmuggelt hatten. Einer hatte eine Reibfläche, ein anderer ein paar Streichhölzer. Das alles wurde in jedem Bett mit größter Präzision aufgestellt – so wie Gefangene das eben tun.

Ungefähr nach einer halben Stunde erschien der Wachtmeister erneut. Wir begaben uns buchstäblich in die Koje, die überzähligen in die Pritschen. Jede Koje wurde abgeschlossen, danach die große Gittertür. Mit seinen genagelten Stiefeln klirrte der Wachtmeister durch die nun leere Wohnzelle, rief laut »Gute Nacht«, warf die Zellentür hinter sich zu, schob die Riegel vor und schaltete von außen das Licht aus. Danach erstarben seine Schritte.

Kaum war er gegangen, wagten wir etwas Lebensgefährliches: Wir rauchten. Lagen Häftlinge auf den Pritschen vor den Kojen, dann zündeten sie dort mit Streichholz und Reibfläche die erste Zigarette an. Die Männer in der Koje bekamen von ihnen das Feuer durch das Gitter, und schon bald leuchteten überall hellrote, glühende Pünktchen auf. Seufzer des Behagens durchbrachen die Stille. Noch viel gefährlicher war das Rauchen, wenn nur die vier Kojen belegt waren. Der Mann, der Feuer machen konnte, reichte dann – auf seinem Bett stehend – seine brennende Zigarette über der massiven, also nicht vergitterten Scheidewand seinem Nachbarn weiter, der damit seine Zigarette anzündete, die erste zurückreichte, dann seinen anderen Nachbarn auf dieselbe Weise mit Feuer versah, und so weiter.

Wir lagen auf Strohmatratzen. Wir hatten Decken. In der Zelle war es, von den glühenden Zigaretten abgesehen, stockdunkel. Die Türen der Kojen waren abgeschlossen. Auch das Gitter zur Wohnzelle. Auch die Tür zum Gang. Wenn etwas mit dem Streichholz schiefging oder mit den brennenden Zigaretten, war es mehr als wahrscheinlich, daß wir bei lebendigem Leibe geröstet würden. Ein jeder wußte es, und deshalb wurde die ganze Operation mit äußerster Sorgfalt durchgeführt.

Manchmal tauchte nach dem Verriegeln der Türe plötzlich eine Kontrolle auf. Wiederholt waren dann die Schlafzelle und – wegen des Gitters – auch die Wohnzelle blau vor Rauch. Meines Wissens wurde Rauchen nie bestraft. Wahrscheinlich kamen die Deutschen nur, um nachzusehen, ob nicht gelöscht werden mußte.

Nachdem wir geraucht hatten – ich hielt das Bild meiner Frau immer ganz nahe, so daß ich ihr Gesicht im Aufleuchten jedes Zigarettenzuges sah –, beteten wir laut zusammen. Ein allgemeines Gebet, das unserer Situation angemessen war. Dann das Vaterunser. Dann das »Gegrüßt seist du Maria, voll der Gnaden«. Dieses Gebet sprach ein Katholik vor – unverändert im Singsang der vielen weichen g's. Auch wir Protestanten sprachen dieses Gebet laut mit. Oft, zum Schluß, das apostolische Glaubensbekenntnis:
»Ich glaube an Gott den Vater, den Allmächtigen, Schöpfer des Himmels und der Erde.
Und an Jesus Christus, Seinen eingeborenen Sohn, unseren Herrn, empfangen von dem Heiligen Geist, geboren von der Jungfrau Maria, gelitten unter Pontius Pilatus, gekreuzigt, gestorben und begraben, niedergefahren zur Hölle, am dritten Tag auferstanden von den Toten, aufgefahren gen Himmel, sitzend zur Rechten Gottes, von dort wird er kommen, zu richten die Lebenden und die Toten.
Ich glaube an den Heiligen Geist, die heilige katholische Kirche, Gemeinschaft der Heiligen, Vergebung der Sünden, Auferstehung des Fleisches und das ewige Leben.«
Manchmal wurde noch ein wenig geredet oder geräuschlos – um die anderen nicht zu ärgern – gegessen.
Dann wurde es still im Gefängnis. Still wurde es vor allem bei denen, die dort in ihrer Koje lagen, zum Tode durch Erschießen verurteilt, weil ihr Gewissen ihnen Widerstand gegen die Besatzer befohlen hatte. Herbst war es, es wurde Winter. In der Ferne wütete die Motorenfabrik. Jetzt überwältigte diesen oder jenen oft große Ratlosigkeit. Und dann mußte getröstet werden – leise, denn dort und da schnarchte schon jemand. Der einzige Trost bestand aus den Worten, die Jesus Christus gesprochen hatte. »Er hat mich gesandt, zu predigen den Gefangenen, daß sie los sein sollen.« »Und fürchtet euch nicht vor denen, die den Leib töten und die Seele nicht töten können.« Dieser Trost war ganz unfehlbar. Und schließlich durchbrachen wir die Gefängnismauern, erst in unseren Gedanken, dann in unseren Träumen, frei wie die Vögel, von allem befreit durch Gott, der mit den Gefangenen ist.
Doch ein anderer Mann liegt in pechschwarzer Nacht auf seiner Pritsche, vollkommen allein. Das Todesurteil ist von einem Feind über ihn ausgesprochen worden, für den kein Vergehen zu groß ist: ein Mann, der dort liegt und nur noch denken kann, wie es sein wird, und wo, und wann; ob ein Geistlicher dabei sein wird, ob man ihn fesselt,

seine Augen verbindet; ob es am frühen Morgen sein wird, draußen, so daß er die Sonne noch aufsteigen sehen kann. Der Gedanke: diesen Himmel sehe ich jetzt zum letzten Mal; der Gedanke: ich muß auf ewig von allen und allem Abschied nehmen; aus wieviel Mann wird das Hinrichtungskommando bestehen, und welche Waffen werden sie tragen, und werden alle geladen sein; ob er an einen Pfahl gebunden wird; ob er spüren wird, fühlen wird, wenn die Kugeln sein Herz zerschmettern, eine Kugel, zehn, zwölf Kugeln? Ob er dann noch kurz bei Bewußtsein sein wird, was wird er dann denken? Ob er vorher etwas rufen soll, es lebe die Königin, es lebe das Vaterland, oder: sei mir Sünder gnädig; ob das Kommando lauten wird »Feuer!«; ob er sofort tot sein wird oder, wenn nicht, ob man ihm dann noch einen Gnadenschuß gibt, und wohin; er betastet seinen Nacken, er befühlt seine Brust; ob sie ihn verbrennen werden oder begraben, und was sie seiner Familie mitteilen werden; ob das, was er gegen die Besatzer unternommen hat, die Mühe wert war, sein Leben wert war; *sein Leben!* wert gewesen ist; daß es ein grauenhafter Irrtum ist, ein Alptraum, aus dem er erwachen wird; was sie mit seiner Kleidung, seinen Habseligkeiten tun werden; was seine Frau, seine geliebte Frau anfangen soll, was seine kleinen Kinder anfangen sollen ohne ihren Vater, der für das Vaterland gefallen ist; ob er vielleicht doch schwach werden wird, sich sträubt, schreit, brüllt vor Angst.
»Fürchtet euch nicht vor denen, die den Leib töten und die Seele nicht töten können.«
Das sagt Christus, Gott selbst als Mensch! Fürchte dich nicht vor dem deutschen Exekutionskommando, sagt Gott, es kann deine Seele nicht töten. *Es kann deine Seele nicht töten.*
Deine Seele, sagt Christus, wird weiterleben.
Und Christus erscheint in seiner ganzen Herrlichkeit und Klarheit diesem zum Tode verurteilten Mann auf der Pritsche in der Koje in der schwarzen Zelle im Gefängnis im verdunkelten Utrecht in den geknechteten Niederlanden während des Zweiten Weltkriegs, 1942 Jahre nach Seiner Geburt.

Die letzte Gelegenheit Wenn man den Tod direkt vor Augen hat, wird man manchmal ganz ruhig. Dieses Gefühl kann man sich nur vorstellen, wenn man über genügend Einbildungskraft, Mut und Konzentration verfügt, sich in den Zustand zu vertiefen, daß man den Tod vor Augen hat.

Man ist alleine. Es gibt keinen Ausweg mehr. Keinen. Keine menschliche Hilfe mehr. Keinen Aufschub, kein Ablenken, keinen letzten Einspruch, keine Gnade. Nichts ist mehr übrig, als ein Wesen, alleine, nackt, ohne alles, mit nichts, vor einem leeren Ozean mit einem Sternenhimmel darüber, in den es aufsteigen wird, gleich.

Gott sollte man sich nicht als guten, weisen Vater vorstellen, auch nicht als Inbegriff der Menschenliebe. Gott ist die Liebe, aber Gott ist, unter diesen Umständen, eine schreckliche Liebe. Gott ist unsichtbar, unfaßbar, unfaßlich, eisig. Man könnte sagen: streng, unerbittlich. ›Schrecklich ist es, in die Hände des lebendigen Gottes zu fallen‹. Dies ist nicht ... furchterregend; man muß diese Vorstellung nur bewältigen. Gott ist die Liebe, und wir sind Seine Geschöpfe, Er hat all das Herrliche geschaffen, es ist nichts Furchterregendes in Ihm – doch Er ist großartig, eisig und unerbittlich.
Man sitzt in einer Zelle, von allen und allem verlassen, in einem luftleeren Raum und steht diesem Gott von Angesicht zu Angesicht gegenüber. Man weiß: Vielleicht sind dies meine letzten Stunden, *meine letzten.* Das ist meine letzte Gelegenheit. Ich kann an niemanden, an nichts mehr appellieren, ich kann niemanden zu Hilfe rufen, weder Vater noch Mutter, keinen Freund, nicht die Frau, die Geliebte. Es gibt keinen Aufschub mehr, keine Alternative. Ich stehe Gott Auge in Auge gegenüber, und dies ist meine letzte Stunde. Dieses Herz hört gleich zu schlagen auf, und ich gehe in ein unbekanntes Reich ein, in ein Reich von vor meiner Geburt, vielleicht...
Gleich habe ich keine Kleidung mehr nötig.
Dann greift man nach Jesus Christus, einem menschlichen Wesen, einem menschlichen Gott, einem Vermittler, der uns versteht, der Gott versteht, der ein Mensch und Gott ist. So war es. So kam Gott durch Christus zu uns mit der Gnade des Glaubens: indem Er uns in eine absolute Unsicherheit stürzte, uns alles aus den Händen schlug, uns zu Verworfenen machte, die das Evangelium begreifen können. Uns in ›einen letzten Zustand‹ versetzte.

Nächstenliebe Das erste Gebot lautet: Gott zu lieben. Das zweite: den Nächsten. Darum dreht sich alles. Das erste bereitete mir nie Schwierigkeiten, das zweite desto mehr.
Natürlich gibt es viele Nächste, die man von Herzen liebt, ganz mühelos. Wenn Menschen freundlich sind, kostet es meist keine Mühe, zu

ihnen auch nett und freundlich zu sein. Die große Kunst besteht darin, unliebenswerte Menschen zu lieben, Menschen, die man haßt wie die Pest. Feinde. Das ist fast unmöglich. Doch dreht sich darum alles im Leben; es ist der Mühe wert, sich diese Kunst anzueignen. Man muß sich vorstellen, daß man sich einem Feind gegenüber sieht, nicht nur einem unangenehmen Menschen, sondern einem üblen, einem schlechten, einem bösartigen Menschen, der es auf seine Mitmenschen abgesehen hat. Einem Kapo beispielsweise oder einem SS-Mann.

Während man ihn genau betrachtet, sollte man zuerst bedenken, daß dieser Gegner einmal als Kind von einer Mutter geboren wurde. Daß er einen Vater und eine Mutter hatte, die ihn vermutlich liebten. Dieser Gedanke läßt an seiner Kontur schon viele scharfe Ecken verschwinden.

Ferner sollte man einsehen: Man weiß nicht, welche Lebensumstände dazu geführt haben, daß der Gegner ein schlechter Mensch geworden ist. Vielleicht wäre man selbst in diesen Verhältnissen auch nicht besser geworden.

Drittens – und das ist sehr wichtig – sollte man sich klarmachen, daß der Betroffene nicht zu seinem Vergnügen ein Feind ist, einen schlechten Charakter hat. Er kann unmöglich glücklich dabei sein. Er ist unglücklich, und er verdient unser Mitleid.

Viertens ist er natürlich besessen. Ein Dämon hat sich seiner bemächtigt. Für ihn ist dies schrecklich, viel schrecklicher als für uns. Man sollte ihn als einen Menschen betrachten, der erlöst werden muß. Nicht er, sondern sein Dämon ist hassenswert.

Hinzu kommt die Selbstkritik. Der Widersacher ist schlecht. Ist man selbst denn so gut? Ich glaube, daß niemand mit »ja« antworten wird. Bejaht er die Frage doch, dann ist er nicht ganz bei Verstand. Kein Mensch ist gut. Wir beten doch auch: »Vergib uns unsere Schuld, wie auch wir vergeben unseren Schuldigern«. Wir selbst sind auch schlecht. Wer soll denn entscheiden, ob unser Feind noch schlechter ist? Wie schlecht wären wir geworden unter seinen Lebensbedingungen, mit seiner Vergangenheit, seiner Veranlagung, seiner Erziehung, seiner körperlichen und seelischen Verfassung? Wer sind wir, daß wir einen anderen nicht nur beurteilen, sondern ihn sogar verurteilen? Richtet nicht, auf daß ihr nicht gerichtet werdet.

Hat man all dies erwogen, dann erscheint der Feind in einem anderen Licht. Das Feindbild hat sich geändert: Jetzt braucht er kein Gegner mehr zu sein. Vielleicht ist er zu einem armen Schlucker geworden; man selbst ist doch auch ein armer Tropf. Nun muß man versuchen, noch einen Schritt weiterzugehen. Man muß dem ehemaligen Widersacher helfen, und dabei zugleich bedenken: was ich an ihm tue, das tue ich an Christus. Man muß versuchen, ihn von dem Bösen zu erlösen, wie man selbst zu Gott betet, daß man vom Bösen erlöst werde. Vielleicht akzeptiert er den Versuch nicht. Es kann sogar sein, daß Schmähreden seine Antwort sind. Das ist kein Grund aufzugeben. Man weiß nie, ob er nicht später, vielleicht erst Jahre später, zur richtigen Erkenntnis kommt. Nie darf man in dem Versuch nachlassen, einem Mitmenschen etwas Gutes zu tun, weil es ja doch nichts nützt. Das kann man nie vorhersagen. Es ist doch so, daß die eigenen Versuche, einem Mitmenschen zu helfen, von göttlicher Kraft unterstützt werden. Den eigenen Bemühungen steht eine ungeheuere Kraft zur Seite. Vielleicht wird man selbst zu ihrem Werkzeug! Würde das Gebot der Nächstenliebe in die Praxis umgesetzt, dann könnte dies eine Weltrevolution bedeuten.

Der Zahn Um meinen Zellenkameraden Ben Veenstra stand es schlecht. Er war ein Mitglied der Leeuwengarde in den nördlichen Provinzen gewesen, und dort hatte er die Aufgabe übernommen, als »Landvermesser« mit allerlei optischen Instrumenten auf Kirchtürme zu klettern und von dort unter den Augen der Deutschen »Messungen« vorzunehmen. In Wirklichkeit fotografierte er mit einem Teleobjektiv deutsche Einrichtungen.
Ben war die Heiterkeit in Person, doch als unser Prozeß stattgefunden hatte, der auch für ihn mit dem Todesurteil endete, klagte er über Zahnschmerzen. Als die Schmerzen zunahmen, meldete er sich zur Zahnarztbehandlung. Einige Tage später wurde er abgeholt: »Zum Zahnarzt.« Er blieb lange fort. Wieder zurück in der Zelle, erklärte er, daß er in einem Gefängniswagen unter Bewachung zu einem Zahnarzt nach Utrecht gebracht worden sei. Hatte der Schmerz jetzt nachgelassen? »Ein wenig. Der Arzt hat mir ein Betäubungsmittel gegeben und einen Zahn angebohrt. Er war völlig verfault. Eine Goldkrone wäre nötig, Kostenpunkt neunzig Gulden. Der Zahnarzt fragte, ob ich die Möglichkeit sähe, ihm diesen Betrag zu schicken. Tja, für meine Frau ist das viel Geld. Ich warte erst einmal ab, was sie auf mein Gnadengesuch hin beschließen. Ich glaube: negativ. Dann hat so eine Krone für neunzig Gulden auch keinen Sinn. Auf so ein

bißchen Zahnschmerzen kommt es dann auch nicht mehr an.« Diese Worte sprach er im Ton einer nebensächlichen, geschäftlichen Bemerkung.
Ben wurde kurz darauf mit den zwölf anderen Mitgliedern der Leeuwengarde erschossen.

Todesangst In unserer Zelle S war ein frommer Mann mittleren Alters. Auch er war zum Tode verurteilt, auch er hatte ein Gnadengesuch eingereicht. Die meisten Stunden des Tages und einige der Nacht befand er sich in großer Aufregung. Sie war ansteckend. Der Mann stand unter einer Spannung, die sich auf uns übertrug. Manchmal sprach er stundenlang laut vor sich hin.
»Zum Tode verurteilt, wer hätte das gedacht, und eigentlich wegen nichts. Was habe ich ihnen getan? Nichts. Ich hatte es nicht gewollt, ich bin eigentlich hineingerutscht. Wer ist daran schuld? Wahrscheinlich X, aber Y könnte es auch sein. Ich muß dahinterkommen – aber vielleicht habe ich keine Zeit mehr, um dahinterzukommen. Wer beschließt denn über ein Gnadengesuch? Seyss-Inquart? Christiansen oder Hitler? Mein Rechtsanwalt hat sein möglichstes getan, wirklich, aber er hat nichts von meinen vielen Kindern geschrieben. O Gott, zum Tod verurteilt. Wie wird es sein? Wo machen sie es, Leute? Hier im Gefängnis? Fort Blauwcapel? Am frühen Morgen, nicht wahr? Ach kommt, Kopf hoch, wir werden nicht im Stich gelassen. Der Herr ist unser Hirte, ja Freunde, es wird uns an nichts mangeln. Wovon lebt meine Frau jetzt zu Hause? Aber sie werden doch nicht so verrückt sein, uns wegen nichts zu erschießen? Ein paar Fotos, ein paar Flaschen mit Chemikalien, ein Grundriß, was ist das schon, ich habe nie etwas getan, nie, ich hatte zuviel Angst. Ihr werdet sehen, sie wollen uns nur einen Schrecken einjagen, die Deutschen, es ist doch ein Brudervolk, sie behandeln uns auch anständig hier, der Hauptmann ist ein ordentlicher Kerl, die Soldaten hier auch, Menschenskinder, ganz anders als in Scheveningen, was? Und der Prozeß ging doch auch noch an, ich bin korrekt behandelt worden, vielleicht mache ich mir grundlos Sorgen. Ihr werdet sehen, es geht alles noch gut aus. Herr, ich glaube, hilf meinem Unglauben. Und dann der herrliche Psalm 23: ›Und ob ich schon wanderte im finsteren Tal, fürchte ich kein Unglück, denn Du bist bei mir‹ – das ist es! Finsteres Tal, da sitze ich jetzt drin, stellt euch doch nur vor, wenn sie wirklich ... und ich glaubte, noch vor Weihnachten zu Hause ... nie wieder Weihnachten, und

man sieht den Himmel zum letzten Mal und nie wieder. Leute, ich habe so einen Hunger, es wird wieder Zeit für mein Päckchen von Zuhause, ich hoffe, daß sie wieder eine Wurst dazugepackt hat und Zucker, Butter, Zigaretten, Kuchen. Im Namen des Deutschen Volkes haben sie mich verurteilt, euch auch, die Schufte, die Schufte, die sie sind, daß so etwas noch geschieht, und wegen gar nichts, na ja, ich habe schon etwas getan, und sie wissen davon noch nicht einmal die Hälfte.«

Weiter läuft er auf und ab, hochrot im Gesicht, sein Mund zuckt, er läuft zum Brett, wo noch ein Stückchen von seinem Brot liegt, nimmt es, fängt zu essen an. Er läuft unaufhörlich hin und her, Krümel fallen, er hebt sie mit einem angeleckten Finger auf. »Ja, das hätten wir auch nie gedacht, nur Brot ohne Butter, ohne Belag. Zu Hause haben wir gut gegessen, ja, das könnt ihr mir glauben, Gaben des guten Gottes. Oh, wie gut ging es uns, und so eine herrlich große Familie, alle gesund, so ein Samstagabend, und sonntags in die Kirche. Das soll jetzt vorbei sein? Ob wir noch Besuch bekommen dürfen? Man darf dann auch essen, nicht wahr, was man will, und rauchen, und einen Brief schreiben, und ein Pfarrer wird doch auch kommen, ein Pastor. Und dann ... holen sie dich, früh am Morgen. Und dann, ich habe wirklich nichts getan, fast nichts, ein paar Fotos hatte ich bei mir. Spionage nennen sie das, Sabotage, Feindbegünstigung, was weiß ich. Mal sehen, das Urteil wurde jetzt vor zwölf, nein sechzehn Tagen gefällt, so ein Gnadengesuch geht vielleicht nach Berlin, es kann seine Zeit dauern ... oder General Christiansen entscheidet, es war ein Feldkriegsgericht, also Wehrmacht, ein Kriegsrat, also entscheidet vielleicht der Führer selbst...« Sein Mund zuckt heftig, die Lippen sind vor seinen Zähnen weggezogen. Er setzt sich. Er legt seinen Kopf, der hinten kahl ist, auf seine Arme. Sein Rücken bebt, er preßt die eine Wange, dann die andere auf seine Arme, Tränen strömen aus seinen Augen. »O Gott, zum Tode verurteilt, Freunde, sie werden uns erschießen!«

Ein paar Tage später kamen sie, die goldgepanzerten, klirrenden Rosenkäfer mit ihren gewaltigen Mützen, Dokumente in der behandschuhten Hand, Aktentaschen unter dem Arm. Und unsere Freunde verließen uns. Er auch. Zu dritt blieben wir übrig: mein Freund Chris Diters, Gerrit van der Poel und ich.

Es war der 29. Dezember 1942.

Dem Gefühl Grenzen gesetzt In beiden Gefängnissen und in allen Konzentrationslagern hatte ich Schwierigkeiten mit der Verarbeitung von Gefühlen. Wenn ich jetzt den Füllhalter, der auf meinem Schreibtisch liegt, nehmen möchte, leitet das Gehirn diesen Wunsch über die Nerven weiter, die einen Impuls zu den Muskeln in meiner Hand aussenden, die dann den Füllhalter aufnimmt. Wenn ich schöne Blumen sehe, senden meine Augen über den Augennerv einen Impuls zum Gehirn. Ein Gefühl entsteht: Wie schön sind diese Blumen! Diese Vorgänge spielen sich den ganzen Tag ab – und auch während der Nacht – in großer Anzahl und mit Lichtgeschwindigkeit.
In der Gefangenschaft wurden diese Vorgänge in hohem Maße gestört. Dies trug stark zum unwirklichen Charakter der Gefangenschaft bei.
Wenn man jemandem ›à bout portant‹ mitteilen würde, daß sein Kind soeben bei einem Unfall ums Leben gekommen sei, wäre der Schock so groß, daß Gefühle wie Schrecken, Kummer, Verzweiflung und Jammer für kurze Zeit ausblieben und erst langsam anliefen, bis zu ihrer vollen Stärke. Wenn diese Emotionen an der Tagesordnung sind, beispielsweise wenn ein guter Freund nach dem anderen stirbt, ein Mord auf den anderen folgt, scheinen sie an Wirkung zu verlieren. Der Tod wird sterbensgewöhnlich. Über eine Katastrophe schiebt sich die nächste, die Katastrophe wird zum Teil des Alltags, man lernt, damit zu leben, ein Regulationsmechanismus ist entstanden.
Andere Ereignisse, vornehmlich sinnlicher Art, lösten dagegen ungewöhnliche, ja phänomenale Wirkungen aus. Die Welt des KZ und vor allem die des Gefängnisses ist grau und braun, manchmal schwarz und weiß zugleich. Rot, Gelb, Blau, Orange und Grün kommen darin kaum vor. Alles ist schmutzig, dreckig, fahl. Es ist ein bösartiger Farbton. Der Anblick einer grellen Farbe weckt Emotionen, die jedes normale Maß überschreiten.
Im Utrechter Gefängnis lag in meinem Päckchen, das kurz vor Weihnachten 1942 eintraf, in rotes Stanniolpapier eingepackte Schokolade. Dieser Anblick stieß auf verschüttete Emotionen. Durch das Auge hatte die Farbe das Gehirn getroffen. Meine ganze Denkweise wurde vom Begriff ›Weihnachten‹ erfüllt. Weihnachtsbäume, Kerzen, gläserne Glöckchen, silberne Trompeten, Weihnachtsbälle, Weihnachtslieder, Weihnachtskränze, Kinderweihnachtsfeste, Weihnachtstreffen, Weihnachtsessen. Stundenlang konnte ich an nichts anderes denken, ein langer Bilderzug raste vorüber.
Im Gefängnis, vor allem in der Einzelhaft, machte sich noch ein ande-

res, seltsames Phänomen bemerkbar: Wenn nichts Neues getan, gedacht, erlebt werden kann und das Bewußtsein leerer und leerer wird, leuchten immer ältere Erinnerungen auf der Leinwand der Phantasie auf. Es scheint, als ob der Geist etwas zu tun haben möchte. Gibt es nichts Neues, dann eben Altes, Älteres, Ältestes. Ereignisse, Stimmungen, auch aus der Zeit, als ich zehn Jahre war, acht, sechs, vier – und aus noch früherer Zeit stiegen auf. Mit ein wenig Konzentration konnte ich mich immer weiter in die Vergangenheit zurückversetzen.
Wenn man nun ein Jahr in Einzelhaft verbrachte, würde man sich dann vielleicht an seine Geburt erinnern können? Und wenn die Einzelhaft noch länger andauerte, könnten dann Erinnerungen von vor der Geburt aufsteigen?

Zurück zu den großen Gefühlen. Ich denke an den Schmerz. Wenn man großen Schmerz leidet, ist es schwierig, sich ruhig zu verhalten. Muß man sehr große Schmerzen erdulden, dann wird dies – nach meinen Erfahrungen – unmöglich; man stöhnt, murrt, schreit, brüllt manchmal. Ich möchte wissen, ob jemand, bei Verhören oder unter der Folter, keinen Laut von sich gegeben hat. Wird der Schmerz unerträglich, dann verliert man das Bewußtsein. Anscheinend gibt es im Nervensystem einen Mechanismus, der, vielleicht aus Selbstschutz, Bewußtlosigkeit auslöst. Ein vergleichbarer Mechanismus funktioniert bei einer anderen Art von unerträglichen Emotionen: nicht von Schmerz, sondern vor Glück, Seelenglück, eine übermenschliche Erkenntnis. Man kann wirklich das Bewußtsein nicht nur aus Schmerz, sondern auch aus einem überwältigenden Glücksgefühl verlieren. Und ich glaube, daß ein plötzlicher Schock als Folge eines unfaßbar großen Glücks ebensosehr zum Tod durch Herzversagen führen kann wie die Nachricht eines Unglücks. Vielleicht ist es dem Menschen nicht gegeben, während seines Lebens auf Erden gewisse Grenzen von Glück oder Unglück zu überschreiten. Vielleicht ist der Organismus des Menschen dem nicht ebenbürtig, dafür nicht ausgerüstet. Vielleicht kann eine intensive, direkte Konfrontation mit der reinen göttlichen Macht nur mit dem Tod erkauft werden: Die Organe sind dem Erleben nicht gewachsen. Und vielleicht – ich wage es kaum niederzuschreiben, ich möchte Gott dafür um Vergebung bitten – ist dies die Ursache des »Krankheitsbildes« Post-KZ-Syndrom: daß wir die Grenzen des Zulässigen doch ein wenig überschritten haben und »aus Versehen« am Leben geblieben sind.

Besuch Es ist der 29. Dezember 1942. Schon seit langem können wir am einzelnen Schlag der Glocke erkennen, wo die Männer ins Freie, zum Hofgang, geführt werden. Das zweite Stockwerk noch. Nur beim dritten weiß man nicht, wo sie anfangen werden, Zelle S oder T, genau gegenüber von uns. Ein einzelner Schlag, tief unten auf die Glocke. Viele schlurfende Schritte. Kommen und Gehen auf den Eisentreppen. Der düstere Wachtmeister, den wir das ›Ofenrohr‹ nennen, schreit etwas herunter. Vor unserer Tür kramt er herum, aber noch ist kein Schlüsselgerassel zu hören. Wir haben unsere Mäntel schon längst angezogen und stehen brav zu einem Grüppchen zusammengedrängt da und warten, wie die Kühe aufs Melken. Ich mache da nicht mit, täusche Unabhängigkeit vor, will mir einen gewissen Stolz bewahren und sitze noch da und lese, ohne zu lesen.
Laut rasseln die Schlüssel, die Tür wird aufgestoßen, das Ofenrohr, schweigend, schwarz, hat seinen Arm noch ausgestreckt wie eine Lehrerin, die an einer Straßenkreuzung eine Klasse zurückhält, weil noch Autos kommen. Schlurfend, Leder auf Eisen, bleiche Gesichter über den Mänteln, steigen Männer die Treppe herauf, sie winken uns zu, schwachsinnig, nichtssagend, wir winken zurück. »Also«, sagt das Ofenrohr.
Wir gehen. Wir laufen alle Treppen hinunter, sehen unterwegs viele wichtige Dinge, wie immer, aber Gott sei Dank nichts Besonderes, keine auffälligen Gesichter, keine offenen Türen, die eigentlich verschlossen sein müßten. Gott sei Dank, auch die Gitter zur Vorhalle, wo wieder Gitter sind, dahinter – wenn ich mich richtig erinnere – ein Flur mit zwei Türen, geschlossen. Alles ist sicher, wir gehen weiter, durch die kleine Türe am Ende, heute zum großen Platz in der Mitte. Jetzt mein möglichstes tun, mein allermöglichstes.
Die Fotos trage ich bei mir. Plötzlich – ich kann nicht glauben, daß ich verrückt bin – sondere ich mich ab, vorne, rechts hinein. Die anderen stehen bei der Türe, sie warten, bis die Zigaretten ausgeteilt werden. Bleibt dort, wartet, ich muß alleine sein. Aber erst das Wetter, wie ist das Wetter heute? Es ist heiter, etwas über null Grad, ein wenig diesig. Die schiefergrauen Dachbegrenzungen sind wie immer, das backsteingelbe Obergeschoß dort ist wie immer. Das ist in Ordnung. Ich sperre alles auf. Nase, Augen, Ohren. Die Motorenfabrik dröhnt und donnert, höher, tiefer, in Ordnung. Das Foto. Ich ziehe das Foto heraus, umgekehrt. Zuerst die Augen schließen. Foto umdrehen. Augen öffnen, Augen weit öffnen. Sie brennen. Ausgerechnet jetzt. Aber sie brennen. Ich fliege, steige, steige auf, höher... »He, willst du denn

nicht rauchen, Floris?« Ja, danke, rauchen will ich schon, rauchen! »Er überschüttet uns Tag um Tag mit seinen göttlichen Gunstbeweisen«, das hat sie geschrieben, das darf ich also denken. Für mich sind keine Zigaretten mehr da, der Mof stiehlt sie, aber Chris hat eine Laurens, und gibt mir auch Feuer. Schlecht wird einem davon, süße Übelkeit, ich ziehe mich mit beiden Händen an den Gittern hoch, rauchend, dann hole ich wieder das Foto heraus. Jetzt geht es besser, eine mächtige Welle mit silbernen Kerben, das ist sie. Ein Engel, ein Erzengel, denn die lieben Worte darf ich jetzt nicht denken. Sie ist die Luft, sie ist der Vogel, das rauhreifbedeckte Kraut im Fleckchen Boden vor der Mauer, sie ist...

Drinnen, im unermeßlich großen Kesselhaus schlägt auf einmal die Glocke. »Na«, sagt der Mof, ich blicke auf, vier Stockwerke hoch, turmhoch, zu den kleinen Fenstern von S. Die sieht sie also, wenn sie kommt, und sie kann sich nicht vorstellen, wie gut und sicher es hinter diesen Fenstern ist. Wir alle haben Zigaretten hinaufgeschmuggelt, oben haben wir noch zwei Streichhölzer, heute abend rauchen wir wieder. Wie gut ist Gott – heute sollen es zwölf Stufen sein ohne Festhalten, zwölf von der ersten Stufe an aufwärts, aber versuche, dich jetzt nicht festzuhalten, es geht, es wird gehen, du mußt doch wieder nach Hause – fünfzehn werden es. Siehst du, es geht, es geht besser, ich werde stärker, Gott will, daß meine Kraft zunimmt, damit ich nach Hause gehen kann, ruhig, nur ruhig...

Oben auf unserer Plattform steht der Schreier. »Backels!« brüllt er. »Jawohl, Herr Wachtmeister«, sage ich, froh, eine militärisch knappe Antwort geben zu müssen. »Mit!« sagt er. Das ist schlimm. Es war so ruhig. Ich will nichts, will nur zurück in meine Zelle S. Ich laufe voraus, die Treppen hinunter. »Was ist los, Herr Wachtmeister?« Ach, dieses Stimmchen, mein flehendes Stimmchen. Er antwortet nicht. Wir sind unten. Er nickt: das große Gitter. Todesangst ergreift mich. Die Gitter, weiter zu den nächsten Gittern, der Flur, die Türen... Barmherziger Gott, sie lassen dich frei! Welches Datum? 29. Sie lassen dich frei. Die Gitter liegen hinter uns. Drei mir bekannte Wachtmeister stehen da, sie gehören nicht hierher, die Wachtmeister dürfen sich nicht vor den Gittertüren aufhalten. Wir gehen nach links, eine kleine Treppe hinauf, geradeaus, rechts, in einen dunklen Gang. »Warten Sie.« Meine Zähne klappern. Die Herzschläge lassen alles oberhalb meines Herzens erbeben. *Sie lachte.* Da ist der Schreier,

siehst du, er ist wie immer, laß ihn so bleiben, laß ihn mich zurückbringen, anschnauzen, prügeln.
»Besuch!«
Dort steht sie.
Die Göttin steht da.

Gott existiert Die ersten Sekunden werden immer ein Geheimnis bleiben, ein nie gelöstes Geheimnis, auch für mich. »Guten Tag, Liebling.« Das sagte sie fragend zu mir. Und dann kommen die Sekunden danach. Wir dürfen rauchen. Jemand gibt uns Feuer, ein Wachtmeister, ein hübscher, sympathischer Kerl. Sie sagt nichts oder etwas, es bleibt sich gleich. Was ich sage, weiß ich nicht. Aus dem Mund tropfen Worte, einzelne Worte. Ich starre sie an. Den schwarzen Mantel trägt sie, den häßlichen; und einen weißen Schal, den ich nicht kenne; und ein Kopftuch, das kenne ich, ich habe es ihr geschenkt. Auf ihrer Wange ein Pflaster, darunter sicher ein Geschwür. Ihr Gesicht, ihr Gesichtchen eitert. Sei stark. Sei männlich, es ist unwichtig, daß es eitert. Gott lebt, und Er will es so. Alles hat sich verändert, du bist gestorben, du lebst an einem anderen Ort. Ich sehe Butterbrotpapier in ihrer Tasche. »Ist das Brot?« Oh! das ist Brot? Sollte sie wirklich Brot haben? »Darf er?« fragt sie. Ich darf. Ich bekomme das Brot, ihr Brot, und esse es, ihr Brot. »Ich habe noch mehr«, sagt sie. Sie zieht es heraus, der nette Wachtmeister blickt zu uns herüber, in seinem Blick liegt ein wenig Mißbilligung. »Es ist bald Zeit«, sagt er – weit weg höre ich eine Kuh, ein Rind, ein brüllendes Rind. Ich blicke sie an und esse ihr Brot, zwischendurch rauchen wir. Dieses Brüllen! Woher mag es kommen? Am anderen Ende des Zimmers stehen zwei Menschen, eine Frau und ein Mann, ein Arbeiter und eine dicke Frau, und noch ein Wachtmeister. Es ist dieser Mann. Der Mann brüllt. »Der da«, unser Wachtmeister beugt sich vertraulich herüber, »ist zum Tode verurteilt, seien Sie froh«.
Wir sprechen. Hinter uns gehen Leute, erst zwei, dann noch jemand. Das Rind ist fort. Wir reden weiter. Gleich, in Ruhe, werde ich über das nachdenken, was wir gesprochen haben. »Noch eine Minute!« Ich werde ihre Hände nehmen. Sie reicht mir ihre Hände. »Unser Vater«, sage ich, »der Du bist im Himmel, geheiligt werde Dein Name« – und sie spricht dieselben Worte, und eine göttliche, beseligende Kraft treibt heran, stürmt heran, und wir lachen, nur so, ohne Grund, lachen ganz einfach, einfach, *einfach*... »Also!« sagt er.

Wir gehen. Es ist nicht schlimm, auch nicht das Pflaster, der schwarze Mantel, das Brot, es ist nicht schlimm. Dort steht sie, am Ende des Flurs, in der offenen Türe. Sie winkt. Ich winke.
Ich bin oben, der Schreier kommt hinterher, ich bin zu schnell gelaufen, hänge über dem Geländer. Ein einziger Glockenschlag, acht Mann schlurfen die Treppe hinunter. Die Motorenfabrik dröhnt, deutsche Flugzeugmotoren werden probegedreht, höher, niedriger, höher, niedriger. Ich darf nicht fallen, ich muß leben. »O Gott, o Gott!« höre ich jemanden schreien, und er weint, heult, ich bin es, das darf ich nicht, es gibt keinen Grund, keinen einzigen Grund, aber ich bin es. »Was ist denn los?« schreit der Schreihals, »Mensch, was ist denn los?«
Die Türe fliegt auf, da stehen sie, ängstlich zusammengerückt, die Zellenkameraden, Wesen vom Mars. »Was ist geschehen?« fragt Chris, seine Hand knetet meine Schulter, »was ist los?« »Ich hab ja auch Sehnsucht!« brüllt der Schreier, sein schwarzes Gesicht zu einer Grimasse verzerrt, »Sie Idiot!« und vom Zuschlagen der Türe erzittert Zelle S. – Als ich mich beruhigt habe, merke ich, daß meine Zellengefährten die Luft einziehen. »Du riechst nach Frau«, sagen sie. Da rieche ich es auch. Es ist *Soir de Paris,* ihr Parfüm. Auch meine saubere Wäsche duftet danach. Chris kommt ganz nahe heran, seine Augen sind geschlossen, er atmet tief ein. »Deine Frau«, murmelt er. An diesem Abend waschen wir uns nicht, auch nicht morgens am nächsten Tag. Wir möchten den Duft meiner Frau festhalten.

Aus meinem Tagebuch:

Die Spinne webt *Heute, draußen beim Hofgang, eine Vorstellung nur für mich: eine kleine Spinne mit sehr vielen behaarten Beinchen ist in der Morgensonne damit beschäftigt, ihr Netz zu spinnen. Eine volle Viertelstunde schaue ich ihr staunend zu.*
Wie es ganz genau vor sich geht, wird mir nicht klar, auch eine Spinne hat ihre Geheimnisse, es geht jedenfalls sehr schnell und kompliziert zu. Aber ungefähr so: Ganz plötzlich schweben eine Kontur und ein Mittelpunkt in der Luft. Von diesem Mittelpunkt läuft ein Faden nach außen. Jetzt sitzt sie im Zentrum, im Zentrum von Amsterdam würde ich sagen, wenn ich daran denke, wie sich die Fäden ausbreiten werden. Erst krabbelt sie eine Zeitlang herum, tastet, dann rutscht sie erstaunlich schnell den Faden, der schon da ist, hinunter, ein Bergsteiger am

Seil. Bei diesem Rutschen versteht sie es, einen zweiten Faden aus ihrem Hinterleib zu spinnen, ebenso schnell. Ist sie am oberen Rahmenfaden angelangt, dann läuft sie mit dem neuen Faden ein Stück nach rechts, macht da eine Schlinge (wie, wird mir nicht deutlich) und zieht sich am ersten Faden wieder ins Zentrum hinauf, wo sie den neuen Faden befestigt.

Weiter krabbelt sie dort herum. Was sie vorhat, weiß ich nicht, aber ein Ziel hat sie, zweifellos.

Aber plötzlich saust sie wieder halsbrecherisch nach außen, dieses Mal natürlich an dem vorhin gesponnenen Faden. Wieder ein Stück nach rechts, wieder eine Schlinge, wieder zurück.

Als sie sich an dem alten Faden nach oben begibt, den neuen hinter sich herzieht, hängt der erste ganz unter ihrem Gewicht durch – auch ein Spinnchen hat sein Gewicht. Man könnte denken: Dummköpfchen, der Faden ist jetzt zu sehr gedehnt, den bekommst du nie wieder straff gespannt... aber nein, nichts da: Wenn sie im Zentrum angekommen ist, ist das Netz so straff gespannt wie die Saiten eines Tennisschlägers.

Und so geht es weiter, Speiche neben Speiche, die Leidsestraat neben die Vijzelstraat neben die Utrechtsestraat, außerordentlich schnell und regelmäßig. Wenn die vom Mittelpunkt – Hauptbahnhof – ausstrahlenden Speichen fertiggesponnen sind, geht sie auf Inspektionsreise. Manchmal ist der Zwischenraum zwischen zwei Speichen zu groß; dann wird noch schnell »ratsch-ratsch« eine weitere hineingesponnen.

Da, ein Windstoß! O weh, jetzt wird das ganze Kunstwerk in Fetzen gerissen... aber nein! Es wiegt sich im Winde und ist danach genauso gespannt wie zuvor.

Was jetzt?

Jetzt die gleichmäßigen Polygone – Singel, Herengracht, Keizersgracht, Prinsengracht – um den Mittelpunkt herum. Das geht noch viel schneller. Sie rast rund in immer größeren Kreisen und legt um jede Fadenspeiche eine Schlinge. Wenn es manchmal eine kleine Unregelmäßigkeit in den Abständen gibt, entgleist sie kurz: ratloses Gekrabbel von allen Beinchen im Raum... ah! Jetzt hat sie ihren festen Faden wieder, da jagt sie weiter. Schließlich ist sie an der Peripherie angelangt: Fertig.

Sie klettert zurück, nimmt Platz in ihrem Mittelpunkt; die Spinne hat ihre Arbeit getan und wartet, ... wer ihr ins Netz geht.

Betrachtungen eines Mönchs Am Samstag, dem 2. Januar 1943 (nur noch zu dritt in der Zelle, nachdem uns vier zum Tode Verurteilte verlassen hatten), gestärkt durch den Besuch meiner Frau und alle Schätze, die sie mir dagelassen hatte, darunter eine französische Bibel, Goldschnitt, Ledereinband, fand ich zurück zu meinem Utrechter Tagebuch:

1. Der Mensch ist oft unglücklich, weil er undankbar ist. Undankbar, weil er nicht erkennt, was er hat, und daß er dies aus Gnade erhalten hat, ohne es zu verdienen (er verdient nichts). Wir haben gelernt, daß alles Gnade ist; wir haben erfahren, daß alles auch genommen werden kann. Wir haben gemerkt, daß es etwas Besonderes ist, wenn man sich mit sauberem und kaltem Wasser und einer duftenden Seife waschen kann. Und Kleidung: Wir wissen, was es heißt, in Lumpen zu gehen und zu dünn angezogen zu sein. Wir schätzen erst jetzt Wolle am Körper und bequeme, gut sitzende Kleidung und den Duft eines eigenen Wäscheschrankes. Das tägliche Brot: Wir bitten jeden Tag darum und finden es selbstverständlich, daß es täglich auf dem Tisch steht. Aber daß dies keineswegs selbstverständlich ist, wurde uns in Amersfoort deutlich. Und wenn man das Brot vermißt und hungern muß, begreift man, wie unschätzbar dies ist: das täglich Brot empfangen zu dürfen. Und der Zucker! Welch ein Verlangen nach reiner Süßigkeit, wenn man vier Monate lang nichts Süßes geschmeckt hat. Ein schützendes Dach über dem Kopf: wir wissen, was es heißt, plötzlich und ohne Vorwarnung aus dem Bett gerissen werden und zitternd, unterernährt, in dürftiger, nasser Kleidung, drei oder sechs oder neun oder zwölf, ja sogar fünfzehn Stunden in Wind, Regen und Dunkelheit strammzustehen mit sich krümmendem Rücken, zusammengebissenen Zähnen, sich mit Händen und Füßen gegen Krankheiten zu wehren. Eine Bibel zu haben und darin lesen zu dürfen: wenn man das gewöhnt ist und sie wird einem plötzlich genommen, welch ein nackter, leerer, armseliger Zustand! Freunde: Sitzt einmal sechs Wochen lang hinter Gittern zusammen mit Sonderlingen, mit denen ihr nicht reden könnt, denen ihr nichts geben könnt, von denen ihr nichts empfangt! Und begegnet dann einem Freund: Ihr werdet merken, was Rührung heißt, ein Wegschmelzen, ein Sich-ruhiger-zur-Ruhe-Begeben. Macht euch also immer wieder klar, bei allem, was ihr seht, eßt, riecht, fühlt, spürt, lest: Dies ist Gnade. Bedenkt immer: Es kann auch anders sein! Seid nicht nur glücklich, wenn es euch besonders gut geht, sondern auch deswegen: daß ihr keinen Grund habt, unglücklich zu sein. Und der nächste Schritt in euerem

Gedankengang soll dann sein: wie groß und wie mannigfach und wie unterschiedlich sind meine Verpflichtungen gegenüber weniger bevorzugten Mitmenschen! Gott schenkt mir alles, damit ich mit den anderen teile. Alles, was ich empfangen habe, ist eine Gabe Gottes und gehört eigentlich nicht mir, sondern Gott. Von seinem Glück soll man abgeben (auch von seinen geistigen Reichtümern), sonst verdient man das Glück nicht, und es wird genommen werden.

2. Wenn man das Obengesagte nicht vollkommen eingesehen hat und spürt, daß man verwöhnt und abgestumpft wird und deshalb auf eine große Gefahr zugeht, dann soll man sich freiwillig eine Zeitlang von dem einen oder anderen trennen. In dieser Zelle habe ich einige Rechte: das Recht auf eigene Kleidung, das Recht auf Zigaretten, Bücher, Kantine, Lehrbücher, Papier und Bleistift und sogar: auf Essen, Tageslicht, Gesellschaft. Eine dunkle Zelle ohne Essen, von allen isoliert, wäre auch möglich. Und sogar Fesseln und Folter wären nicht undenkbar! Wenn ich auch weiterhin diese Rechte schätzen soll, dann muß ich zeitweise davon Abstand nehmen: Bücher fort, schöne Kleinigkeiten weg. Nicht mehr essen, sprechen, lesen oder schreiben. Das trainiert zugleich die Selbstbeherrschung. Und wenn die gesetzte Zeitspanne vorüber ist, wird man alles dreimal mehr schätzen und ein reicher, glücklicher und dankbarer Mensch sein. Und darauf kommt es doch an?

3. Hybris *– das klassische, inhaltreiche Wort für Übermut. Der Mensch, der nicht tut, was ich unter 2. anführte, der also verwöhnt ist und undankbar und natürlich automatisch immer mehr Wünsche hat, die er befriedigt sehen will, wird übermütig. Bei den Griechen erstrebt ein solcher Mensch die Krone der Götter. Die Götter vernichten diesen Menschen, weil er als ihr Konkurrent für sie zu einer Gefahr wird. Hierin liegt viel Wahrheit, insofern, als daß ein Mensch, dem alles glatt von der Hand geht, übermütig werden kann: all sein Glück ist selbstverständlich, und ebensosehr ist es selbstverständlich, daß auch alle seine noch unbefriedigten Bedürfnisse befriedigt werden sollen. Der Mensch fühlt sich sicher; behaglich sitzt er zwischen seinen Reichtümern und unternimmt Raubzüge von dieser Festung aus, um noch mehr zusammenzuraffen: mehr und mehr, wer kann mir etwas anhaben? Ich bin in Sicherheit. Das ist Übermut. So ein Mensch, der nicht dauernd in Dankbarkeit seine Begnadigung erkennt und sich ebensowenig durch Verzicht dazu zwingt, geht unwiderruflich zu weit: Wer sich erhöht, der soll erniedrigt werden. Das ist auch einer der Gründe, weshalb man einen mit irdischen Gütern gesegneten Menschen nie beneiden darf: In einer Sekunde kann alles verschwunden sein, in einer*

Sekunde kann er von einem so schrecklichen Schlag getroffen werden, daß sein ganzes Gut wertlos für ihn wird.

4. Knien. *Wer sich erniedrigt, soll erhöht werden. Wir Menschen aus der westlichen Welt, mehr Protestanten als Katholiken, haben weniger für bestimmte Riten und Äußerlichkeiten in unserem Gottesdienst übrig, als die Menschen des Ostens. Wir befassen uns kaum damit. Und doch haben gewisse Verhaltensweisen sicher ihren Nutzen. Wie das Knien beim Beten; nicht auf einem Teppich, sondern auf dem harten Boden, nicht mit den Händen auf etwas Weiches abgestützt, sondern ohne Stütze. Vor Gott sollte man sich vernichten; erniedrigen ist eigentlich das falsche Wort. Der Mensch sollte sich selbst achten, in der Bibel steht auch, daß er nach Gottes Ebenbild geschaffen wurde, daß er ein Kind Gottes ist, Sein Körper ein Tempel Gottes. Außerdem gebraucht uns Gott als sein Werkzeug. Er stattet uns mit Begabungen aus. Als Menschen sollten wir uns schon allein deswegen achten. Wir haben einen Wert, doch nicht aus uns selbst heraus, aus eigener Kraft, sondern als Eigentum Jesu Christi. Deshalb: Erniedrige dich nicht, sondern vernichte dich, knie nieder in der Erkenntnis, daß aller Wert, der in dir ist, daß alle Dinge, die du vermagst, daß all das Schöne, das du besitzt, von Gott kommen und daß dein ganzes Leben zu Seiner Ehre eingerichtet und gelebt werden muß: zur Ehre Gottes.*

Außerdem: Knie nieder, weil du ein Sünder bist, eigentlich nicht wert bist, Gott anzurufen, obwohl dir Gott gewährt, Ihn anzurufen. Für dein Lebensglück hängt viel davon ab, ob du wirklich ausreichend und aus den richtigen Überlegungen heraus erkennst, daß und warum du ein Sünder bist. Viele halten sich selbst noch nicht einmal für so schlecht, es geht doch noch an mit ihnen, andere sind ja viel schlechter!

5. Die Sünde. *Der Splitter im Auge des anderen, der Balken im eigenen. Bedenkt doch die Möglichkeit wohl, daß einer, der einen kleinen Verstoß begeht, mehr sündigt, als ein anderer, der vielleicht einen Mord verübt. Hier spielen viele Faktoren eine Rolle, die nicht zu übersehen sind: die Art des Gewissens, die gesellschaftliche Herkunft, die Erziehung, das Milieu, die Entwicklung, der Charakter, das Temperament, die Beweggründe, all das, was dem Menschen widerfährt, Absicht, Triebfedern, und vieles andere mehr. Es ist gut möglich, daß ein Papua, der auf Kopfjagd geht, weniger sündigt als ich, der jemandem ein Brot verweigert. Wer ohne Sünde ist, der werfe den ersten Stein. Außerdem: richtet nicht, damit ihr nicht gerichtet werdet.*

6. Aber weshalb sind wir denn Sünder? Wir tun doch unsere Pflicht, sorgen für Frau und Kinder, arbeiten hart, gehen zur Kirche, glauben an

Gott, fügen niemandem ein Leid zu, morden, stehlen, betrügen nicht, sind ehrbar und rechtschaffen und anständig. Weshalb denn Sünder? Lest die Bibel. Die Stellen, wo geschrieben steht, wie man als Christ leben soll, bei den Galatern, im Brief des Jakobus, den Briefen an Timotheus, den an die Hebräer und Philipper und natürlich die vier Evangelisten. Tun wir, was dort gesagt wird? Aber nein! Geben wir die Jacke dem, der uns den Mantel nimmt? Lieben wir unsere Feinde? Segnen wir die, die uns verfolgen? Halten wir auch unsere linke Wange hin? Man könnte noch weiter aufzählen. Bedenkt: Wir morden, stehlen, betrügen zwar nicht, aber was tun wir eigentlich? Lassen wir alles, was uns lieb und teuer ist, hinter uns und gehen wir hinaus in die Welt mit dem Kreuz auf dem Rücken, um das Evangelium zu verkünden und der Menschheit zu helfen, um sie aufzurichten? Nein. Wir können recht gut als ordentliche, ja sogar verdienstvolle, sogar ausgezeichnete Diener Gottes leben, aber doch bleiben wir Sünder, schon allein deshalb, weil wir zu schwach sind, um ganz und gar Jesus nachzufolgen und wie Er unser Leben zu opfern.

7. Stellt euch vor, daß ihr etwas gut könnt, etwas Hervorragendes geleistet habt. Nehmt einen genialen Menschen, einen Pianisten beispielsweise, der vor einem großen Publikum meisterhaft Rachmaninow gespielt hat, oder einen Helden, der vor den Augen einer Menschenmenge ein Kind aus dem Feuer rettet; einen Wissenschaftler, der eine erstaunliche Entdeckung gemacht hat, einen Arzt, dem eine gefährliche Operation gelungen ist – zählt weiter auf. Atemlos sieht die Welt zu, und dann bricht donnernder Applaus los: Ritterorden, Titel, Heiratsanträge, Paraden, Ovationen, Denkmäler und was weiß ich. Wehe dem Mann, wenn er jetzt stolz wird, sich an die Brust schlägt, wie ein Pfau herumstolziert und glaubt, etwas zu können. Unsinn: Gott hat durch diesen Menschen gewirkt! Wenn der Pianist das Konzert so gegeben hat, daß ihm die Menge Ovationen bringt, dann soll er dankbar den Ruhm annehmen, doch nicht für sich, sondern für Gott. Ruhm und Ehre möge er Gott ›weitergeben‹. Zur Ehre Gottes hat er gespielt.

8. Die Liebe. *Ich meine nicht* l'amour, *sondern* la charité, *denn, so glaube ich, ist es gemeint, siehe 1. Kor. 13. Übrigens umfaßt die allgemeine Liebe, die Liebe zu Gott und zum Nächsten, natürlich die Liebe Mann-Frau, Vater-Kind, l'amour. Dies ist ein allumfassendes, Ehrfurcht gebietendes, schwieriges Thema.*

Liebe deinen Nächsten wie dich selbst. Wenn ich mich in die Liebe vertiefe, la charité, sehe ich jemanden mit ausgestreckten Armen und nach oben gekehrten Händen, links und rechts, helfende Hände; jemanden, der seine helfenden Hände reicht, nicht eine, sondern zwei; jemanden, der zu einer einzigen ausgestreckten, helfenden, barmherzigen, Wärme ausstrahlenden Hand wird; jemanden, von dem ein Strahlen ausgeht, der den Menschen zu sich holen will, um ihn zu halten, zu umarmen, zu erwärmen, ihm Liebe zu geben.

9. Drinnen und Draußen. *Es ist viel leichter, drinnen ein christliches Leben zu führen als draußen. Wer behaglich und geschützt in seinen vier Wänden sitzt und in aller Ruhe denken und handeln kann, dem fällt es leichter, das zu tun, was Jesus von ihm fordert, als dem, der bei Wind und Wetter draußen oder in der lärmerfüllten, ihn von der wahren Einfachheit oder einfachen Wahrheit ablenkenden Welt herumläuft. Das Gewissen spricht drinnen lauter und deutlicher als draußen; draußen herrschen Betäubung, Ablenkung, werden Gefühle und Gedanken überschrien.*

Höchst merkwürdig ist das; warum sollte die Verbindung mit Gott drinnen intensiver sein als draußen? Man stelle sich deshalb vor: Wer einmal von Gott ergriffen wurde, der hängt an Ihm wie an einem elastischen Faden fest. Drinnen ist der Faden entspannt, der Mensch ist nahe bei Gott. Draußen ist Gott weiter weg; der Mensch läuft hierhin und dorthin, begibt sich auf allerlei ferne Wege, in allerlei Häuser, besucht andere Länder und ferne Erdteile, aber er hängt an dem Faden fest, der dehnt sich nur, denn er ist elastisch. Wenn ich durch London gehe oder vor dem Gericht eine Verhandlung habe oder übers Meer segle oder eine Ausstellung besuche, was auch immer, scheint mir Gott durch die Ablenkung weniger nahe zu sein als in meinem stillen Kämmerlein beim Schein der Lampe. Das trifft allerdings nicht zu, der Faden ist nur mehr oder weniger gedehnt. Bei einem Appell im Lager, in unserer Todesangst und im kalten Wind und strömenden Regen schien Gott kaum noch anwesend zu sein. Doch wenn man darüber nachdenkt, spürt man, daß man sich irrt: Noch ist man fest an Gott gebunden, aber der Faden hat sich gedehnt. Dadurch aber wird er gespannter, so daß durch die größere Spannung ein wachsendes Bedürfnis besteht, Gott näher zu sein: Je größer die Spannung, desto ungestümer wollen die miteinander verbundenen Dinge zueinander zurückkehren.

10. Begabungen. *Wenn man weiß, daß man verschiedene Dinge vermag, daß man bestimmte Begabungen hat, sollte man sich dauernd vor Augen halten, daß es eine Verpflichtung ist, sie zu pflegen, zu ehren, sie weiterzuentwickeln und zur Ehre Gottes und zum Nutzen der Menschen einzusetzen. Die Begabungen erhält man nicht nur so, ohne*

Grund. Begabungen sind wie glitzernde Goldklumpen, sind wie noch nicht entzündete Feuerwerkskörper, wie Lichterspiele, die im Sommer am Scheveninger Pier abgebrannt werden. Entzündet sie: sprühende Gold- und Silberfunken werden sie hervorbringen, und wer sie sieht, wird sich an ihnen erfreuen. Entzündet sie nicht, vernachlässigt sie, hebt sie auf, so wird die Kraft von ihnen weichen, sie sterben langsam ab, werden kraftlos, gehen schließlich verwest und verdorben zugrunde. Wer Begabungen hat, in dem sollte immer Feuer glühen, das Fieber, sein Können zu entzünden, das Fieber, zu brennen, zu erwärmen, zu erhellen; das Fieber, zu arbeiten und seine großen, von Gott geschenkten Schätze den Menschen vorzuweisen. Begabungen verpflichten zu Arbeitsfieber.

11. Die einfache Wahrheit. *Das Leben ist schrecklich kompliziert geworden – viel zu kompliziert. Wir wissen und können unsagbar viel, dadurch wird alles kompliziert, dadurch haben wir immer seltener einen Blick für die Wahrheit, die immer nüchtern und einfach ist und von Kindern verstanden werden soll und kann: »Denn ihrer ist das Himmelreich«. (Auch die Tiere bleiben immer nahe an der Wahrheit.) Wir neigen dazu, die einfachsten, unkompliziertesten Dinge aufzubauschen, mit allerlei Unsinn und gelehrtem Kram und Dogmatik zu umgeben und sie bis zur Unkenntlichkeit zu verunstalten. So verfährt beispielsweise manchmal der Klerus mit dem Inhalt der Bibel. So ist die ganze Welt: unendlich kompliziert. Oft muß man die Erfahrung machen: Ich finde keinen Ausweg mehr. Wo ist der Anfang, wo das Ende? Von allen Seiten hört man die unterschiedlichsten Meinungen, und alle scheinen im Recht zu sein. Ich weiß nicht mehr weiter. Ich verstehe nichts mehr, ich gebe auf. Gebt nie auf! Denn trotz allem besteht die Wahrheit, ihr müßt sie nur finden! Geht diesen Weg: holt alles her, hebt alles auf, den ganzen verworrenen Knäuel, nehmt den ungeordneten Haufen, werft ihn mit beiden Händen in ein Faß, stellt das Faß vor Gott hin und sagt: Ich weiß nicht mehr weiter, ich sehe nichts mehr, ich kann nicht mehr; willst Du mir helfen. Dann wird Gott Weisheit schenken. Das steht in der Bibel: Wer glaubend (natürlich: glaubend!) um Weisheit bittet, dem wird sie sogar im Überfluß gegeben werden. Vor allem seid nüchtern, hört gut zu, denkt nach, sprecht nicht zu schnell. Aber merkt euch, daß viel Mut, Vertrauen und Kraft zu dem Wagnis, die Wahrheit zu sehen, nötig sind. Alles, was Liebe ist, sucht die Wahrheit. Wer jemanden liebt, sagt ihm die Wahrheit. Liebe und Lüge sind absolut unvereinbar. Wer Gott liebt, sagt Gott die Wahrheit. Genauso sagt Gott demjenigen die Wahrheit, den Er liebt, demjenigen, der glaubt.*

12. Künstliche Unterschiede. *Ich glaube, daß einer der Gründe für die Katastrophe, in der sich die Welt befindet, der künstliche Unterschied ist. An erster Stelle der Standesunterschied. Wir sahen bereits, was für ein merkwürdiger Unterschied dies ist. Es macht überhaupt nichts aus, ob jemand aus einer »besseren Familie« stammt, einen »vornehmeren« Beruf ausübt, mehr Geld hat als ein anderer. Wir konnten feststellen, daß der Prozentsatz derer, die – wenn sie Not und Entbehrungen erleiden müssen – sich weiter wie gesittete Menschen benehmen, unter den »Vornehmen« geringer ist als unter den »Einfachen«. Was ist die Ursache? Die Vornehmen haben immer weniger natürlich gelebt als die einfachen Leute: überzüchtete Lebensart, Konventionen, Etikette; oft ermöglichte ihnen ihr Geld und manchmal der Schutz der Mächtigen Übeltaten im Verborgenen. Auch wurden sie nicht so oft und so gründlich auf die Probe gestellt wie die Armen, denn es ging ihnen gut, und viele ihrer Bedürfnisse waren befriedigt. Sie waren nicht abgehärtet wie die Armen. Mit allerlei Plunder und Flitter hatten sich die Reichen umgeben, damit man ihr wahres Gesicht nicht sah. Jetzt haben wir manche Vornehmen gesehen und was von ihnen noch übrig blieb, wenn ihnen alles genommen war. Da kam der wahre Adam zum Vorschein, auch bei den Predigern. Der einzige Unterschied, der die Menschen wirklich unterscheidet, ist: gläubig oder ungläubig. Andere Unterschiede gibt es nicht, jedenfalls sind sie irrelevant oder überbrückbar. Es ist mir doch egal, ob jemand Dialekt spricht, schmutzige Fingernägel hat oder der Sohn eines Arbeiters oder selbst Arbeiter ist oder andere Manieren hat oder gar keine! Im Grunde sind wir alle gleich, das hat sich in Amersfoort gezeigt, wo jeder genauso viel besaß, unter denselben Umständen lebte, dasselbe Schicksal ertragen mußte. Und der einfache, abgehärtete Mann, der sich nie anstellte, immer um sein Leben kämpfte, war den »Vornehmen« oft überlegen.*

Ja, im Grunde alle gleich: auch das rasende Verlangen nach Frau und Kindern, auch die Liebe zur Arbeit und die Sehnsucht danach (jede Arbeit sollte in Ehren gehalten werden, gute Arbeiter sind alle gleichviel wert, ob sie nun ein officium nobile *ausüben oder nicht), auch derselbe Abscheu vor denselben Verbrechen, auch Hunger und Durst, auch einen Körper mit denselben Nöten und Reaktionen und Verlangen – wenn es ernst wird, gibt es keinen Unterschied. Unterschiede existieren nur an der Oberfläche. Und was kümmert uns die Oberfläche, der Schein, das Vergängliche, der Plunder, der, wie wir mit eigenen Augen sehen konnten, im Elend abfällt und zu nichts mehr nutze ist, keinen Schutz mehr bietet?*

Die eigenen Freunde kommen meistens (das dürfen sie natürlich auch) aus dem eigenen Milieu, aus der eigenen »gesellschaftlichen Schicht«. Es geht gar nicht anders: Jugenderinnerungen, Erziehung, Sprache, Kenntnisse, Streben, Zukunftspläne sind einander verwandt; schon deshalb und wegen der gleichausgerichteten Erziehung fühlt man sich zueinander hingezogen. Aber das bedeutet nicht, daß man weniger gut umgehen könnte, ja befreundet sein könnte mit jemandem von niedrigerer Herkunft. Der Standesunterschied ist eine der Ursachen für Kriege: Die Menschen kennen sich nicht, kennen nicht Verhältnisse und Lebensweisen der anderen, wissen auch nicht, daß sie im Grunde gleich sind; und wer sich nicht kennt, fürchtet sich. Und die sich fürchten, mißtrauen einander und führen Krieg (die Reichen wissen beispielsweise nicht und können nicht wissen, was für einen allumfassenden, furchterregenden Einfluß die Armut, besonders der Hunger, auf den Menschen hat). Auch hier: Benehmt euch normal. Sprecht mit Menschen, fragt, fragt sie aus, informiert euch, geht und schaut und zeigt selbst, erzählt, teilt mit. Nehmt viele Verbindungen auf; du Reicher, zieh ruhig einen Kittel an und mach mit, setze dich zu deinen Arbeitern oder auch bei der Arbeiterfamilie an den Tisch, du kannst dabei etwas lernen, genauso, wie der Arbeiter von dir etwas lernen kann.

13. Der Unterschied zwischen den Nationalitäten ist nicht weniger unwirklich und künstlich. Im Grunde ist es überhaupt nicht wichtig, ob man Engländer, Chinese, Deutscher oder Italiener ist: An erster Stelle ist man ein Mensch. Natürlich gibt es Unterschiede, aber die gibt es auch zwischen Limburgern und Groningern, zwischen Amsterdamern und Rotterdamern. Es liegt in der politischen Entwicklung, daß die Unterschiede, auch die zwischen den Nationalitäten, nicht nur weniger ins Gewicht fallen, sondern sich auch tatsächlich verringern: Die Welt wird immer kleiner.

14. Das Leben eines Mönchs. *Eingeschlossen in der Zelle, als Gefangener, wird so mancher zu Gott bekehrt. Ich habe nicht nur gehört, daß die Gefangenen in Friedenszeiten, solange sie gefangen waren, fromm waren (leider ließen sie oft von Gott, wenn sie wieder in die Freiheit entlassen wurden), aber ich habe es außerdem selbst erlebt und von vielen anderen erfahren, denen es ebenso wie mir ergangen ist. Wie kommt das?*

Erstens: Wer sich in Not und Angst befindet, greift nach Gott. Enden Not und Angst, dann ist Gott mit einem Schlag überflüssig: Jetzt kommt man schon alleine zurecht! (Zum wahren Glauben gehört es, daß man nicht nur darum bittet, etwas erhalten zu dürfen, sondern daß man auch aus Dankbarkeit betet, für das, was man erhalten hat.) Aber zweitens: Alles erscheint während des Zellenlebens, des mönchischen Daseins wie durch ein Vergrößerungsglas betrachtet: Es gibt nichts, was ablenkt, nichts, was ableitet. Nichts wird verwischt, alles ist nackt, kahl und einsam, der Mensch kann sich nicht festklammern, sich nicht zerstreuen, sich nichts vormachen. Das Leben in der Zelle ist vom Leben draußen losgelöst, man wird aus der Welt herausgenommen, ist nur auf sich angewiesen, muß zusehen, in dieser Not nicht nur etwas aus seinem Leben zu machen, sondern auch in dieser Not seinen Tag so gut wie möglich zu nutzen, ihn fruchtbar zu machen. Und das Bemerkenswerte ist, daß man dann automatisch das Leben eines Mönchs führt, das Leben eines frommen Menschen, ein Leben, wie die Bibel es vorschreibt. Jedenfalls, wenn man dieses Leben erstrebt. Denn wenn man dies nicht tut, wird das Leben in der Zelle unerträglich! Freßsucht, Gier, schmutzige Reden, Unzucht, Eitelkeit, Fluchen, Egoismus, Faulheit – eine Aufzählung ohne Ende –, und all dies erzeugt in der Zelle so heftige Erregung und Gereiztheit, ruft solche Spannungen hervor, belastet das Gewissen so sehr, daß das Leben unverzüglich zu einer Qual wird. Man muß fast – ob man will oder nicht – in der Zelle wie ein Christ leben, will man überleben. In der »normalen« Gesellschaft: Bleibt einen Tag eurer Arbeit fern, beleidigt jemanden, eßt einmal unbescheiden viel: Ihr werdet vielleicht einen kleinen Katzenjammer haben, aber darüber kommt ihr schnell hinweg; die Menschen, der Umgang, die Ablenkungen lassen euch schnell vergessen, was ihr falsch gemacht habt.

Es kann sein, daß man beim besten Willen nicht versteht, warum sich Gott plötzlich verborgen hat wie die Sonne hinter einer Wolke. Ich glaube, es handelt sich in jedem Fall um eine von Gott gewollte Prüfung des Glaubens. Gott will den Glauben der Menschen auf die Probe stellen und verbirgt sich. Beten soll man dann und während des Gebets sagen und mit aller Kraft denken: Ich halte fest. Ich halte fest. Dann kehrt Gott zurück, und die Freude wird groß sein.

15. Angst. *In diesem Augenblick empfinde ich Angst. Ja, Angst, warum soll ich es nicht rundheraus zugeben? Ich fürchte mich und bin einsam, trotz der unendlich vielen Schätze: Gott, die Bibel, du, deine Briefe, deine Fotos, vor allem dein letzter Brief vom 18. Dezember, die Briefe der anderen, trotz des herrlichen, Mut und Vertrauen einflößenden Besuchs, aller Fürsorge, Päckchen und Kleidung, womit du mich umgibst – und trotzdem Angst. Weißt du, warum? Weil von dem guten Essen, das ich von dir bekommen habe, nichts mehr übrig ist, weil*

keine Kantine ausgegeben worden ist, weil mein Vorratsschränkchen leer ist, weil ich friere, weil der Wind draußen heult und ich mir vorstelle, daß ich nächste Woche weit von dir fortgebracht werde, für Monate, vielleicht für Jahre in ein Lager im Ausland, in die Kälte: eisige Appelle, Krankheit. Angst! Und wie sehr ich mir auch zurede: all die schönen Dinge, die Kraft des Glaubens, alle Aussprüche, die uns Kraft gegeben haben, all deine Liebe, alle Briefe und Fotos; und wie sehr ich mich auch tadle, wie sehr ich auch bete: doch Angst, weil das Schränkchen leer ist (das ist es also: Armut, und ein unsicheres Gefühl, keinen Vorrat zu haben) und weil ich friere (auch Armut: Gefühl des Unbehagens). Dies ist eine Prüfung; in diesem Augenblick sehe ich, daß ich auf die Probe gestellt werde. Diese Prüfung sendet mir Gott. Sie hat einen Sinn, und ich muß mich bemühen, den Sinn zu begreifen, indem ich kämpfe und mir die Prüfung zunutze mache. Vielleicht liegt der Sinn darin, daß ich einsehe: Ein Mangel an Vorrat, also Armut, erzeugt ein unsicheres Gefühl, also Angst, genauso wie bei körperlichem Unbehagen. Deshalb müssen die Armen furchtsam sein, wegen des materiellen Mangels; was nicht zu sein brauchte, weil der materielle Mangel ja nichts zur Sache tut.
Kompliziert! Auf jeden Fall begreife ich, daß es möglich ist, sich zu freuen, sich »zu aller Zeit« (ja, zu aller Zeit!) zu freuen, auch wenn man unter der Armut leidet. Und auch dies: daß ich nicht auf die Worte Jesu gehört habe: »Sorget nicht um euer Leben, was ihr essen und trinken werdet« und all das, was darauf folgt. Wie ungelehrig ist der Mensch!

Er spricht für dich Wir sind in Zelle T verlegt worden und haben einen neuen Zellengefährten bekommen: Luigis. Er ist in diesen Tagen nicht auszuhalten. Bei jedem von uns hat er sich schon ausgeweint, jetzt bin ich wieder an der Reihe: »Was können sie wissen? Mein Sachbearbeiter hat gesagt, daß er es weiß. Was weiß? Von wem? Jan sagt, daß er nichts verraten hat. Jan würde ich das auch nicht zutrauen. Aber Wim? Könnte Wim? Wenn der Sachbearbeiter Bescheid weiß, weshalb hat er nicht über Paul geredet? Denn Paul hat es mir gesagt, das eine. Mann, ich kann nicht mehr. Ich weiß nicht, ob sie wissen, was sie vorgeben zu wissen, und was ich weiß und Jan und Paul, aber Wim nicht. Mensch, ich habe eine solche Angst.« Luigis, feuerrot, ißt seinen letzten Rest Zucker von zu Hause auf. Wieder fängt er an. Über fünf Minuten wird er uns etwas vorjammern, immer wieder. Die Wahrheit ist, daß Luigis Todesangst hat. Todesangst vor

dem Feldkriegsgericht im Luftgau Holland, vor dem er sich zu verantworten hat wegen Sabotage und Feindbegünstigung. Dunkelrot angelaufen, lachend, spricht er jetzt in einer Ecke der Zelle T Berend an. »Ich weiß nicht, was sie wissen, Mann...« Ich hole ihn zu mir auf die Bank. Ich frage ihn, ob er an Gott glaubt, an Christus. Er bejaht, zähneklappernd, lachend. Ich nehme meine Bibel und lese leise vor: »Wenn sie euch nun überantworten werden, so sorget nicht, wie oder was ihr reden sollt; denn es soll euch in der Stunde gegeben werden, was ihr reden sollt. Denn ihr seid es nicht, die da reden, sondern eures Vaters Geist ist es, der durch euch redet.«
Ich will weiterlesen. Ich beiße die Zähne zusammen und gebe Luigis, dem Stein des Anstoßes, ein Stückchen von meinem Brot, im letzten Moment ein etwas kleineres Stück, als ich es vorgehabt hatte, und das wird Gott mir hoffentlich verzeihen.
Die Zellentüre wird aufgerissen. Zwei Wachtmeister. »Luigis! Zur Vernehmung!«

Dunkelheit breitet sich aus. Wir lesen ›De Wereldkroniek‹ von 1936, es ist atemberaubend. Plötzlich rasseln die Schlüssel. Luigis stürzt herein. Bleich sieht er aus, ernst, glücklich. Er geht auf mich zu und sagt: »Ich weiß nicht, was geschehen ist. Stundenlang waren sie mit mir beschäftigt. Stunden um Stunden. Sie haben gefragt, ich habe geantwortet. Man hat mich freigesprochen.« Ich frage: »Was haben sie gesagt? Was hast du gesagt? Jan? Wim?« Luigis, sehr bleich: »Ich weiß nicht, wer was gesagt hat. Nicht, was ich selbst gesagt habe. Geredet habe ich und geredet, Mann. Und wenn du mich totschlägst, ich weiß es nicht. *Ein anderer hat aus meinem Mund gesprochen.*«

Ich zitiere weiter aus meinem Utrechter Tagebuch:

6. Januar 1945 *Wie von einem elektrischen Schlag getroffen, sprang ich auf: unser Pfiff. Du hattest gepfiffen, da draußen! Ich raste durch die Zelle, meinen Kameraden fuhr der Schreck in die Glieder. Durch die Lüftungsklappen, die ich zurückschlug, konnte ich nur etwas Weißliches sehen, den Schnee und auch die Pfoten eines großen, schwarzen Hundes. Dich konnte ich nicht sehen. Ich pfiff zurück, du riefst: »Tag, Liebling«, ich hörte deine liebe Stimme so, so gut, sie drang mitten in mein Herz. Ich rief: »Gute Reise!« und danach »Auf Wiedersehen!« Ich wußte so schnell nicht, was ich rufen sollte. Deshalb*

habe ich noch einmal gepfiffen, und du hast zurückgepfiffen. Dies alles in einer Totenstille und zur größten Verblüffung meiner Zellengefährten, denen ich gesagt habe: »Also, jetzt habt ihr auch einmal meine Frau gehört.«

Die Wächter sind außergewöhnlich freundlich und gestatten so ungefähr alles. »Morgen wollen Sie auch den Schlüssel noch haben«, meinte letztens einer gutmütig.

Ich versichere Dir, daß böse Geister zu Hunderten umherirren und sogar zu sehen sind. Im Alltag bemerkt man sie allerdings nicht, sie fallen nicht auf. In Amersfoort erschienen sie uns leibhaftig. Hier habe ich die Gabe erhalten, auf den Grund von Menschenaugen blicken zu können; manchmal erschrecke ich zu Tode, denn ich sehe dort einen bösen Geist. Davon bin ich fest überzeugt.

9. Januar 1943 *Ich registriere bei einigen Zellenkameraden folgende Eigenschaften:*

1. *Oft haben sie Angst; daß etwas entdeckt wird; daß sie angebrüllt, bedroht werden.*
2. *Sie sind übereifrig und unterwürfig. Mein Eifer hält sich, anders als ihrer, in Grenzen. Für die Deutschen laufen sie. Schon Minuten, bevor etwas getan werden muß, stehen sie beflissen parat.*
3. *Sie haben wenig Sinn für Humor. Fallen leicht auf einen Spaß herein. Man kann ihnen unschwer imponieren, sie sehen nicht, daß man sie zum Narren hält, daß es nicht ernst gemeint ist.*
4. *Sie reden ohne Unterbrechung. Wenn sie einmal angefangen haben, reden sie weiter, merken nicht, daß man nur eine kleine Bemerkung machen wollte und jetzt lieber etwas anderes tun möchte. Wenn man weggeht, reden sie immer noch. Sie hören nicht auf, obwohl sie sehen können, daß man angestrengt mit etwas beschäftigt ist. Auch wenn man nicht antwortet – sie reden ohne Unterlaß weiter.*
5. *Sie wollen immer »Beschwerde einlegen«, wenn sie mit etwas nicht zufrieden sind. Seltsamerweise wird daraus meistens nichts, denn dafür sind sie oft zu ängstlich und oft auch unfähig.*
6. *Sie fragen dauernd: »Schmeckt's?«, auch wenn sie verteufelt gut wissen, daß es schmeckt. Uns schmeckt doch alles! In den Worten »schmeckt es?« steckt etwas von Bettelei. Über das Essen können sie sich stundenlang den Mund zerreden, es ist zum Verrücktwerden. Auch nörgeln sie am Essen herum.*
7. *Sie haben ein viel entwickelteres Standesbewußtsein als wir. Der Klassenkampf geht eher von den »unteren« als von den »oberen« Klassen aus.*

8. Sie waschen sich nur oberflächlich, schämen sich, wenn sie nackt sind. Wir sind da viel unbefangener. In dieser Zelle wurde ich von Männern, die ganz entschieden im Unrecht waren, als Feigling, alte Hure, Null, sogar als Lump beschimpft. Ich habe nur geantwortet: »Ich habe dir schon verziehen.« Aber meine ›christliche‹ Sanftmut war manchmal gekünstelt, nicht echt. Man darf nicht weich werden. Man darf die ›Güte‹ nicht übertreiben. Denn sonst ähnelt man bald einem Idioten.
Der größte Freundschaftsbeweis zwischen zwei Häftlingen: Man läßt den anderen einen Brief von Zuhause lesen. Chris und ich haben unsere Briefe von Zuhause getauscht. Das verbindet uns besonders. Man begreift, daß man nur eine Hälfte ist. Man lernt in den Briefen die andere Hälfte kennen, und dadurch lernt man den Mann besser kennen.

Viele Leser werden sich über Stellen wie diese ärgern, sie kommen wiederholt vor, wo es um das Verhältnis zwischen Mitgliedern des »gehobenen Standes« und »weniger gebildeten« Mitmenschen geht. Doch wollte und konnte ich sie nicht streichen. Ich halte sie für richtig. Es ist aber eine Erklärung nötig.
Der Leser darf nicht denken, daß ich auf Schicksalsgefährten von einfacher Herkunft und/oder geringerer Bildung hinabsah, mich über sie erhaben fühlte; viele Stellen beweisen ja das Gegenteil. Wohl aber gab es Kommunikationsstörungen: Man verstand sich schlecht oder gar nicht. Diese Störungen nahmen übrigens in dem Maße ab, in dem die Umstände für uns gefährlicher wurden. Wenn sich alle in unmittelbarer Lebensgefahr befanden, war es natürlich vollkommen irrelevant, ob jemand Platt sprach oder nicht; dann ging es um fundamentale Charaktereigenschaften, und die waren viel wichtiger.
Kommunikationsstörungen, ja. Es wurde für mich zu einer vollkommen neuen Erfahrung, mit Schicksalsgefährten aus anderen gesellschaftlichen Schichten zusammenzusein, noch dazu vierundzwanzig Stunden am Tag. Anfangs hatte ich sogar Schwierigkeiten beim Verstehen von verschiedenen Wörtern und Ausdrücken, die ich noch niemals gehört hatte. Ich mußte öfter um Erklärung bitten, war erstaunt über Unwissenheit oder über oberflächliche Ansichten, ärgerte mich über bestimmte Handlungsweisen (der Ärger wird wohl gegenseitig gewesen sein).
Der Leser möge bedenken, daß ich, wie aus meinem ›Prolog‹ hervorgeht, meine Jugendjahre im Elternhaus sehr behütet verbracht habe.

Damals waren die gesellschaftlichen Ränge und Stände viel strenger geschieden als heute. (Daß in der Schweiz schon lange vor dem Krieg das Hauspersonal zusammen mit der Familie an einem Tisch saß, fanden wir absolut aufsehenerregend.) Jetzt gibt es dafür allerlei schöne Worte: Establishment, elitäre Minderheit usw....

Nun denn. Erst »durchlief« ich die elitäre Haager Schule an der Nassaulaan. Die meisten Schüler wurden mit dem Auto gebracht und auch wieder abgeholt. (Wir selbst hatten kein Auto.) Dann folgte das elitäre Gymnasium. Und darauf das Leidener Studentenkorps, eine elitäre Vereinigung. (Daß dies alles elitär war, wußte ich damals noch nicht einmal.) Dazu kam, daß ich keinen Militärdienst abgeleistet hatte – seit jeher nicht nur eine gute Gelegenheit, dem Land zu dienen, sondern auch, alle Schichten der Gesellschaft kennenzulernen.

Ich war demnach eigentlich noch nie mit Arbeitern oder dem Mittelstand in eine andere als oberflächliche Berührung gekommen. Natürlich machte man ein Schwätzchen mit Handwerkern, die etwas zu reparieren kamen, oder mit dem Briefträger, dem Milchmann, dem Straßenbahnschaffner. Natürlich ging man in die Geschäfte einkaufen und scherzte mit den Dienstmädchen. Aber man hatte nicht die geringste Ahnung, was diese Menschen dachten und wie sie lebten. Es war keine Geringschätzung, noch weniger Feindschaft. Man ging ganz einfach nicht miteinander um. Es gab scharf getrennte Klassen, Ränge und Stände, wie in einem Ministerium oder bei den Streitkräften. Die gegenseitige Irritation, vor allem in den Utrechter Gemeinschaftszellen, war oft so groß, daß die Atmosphäre hochexplosiv wurde. Man funkte auf verschiedenen Wellenlängen und erreichte manchmal nicht einen einzigen Empfänger.

Ich gebe aus tiefstem Herzen zu, daß wir Älteren in dieser Hinsicht etwas von unserer jungen Generation lernen können.

Nur nach langem Zögern zitiere ich jetzt aus meinem Tagebuch. Die folgenden Zeilen wurden unter dem Eindruck geschrieben, den das Abführen unserer Kameraden zur Exekution hinterlassen hatte. Sie spiegeln unsere damaligen Gefühle genau wider. Später, in der Gefangenschaft dachten wir anders darüber, viel später ganz anders, aber um der Wahrheit willen gebe ich doch den wörtlichen Text wieder:

Was ich jetzt schreibe, wird defätistisch klingen, vielleicht sogar ehrlos oder zu grell, aber ich sage es trotzdem, weil ich es glaube und es für die Wahrheit halte.

Was kümmert mich das Vaterland, die nationale Ehre, wenn es um meine Freiheit, das Glück von Frau und Kindern geht? Was geht mich ›die Freiheit‹ an, wenn mein Leben auf dem Spiel steht? Wo bleibt unser künstlicher Haß auf alles, was deutsch ist, wenn mir ein Deutscher, ein Lächeln auf den Lippen, ein Päckchen von dir bringt? Wenn ein Deutscher vor mir salutiert? Wenn ein Deutscher halb in Tränen vor mir ausruft: »Ich hab ja auch Sehnsucht!« Und was geht mich unser sogenannter Bundesgenosse England an, der Demagoge, der Hetze und Fanatismus aus seinem sicheren Schlupfwinkel heraus verbreitet, wenn ich hier diese Folgen sehe: die Todesangst der zum Tode verurteilten »Saboteure«, »Spione«, usw., Leute, die nahezu nichts »verschuldet« haben, und das namenlose Elend der Hinterbliebenen? Das ist doch alles wahnsinnig. Es geht im Leben um viel Wichtigeres. Seid nüchtern, wagt es, die Wahrheit zu sehen, seid ehrlich und spielt euch nicht auf.

> *1. Kor. 13, 4–8:*
> *Die Liebe ist langmütig und freundlich,*
> *die Liebe eifert nicht,*
> *die Liebe treibt nicht Mutwillen,*
> *sie blähet sich nicht,*
> *sie stellet sich nicht ungebärdig,*
> *sie suchet nicht das ihre,*
> *sie läßt sich nicht erbittern,*
> *sie rechnet das Böse nicht zu,*
> *sie freuet sich nicht der Ungerechtigkeit, sie freuet sich aber der Wahrheit; sie verträgt alles, sie glaubet alles, sie hoffet alles, sie duldet alles.*

Die Außenwelt betrachte ich von meiner Gefangenschaft aus. Aber da die Außenwelt das Normale und die Gefangenschaft das Abnormale ist, erscheint mir die Außenwelt etwas merkwürdig, und ich mir noch viel merkwürdiger: Ich halte es nach neun Monaten langsam für das Normale, daß ich hinter Schloß und Riegel sitze. Nun tue ich folgendes: ich trete hinaus. Ich verlasse meinen Körper und versetze mich einmal in meine Frau, dann wieder in meine Mutter, auch in meinen Arbeitgeber oder in meine Freunde aus Leiden. So sehe ich mich aus verschiedenen Perspektiven, und dadurch erhalte ich ein klareres Bild von meinem normalen Ich. Eigentlich wie beim Schachspiel.
Ich wurde zum Hauptmann bestellt. Zu einer sachlichen Unterredung:

Vollmacht, Gehalt, Hausmiete. Er sagte: »Wir sind ja auf der Welt, um einander zu helfen.«
Ich gab dem Zellengefährten K. den Rat: »Sag doch, daß man dir von Zuhause deine Lehrbücher schicken soll. Das ist erlaubt.« Er antwortete: »Nein, denn Bücher sind schwer, und ein Päckchen darf nur ein Kilogramm wiegen, und dann wäre für Essen nichts mehr übrig.« Neunzig Prozent ihrer Gedankenwelt werden vom Essen in Beschlag genommen. Hier bedroht mich die Proletarisierung. Ein neues Päckchen von Dir ist angekommen. Ich bin reichlich versorgt. Daß ich dies weiß: daß ich im Überfluß Vorrat liegen habe und davon nehmen kann, ist genug. Wir schätzen den Besitz eines Vorrats also mehr als den Genuß. So ist der Mensch. So ist vor allem, glaube ich, der Reiche, der oft zum Geizhals wird. Er weiß: ich habe, und wenn ich will, kann ich genießen. Aber er genießt nicht. Genießen ist eine schöne Kunst.

> *Matth. 6, 27–34:*
> *Wer ist unter euch, der seines Lebens Länge eine Spanne zusetzen kann, ob er gleich darum sorget? Und warum sorget ihr für die Kleidung? Schauet die Lilien auf dem Felde, wie sie wachsen: sie arbeiten nicht, auch spinnen sie nicht. Ich sage euch, daß auch Salomo in all seiner Herrlichkeit nicht bekleidet gewesen ist wie derselben eine. So denn Gott das Gras auf dem Felde also kleidet, das doch heute steht und morgen in den Ofen geworfen wird: sollte Er das nicht viel mehr euch tun, o ihr Kleingläubigen? Darum sollt ihr nicht sorgen und sagen: Was werden wir essen? Was werden wir trinken? Womit werden wir uns kleiden? Nach solchem allen trachten die Heiden. Denn euer himmlischer Vater weiß, daß ihr des alles bedürfet. Trachtet am ersten nach dem Reich Gottes und nach Seiner Gerechtigkeit, so wird euch solches alles zufallen.*

Mit-Leiden Gefangenschaft läßt sich kaum definieren. Ein unsichtbarer Mantel liegt um den Gefangenen, ein Astralkörper. Alle zögern, ihn anzufassen; selbst zögert man auch. Man ist hermetisch von den Nicht-Gefangenen abgetrennt und isoliert. Alles ist reduziert. Die Bewegungsfreiheit ist bis zum äußersten beschränkt (bis zum Nullpunkt im Stehbunker). Alles ist vorgeschrieben, jeder Zentimeter. Vorgeschrieben wird, ob man gehen oder stehen soll. Das Leben wird für den Gefangenen geregelt, er ist entmündigt worden.

Einen Menschen, der seine Freiheit verloren hat, muß man mit einem Kastraten vergleichen. Substantielle Möglichkeiten wurden ihm genommen. Aber: ›Er hat mich gesandt, zu verkündigen den Gefangenen die Freiheit.‹ Das erlebte ich vor allem im Utrechter Gefängnis. Den Geist konnte man nicht kastrieren (obwohl manchmal...) Wenn die Zellentür hinter dem Häftling zugeworfen wurde, verriegelt wurde, hatte das keine Beklemmung mehr zur Folge. Gott ließ es zu, daß man von einem Deutschen eingesperrt wurde. Einen Schritt weiter: Gott sperrte den Gefangenen selbst ein. Jetzt hatte es einen Sinn. Diesen mußte man ergründen. Leiden wird, wenn man seinen Sinn ergründet, zum Segen. Man kann leiden und sehr glücklich sein: wenn Christus mitleidet.

Studentenwochenende *Noch steht er im Morgenmantel da, mehr oder weniger verlottert. Das Gesicht hat Schaden gelitten, und die Seele nicht minder. Eigentlich hat es so gar nicht zu ihm gepaßt. Es ist gestern abend hoch hergegangen, und in der Nacht auch, möglicherweise im Verbindungshaus der ›Minerva‹, möglicherweise auch hier auf dem Sofa. Den ganzen Mann, das ganze Zimmer umgibt eine Atmosphäre aus gefeierten Orgien, Verwirrung, abkühlender Hitze. Elegante Unordnung.*

Nach dem Essen – Eier und ein Gläschen Sherry – fällt all das langsam ab. Er riecht gut, ist gekämmt und rasiert. Ich sehe ihn etwas vornübergebeugt und unnachahmlich arrogant die Stationsstraat in Leiden entlangschreiten. Ein Herr. Je näher beim Elternhaus, desto mehr Herr. Alles wird stiller, er wird älter. Aerdenhout. Die nebligen Villenalleen von Aerdenhout und der Zaun des Elternhauses.

Und das ist das Besondere: nach der ungestümen Woche in Leiden das Betreten dieses stillen Hauses. Das Zuhause. Hut und Mantel an den alten Garderobenständer gehängt, wo einst sein Kindermäntelchen hing. Das Gefühl: Es ist noch alles da! Sie sitzen noch da, wie immer, wie ganz früher, wie früher, wie danach und auch wie vor kurzem, die Lieben, die Eltern, im dämmrigen Schein mit dem singenden Teewasser, dem Buch, dem Nähzeug. Die Stühle, die Teppiche, der Ausblick auf den traumversunkenen Garten und die guten Gesichter: die Eltern! Er begrüßt sie, wie man seine Schutzbefohlenen begrüßt, und sie heißen ihn willkommen als ihren Beschützer. Sein alter Sessel wird auch immer älter. Buch und Nähzeug werden auf den Tisch gelegt, und jetzt möchten sie, daß er erzählt.

Er beginnt erst ein wenig mürrisch und arrogant, aber bei Tee und Va-

ters Zigarre entspannt er sich. Langsam verschwindet der Kopfschmerz. Eine merkwürdig süße Ruhe geht von diesem alten Haus mit seinen tickenden Uhren und dem Geruch von Eichenholz und Bohnerwachs aus. Sein Vater streicht sich über die Stirn und die geschlossenen Augen: Er erlebt alles ein zweites Mal – damals, vor vierzig Jahren. Mutter hört anders zu. Sie sorgt sich ein wenig um das, was ihr Sohn erzählt, was er ihr von seinen Streichen berichtet. Sie sieht dennoch bewundernd zu ihm auf. Er soll sich jetzt ausruhen, ihr Jüngster, heute abend früh ins Bett und morgen lange ausschlafen. Morgen vormittag kommen die Tanten, und am Nachmittag sollte er doch endlich einen Besuch bei der Familie X machen. Es ist dunkel geworden; das Mädchen – lachend nickt es dem jungen Herrn zu – räumt das Teegeschirr ab; Vater schenkt mit zittriger Hand einen Schnaps ein, für sich und seinen Sohn. Um halb sieben zu Tisch, da steht das alte Service, liegen die noch älteren Platzdeckchen. Eine Flasche Wein gibt es, und die Soße schmeckt so, wie sie nur zu Hause schmecken kann.

Nach dem Essen geht er mit Vater ein Stückchen spazieren; sie schlendern durch die stillen Alleen, durch die er früher mit dem Fahrrad zur Schule fuhr, und er sieht den rosigen Lampenschein in den Villen, in denen die Freundinnen wohnten – jetzt sind sie im Ausland oder schon verheiratet. Der Duft, o der Duft dieser Alleen! Leiden ist in weite Ferne gerückt, hier ist eigentlich alles besser … Zusammen betreten sie das Wohnzimmer, sie machen es sich beim Feuer gemütlich, die Eltern erzählen die kleinen Neuigkeiten dieser Woche; der und der war da, der Gärtner hat die Rosensträucher eingepackt, der alte Herr B. ist gestorben, übermorgen ist die Beerdigung.

So verstreicht der Abend, die Eltern gehen gegen halb elf zu Bett. Er bleibt noch unten und hängt seinen Gedanken nach, mit einem Whisky aus Vaters Schrank beim erlöschenden Feuer. Er hört, wie das Wasser in der Leitung rauscht: Vater füllt sich oben ein Glas Wasser. Draußen kläfft der Foxterrier vom Nachbarhaus, der hinausgelassen wird. Dann geht er hinauf, leise, noch immer knackt dieselbe Stufe auf dieselbe Weise. Er betritt sein Zimmer: still, kühl. Alles ist noch da, auch hier: sein Jugendbett, in dem er krank lag, in dem er seltsam-süß träumte, in dem er weinte und sich unbestimmt sehnte, damals, in der Sommernacht. Der Schrank mit den Jugendbüchern und dem zerbrochenen Spielzeug. Alles ist aufgeräumt und saubergemacht worden – aber alles ist noch da. Am Tisch liegt ein sauberes Tischtuch, darauf stehen Herbstastern, von Mutter. Er zieht sich aus, und kriecht fröstelnd unter die schweren, kühlen Laken.

Und während er einschlummert, hört er in der Ferne den Klang der uralten, bronzenen Stimme aus ganz früher Zeit, die wie eh und je verkündet, daß es Mitternacht ist.

Auch sie Schlüsselgerassel. Die Tür wird aufgerissen. Da steht der Feldwebel Ofenrohr, hinter ihm der Kalfaktor oder Flurläufer, der die Päckchen von Zuhause austeilt. »Meine Herren, Pakete!« Namen werden aufgerufen, man drängt gierig hinzu, die Schätze werden überreicht. Für mich... nichts, obwohl es an der Zeit wäre.
Drei Tage lang wiederholt sich dieser Vorgang. Für mich wieder nichts. Wie das? Das ist unmöglich, es ist absolut ausgeschlossen, daß sie mich vergißt. Ist sie krank? Ist etwas geschehen?
Am nächsten Tag »Bakels! Ein Paket!« Es sieht anders aus. Die Adresse ist nicht wie sonst. Ich erkenne die Handschrift meines Bruders. Das Päckchen ist auch kleiner. Der Inhalt ist zwar gut, aber unpersönlicher – anders als sonst. Ist sie krank? Aber dann hätte sie trotzdem die Adresse schreiben können! Sie ist ernstlich krank! Eine Woche später erhalte ich mit den Briefen für die Zelle T die Antwort auf meine Fragen. Ein Brief für mich. Absender: A. M. Bakels-Gunning, Zelle 324, Deutsches Polizeigefängnis, Scheveningen.

Nach der Befreiung erfuhr ich die Geschichte. Am 16. März 1943 waren ›deutsche Herren‹ in unserer Wohnung in Pijnacker erschienen, wo sie nur unser Dienstmädchen antrafen. Nita gab den Sipo-Leuten die Haager Adresse meiner Frau. Nachdem sie weg waren, rief sie sofort meine Frau an, die zu dieser Zeit R. S. versteckte, eine Widerstandskämpferin, nach der fieberhaft gefahndet wurde. Nach fünf Minuten war diese von der Bildfläche verschwunden. Nach zwanzig Minuten tauchte die Sipo bei meiner Frau auf, die mit einer beidseitigen Mittelohrentzündung im Bett lag, und nahm sie mit nach Scheveningen, wo sie drei Monate in strenger Einzelhaft verbrachte, gequält von Läusen, Ekzemen, Haarausfall und Halsentzündung. Der Sachbearbeiter war ein gewisser Lütkenhus. Sie hatte Verbindung zum Widerstand, unter anderem zu C. C. Dutilh, Kurt Bolle, Bosch van Rosenthal (Vater und Sohn). Die Sipo wußte aber nur von der Sache R. S. Meine Frau wurde »anständig« behandelt, das heißt, man hat sie nicht angerührt. Einzelhaft bedeutet übrigens: keine Zellengefährten, keine Bücher, keine Briefe, keinen Hofgang, keine Kantine. Mitte Juni wurde sie plötzlich entlassen. Vor dem Gefäng-

nistor erregte sie, völlig benommen, krank, schwindelig, die Aufmerksamkeit eines Gemüsehändlers, der ihr eine Zigarette anbot und sie dann mit Pferd und Wagen zum Den Haager Haus meiner Eltern brachte.
Die Angelegenheit R. S. hätte meiner Frau leicht das Leben kosten können. Es kostete sie drei Monate. Ich, einer weniger ernsten Straftat verdächtigt, saß drei Jahre. R. S. entkam dem Totentanz. Nita saß drei Wochen in Scheveningen.

Eine Gemeinschaft Das Utrechter Tagebuch umfaßt etwa 1600 Blatt Toilettenpapier – gut die Hälfte des vollständigen Tagebuchs. Wegen Platzmangels muß ich viele Wochen überschlagen. Ich zitiere dennoch ausführlich meine Betrachtungen aus den letzten Wochen, weil sie möglicherweise dem Leser einen Einblick in eine besondere Art von Gemeinschaft verschaffen.

29. Mai 1943 *Ich liege im Krankensaal. Meine Hand und meinen Unterarm schmückt ein zierliches, feuerrotes Bäumchen mit allerlei Verästelungen: Blutvergiftung. Und weil ich jetzt schon einmal hier liege, sage ich: Gott sei Dank. Wir sind hier zu fünft: Bierman als Sanitäter-Gefangener, d'Aquin, Koet und van Rijn. Ich werde gepflegt! Sorgsam verbundener Arm, hochgehängt in einem Tuch. Ein randvoller Teller mit kaltem Brei. Essen erwärmt, und deshalb fingen meine Finger und meine Hand immer stärker zu schmerzen an. Die Fenster aus Milchglas sind sehr groß und nicht verdunkelt, frische Luft strömt durch offene Oberfenster, ein nett eingerichteter Saal, sechs mal acht Meter groß; eine Katze, eine Rose in einer Vase, ein gemachtes Bett. Zwei Deutsche und ein Holländer pflegen mich brüderlich. Meine Zellenkameraden waren sehr bestürzt, als ich fortmußte. Man sagt, daß Schmerz vorübergeht, wenn man betet. Das stimmt nicht ganz. Der Schmerz verschwindet nicht, aber Gott hebt den Leidenden in seinen Gedanken über den Schmerz, so daß er ihn kaum noch fühlt. Und wenn er ihn fühlt, dann erträgt er ihn geduldig. Im Gedenken an Christi Wunden.*
Wir rauchen hier am hellichten Tag, obwohl es verboten ist. Nachbar Koet, halb gelähmt, ist schon acht Jahre bettlägrig. Liegend wurde er zum Prozeß gebracht, liegend wurde er zum Tode verurteilt. Dennoch ist er wohlgemut. Sein Sohn, sein Schwager und seine Mutter wurden auch verhaftet.

30. Mai *Als ich nach dem Waschen zu meinem Bett zurückkam, fand ich einen Eintopf vor. Das Gesättigtsein verändert die ganze Gedanken- und Gefühlswelt. Kein Wunder, daß jemand, der sich den lieben langen Tag für das tägliche Brot abrackern muß, in seinem Kopf keinen Platz hat für alles, was schön und Kunst ist. Bierman überbrachte mir die Grüße von Pim van Doorn, der in der Zelle N sitzt und zum Tod verurteilt ist. Er saß in Scheveningen in der Zelle mir gegenüber, neben Prysse, und rief: »Opfer werden nie umsonst gebracht!« Mit meinem Finger geht es besser.*

31. Mai *Ich war wieder sterbenstraurig. Der dicke Nebel, der die Zukunft verhüllt, stimmt melancholisch. Der Mensch will und muß Pläne schmieden, aber wie kann er das, wenn ihn nur Nebel umgibt? Deshalb schweben meine Gedanken wie Vögel zu ihrem Nest zurück. Zurück zu dem, was mir lieb und teuer war und nun Vergangenheit ist. Jemand, der »mit beiden Beinen auf dem Boden steht«, befindet sich außerhalb der Wirklichkeit. Er hängt an dem, was vergänglich ist. Wir sind Verbannte. Unsere Existenz ist auf den Augenblick beschränkt. Wer Träumen nachhängt, Kunstwerke anfertigt, eine Handbreit über dem Boden schwebt und sich auf Erden, weit weg vom Vaterland, fremd fühlt, der lebt in der Wirklichkeit. Die Wachtmeister sagen, daß die Folgen der Bombardierung schrecklich sind. Aber wie gewinnt man einen Krieg? Auf dem Schlachtfeld, indem man Heere vernichtet. Nicht durch die Bombardierung von Städten. Siehe London. Ich bin dagegen. Hier wird eine Frau gefangengehalten mit ihrem zwei Monate alten Kind. Ihr Mann wurde erschossen, sie weiß es nicht. Hier befindet sich eine Frau, die schwanger ist, sie erhält nichts über die kargen Mahlzeiten hinaus. Was man uns anzutun wagt, ist unglaublich. Ich sah gefangene Epileptiker, Gelähmte, Wahnsinnige, Liliputaner. Ich hörte von einer Zandvoorter Familie: Der Mann wurde erschossen, die Frau und die Kinder kamen durch »englische Bomben« um. Wir stehen vor dem Nichts. Ich sah einen Juden, auf den man die Hunde gehetzt hatte. Überall Fleischstücke herausgerissen. Geschwüre. Als es zu sehr stank, wurde er allein in einen Verschlag gesperrt. Dort ist er verreckt. Ein anderer Jude wird halbtot geschlagen. Danach überreicht man ihm einen Strick mit dem Befehl, sich aufzuhängen. Er hängt sich auf. Fünf an einem Abend. Einem anderen wird ein Arm abgehackt, mit dem Spaten. Einem anderen: ein Auge ausgeschlagen. Einen Juden schlägt man halbtot, lädt ihn auf eine Schubkarre, kippt ihn in einen Graben. Kopf unters Wasser getreten, danach – Sand drüber. Vergeßt nicht: Dies ist die Wahrheit. Wir sahen es mit eigenen Augen.*

Die Welt soll es erfahren. Das deutsche Volk besteht zur Hälfte aus Wahnsinnigen.

1. Juni *Bei Tagesanbruch lese ich in der Bibel – man kann nie wissen, was einem zustößt. Ich habe mich gewaschen, meine Mitgefangenen finden mich zu mager, ich finde es nicht erbaulich, Bemerkungen über meinen Körper anhören zu müssen. Wer will, daß es nie wieder Krieg gibt, der soll die Habgier bekämpfen. Wie? Indem man mehr Frauen in die Regierungen läßt. Warum? Weil die Habgier der Frau viel weniger angeboren ist als dem Mann. Ihr liegt es mehr als dem Mann, zu geben und an andere zu denken. Ich platze jetzt fast vor Essen. Zehn Leute haben ihr Vergnügen daran, mich zu mästen. Die sexuelle Begierde beginnt sofort, alle Gedanken und Gefühle wieder zu durchströmen, wie durch feine Äderchen. Gerade bemerke ich eine Frau, hinter dem Milchglas der Flurfenster. Ich konnte sie durch die Türe des Krankensaals sehen, die den ganzen Tag offensteht. Sie war jung und hatte einen gelben Pullover an. Ich glaube, daß sie mir zulachte. In die Zelle D wurden Rauchwaren gebracht. Das bedeutet, daß ihre Insassen morgen früh erschossen werden. Eine Frau bringt ihrem Mann, der die Antwort auf sein Gnadengesuch erwartet, ein Päckchen. Als sie wieder am Tor ist, wird ihr Mann gerade zum Wagen gebracht, der ihn zum Exekutionsplatz fahren soll. Die Frau klammert sich schreiend an das Auto, muß weggerissen werden. Eine Zelle gibt es hier mit sechs Häftlingen, darunter einem, der zum Tod verurteilt ist. Ihm wird mitgeteilt, daß er am nächsten Morgen hingerichtet werden soll. Niemand macht in dieser Nacht in dieser Zelle ein Auge zu, alle beten. Bis auf den zum Tode Verurteilten, der fest und ruhig wie ein Kind schläft. Wenn ich später von Jesus Zeugnis ablege, werde ich einem infamen Feind begegnen: dem Spott. Der Spott ist eine schreckliche Waffe, dem nur eine Waffe gewachsen ist: Spott.*

2. Juni *Heute um 15 Uhr meine fünfte Mahlzeit: zwei prachtvolle Brote mit Scharbe und Scholle und eine dicke Schnitte Roggenbrot mit Butter und Zucker, selbstgebackene Sandplätzchen, rosa Schmelzbonbons und gemahlene Nüsse; Fleischbrühe von der Wehrmacht, Brot mit Käse und ein halbes Spiegelei mit Schinken, danach … Erdbeeren und Karamelpudding. Wir fünf brechen in irrsinniges Gelächter aus. Fünf Gefangene, darunter drei zum Tode verurteilt, lachen sich halbtot; wir stellen uns nämlich vor, daß wir später – wenn es ein Später für uns gibt – zusammen in der Zimmerecke hocken und scheißen werden, so wie hier. »Sogar ein Doktor der Rechte!« rief Koet, und er lachte so, daß er in sein Bett machte. Helden sind es, Helden.*

3. Juni *Draußen, hinter dem Gefängnis, fuhr ein Zug mit Kriegsgefangenen vorbei. Sie riefen und lärmten, wie immer, wenn ein Zug dieses Gebäude passiert. Ich las drei Zeitungen, sie sind streng verboten. Idiotische Artikel von Goebbels über die jüdisch-pluto-demokratisch-liberal-anglo-amerikanisch-bolschewistische Kriegsführung. Die meisten Deutschen sind einfach verrückt. Sie nehmen sich ernst! Wozu ist die Straße da? Zum Marschieren. Seit vierzehn Monaten beobachte ich einen höchst merkwürdigen, aber auf der Hand liegenden Vorgang bei mir: ich verweibliche. Von meiner Frau hat man mich getrennt. Wenn es der Seele an Nahrung mangelt, fängt sie an, selbst Nahrung zu produzieren. Sogar meine Gebärden werden fraulich. Ich werde dies später analysieren. Ein Gefangener in Scheveningen sitzt auf dem Kübel. Er will sich mit Zeitungspapier abwischen, blättert vorher die Zeitung kurz durch. Er liest die Todesanzeige seiner Mutter. Er wußte überhaupt noch nichts von ihrem Tod. Warum soll man sich erst auf den Tod vorbereiten, wenn das Todesurteil gesprochen worden ist? Wir alle sollten immer so leben, daß wir jederzeit sterben könnten. Diese Möglichkeit gibt es. Frau d'Aquin schickt ihrem Mann immer liebevollere Päckchen, seitdem sie erfahren hat, daß er zum Tod verurteilt worden ist. Nachdem ich jetzt fünf Tage lang genug zu essen hatte, ist alles viel normaler geworden, weniger tief, weniger erschreckend, weniger seltsam. Oberflächlicher. Ich werde* satisfait, *es wird so schlimm nicht werden, stell dich nicht an, benimm dich normal. War denn meine ganze religiöse Entwicklung nur die Folge des Hungers? Kam sie nur deshalb in mein durch den Hunger vergeistigtes Hirn? Ich bin dabei, aufzuwachen. Ich hatte Visionen, und ich werde an dem festhalten, was ich erlebt habe. Es war Nacht, ich sah die Sterne. Nun ist es Tag, ich sehe die Sterne nicht mehr, aber ich weiß: Es gibt sie.*

4. Juni *Ich sehe in Gott zu sehr unseren Vater. Er ist auch der Vater Hitlers, Himmlers und Goebbels'. Wir sind Brüder! Es ist möglich, daß uns Gott Dreckskerle über den Weg schickt, damit wir sie durch Gottes Wort zu neuen Menschen machen. Beten müssen wir für den, der uns nicht gefällt. Aus Saulus wurde Paulus, und Paulus wurde zum großen Apostel Christi. Dasselbe kann mit Himmler geschehen.*

Mein Mit-Patient Toon van Rijn, neunundzwanzig Jahre alt, wird vor einem Jahr von der Gestapo verhaftet, wegen schwerer politischer Vergehen. Wird von sieben Männern, die einander ablösen, sechsunddreißig Stunden lang verhört. Wird vornüber auf einen Stuhl gelegt, ein

Kerl hält seinen Kopf zwischen seinen Beinen, zwei andere packen seine Beine, ein vierter verprügelt ihn mit einem Knüppel bewußtlos. Als er wieder zu Bewußtsein gekommen ist, erneutes Verhör. Dann wieder Prügel. Viermal bewußtlos geprügelt. Gefleht: schlagt mich doch tot! Antwort: Das könnte dir so passen. Und das eine Woche lang, manchmal eineinhalb Stunden Ruhe dazwischen. Schwere Verletzungen, viel Blut, gequetschte Nieren, Blut im Urin. Danach monatelang Vught und Amersfoort, wird auch dort schwer mißhandelt (Hunde!). Danach dieses Gefängnis, zum Prozeß. Zum Tode verurteilt. Mit dreißig Verletzungen kommt er in diesen Krankensaal, liegt neben mir. Er ist getrost. Er ist ein gläubiger Katholik. Ich bin mit ihm nach unten gegangen, zum Baden, mußte ihn stützen, er kann nicht alleine gehen. Uns kamen Wachtmeister entgegen, die meisten schämten sich; alle wissen, daß van Rijn zum Halb- oder Vollinvaliden geworden ist durch Bestialitäten ihrer Landsleute. Wäre ich ein Deutscher, ich müßte mich mein Leben lang schämen.

5. Juni *Bierman bekam den Befehl, sich fertig zur Abfahrt zu machen, also zur Entlassung. Meine Mit-Patienten sagten zu mir: sieh zu, daß du seine Stelle als Sanitäter bekommst. Ich habe einen Antrag an den Hauptmann geschrieben. Eine Viertelstunde später erscheint er, hinter ihm drei Deutsche. »Wollen Sie Sanitäter werden, Herr Bakels?« »Ja, gerne.« »Ist gut.« Sanitäter, das ist der beste Posten, den man hier kriegen kann! Ich pflege jetzt die Kranken, im Saal und in den Zellen. Ich pflege, wasche ab, habe vier Putzhilfen, trage einen Gefängnisanzug mit einem roten Kreuz auf der Brust, darf frei im ganzen Gebäude herumgehen, darf zweimal am Tag hinaus, zum Hofgang, darf rauchen, soviel ich will, darf essen, soviel ich kann. Und was die Pflege angeht: Mit unbewegtem Gesicht habe ich gesagt, daß ich das kann. Ich ersticke hier in Fläschchen, Töpfchen, Verbandzeug, habe alles genau studiert. Es wird schon gehen. Habe alles saubergemacht und aufgeräumt. Sitze jetzt in einem großen Lehnstuhl vor einem Tisch mit Tischtuch. Rauche Pfeife. Lese die verbotene Zeitung. Zum ersten Mal seit November sah ich eine Landschaft. Unter uns befindet sich das ›Nähzimmer‹, dessen Fenster nicht aus Milchglas sind. Ich sah alles! Häuser, Bäume, Wiesen, eine Eisenbahn, eine Mühle, den ›Kromme Rijn‹, auf dem Männer in einem Boot fischten. Ich fühlte mich wie neugeboren. Mein Blickfeld wurde auf einmal um so vieles erweitert, daß es mir fast über den Kopf wächst. Lieber Bruder, schick mir keine Pakete mehr, schick alles ihr, nach Scheveningen. Mach mir Angaben über Medikamente, zähl ein paar auf und wozu sie gut sind.*

7. Juni *Meine freien Stunden verbringe ich in der Bibliothek. Bin ein hohes Tier geworden. Ich fand eine vollständige Racine-Ausgabe. Heute wird hier im Gefängnis ein zum Tode verurteilter Junge heiraten. Danach gibt es im Sitzungszimmer ein Essen mit dreizehn Familienangehörigen. Ich weiß nicht, ob die Jungvermählten heute Nacht zusammen sein dürfen, vertiefe mich aber in diese Möglichkeit. Ich darf auch täglich baden. Ich bin ein freier Mann, aber ich darf meine Familie nicht sehen und nicht aus dem Gebäude heraus. Ich muß mich oft zusammenreißen.*

8. Juni *Bekam soeben die Nachricht, die Möglichkeit besteht, daß sie nächste Woche wieder nach Hause darf. Gott sei gelobt und gedankt. Ich kann nichts tun. Ich überlasse alles euch. Laßt sie nicht gleich wieder für mich schuften! Mein Sanitätsgefreiter – sehr höflich: bitte nach Ihnen, vielen Dank – ist ein deutscher Friseur, ich bin ein niederländischer Rechtsanwalt, zusammen pflegen wir die Kranken. Ich bin meinem Friseur unterstellt. Ich, der ich in dieses Land gehöre, muß tun, was er, der nicht hierher gehört, sagt. Er spürt selbst, wie verrückt das ist. Ich komme mir wie ein russischer Großfürst vor, der in Paris zum Hausknecht herabgesunken ist. Sie glauben, alle Macht zu haben, aber ich habe das Recht auf meiner Seite!*

9. Juni *Die Herren in England rufen nur: »Sabotiert! Sabotiert!« Sabotiert doch selbst! Was erreicht man denn mit einem kleinen Revolver, einem amateurhaft gelegten Feuer, einer winzigen Organisation gegen die deutsche Wehrmacht? Todesangst, Folter, Konzentrationslager, Verurteilung zum Tode, eine gebrochene Frau, ratlose Kinder. Dann nennen manche mich einen ›Defätisten‹, der sich einwickeln läßt. Aber mit einem Argument kann ich sie beim Diskutieren in die Enge treiben: Man braucht nur die Wahrheit zu sehen und es zu wagen, sie auszusprechen. Wir alle sind an Lügen gewohnt. Wir lügen den ganzen Tag, ohne mit der Wimper zu zucken. Mein Sanitäter: »In Deutschland gibt es keine Arm- oder Beinamputierten mehr, die bekommen eine Spritze.« Die Alliierten sollen in Italien eingefallen sein. Rundgang durchs Gebäude gemacht. Ich sah eine ordinäre, etwa fünfunddreißig Jahre alte Frau in einem rosa Kleid, mit nackten Beinen (Wächterin), ich traute meinen Augen nicht, starrte sie nur an. Jan ten Bosch ist auch hier, zum Tode verurteilt. War alleine draußen auf unserem Platz, mit der Katze auf meiner Schulter.*

10. Juni *Ich las den Hirtenbrief der niederländischen Bischöfe vom 12. Mai. Welch tapfere Männer! Auf meinem Rundgang durch die Zellen – ein Ex-SS-Mann, ein Simulant, der dalag und flennte und Unsinn*

auskramte. Simulanten kann ich unfehlbar erkennen. Die Deutschen hier sind ganz anständige Kerle, mit denen man reden kann, wenn das Thema nicht gerade ›Krieg‹ heißt. Dann werden sie plötzlich total verrückt und entsetzlich verlogen. Ihr Blick wird glasig, und ihr Mund verzerrt sich, sie leiern ihre Lektion von Goebbels herunter. Welch eine grauenhafte Enttäuschung erwartet sie!

11. Juni *Wenn man eine Gemeinschaftszelle betritt, in der sechs, sieben, sogar acht Mann hausen, ist man über ihr absonderliches Verhalten bestürzt, über ihr Betragen und nervöses Gekicher, sie ziehen jeden, der die Zelle betritt, am Ärmel, flüstern: »Was gibt's Neues? Kannst du mich nicht auch brauchen? Kriegst du jetzt mehr zu essen?« So war ich auch. Durch den Hunger und die entsetzlich begrenzte Perspektive wird alles zum Ereignis. Die Gitter vor den Fenstern können mir nichts anhaben. Wo der Geist des Herrn ist, da ist die Freiheit. Auch wenn ich wieder ›draußen‹ bin, wird es Gitter geben. Aber einmal wird uns nichts mehr von der Himmlischen Schönheit trennen, von der wir manchmal einen Abglanz sehen.*

13. Juni, Pfingsten *Welch ein Pfingsten! Gott sei gelobt. Ich bemühe mich um Haltung. Meine Liebste, mein Liebling: Du-bist-frei! Ich darf Dir wieder schreiben! Jetzt bleibt mir nur noch, Gott zu danken Gott zu danken Gott zu danken, auf den Knien. Also: am gestrigen Morgen. Gestern morgen, so, so. Weißt du, ich kann das noch gar nicht glauben. Jetzt weißt Du selbst, wie man sich in der Gefangenschaft verändert. Man verarbeitet alles nicht so schnell. Aber es fängt an, zu mir durchzudringen, daß Du frei bist. Neffe Jan – ich komme um 7.50 Uhr in seine Küche, dort steht er, ich hole die Milch für die Kranken, er gibt mir die Hand, strahlend sagt er: Herzlichen Glückwunsch! Ich begriff ihn nicht. Er: sie ist frei, gestern früh, gestern nachmittag erhielt ich das verabredete Telegramm.*

Es folgen seitenlange Anweisungen, Fragen, Ratschläge, Aufmunterungen. Dann wieder mein Tagebuch:

Ich bin mitten im Pfingstmorgenrundgang. Soeben einen neuen Patienten in den Krankensaal bekommen: Thomson, Hauptmann der Niederländischen Armee, in voller Kampfmontur. Er hat sich auf der Flucht die Pulsadern aufgeschnitten, ich habe die Fäden gezogen.

13. Juni *Neffe Jan, der in der Küche damit beschäftigt ist, Zähne zu plombieren, hat uns fotografiert. In diesem Gefängnis ist alles möglich.*

Aber wann wird die Zeit wieder kommen, daß man auf Fragen Antworten erhält?

14. Juni *Ich habe Dein Bild zur Hand genommen und es immer nur angesehen. Heldin, dachte ich, Heldin. Du bist verfolgt worden um der Gerechtigkeit willen. Ich bin stolz auf Dich, stolz wie ein Pfau. Etwas, was die Patienten, aber auch fast alle gesunden Menschen herrlich finden, ist, jemandem etwas erzählen zu können, der zuhört. Nur wenige hören zu. Es ist schon angenehm, wenn sie dem Redenden nicht ins Wort fallen und mit ihren eigenen Angelegenheiten anfangen. Neffe Jan berichtete, daß achtundvierzig Stunden lang viertausend Flugzeuge Deutschland überflogen haben und daß die Deutschen einfach ausgerottet werden. Ich las auch eine Anzeige, die dem Finder eines verlorengegangenen Fahrrades eine Belohnung von tausend Gulden versprach. Ein gebrauchtes Fahrrad ist jetzt also mehr als tausend Gulden wert?*

15. Juni *Es gibt Gefangene, die machen Damenunterwäsche für die deutschen Wachtmeister; dafür bekommen sie Brot und Bier. Tun sie es nicht, dann sitzen sie bald wieder in ihrer Zelle. Ich hatte eine Ejakulation, es war nicht schön, ich sehne mich nach Dir. Werde ich am Samstag mit einem Transport verschickt? Ob ich denn auch einmal nach Hause kann? Ich habe eigentlich alle Hoffnung auf eine Entlassung vor Kriegsende aufgegeben. Heute morgen war ich in der Zelle bei einem Jungen van Hamel, der 39,4° hat, vielleicht hole ich ihn hierher. D'Aquin krümmt sich vor Schmerzen (Magengeschwür), ich mußte ihm nochmals eine Morphiumspritze geben. Ich stand unten wieder eine halbe Stunde am Fenster und sah hinaus. Das ist für mich nicht mehr die Wirklichkeit. Eher ein Bild, ein Foto. Ich kann mir nicht vorstellen, überhaupt nicht, daß ich dort einmal gehen könnte.*

16. Juni *Wie unser Haus am Westzeedijk am 14. Mai 1940 in seinen Fundamenten bebte, so zitterte ich, als ich jetzt Deinen ersten Brief nach Deiner Entlassung bekam, vom 14. Juni. Die gemeinen Schufte. »Es war schon sehr arg«, hast Du geschrieben. Ich kann nichts tun, ich bin nicht bei Dir, ich sehe Dich nicht, ich kann Dich nicht in meinen Armen wiegen, Dich nicht an meine Brust drücken, nicht alle grauenhaften Erinnerungen aus deinem Kopf wegstreicheln... Ich ändere meine Meinung. Vielleicht sind dies doch Gottes Feinde, vielleicht sollten wir uns doch freuen, wenn Bomben, Tausende von Tonnen, Tag und Nacht hinunterstürzen auf dieses Volk, das so unendlich viel Not und Grauen über die Welt bringt. Jemand hat die sechs Tabletten, die ich ihm gegeben habe, auf einmal geschluckt. Jetzt ist ihm schlecht.*

17. Juni *Bademeister Knol: »Bakels! Schmutzige Wäsche!« Unten ein Wachtmeister: »Sind Sie Herr Bakels? Wo ist Ihre Frau?« »Im Gefängnis zu Scheveningen.« »Nein, ist hier.« Neben geheuchelter Freude – ich wußte es schon seit vier Tagen – heftige Rührung: weil Du wirklich selbst gekommen bist. Schon nach fünf Tagen. Wurde zum Hauptmann bestellt: »Herr Bakels, Ihre Frau war da mit einem Paketchen, ist Pfingstsamstag entlassen worden, ich gratuliere!« Wöllhardt heißt er, Wöllhardt, ich werde ihn nie vergessen. Jetzt bist Du mit der Familie auf unserem Landgut Borg. Heute gebe ich dem Neffen Jan mehrere Papiere mit, der wird sie Dir zuschicken. Sollte das wegen des NSBers auf dem dortigen Postamt zu riskant sein, dann warne mich sofort.*

18. Juni *Ich war tief bewegt. Ich ging in die Bibliothek und las Matthäus 5 und 14, ohne aufzublicken. Einer meiner Patienten hat schwere Verletzungen an seinem Geschlechtsorgan (durch Tritte in Amersfoort), es ist ein merkwürdiges Gefühl, das zu verbinden, aber man gewöhnt sich an alles. Der Koch hier ist eigentlich Schleppschiffkapitän, der Hilfskoch ist Bauunternehmer, der »Zahnarzt« ist Metzger, der Schneider ist Gärtner und der Sanitäter Rechtsanwalt. War ununterbrochen mit van Hamel beschäftigt, der Gesandtschaftssekretär ist und jetzt hier liegt. Unternimm nichts in meiner Sache beim Kriegsgericht oder der Sipo, es nützt doch nichts, sie behalten mich bis zum bitteren Ende hier. Erzähl niemandem, daß es mir jetzt so gut geht. Abgetrennte dürfen nicht beschäftigt werden! Die Deutschen hier sagen, daß zehn Millionen Menschen in Deutschland durch Bomben umgekommen sind. Es gehen Gerüchte, daß die Exekutionen aller Todesurteile deswegen ausgesetzt werden. Zweimal wurde ich von Deutschen völlig ungerechtfertigterweise angebrüllt. Ich kochte. Es gibt ganz anständige darunter, aber es sind und bleiben merkwürdige Typen, bei denen man verdammt aufpassen muß. Unzuverlässig sind sie eigentlich alle, und gottlos und unmoralisch auch. Ein sechzehnjähriges Mädchen wurde hierhergebracht. Beleidigung der Wehrmacht. Alle Reserveoffiziere müssen in die Kriegsgefangenschaft zurück: Es verlassen uns Huib, Frits, Louis, Pieter, Herman, Tjaard, Anton, Hein. Ich sprach mit Chris Diters, der Geburtstag hat. Wir nehmen uns vor, daß wir uns widersetzen werden, falls man uns einmal ehren will, weil wir all das »für das Vaterland erlitten haben«. Hilf mir, daß ich mich nicht verleiten lasse, eine solche Ehre zu akzeptieren. Ich habe zu wenig für das Vaterland getan.*

19. Juni *Ich war bei General Röell, der hier sitzt und Schwierigkeiten*

hatte. Er war, glaube ich, der führende Kopf des OD, von dem schon so viele Mitglieder erschossen wurden. Van Hamel hat 39,6°. Der deutsche Arzt war da, er hielt es nicht für nötig, ihn zu untersuchen, schrieb einfach ein paar Tabletten auf. Ich beklagte mich beim Feldwebel. Es ist unverantwortlich, und wir sind machtlos. Wir können nur beten. Also sind wir nicht machtlos. In der Tür zur Frauenabteilung stand plötzlich ein junges Mädchen, mit einem blauen Pullover, Leinenhose und blonden Locken. Als sie den Kopf bewegte, tanzten ihre Locken mit. Ich war sehr aufgewühlt. Ich erstickte fast. Ich bin allem Weiblichen ganz entfremdet. Kranke sind schwierige Menschen. Was man putzt und aufräumt, ist nach einer Stunde wieder schmutzig und unordentlich. Ich habe das Gefühl, daß ich nie wieder Rechtsanwalt sein kann.*

20. Juni *Auf seinem rechten Bein unten hat Toon van Rijn nicht weniger als fünfzehn schwere Verletzungen; getreten und geschlagen wurde er von dem berüchtigten Mörder Franzka. Ich habe das Bein jetzt rasiert und alles mit Äther saubergemacht. Ich habe einen kunstvollen Verband mit Ichthyol und Notyol angelegt, etwas anderes habe ich nicht. Vier Tage lasse ich ihn drauf. Es dauerte eineinhalb Stunden. Zum Schluß waren wir beide erschöpft. »Du bist der geborene Pfleger«, sagte er zu mir. Ich darf jetzt alleine in das Nähzimmer, um meine Instrumente auszukochen. Den Desinfektionskessel fülle ich bis zum Rand mit Wasser, damit es lange dauert und ich dabeisitzen und hinausschauen kann. Am Kromme Rijn waren Leute, sie fuhren mit einem Paddelboot, hatten ein Grammophon an Bord, das waschechte amerikanische Jazzmusik zum Besten gab. Früher hielt ich viel davon, aber jetzt finde ich es unpassend. Jazzmusik ist auf holländischen Gewässern, besonders am Sonntag, vor allem aber in Kriegszeiten und sicher nahe bei einem Gefängnis voller zum Tode Verurteilter unangebracht. Die Kranken wollen, daß ich ihnen aus der Bibel vorlese. Sizilien soll erobert worden sein.*

21. Juni *Rede von Goebbels über den bestialischen britischen »Luftterror«. Warschau! Rotterdam! Belgrad! Der Hauptmann kam und sah nach Gerard van Hamel. Kurz nach ihm erschien ein deutscher Marineoffizier, ein sogenannter Arzt. Groß, gutaussehend, jung.*

* Der Ordedienst (OD) war eine vornehmlich aus Offizieren bestehende illegale Organisation, die zwischen dem Abzug der deutschen Besatzer und der Ankunft der niederländischen Regierung aus London für Ordnung im Lande sorgen sollte. Doch schon bald wurde der OD auch im Widerstand gegen die deutsche Besatzungsmacht sehr aktiv. Viele seiner Mitglieder verloren dabei ihr Leben, sei es, nach berüchtigten »Prozessen«, durch ein Exekutionskommando, sei es im Konzentrationslager.

Wußte natürlich nicht, wen er vor sich hatte. Sollen sie sich doch in ihrer Macht sonnen, ein Ende mit Schrecken wird für sie kommen! In den Zellen leiden die Häftlinge großen Hunger, manchmal kann ich ihnen etwas zustecken. Prießnitzumschläge gemacht.

22. Juni *Es gibt hier noch immer Deutsche, die an den Sieg glauben. Ich bin sehr übelgelaunt. Die Hauptursache ist: Ich komme kaum noch zum Schreiben. Es steckt in mir, aber es kann nicht heraus. Keine Zeit, und wenn, dann diese Müdigkeit... Ich brauche Mut, um für meine Ansichten, die manchmal überhaupt nicht mit denen von Leuten ›unserer Art‹ übereinstimmen, einzustehen. Einige hier haben nicht in einem Konzentrationslager erfahren, was Menschen in Not wert sind.*

24. Juni *Die Gerüchte, daß die Exekutionen ausgesetzt werden, sind nicht wahr. Heute morgen: alle Zellentüren verschlossen, jeder in seinem Verschlag, kein Hofgang. Zufällig stand ich unten (verboten) und konnte alles sehen. Der Hauptmann, dem zwei Offiziere folgten, Offiziere der Luftwaffe mit Gold- und Silberflitter, betrat die Zelle U. Sie trugen Akten bei sich. Niemand darf Zeuge sein. Jetzt sind gerade deutsche Geistliche in zwei Zellen. Überall Totenstille. Auch einigen Wachtmeistern sieht man ihre Betroffenheit an. Die Auswirkung auf meine Kranken! Koet liegt da, sein Gesicht vom Laken bedeckt, er glaubt, daß wir seine Tränen nicht sehen. Van Rijn tut, als ob er liest, jeder Muskel seines Gesichts ist angespannt. D'Aquin sieht graugelb aus, er erbricht sich jetzt, da hilft wieder nur Morphium. Van Hamel liegt auf der Seite, die Augen geschlossen. Später sprach ich einen Wachtmeister an. »Das sind Lumpen. Das sind gar keine Offiziere. Sie haben ihre eigenen Landsleute ermordet. Zudem sind es Schwarzhändler.«* Vater, vergib diesem Mann, denn er weiß nicht, was er redet. Erlöse doch dieses irrsinnige, irregeleitete, arme Volk von dem satanischen Geist. Erlöse uns alle von dem Bösen. Schon vier Jahre wütet der Krieg. Millionen Menschen sind tot, Millionen werden noch sterben. In dieser einzigen Nacht, in Krefeld, hundertzwanzigtausend. Nachts erdröhnt der Sternenhimmel von der Mordwaffe, die unterwegs zum Morden ist. Wir haben es verdient, wir wissen es. Wir handeln nicht, wie Du es uns in Deiner ganzen Liebe gesagt hast. Wir sind Deine*

* Diese drei Offiziere, Mitglieder des OD, waren:
Cornelis L. Kist, 26 Jahre;
Willem 't Hart, 26 Jahre und
Adriaan Cornelis Laurens de Klerck, 25 Jahre.
Sie wurden am 24. Juni 1943 auf der Leusderheide hingerichtet. Kist war einen Monat lang mit Ketten an einen anderen Gefangenen gefesselt.

Feinde, die des himmlischen Vaters, der uns trotz allem immer wieder mit Wohltaten überhäuft. Immer streckst Du Deine Vaterhand zu uns aus, immer wieder stoßen wir sie zurück. Es geschieht uns nur recht! Nun sehen wir, wohin wir ohne Dich gelangen. Jetzt packt das Riesenungeheuer uns mit seinen Klauen, es preßt die Welt wie eine Zitrone aus, das Blut spritzt in alle Richtungen, und Tränen, Tränen ... Gott sei uns gnädig, versuche es noch einmal mit uns, gib uns Frieden.

25. Juni *Es erschienen nicht weniger als drei deutsche »Doktoren«, der eine noch verrückter als der andere. Sie brachten mir noch zwei Patienten: Hertly mit einer Blasenentzündung und Everdijk mit Angina. Es gibt hier jetzt so unendlich viel zu tun. Um 16 Uhr auf einmal große Aufregung im Gefängnis: Morgen um 15 Uhr geht ein großer Transport ab, mit allen Männern, die mit meiner Sache zu tun hatten, bis auf drei. Zu den Dreien gehöre ich! Als sie die Namen aufriefen, dachte ich, Floris, auf geht's. Ich schickte meinen Sanitäter aus, um Informationen einzuholen. Freudig erregt kehrte er zurück: »Sie bleiben noch bei mir, Herr Bakels.« Auch Chris Diters verläßt uns, das ist schlimm. Einige meinten, daß wir drei vielleicht entlassen werden! Ich glaube nicht daran, aber möglich ist alles.*

26. Juni *Der Junge mit der Angina wurde in die Universitätsklinik gebracht. Ich half ihm in seinen armseligen Anzug. Er hatte ein Akkordeon bei sich. Ich wiege 73 Kilo (Anfang November 1942 55 Kilo). Der Transport ging ab nach Amersfoort, von dort aus werden sie weiter verteilt. Wenn etwas unberechenbar ist, dann die Gestapo. Bei dem Transport war auch Koets Sohn dabei, Jan. Ich habe gelernt, daß es bei weitem nicht ausreicht, wenn man sich für seine Mitmenschen abrakkert. Man muß das nämlich so tun, daß sie nicht merken, wieviel Mühe man sich macht, wie müde man ist, wie sehr es anstrengt. Läßt man sie es merken, dann belastet man sie, sie wagen nicht mehr, um etwas zu bitten. Wenn man wirklich nicht mehr kann, muß man aus ihren Augen verschwinden.*

28. Juni *Jetzt liege ich selbst krank im Bett, 38,9°. Der Sanitäter schlug vor, es dem Hauptmann nicht zu melden, denn sonst riskiere ich, daß ich ersetzt werde und meine Stelle los bin. Der vierzigjährige Sanitäter Ittermann, angegriffene Gesundheit, lief mit seinen Nagelstiefeln auf dem Steinfußboden, fiel mit einem dumpfen Aufschlag hin, stöhnte vor Schmerzen, seine Feldmütze lag neben ihm. So unselig, daß es mir die Tränen in die Augen trieb.*

29. Juni *Prinz Bernhard hat Geburtstag. Heute morgen 36,6°, fühle*

mich ganz gut. Ich schlug die Bibel auf und las: »Va, et ne pèche plus« (Joh. 8,11). Deutlicher konnte kein Hinweis sein. Ich stand auf und ging an die Arbeit. Überhäufung, das ist der Fluch dieses Jahrhunderts. Es gibt zu viele Möglichkeiten, es ist alles zuviel, zu groß, zu laut, zu gewaltig. Museen sollten abgeschafft werden: dort ist zuviel, viel zuviel angehäuft. Es ist unmöglich, daß man an einem Morgen auch nur zwei Plastiken von Rodin bis ins letzte Detail erfassen und genießen kann. Stunden um Stunden könnte man ein Werk wie Le Baiser betrachten. Keinem Künstler werden wir gerecht. D'Aquin leidet Qualen, ich habe kein Morphium mehr.

1. Juli *Es war wieder ein deutscher Arzt da, ein stämmiger, etwa vierzigjähriger Mann mit dunklem, wettergebräuntem Gesicht, Schmissen, stahlblauen Augen, einer Uniform voll Gold und Orden. In seinem Kielwasser ein ungefähr siebzehnjähriges Bürschchen in einer weißen Marineuniform, ein gutaussehender Junge mit dunklem, lockigem Haar, frechem Gesicht, umfunkelt von Waffen, Uhren und Instrumenten. Beide korrekt, militärisch, kampflustig, potent. Am Auftreten des Arztes gab es nichts auszusetzen. Bei Gerard stellte er eine Lungenentzündung fest, bei Hertly eine Blasenentzündung. In demselben Maß, wie meine Vitalität und meine physische Kraft zunehmen, wachsen meine Empfindlichkeit für Demütigungen und meine Fähigkeit, zu hassen. Diese Kerle, die gut aussehen und stark sind, liegen bei Frauen, führen Krieg, sind bewaffnet und wehrfähig. Van Hamel, entkleidet, ausgemergelt, wird untersucht. D'Aquin, ein Bild des Jammers, des Schmerzes und Elends, totenbleich, zum Tode verurteilt; Koet, wehrlos, gelähmt, zum Tode verurteilt; van Rijn, voll stinkender Wunden: alle gute Niederländer, deren Heimat hier ist. Ihnen gegenüber zwei vor Wohlstand und Potenz strotzende Tiere. Ich schäumte vor Wut. Wer nie eine Besatzung erleiden mußte, kann es nicht nachempfinden. Den jungen Mann hätte ich stehenden Fußes umbringen können. O Feinde, Feinde! Besatzung! Demütigung! Was tun sie hier? Tod! – Und ich bin genauso dumm, ungelehrig und unchristlich wie alle anderen. Ich erkenne jetzt besser als je zuvor, daß unsere Regierung in England nicht in Amt und Würden zurückkehren kann. Sie kann nicht begreifen, was Besatzung heißt. Deshalb wird sie uns nicht begreifen können. Hierher gehören Männer, die alles von Anfang bis Ende durchlitten haben. Es tut sich eine gewaltige Kluft zwischen uns und den alliierten Mächten und Regierungen auf, die sich im Kampf befinden. Sie wissen nicht, wie es um uns steht. Das machte schon das sinnlose Gerede und die unverantwortliche Hetze von Radio Oranje*

aus London deutlich. Ich möchte Gott um Vergebung bitten, daß ich leichtfertig vom rechten Weg abgewichen bin. Wir haben mit einem Wachtmeister ein Gespräch über die Bombardierung von Städten geführt. Sie sind fassungslos, daß jetzt auf einmal in ihrem eigenen Land etwas vom Krieg zu merken ist.

2. Juli *Ich bekomme hier Aufträge von verschiedenen Patienten, die für Frau und Kinder bestimmt sind im Falle, daß sie einmal abgeführt werden sollten. Ununterbrochen Pillen ausgeteilt, Urinflaschen und Bettschüsseln untergelegt, Injektionen und Klistiere verabreicht, beim Waschen geholfen, Essen ausgeteilt, Verbände angelegt, Wunden gesäubert, Temperatur gemessen. Auf medizinischem Gebiet fange ich langsam an, etwas zu verstehen. Wieder zwei neue Ärzte. Weshalb bekomme ich denn keine Briefe mehr von Dir? Neffe Jan meint, daß Dich Deine Gefangenschaft sehr vorsichtig gemacht hat: Du wagst es nicht mehr, illegal zu schreiben.*

3. Juli *Ich verfluche es schon lange, diesen dreckigen, braunen Kittel mit dem roten Kreuz anziehen zu müssen. Wenn der Sanitäter mich jetzt sieht, salutiert er ganz korrekt und sagt: »Guten Tag, Herr Bakels« und »Auf Wiedersehen, Herr Bakels«. Es ist uns jetzt gelungen, täglich die Nachrichten vom BBC Home Service zu bekommen! Dreitausend Ärzte sollen nach Amersfoort abgeführt worden sein, weil sie sich geweigert haben, bei der Sterilisation von Juden mitzumachen. Auf meinem Tisch liegt jetzt ein schwerer, glänzender Perkussionshammer. Bevor wir zu essen anfangen, blicken mich fünf Augenpaare erwartungsvoll an. Dann ergreife ich den Hammer und befehle: OREMUS. Seltsam.*

4. Juli *Lukas 8, 39: »Retourne dans ta maison et raconte tout ce que Dieu a fait pour toi.« Ganz »zufällig« führt mich Gott immer wieder zu dieser Stelle. Ein Gefangener kam zu mir, der mir erzählte, daß seine Frau ihn nicht mehr liebt und sich von ihm scheiden lassen will. Er liebt sie aber immer noch und glaubt, eine Versöhnung in einem Gespräch mit ihr zustande bringen zu können. Ich schrieb also für ihn ein Gesuch an den Kommandanten. Große Diskussionen über religiöse Themen. Genau das droht einzutreffen, wovor ich mich selbst so oft hüten wollte: Gott ist gut genug für uns, wenn wir in Not sind, und uns an ihm festklammern können, aber wenn es uns wieder relativ gut geht, lassen wir Ihn los. Wir haben vorausgesehen, daß dies noch viel größere Ausmaße annehmen wird, wenn überall wieder Friede und Eintracht herrschen werden. Wir waren uns einig, daß es zwei Wege gibt, diese Erkaltung und Abschwächung zu verhindern: 1. dadurch, daß wir uns*

regelmäßig in die grauenhaften Geschehnisse zurückversetzen, die wir hier gesehen haben, und uns ins Gedächtnis rufen, daß diese Opfer nicht umsonst gewesen sein dürfen und 2. dadurch, daß wir uns regelmäßig in die Einsamkeit zurückziehen. Pascal sagt, daß zweierlei den Menschen daran hindere, zu Gott zu kommen: sein Stolz und seine Lust. Mit letzterem bin ich nicht ganz einverstanden. Doch eigentlich führt nur ein Mönch das richtige Leben, aber ein verheirateter Mönch mit Kindern.

5. Juli *Regelmäßig habe ich jetzt Lustträume, manchmal onaniere ich. Den ganzen Tag quälte mich das Gefühl, daß ich in meinen Sünden ersticken müßte. Gott sei Dank, daß es Jesus gibt, was sollte ohne Ihn aus mir werden? Der Mann mit der Ehescheidung bekommt vielleicht einen Tag Urlaub, diese Sache läuft also gut. Koet vertieft sich in die Vorstellung, wie man ihn, den Gelähmten, töten wird, wenn ihm keine Gnade gewährt wird. Er glaubt, daß sie es nicht wagen werden, einen bettlägrigen, wehrlosen Mann kaltblütig abzuknallen. Er vermutet, daß sie ihn mit einer Spritze erledigen werden. Im Ersten Weltkrieg haben die Deutschen in Belgien eine englische Krankenschwester, Miss E. Cavell, zum Tode verurteilt und erschossen, weil sie englischen Soldaten zur Flucht verholfen hat. Diese Greueltat versetzte damals die ganze Welt in Bestürzung und bewog Tausende, sich freiwillig zu verpflichten. Jemand nannte dies eine der dümmsten Taten der verhaßten Deutschen. Ich verstehe nicht, daß dies damals einen solchen Aufruhr hervorrief. Jetzt nehmen Greueltaten wie diese kein Ende, und alles wegen weitaus geringfügiger »Vergehen«. Das Zum-Tode-Verurteilen hat in unserem Alltag schon seinen festen Platz eingenommen. Soeben kam der Mann zurück, dessen Frau sich scheiden lassen will. Er hat einen unbarmherzigen, schrecklichen Brief von ihr bekommen, den ich lesen durfte: ob er ihr bitte die Freiheit zurückgebe. Er ist ganz kaputt.*

6. Juli *Ich, ich, ich, immer wieder ich, wer bin ich eigentlich? Was macht es aus, ob ich traurig bin? Wenn es Dir nur einigermaßen gut geht, meine Liebste. Wer weiß, wo Du bist! Ich weiß es nicht, ich weiß nichts, überhaupt nichts. Ich stelle Fragen, Fragen, Fragen und erhalte nie eine Antwort. Schreib! Bitte schreib! Ist vielleicht etwas Furchtbares geschehen? Die Kriegsführung nimmt immer gigantischere Ausmaße an. Uns fehlt jeder Überblick. Welche Abmachungen haben die USA und die UdSSR getroffen? Deutschland kämpft für England gegen Rußland? Wo werden Revolutionen aufflammen? Und welche? Wann setzt Deutschland Gas gegen England ein? Geht das französische Volk zugrunde? Wird Amerika uns Indien zurückgeben?*

Holla! Man kommt mit der Nachricht, daß ich morgen früh um 8.00 Uhr auf Transport gehe. *Das muß ich erst verarbeiten. Ich hatte schon eine Vorahnung. Ich brauche Zeit, um nachzudenken.*
*Ich habe meine Sachen zusammengepackt und Abschied genommen. Wohin soll es gehen? Möglichkeiten: Amersfoort und Vught. Die Lager sollen in letzter Zeit verbessert worden sein. Oder Scheveningen. Oder Wolvenplein Utrecht (schlecht, NSB). Oder Haaren bei 's-Hertogenbosch. Oder auch: ein Gefängnis, ein Konzentrationslager, eine Fabrik in Deutschland. Müssen wir jetzt an Gottes Schutz und Gnade zweifeln? Jetzt, wenn nach acht Monaten wieder Neues auf mich einstürmen wird, hält Gott mich fest an der Hand. Er hat sich mir zugewendet. Meine Stimmung ist natürlich sehr bewegt. Gott spricht: »Hier ist nun nichts mehr für dich zu tun. Jetzt verlassen wir diesen Ort und gehen fort, dorthin, wo du es besser haben wirst. Vertraue auf Mich, Ich bin dein Hirte, nichts wird dir mangeln.« Ich erhielt alle meine Habe; mein Schlüsselbund, wann werde ich all diese Schlüssel wieder gebrauchen können? Hier sind sie: unsere Haustür, zwei Garagentüren, Rollschrank, Wäscheschrank, Geldschrank, Büroeingangstüre, Bürofahrradtür, Bürotresor. Und der Schlüssel vom Elternhaus. O Schlüssel! Gott, nun wird es doch zuviel für mich. Die Zeit hier ist für mich vorüber. Dein Bild steht in der leuchtenden Abendsonne oben auf dem offenen Koffer. Es spricht zu mir. Wie stolz bin ich auf Dich, wie glücklich bin ich mit Dir! Wir hatten ein Abschiedsessen: Aal, Makrele, Erdnußbutter, Butter, Beeren, Pflaumen und ein Päckchen Proviant und Shag für unterwegs. Sie sind sehr niedergeschlagen, weil ich gehe, stehen mehr unter dem Eindruck als ich. Werde ich sie je wiedersehen?**
Wir haben verdunkelt, beide Lampen brennen, ich sitze am Tisch und rauche. Nun gebe Gott mir die Kraft, Dir in meinen schönsten Worten zu schreiben. Morgen trete ich eine Reise mit unbekanntem Ziel an.

* Das Todesurteil gegen W. J. M. J. d'Aquin, geboren 1904, wurde in fünfzehn Jahre Zuchthaus umgewandelt. Durch überzeugende Schauspielerei hatte er seinen Sachbearbeiter davon überzeugt, daß er zum Nationalsozialismus bekehrt worden sei! Er kam nach dem Krieg zurück in die Heimat.
Gerard Anton van Hamel, geboren 27. Oktober 1911, starb am 19. Juli 1944 (nicht am 20., wie manchmal berichtet wird), an meinem Geburtstag im Revier von Natzweiler, krank und ausgemergelt. Seine letzten Worte waren: »Jungen, jetzt bin ich dieses ganze Elend los – bald. Haltet durch!«
Karel Reinier Koet, geboren 1894, wurde am 20. März in Dortmund mit dem Fallbeil umgebracht. (Im Scheveninger Gefängnis hatte man ihn, den Gelähmten, achtzehn Tage ohne jede Pflege gelassen.)
A. C. Th. van Rijn, geboren 1913, wurde am 29. Juli 1943 auf der Leusderheide hingerichtet.

Vielleicht geht es zum Binnenhof, und ich bin nach einem kurzen Verhör frei. Aber vielleicht geht es in ein deutsches Konzentrationslager oder in eine Munitionsfabrik nach Deutschland. Das scheint furchtbar und gefährlich, aber im wesentlichen bleibt sich alles gleich. Wie wunderbar war Gott zu uns, diese ganze Zeit. Habe vieles wieder gelesen, was ich geschrieben habe, ich bleibe dabei. Gott gibt alle Kraft, die wir brauchen, das ist bewiesen. Er weiß besser als wir, was gut für uns ist. Keine Sekunde zu früh, keine Sekunde zu spät bricht unser Tag an. Steh all denen bei, die Hilfe brauchen, sei eine Christin. Sei gut. Sei immer ohne Furcht. Ich komme durch. Gott hat es mir versprochen, es wird in Erfüllung gehen. Wenn Du Sorgen hast, dann bete und lies in der Bibel. Sie zeigt Dir immer – immer – einen Ausweg. Werde im Glauben nicht schwach, halte ihn fest. Laß Dich durch nichts und niemanden irremachen, was immer auch geschieht: Gottes Führung und Plan durchkreuzen alles und stürzen um, was im Wege steht. Er vermag alles! Und nun wollen wir zusammen beten:
»Wir danken Dir für alles, was Du uns in diesem Gefängnis gegeben hast. Wir wissen nicht, wieso wir es verdient haben. Wir erniedrigen uns vor Dir und bitten Dich um Vergebung. Gott, gib Frieden! Lehre uns, schöne Früchte aus uns wachsen zu lassen. Sei mit allen, allen. Gib allen Glauben, vernichte den Teufel. Morgen fahre ich. Reise mit uns mit. Gib uns die Sicherheit, daß uns nichts ohne Deine Billigung geschehen wird. Vollziehe an uns Deinen liebevollen Plan. Gib uns die Kraft, daß wir von ganzem Herzen beten: Dein Wille geschehe. Ich besitze einen kostbaren Schatz. Beschütze sie, vermehre ihren Glauben, die Hoffnung und die Liebe. Halte sie an der Hand, Vater, ich kann nicht für sie sorgen, nur beten. Ich übergebe sie Dir, Vater. Du hast gesagt, daß Du uns alles, was wir in Jesu Namen erbitten, geben wirst. Wir bitten Dich im Namen Christi: vereinige uns zur rechten Zeit, geläutert und gebessert. Amen.«

Ich nehme Dich in meine nun starken Arme. Ich bin bei Dir, immer. Hab keine Angst: Der Allmächtige selbst ist mit uns. Er sorgt und wacht. Wir sind sicher. Einmal kommt der Tag. Ich liebe Dich.

Utrecht, den 6. Juli 1943 *Dein Mann Floris*

In Fesseln Etwas später als meine Schicksalsgefährten von der Leeuwengarde, nämlich am 7. Juli 1943, nicht weniger als ein halbes

Jahr nach dem Prozeß, wurde ich aus Utrecht weggebracht, zusammen mit Joop Been, einem kleinen, älteren Mann, der oft so traurig lachte. Man kettete uns mit Handschellen aneinander, ihn links, mich rechts. Unsere Eskorte bestand aus Landesverrätern, die sich als niederländische Polizisten aufspielten. Es war Juli, aber wir beide trugen Wintermäntel und lächerlich schlotternde Anzüge, hatten Hüte auf und Hemden an, die schmutziggrau waren.
Mit einem Wagen wurden wir zum Utrechter Bahnhof gebracht. Dort erregten wir am Bahnsteig einiges Aufsehen. Natürlich wird man uns unsere Bestürzung und Fassungslosigkeit angesehen haben, nach acht Monaten Gefängnis! Schmerzliches Wiedererkennen: Verkehr, Menschen, Lärm, Häuser, Frauen, Mädchen, Türme, Bahnhof, Bahnsteige, Züge. Wohin geht die Fahrt?

Die zwei Schalkhaarders – das waren sie mit Sicherheit – räumten ein Abteil, setzten uns hinein und nahmen uns gegenüber Platz. Schalkhaarders sind Polizeifunktionäre, die »in deutschem Geist« geschult und umgeschult wurden, in einer speziellen Ausbildungsschule, die Ende 1940 in einer alten Kaserne zu Schalkhaar untergebracht worden war. Kurzum: unpatriotische Polizisten, Verräter. Wir brachten kein Wort heraus. Nur einmal lächelten Joop und ich uns zu. Der Zug fuhr in Richtung Amersfoort, hielt dort, wir mußten aussteigen. Danach war uns alles klar. Wir gingen über den Bahnsteig, die Menschen wichen scheu zur Seite.
Da sah ich ihn. Er stand auf dem Bahnsteig: Jan de Ranitz, einer meiner ältesten Freunde, einer meiner Freunde aus dem Klub. Ich gab ihm ein Zeichen des Wiedererkennens, er erkannte mich auch, starrte mich durchdringend an, folgte uns mit seinen Blicken, starr, entsetzt, während wir weitergingen, zwischen zwei Landesverrätern, wieder auf dem Weg ins PDA.
Im PDA wurden wir mit vielen anderen in einer neuen Steinbaracke untergebracht. Unsere Kleidung konnten wir behalten. Wir bekamen keine Nummern, arbeiteten nicht, taten nichts. Es hieß, daß wir bald abtransportiert würden.

Konzentrationslager Natzweiler

10. Juli 1943–2. September 1944

Nacht und Nebel Für den Transport von etwa achtzig Holländern aus Amersfoort mit unbekanntem Ziel stand ein Schnellzug bereit, als ob es sich um eine alltägliche Reise handelte. Für uns hatte man allerdings einen besonderen Waggon angehängt. Die Eskorte aus SS-Offizieren und Grüner Polizei fiel nicht zu unangenehm auf. PDA-Kommandant Heinrich in höchsteigener Person fuhr ebenfalls mit. Wir saßen auf Bänken wie gewöhnliche Reisende. Wir bekamen zu essen. Es war der 9. Juli 1943. Zu unserem Transport gehörte auch Häftling Nr. 1400 aus dem PDA, der in Amersfoort schon einen üblen Ruf gehabt hatte. Es hieß, daß es sich bei ihm um einen holländischen SSler oder einen NSBer handelte, der wegen des einen oder anderen Vergehens im KZ gelandet sei. Während der Fahrt sprang dieser Mann wiederholt von seinem Platz auf, lief durch die anderen Abteile, kam dann wieder zurück. Er fiel durch seine Rastlosigkeit auf. Nach einiger Zeit kam er in unser Abteil, hielt sich an der Gepäckablage fest, beugte sich vornüber und redete auf uns ein. Er sagte: »Ich habe mit dem Transportführer gesprochen. Wir fahren in ein Lager irgendwo in den Vogesen. Ihr arbeitet dort in Steinbrüchen.« »Ihr? Und du nicht?« »Es ist ein übles Lager, ein NN-Lager.« »Was soll das heißen?« »NN heißt Nacht und Nebel, eure Familien erhalten keine Nachricht, wo ihr seid, es gibt keine Verbindung mit Zuhause mehr. Ihr werdet spurlos verschwinden.« »Ihr? Und du?« »Ich nicht. Der Transportführer hat mir gesagt, daß ich als einziger Holländer das NN-Lager in den Vogesen überleben werde.« Unsere Gedanken überschlugen sich: Der ist total verrückt geworden – NN-Lager, das hört sich schlecht an, ja – Steinbrüche – die Vogesen, das ist westlich von Straßburg, in Frankreich, spurlos verschwinden – er nicht – er hat mit der SS gesprochen – da stimmt etwas nicht – wir müssen vor ihm auf der Hut sein.
Provokateure, Verräter, Spitzel, Zinker waren im Gefängnis und im KZ keine Seltenheit, vor allem unter den BVern oder Grünen waren

sie zu finden. Siehe auch E. Kogon ›Der SS-Staat‹, der viele Beispiele dafür liefert. SSler sollen sogar als Häftlinge verkleidet im Lager gewesen sein, um Mitgefangene auszuhorchen. Dafür ließen sie sich sogar kahlscheren. Im allgemeinen war es nicht schwierig, diese Schurken als solche zu identifizieren; sie waren zu dumm, um es geschickt anzustellen. Durch den ›Lagertelegrafen‹, das heißt die Mund-zu-Mund-Berichterstattung, wurde jeder sofort vor ihnen gewarnt. Im allgemeinen war es moralisch nicht nur erlaubt, sondern sogar geboten, sie zu liquidieren. Was auch geschah.
Übrigens war es von Nr. 1400 außergewöhnlich dumm, sich so bloßzustellen. Er hatte das Unglück, krank zu werden. Im Revier wußte man sich Rat mit ihm...

Tatsächlich fuhr unser Zug, nachdem er eine Nacht auf dem Bahnhofsgelände von Mannheim gestanden hatte, am 10. Juli nach Westen, über den Rhein, durch eine Hügellandschaft in ein sanft ansteigendes Gebirge: die Vogesen. Es war eine prachtvolle Landschaft, sie erinnerte mich an unsere Schweizer Ferienreisen. Heinrich machte uns liebenswürdig auf schmale Flüsse aufmerksam, auf Bauernhöfe, Fabriken – »ist jetzt alles deutsch«. Wir passierten kleine Bahnhöfe, ohne anzuhalten, der Zug schlängelte sich langsam schaukelnd durch ein Tal, am Bahnhof Schirmeck vorbei. Er bremste. Bahnhof Rothau. Der Zug hielt.
Auf dem Bahnsteig sahen wir SS, das Gewehr im Anschlag. Vor dem Bahnhof standen mehrere kleine Lastwagen. Unsere Begleiteskorte stieg aus, der Transportführer sprach laut mit einem SS-Offizier ohne Hurra-Mütze, aber mit einer Bergjägermütze. Papiere wurden überreicht und begutachtet. Auch an der Seite des Zuges, dort, wo kein Bahnsteig war, hatte man SS postiert. Wie immer brauchten die Deutschen endlos lange, um die Papiere durchzusehen. Vornübergebeugt starrten sie darauf. Sie fuchtelten mit ihren behandschuhten Händen herum, unterhielten sich schreiend. Sie standen stramm, salutierten...
Dann, ganz plötzlich, verwandelten sich die Deutschen wieder in Moffen. Halsüberkopf mußten wir aus dem Zug und durch eine Absperrung von bewaffneter SS mit Hunden. »Los Mensch, los, los, schneller, immer dalli dalli dalli, los, los...« Im Laufschritt, gestoßen und getreten, rannten wir zu den Lastwagen, die hinten mit einer Plane bedeckt waren. In die Wagen wurden wir hineingestoßen und -geprügelt, bis für niemanden mehr, außer einem SS-Mann, Platz

war. Die rückwärtige Plane wurde heruntergelassen und nahm uns jede Sicht. Dann sprang der Motor an, und der Wagen machte einen Satz nach vorne, wir flogen gegen den SS-Mann, der brüllte, fluchte, stieß uns zurück. Zweiter, dritter, vierter, dritter, zweiter Gang. Anscheinend ging es steil bergauf, durch Haarnadelkurven. Der Fahrer fuhr rücksichtslos, in jeder Kurve flogen wir durch das Wageninnere. In unseren Ohren knackte es.

Höher und höher. Auch an meinem Pulsschlag spürte ich, daß der Höhenunterschied etliche hundert Meter betragen mußte. Niemand sprach ein Wort. Wir klammerten uns aneinander. Zweiter, dritter, vierter Gang – die Fahrt wurde verlangsamt, der Fahrer schaltete wieder zurück, wütendes Hundekläffen in der Ferne, näher, ganz nah, laute Stimmen. Der Wagen hielt. Die Plane wurde zurückgeschlagen. Der SS-Mann sprang hinaus. Zahllose weitere SS-Leute mit Hunden an der Leine umstanden unseren Wagen, die anderen Autos, die ankamen und kamen…

Und dann wurden wir unter Flüchen und Gebrüll in das KZ Natzweiler getrieben, geschlagen, geprügelt – wie Vieh in den Schlachthof.

Nummer 4381 Die »Empfangszeremonie« war wesentlich infamer als die in Amersfoort ein Jahr zuvor. Ich begriff: Dies ist ein tödliches KZ. Nackt ausziehen, alles außer Brillen und Prothesen abgeben. Haare, auch Achsel- und Schamhaar rasiert mit uralten Rasiermessern und stumpfen Klingen, die Haare ausrissen und Verletzungen verursachten. Lysol drüber, Lagerkleidung: Lumpen, die ein Hemd, eine Unterhose darstellen sollten, eine Jacke, eine Hose (keine gestreiften Anzüge), Fußlappen, Holzschuhe. Zwei rote Dreiecke mit einem gestempelten H, auch zwei Fetzen mit einer Nummer; meine war 4381. Dreiecke und Nummern mußten wir selbst annähen, auf die linke Brustseite der Jacke und das rechte Hosenbein, mitten auf den Schenkel. Unsere Anzüge hatte man mit breiten roten Farbstreifen markiert, auf dem Rücken hatten wir ein Kreuz, links und rechts davon das NN, und ebenfalls ein NN vorn auf den Schenkeln.

Diese Formalitäten, die sich stundenlang hinzogen, wurden von dem üblichen Gebrüll, den Faustschlägen, Hieben mit dem Knüppel und von Tritten begleitet. Wir erkannten einander nicht oder nur mit Mühe wieder. Zutiefst unglücklich, unsere Köpfe fleckig geschoren, das rasierte Fortpflanzungsorgan brennend von Lysol, Unterwäsche mit Rissen und Löchern, die Jacke zu eng, zu kurz, die Hose zweimal zu weit, zweimal zu kurz, ohne Gürtel, um sie zu halten; mit den Lumpen so gut wie möglich die Füße umwickelt, stolpernd in den viel zu kleinen, meist kaputten Holzschuhen, hasteten wir zum Appellplatz, wo man uns das Exerzieren beibrachte: »Häftlinge – stillgestanden! Mützen – ab! Die Augen – links! Augen – gerade-aus! Mützen – auf! Korrigieren! – Rührt euch!« Bis an ihren Tod werden sich die Ex-Konzentrationslagerhäftlinge an dieses tausendmal gehörte, wahnsinnige Ritual erinnern.

»Häftlinge – stillgestanden!« Die Tausende von Holzschuhen, Schuhen oder welcher Fußbekleidung auch immer, mußten mit einem heftigen Ruck aneinanderknallen. »Die Augen – links« »Die Augen – links«, aber »Augen – rechts«. Wenn man »die« hörte, wußte man demnach schon etwas früher, daß nicht nur auf die Augen, sondern auf den ganzen Kopf ein Linksruck zukam. Doch geschah es trotzdem, daß einige Köpfe unverbesserlich rechtsherum gerissen wurden. Das konnte böse Folgen haben.

»Augen gerade–aus!« Nicht nur die Augen, sondern wieder der ganze Kopf nach vorne gewandt, mit leerem Blick. »Mützen – ab!« Der rechte Arm ruckt mechanisch in die Höhe und in einer Sekunde wieder herunter, die Mütze in den verkrallten Fingern.

»Mützen – auf!« Das war ein außergewöhnliches Kommando. Die Mütze mußte mit einem Ruck wieder auf dem Kopf landen, wie auch immer: gefaltet, zerdrückt, schief, das war unwichtig. Wehe dir, wenn sie herabfiel.

Und dann: »Korrigieren!« Mit einer menschlichen Gebärde durfte man jetzt die Mütze, den schmutzigen Fetzen, ordentlich aufsetzen. Dafür ließ man uns einige Sekunden.

Zum Schluß: »Rührt euch!« Doch weitere Bewegung, ein weiteres Sich-Rühren war keinesfalls gestattet.

Viele von uns kannten das alles schon aus Amersfoort, aber hier in Natzweiler ging es sofort gnadenlos brutal zu. Wehe denen, die hier das deutsche Exerzieren noch lernen mußten... Nach stundenlangem Stehen und Üben und Hinlegen-auf! wurden wir zum massierten Abendappell getrieben.

Durch das Tor, weit vor uns, sahen wir die Außenkommandos einmarschieren: Marionetten, gespenstisch in ihrer riesigen Anzahl, Hunderte von nackten Köpfen dem Schutzhaftlagerführer zugekehrt, den kleinen Finger an der Hosennaht, die Arme nicht an die Schenkel gepreßt, sondern mit den Beinen mitschwingend: »Links zwo drei

vier, links zwo drei vier« – endlose Kolonnen, dazwischen blutige Köpfe, schmutzige Verbände, einige trugen einen Häftling über der Schulter – ein schaudererregender Gespensterzug aus einer anderen Welt. Und als letzte Kolonne … die Wespen.
Männer, deren Anzüge nicht rot markiert waren, sondern gelb. Überall. Von oben bis unten mit horizontalen, gelben Ringen eingefärbt. Nicht einer von ihnen war unverletzt. Viele hinkten. Blutflecke auf der Hose, vor allem auf den Schenkeln, hinten, und auf den Armen. Blut im Gesicht, auf den geschorenen Köpfen. Viele auf den Schultern ihrer Kameraden. Sie marschierten nicht, es war ein krampfhaftes Stolpern. Wir hörten dort vorne das dumpfe Dröhnen der Knüppel.

Nach dem Appell erhielten wir Instruktionen von unserem Blockältesten, dem Wiener Kommunisten Franz Gutmann. Er gab uns Anweisungen, was wir tun und unterlassen müßten, um hier eine Überlebenschance zu haben. Er informierte uns über die Hausordnung des Blocks, das Aufstehen, Waschen, Essen holen, »Betten bauen«, das Verhalten, wenn die SS eintrat, welche Arbeitskommandos es gab usw. Jemand fragte: »Herr Blockältester…«, und erhielt darauf die gutmütig gemeinte Antwort: »Du Idiot, bist wohl verrückt geworden, was? Franz heiße ich, verstanden?« »Also Franz…« Er fragte, was es mit den wie Wespen markierten Häftlingen auf sich habe. Schweigen. Dann sagte Franz, daß dies ein neu angekommener Transport Maquisards, französischer Widerstandskämpfer, sei, zum größten Teil Kommunisten aus Marseille und Umgebung. Mehr sagte er nicht. Kurz darauf hörten wir, daß der gesamte Transport innerhalb von sechs Wochen »fertiggemacht« werden sollte. Und das ist auch gelungen.
Todmüde fühlten wir uns und elend, als ein Mann, der nicht geschoren war, bekleidet mit einem makellosen Zebraanzug, bei unserem Blockältesten erschien. Mit angespannter Aufmerksamkeit sah er sich um, er tat sein Bestes, einen freundlichen Eindruck zu machen. Er sprach niederländisch! »Ich bin Wim Roessingh, einer von bisher drei Holländern hier in Natzweiler. Willkommen! Zusammen werden wir das Beste daraus machen. Kopf hoch. Nicht auffallen. Im richtigen Augenblick dasein oder nicht dasein, das ist von größter Wichtigkeit. Befolgt alle Regeln aufs genaueste. Wer stiehlt, der geht sofort drauf. Ich hoffe, daß ich die erste Zeit jeden Abend kurz vorbeikommen kann, um mich umzuhören. Im Moment droht eine große Ge-

fahr. Ihr habt die Franzosen gesehen, gelb markiert. Ich arbeite im Krankenrevier, ich habe Beziehungen. Wir wissen noch nicht, wie sie die Holländer behandeln werden. Hoffentlich wie die Norweger, nicht wie die Franzosen. Ich bemühe mich, es herauszufinden. Jetzt muß ich gehen. Haltet durch.« Wim erschien uns wie ein Engel des Lichts, ein von Gott gesandter Bote. Der erste menschliche Halt in dieser Hölle.

Wim Roessingh durfte mit seiner Familie, der es auch erlaubt war, Pakete zu schicken, korrespondieren. Wim hat für mehrere von uns, auch für mich, etwas fertiggebracht, wofür wir ihm ewigen Dank schulden: Er gab in einem Code, in diesem Fall in einem Kryptogramm, seiner Familie die Namen von Schicksalsgefährten weiter und zwar so geschickt, daß die (glücklicherweise strohdumme) Zensur nicht dahinterkam. Die Familie, in diesem Fall Wims Mutter, beschäftigte sich also mit der Auflösung dieser Rätsel; in den Briefen aus Natzweiler wurden Orte, Vorfälle, Personen genannt, aus denen abgeleitet werden konnte, welche Holländer noch in Natzweiler saßen und wie ihre Familien zu erreichen waren, um sie zu verständigen. Manche Stellen verlangten großen detektivischen Spürsinn, doch fast immer fand man die Lösung.
Dieses Rätselraten wurde im Krieg in großem Umfang betrieben, von Gefangenen in den verschiedenen Gefängnissen und Konzentrationslagern und von Familienangehörigen, sei es auch durch illegale, nicht verschlüsselte Briefe. Die ›Heimatfront‹ hatte alle Hände voll zu tun. Eltern, Ehegatten, Brüder und Schwestern, Kinder spannten ein Nachrichtennetz über die Niederlande. Auch meine damalige Frau hat sich damit intensiv befaßt. So sollte meinen Worten »Frau Keukenhof braucht sich überhaupt keine Sorgen zu machen« entnommen werden, daß Gräfin van Lynden in Keukenhof vom guten Zustand ihres Sohnes in den Scheveninger Zellenbaracken verständigt werden sollte.

Als wir auf unseren Pritschen lagen, dem nächsten Tage voller Angst entgegensahen, ging plötzlich das Licht wieder an. Stimmen, Poltern. In der Türe stand Wim, sichtlich erregt, aber mit einem breiten Lächeln. »Morgen geht ihr alle zum Steinbruch, mit den Norwegern, nicht mit den Franzosen. Gute Nacht.«

Nicht mit den Franzosen – nicht mit den Franzosen – so gaben wir es weiter von Pritsche zu Pritsche. An diesem Abend im Block 10 wurde es uns deutlich: Wir waren in ein lebensgefährliches KZ geraten. Damit verglichen war das PDA ein Kinderspiel gewesen. Am nächsten Morgen rückten wir zusammen mit Hunderten anderer Häftlinge aus, in den Steinbruch.

Meine »Karrière« in Natzweiler

11. Juli bis 3. August 1943	Steinbruch (französisch: carrière!)
3. bis 17. August	Schonung (Weberei wegen Phlegmonen am rechten Bein; Operation)
17. August bis 29. Oktober	Steinbruch
29. Oktober bis 3. November	Revier (Grippe)
3. bis 8. November	Schonung (Weberei)
8. November bis 8. Dezember	Revier (Phlegmone am linken Bein, Operation)
8. Dezember bis 21. Januar 1944	Schonung (Weberei)
21. Januar bis 13. März	Revier (Lungenentzündung, Phlegmone)
13. März bis Ende April	Schonung (Weberei bis zu deren Auflösung)
Anfang Mai bis Anfang September	Effektenkammer

Meine Tagebuchpapiere vom 10. Juli bis zum 8. November sind verlorengegangen. Danach gab ich sie wöchentlich meinem Freund Con Broers mit, der die Möglichkeit hatte, sie zu verbergen. Kurz vor unserer Evakuierung versteckte ich alles über dem Hahnenbalken von Block 10.
Bald nach der Befreiung, Anfang Juni 1945, schrieb ich dem Bürgermeister von Natzweiler und bat ihn, jemanden zu Block 10 zu schicken, um meine Tagebuchpapiere zu holen und sie mir zuzusenden. Ich fügte einen genauen Grundriß bei.
Recht bald darauf bekam ich von einem französischen Offizier, der Richter an einem Militärgericht in Straßburg war, die Nachricht, daß man die Papiere gefunden habe und sie mir per Kurier zusenden werde.
Tatsächlich dauerte es nicht lange, und ein französischer Kurier für

den diplomatischen Dienst erschien, um mir das ausgezeichnet erhaltene Päckchen mit den Papieren in aller Form zu überreichen.

Die Wespen Für die Gruppe der französischen Widerstandskämpfer (Gaullisten und Kommunisten) aus Marseille, von uns Wespen genannt, ist ein besonderes Kommando eingerichtet worden. Jeden Tag rücken sie zu sehr steilen, schlammigen Halden aus, die direkt vor dem Tor liegen. Auf dieses Kommando richtet sich das besondere Interesse von SS und Kapos. Die SS führt abgerichtete Polizeihunde mit sich, an der Leine. Die Hunde jaulen, sie reißen ihr Maul auf, die Ohren sind gespitzt. Den Franzosen werden Schubkarren ausgehändigt. Die müssen sie in Rekordzeit mit Steinen füllen. Dann im Laufschritt auf die Halde, über den schlammigen Pfad. An diesem Weg stehen ihre Mörder. Ausrutschen, Straucheln. Schubkarren kommen ins Schlingern, kippen um. Steine rollen bergabwärts. Auf die nachkommenden Franzosen. Sie rempeln sich an. Die Franzosen fluchen »merde«. Knüppel werden erhoben, sausen nieder, auf – nieder.
Die SS läßt die Hunde von der Leine, sobald wieder ein Franzose mit seiner grausigen Fracht bergauf rennt. Die Hunde knurren, reißen Fleischstücke aus den Schenkeln und dem Gesäß der bergauf wankenden Franzosen. Einige, die in den Schlamm gefallen oder unter den Schlägen zusammengebrochen sind, taumeln die Böschung hinunter. Unten: die Stacheldrahtsperre. Dahinter: ein Wachturm, darauf ein Maschinengewehr, dahinter ein SS-Mann. Kurz rattert das Maschinengewehr: wieder ein Franzose auf der Flucht erschossen, wieder ein Sonderurlaub für den Schützen dort oben.
Der Schlammpfad ist jetzt von roten Flecken und Pfützen übersät, die rostbraun werden. Wer bewußtlos zusammenbricht, wird auf ein kleines Plateau neben den Halden geworfen. Er arbeitet nicht, also wird er später auch nicht essen.
Wenn das Kommando am Abend einrückt, dann tragen die Lebenden die Toten und die Halbtoten auf ihren Schultern. Auch diese müssen beim Appell zugegen sein, sie liegen in langen Reihen hinter den Stehenden, den Wankenden.
Nach dem Appell tragen die Franzosen ihre noch lebenden Kameraden die Granittreppen hinunter zu ihrer Baracke, die von einem besonders dichten Stacheldrahtzaun umgeben ist. SS-Leute und Kapos sorgen dafür, daß dies in rasendem Tempo vor sich geht: Regelmäßig wird das zum Schlachten bestimmte Vieh hinterrücks über die Trep-

pen hinuntergetreten. Es ist verboten, Franzosen ins Revier aufzunehmen, auch, ihre Verletzungen in der Baracke zu behandeln. Die großen, blutenden Wunden werden sofort infiziert. Das rote Blut hört langsam zu fließen auf, der gelbe Eiter tritt an seine Stelle. Im Eiter erwacht Leben. Maden ernähren sich davon. Es kommt vor, daß sich Franzosen, nach den ersten Tagen absichtlich zur Stacheldrahtsperre rollen lassen. Wieder eine Sonderration und drei Urlaubstage für den Schützen. An Sonntagen trieben Zeuss – welch ein Name! –, ein SS-Mann von außergewöhnlicher Brutalität, ein echter Killer, und Ehrmannstraut, der Fernandel genannt wurde, auf einer Terrasse im Lager ihr Unwesen unter den französischen Widerstandskämpfern. Es wurde exerziert: hinlegen – auf, und die Knüppel hämmerten auf Rücken, Lenden und Köpfe. Systematisch wurden Schädel eingeschlagen. Sollte einer von ihnen dieses Inferno überlebt haben, dann wäre es ein Wunder. Später habe ich erfahren, daß im Schutze der Dunkelheit allabendlich eine Mannschaft des Revierpersonals zum französischen Block schlich, um die am übelsten zugerichteten Häftlinge im Waschraum mit Kaliumpermanganat und Dermatolpuder zu behandeln. Es waren: Fritz Leo, Gert Nales, Wim Roessingh, George Jarosz, Georg Kielczewski und Dalibor Broft. Leo hatte es ermöglicht, indem er den SS-Arzt Rohde auf eine eventuelle Epidemie im Block und im ›Wespenkommando‹ hinwies, die sich auch auf die SS-Mannschaft ausbreiten könnte. Später wurden alle Kranken und Verwundeten ins Revier aufgenommen (es waren damals schon einige dort versteckt). Die meisten von ihnen starben dort.

Fertig Man könnte ein Handbuch über das Schlagen schreiben. Über Menschen, die Menschen schlagen. Über die Gesichtszüge des Sadisten. Über das Geräusch eines Knüppels, wenn er auf Fleisch und Knochen trifft. Über die gespenstischen Laute, die der Geschlagene von sich gibt. Über seine Bewegungen. Gibt es vielleicht doch Vorfälle, die jenseits jeder Beschreibung liegen? Die Arm- und Schulterbewegungen eines Sadisten, der zuschlägt und immer wieder zuschlägt, sind schaudererregend. Das Schlagen verläuft durch die Augen über das Innere des Kopfes fast sichtbar zum Gehirn, überträgt sich von der Schulter zum Arm, dem meist sehr muskulösen Arm, einem lebendigen Baumstamm, der mit dem toten Knüppelholz verlängert wird. Erst sind die Bewegungen noch an den Menschen gebunden, ist Schlag für Schlag noch als einzelner Vorgang erkennbar. Doch dann setzt die Verwandlung ein: Der Mensch wird zur Maschine. Der Sadist verwandelt sich in eine Maschine, die durchdreht und nicht mehr zum Stehen kommt.

Der Arm hebt sich, die Schulter hebt sich, die Schulter fällt, der Arm saust mit dem verlängerten Arm, dem Holzende herunter. Hinauf, hinunter, hinauf, hinunter, viele Male. Das Geräusch von Holz auf Mensch verwandelt sich in das schmatzende, nasse Geräusch von Holz in Mensch, in Fleisch, in Muskeln, in Organe. Aus dem kleinen Rot wird ein riesiges Rot, ein Rot, das alles überflutet. Überall Blut. Die Maschine schlägt weiter, immer weiter, kennt kein Anhalten mehr. Die Schreie sind schon längst verstummt. Das Schlagen hat sich verselbständigt, ist zu einer eigenständigen Bewegung geworden. Eine systematische Übung um ihrer selbst willen. Der persönliche Charakter dieser Handlung – ein Mensch ermordet einen Menschen, dort – geht verloren. Die Muskelmaschine zermalmt, zerhackt Fleisch. Sie ist zu einer Fleischerei geworden.

Wenn die Muskelmaschine keinen Treibstoff mehr hat, dann steht sie still. Langsam nimmt sie wieder eine menschliche Gestalt an. Die eines Mörders.

Fertigmachen nannte das der Mof.

Ernst Jager Nach dem Morgenappell formieren sich die Arbeitskommandos von Natzweiler. Das größte, das Steinbruchkommando mit rund tausend Mann, stellt sich am oberen Weg, nahe beim Tor auf. Es sind Hunderte von Häftlingen in Fünferreihen, das große rote NN am Rücken. Beim Tor steht SS, zu Dutzenden, mit Karabinern und Schäferhunden an der Kette. Die Kapos hasten die Reihen entlang, schlagen und stoßen, um allen ›Vordermann und Seitenrichtung‹ einzubläuen. Befehl: »Häftlinge – stillgestanden! Vorwärts – marsch!« Die Kolonne marschiert aus der Umzäunung. Dort steht der Schutzhaftlagerführer. »Die Augen – links!« Hunderte kahle Köpfe werden linksherum gerissen – sie grüßen den Herrscher. In gleichen Abständen fügt sich SS mit Gewehren und Hunden zur Kolonne, die scharf nach links biegt, den Weg hinauf zum Steinbruch: rechts hohe, nackte Hügel, links ein Wald und eine Schlucht; kleine, abgesonderte Häftlingsgruppen schleppen die Brotkisten mit. Der Weg steigt steil an, bis zum Schlachtfeld muß man ungefähr zwanzig Minuten gehen. Jetzt ist Sprechen erlaubt, ohne aufzufallen natürlich. Die meisten werden von zu großen Schmerzen, von zuviel Angst gequält, um noch zu reden. Einige wissen, daß dies ihr letzter Tag auf Erden ist: Sie sollen ›fertiggemacht‹ werden.

»Golgatha«, sage ich leise zu Jan Koet, der neben mir die Anhöhe hinaufsteigt. Aber Jesus war unschuldig, wir sind schuldig, wenn auch nicht dem Mof gegenüber. Und Er war fast alleine, und wir sind zu Hunderten. Und Er stieg den Berg hinauf zu Seiner Ermordung, wir werden den heutigen Tag vielleicht überleben. Und wenn all dies nicht wahr ist – Jesus steigt mit uns mit.

Noch gefährlicher als Kapo Jack Schreuder, der Sittlichkeitsverbrecher mit seinem rosa Dreieck auf der Brust, war Kapo Ernst Jager. Jager war ein Grüner, ein Berufsverbrecher. Seine Konstitution war die eines Hafenarbeiters – und das schien er auch einmal gewesen zu sein. Während der Arbeit im Steinbruch, im Sommer 1943, trug er nur eine Hose. Sein Boxeroberkörper mit obszönen Tätowierungen glänzte vor Schweiß. In seinem kahlrasierten, muskulösen Kopf lagen zwei Rosinen dort, wo man Augen vermutete. Wenn die Arbeit im Granit, mit Spitzhacken und Schaufeln und Loren auf der Schmalspur anfing und um den Steinbruch Postenketten aufgezogen worden waren, trat Jager in Aktion, einen abgebrochenen Spatenstiel in seiner mordlustigen Hand. Ernst Jager eilte den ganzen Tag an den hackenden, Steine losrückenden, schaufelnden, Wagen beladenden Häftlingen vorüber und sorgte dafür, daß sie arbeiteten. Jager hat viele im Steinbruch fertiggemacht. Aber Arie van Soest nicht. Und das ist eine höchst merkwürdige Begebenheit. Denn Arie war der einzige, von dem ich mit Sicherheit weiß, daß er sich physisch einem unserer Henker widersetzt hat. Außer Spitzhacken, Schaufeln und Loren benötigte man für die Arbeit im Steinbruch auch große Hammer. Arie, bis aufs Blut gereizt, erhob einen Hammer und griff Jager an. Dann hörte ich den dröhnenden Schlag von Eschenholz auf Wirbelsäule. Arie lag, ich sah es von der Seite, über den Gleisen der Schmalspurbahn zwischen den Loren, und Jager setzte seine Riesenkraft ein, benutzte dabei energisch und rhythmisch den Spatenstiel. Arie begann zu schreien. Arie schrie über die Trümmer, den Stahl, den Granit, das Steinfeld, die Halden hinauf, in die Schlucht, in den Himmel. Bis Ernst wieder seinen Rundgang aufnahm, dumpf brüllend: »Ihr sollt arbeiten! Ihr sollt die Loren laden!«

Vergaß Ernst absichtlich oder zufällig, Aries zusammengeschlagenen Körper auf die Lore mit Granit zu werfen und ihn mit den Steinen in den Abgrund zu stürzen? Denn normalerweise tat er das in einem

solchen Fall. Wahrscheinlich hatte er für Arie keinen offiziellen Befehl.
Eine Woche später schien es, als ob auch mein letzter Tag im Steinbruch angebrochen sei. Am Morgen war Nebel aufgekommen, nichts Ungewöhnliches in Natzweiler. Wir hatten zum Appell antreten müssen, waren zu den Hallen marschiert und dort eingeschlossen worden. »Postenketten einziehen!« schrie draußen eine Stimme durch die Nebelschwaden.
Stundenlang saßen wir in den Hallen und warteten. Um zwölf Uhr wurde die Portion verteilt, zwei glitschig-braune Brotscheiben. Ich saß neben der leeren Brotkiste. Dahinter lag vor sich hindösend Ernst Jager, in seinen Armen einen kleinen polnischen Prominenten, schätzungsweise dreizehn Jahre alt. Der Polenjunge war zwischen Ernst Jagers Beinen tätig und wurde schmatzend abgeküßt.
Zu Mittag verzog sich der Nebel, und wir rückten wieder aus. Ich hatte am ganzen Körper Wunden. Ich wurde zu einer Lore eingeteilt. »Ihr sollt die Lore laden! Aber schnell!« hatte Ernst gebrüllt. Wie alle anderen, so war auch ich so schnell wie möglich zu dem Werkzeughaufen gestolpert, um eine kleine Schaufel auszusuchen, nur keine von den großen, neuen! Mit ein paar anderen belud ich die Lore mit kleineren Granitbrocken. Mein Rücken begann zu brennen, meine Arme wurden lahm, meine Knie zitterten, nur kurz ausruhen – da spürte ich, wie mir die Schaufel entrissen wurde, und ich roch Schweiß und Parfüm. Das Ungeheuer Jager stand neben mir, die Rosinen auf mich gerichtet. »Du kommst mit.« Aus dem Werkzeughaufen holte er eine neue, schöne Schaufel, eine große. Wir gingen zurück. Dann ganz leise, fast höflich: »Und jetzt lerne ich dir arbeiten.« Die volle Schaufel war mit den verfluchten Steinen fast nicht vom Boden zu heben. Fünf Mal ging es gut. Dann fiel vom Rand der Lore die Hälfte der Steine herunter. Und sofort danach wurde ich in meinen Lenden entzweigeschlagen. Und noch einmal. Und noch einmal.
Danach entfernte sich Jager, stark schwitzend, mit unheilvollem Versprechen für den kommenden Tag.

Am nächsten Tag hatte ich Todesangst. Als wir zum Steinbruch hinaufstiegen, hörte ich: »Und fürchtet euch nicht vor denen, die den Leib töten und die Seele nicht töten können.« Und ich hörte: »Warum hast du Angst? Glaubst du denn nicht?« Ich aber glaubte, »fertiggemacht« werden zu sollen. Gott wollte mich wohl darauf vorbereiten.

Ernst hielt mich für einen Staatsanwalt, seinen Erzfeind. Er konnte einen Staatsanwalt nicht von einem Rechtsanwalt unterscheiden. Ich machte mich an die Arbeit. Ich sah ihn aus der Ferne herüberspähen. Er hatte mich nicht vergessen. Er kam auf mich zu. Mit ihm näherte sich Jesus Christus. Ein Gedanke stieg in mir auf: »Was kann mir dieser Mann antun? Was kann er gegen Gott, seinen Schöpfer ausrichten? Dies ist ein Menschenkind, wie ich, aber vom Teufel besessen. Dieser Mann vermag nichts, wenn Gott ihm keine Macht verleiht. Ich brauche mich nicht vor ihm zu fürchten. Ich muß für seine Befreiung beten.«

Ich legte die Arbeit nieder und wartete ab. Viele Steinbrucharbeiter legten ebenfalls die Arbeit nieder und sahen herüber.

Jager stellte sich vor mich hin und brüllte etwas, wahrscheinlich: »Du sollst die Lore laden, Mensch!« Ich weiß nicht mehr genau, was ich zu ihm gesagt habe. Ungefähr dies: »Es ist nicht recht, daß du mich wie einen Feind behandelst. Wir sitzen alle in einem Boot und müssen einander helfen. Du siehst, daß ich diese Arbeit nicht mehr bewältigen kann. Du bist nicht auf der Welt, um mich zu schlagen, sondern, um mir zu helfen.«

Das war der Anfang einer Diskussion, die eine Stunde dauerte. Jager legte eine fast tierische Stumpfsinnigkeit an den Tag. Unter anderem fragte er mich, was das Wort Freund bedeutete; was verstand man darunter?

Nach Verlauf dieser Stunde – reichten wir uns die Hand. Ernst wischte sich Stirn und Nacken ab – es war glühend heiß – und ging weg. Von da an ließ er mich in Ruhe.

Wer dies als Beweis übermenschlicher Tapferkeit anführt, den muß ich aus diesem Traum reißen. Es ist keine falsche Bescheidenheit, wenn ich sage, wie es ist: Dies ist ein deutliches Beispiel der Macht, die Gott einem Menschen in Not, der an Ihn glaubt und Ihn um Hilfe bittet, verleiht. Die Engel hatten mich umstanden.

Bordelle Unmittelbarer Herrscher über uns war der Blockälteste, ein Häftling, der für Ordnung, Ruhe und Sauberkeit, für die Essensausgabe, das Antreten zum Appell usw. in seiner Baracke verantwortlich war. Der Blockälteste war ein mächtiger Mann. Oft war er ein deutscher oder österreichischer Kommunist, seltener ein Berufsverbrecher. Das machte im wahrsten Sinne des Wortes einen lebenswichtigen Unterschied aus.

Der Blockälteste hatte in der Baracke eine Ecke für sich abgetrennt. Dort empfing er seinen Stubenältesten, die Stubendienste, seine Freunde und Freundchen, oft vollgefressene Polenjungen (auch einige jugendliche Holländer wurden eingeladen, ›Freundchen‹ zu werden; meines Wissens wurde darauf nie eingegangen).
Diese Ecken glichen abends, nach der Essensausgabe, kleinen Bordellen. Es wurde geflüstert, unnatürlich gekreischt, gesungen, geturtelt. Manchmal waren die Glühbirnen rosa verhüllt. Es hingen Bilder an den Wänden, auf den Tischen lagen Deckchen. Immer standen Dosen herum, Marmeladendosen und Schüsseln mit ›übriggebliebenem‹ Essen, Suppe, Brei. Auch Brotportionen konnte man dort finden. Manchmal drangen Back- und Bratendüfte zu uns. Es waren Schlangengruben.
Zuweilen erschien ein SS-Mann auf seinem Kontrollgang. »Achtung!« wurde gebrüllt. Jeder schoß augenblicklich hoch, sprang aus dem Bett, ließ alles Unerlaubte verschwinden. In zwei, drei Sekunden standen alle regungslos und totenstill in strammer Haltung. Gehorsamst meldete der Blockälteste seinem Vorgesetzten die Zahl seiner Sklaven. Dann wurde der Blockälteste zum Prototyp eines echten Sklaven. Gut genährt, den kahlen Kopf glänzend, das Kinn rasiert, die Kleidung tadellos in Ordnung, Dreiecke und Nummern deutlich sichtbar, Schuhe – ja Schuhe! – geputzt, kerzengerade strammstehend, brüllte der Sklave seine Antworten heraus, seinem Herrn ins Gesicht. Der dann, sichtlich befriedigt, großmütig ausrief: »Weitermachen!!«

Weber Nach der ersten Revierperiode (vom 29. Oktober bis zum 3. November wegen schwerer Grippe) erhielt ich auf unbestimmte Zeit wieder Schonung. Im PDA hieß das Kartoffelschälen, in Natzweiler – Weben. Ich wurde in der Weberei zum Weber als würdiger Nachfahre meiner mütterlichen Textilfamilie aus Twenthe.
Nach jedem Morgenappell versammelte sich eine große Gruppe stampfender, händereibender, hinkender und nasetropfender Häftlinge – Ausschuß –, schlurfte durch den Schnee zum Schonungsblock und setzte sich dort an urzeitliche Holzwebestühle; andere nahmen auf Bänken Platz, die an der Wand standen. Was taten sie, was taten wir?
Nie kam Licht in diese Angelegenheit. Ein Berg billigen, gefärbten Leinenabfalls lag da. Wer an den Wänden saß, schnitt den Abfall mit

uralten Rasiermessern in Streifen und brachte davon immer wieder den Webern Vorrat. Diese webten daraus eine Schnur, einen Streifen minderwertigster Qualität. Wir machten uns weis – aber vielleicht war es wirklich so –, daß das Leinen aus abgeschossenen Flugzeugen stammte und daß die Bänder zu Tragebändern für Fallschirme umgearbeitet werden sollten. Es machte uns Vergnügen, diesen Gedanken zu verfolgen, weil es ein guter Grund war, die Streifen so notdürftig wie möglich zusammenzuheften, so daß die Bänder beim geringfügigsten Druck oder Zug reißen würden. In Gedanken sah ich bereits Fallschirmjäger aus ihren Flugzeugen springen und wie Steine zur Erde sausen. Das war von christlichem Denken weit entfernt.
Der Weberei-Kapo war Max, ein Berufsverbrecher, der seinen Vater umgebracht hatte. Max hatte das Gesicht eines Clowns, sah aus wie Grock, aber er war hinterhältig und durchtrieben. Wenn er nicht in seiner Ecke mit seinen Freundchen saß, raste er tobend herum und kontrollierte uns. Wer sich allerdings beim Weben angestrengt hatte und lange Streifen vorweisen konnte, der verdiente sich ein Butterbrot dazu.
Beim Zerreißen und Zerschneiden des Leintuchs entstanden Staubwolken, die sich mit dem Gestank von uns Häftlingen vermischten. Wenn es in dem Raum voll hustender Männer unerträglich wurde, stürzte sich Max auf alle Fenster an einer Seite und riß sie auf. Die auf der gegenüberliegenden Seite ebenfalls. Dann trieb schneidender Winterwind Schneeflocken herein, er fegte in jede Ecke, während Max ausrief: »Ihr sollt euch mal richtig warmarbeiten, was, ihr faulen Mistviecher!« Einigen wurde es nach ein paar Stunden im eiskalten Wind tatsächlich sehr warm, aber nicht vom Arbeiten.
Doch war ich dankbar für die vielen Wochen in der Weberei. Man konnte dort ruhig seinen Gedanken nachhängen, während sich das Gewebe an der Rückseite des Webstuhls immer weiter herausschlängelte.

Intellektuelle sind wehleidig Mein Tagebuch, geschrieben im Revier:

8. November 1943 *Hatte fünf Tage Schonung. Habe gebettelt, wurde von der Treppe zurückgeprügelt. Drei Tage lang sehr gelitten, nackter, geschwollener Fuß. Kein Mantel. Eisiger Wind bei den Appellen, ich wurde getragen. Ich könnte jeden Moment alleswegen heulen.*

Sterbe vor Hunger. Am 8. November nach Gebet aufgenommen. Operation, Gott sei Dank unter Narkose, ich zählte bis dreiundvierzig. Danach bewußtlos. Wach geschlagen, Herzklopfen, Schmerzen, Kotzen. Viel Eiter. Habe jetzt Krücken. Otto Verdoorn kommt, spricht, tröstet mich. Draußen liegt Schnee, die Zimmerdecke ist weiß, der Ofen brennt. Ich denke jetzt oft an unsere vertrauten Dinge, dann ergreift mich die Schwindsucht, ich schwinde weg, es ist viel zu mächtig. Soeben verbunden, auf dem Weg zum Abort ausgerutscht mit meiner Krücke, alles wieder offen. Ich liege und wimmere, werde angebrüllt. Beleidigung, Hartherzigkeit, Unrecht. Gott, wie lange läßt Du noch mit Dir spotten? Christus, laß mich nur leiden für Dich, für Dich, für Dich. Gib nur, ich nehme es auf mich, ich füge mich zu den Tausenden von Märtyrern, die für Dich leiden. Gib nur, es ist himmlisch.

9. November *Alles jetzt und hier ist ein Maximum an Haß, Hartherzigkeit, Zynismus, darauf aus, den Menschen mit Haßbazillen zu infizieren, bis er endgültig verdorben ist. Nur tapfer durchhalten. Ich war nicht tapfer. Ich hatte Todesangst. Ich bin hier, um Angsthaben zu verlernen und Lieben zu lernen.*

10. November *Wieviele Männer auf Erden mögen an diesem zehnten November 1943 warm und sicher im Bett liegen? Gestöhnt wird hier und vor Schmerzen geheult. Welche Opfer wird Gott noch von uns verlangen? Auch das letzte? Sollte ich es fürchten? Nein.*

11. November *O Gott, sei mir Sünder gnädig. Ich kann nur noch so beten. Mir geht es wieder schlecht, sehr schlecht, wütendes, schreiendes Verlangen nach Dir, nach Liebe, warmen Worten, Wärme, Ruhe und Schönheit. Ich schreie wie ein Hirsch nach Wasserströmen. Todesfurcht kommt hinzu, daß ich hier sterben muß. Wo bleibe ich? Wo ist mein Glaube? Außerdem, warum Angst vor dem Tod? Mir fehlen die Worte. Aber wenn ich nicht schreibe, ersticke ich, möchte ich lieber sterben. Ich muß. Blau funkelnde Kristalle, grüne Wasser, perlende Klavierkonzerte, so sanfte Tiere, Silber und Holzfeuer, rosa, orange, und Düfte.* Und bergeweise herrliches Essen.

13. November Holland: *Schneetreiben über der Nieuwe Maas in Rotterdam. Die Fähre nach Charlois holterdiepoltert über die Eisschollen, kreischende Möwen schwärmen um den Schornstein. Der graue Qualm der Häfen treibt unter den niedrigen grauen Wolken. Ganz in der Ferne, der langgezogene, dumpfe Seeruf eines Amerikaschiffes.*

Holland: *Oktobernachmittag. Gelbrote Nebelsonne über den Poldern von Südholland. Ablaufendes Wasser in Gräben wie Spiegel:*

Eine Kette rasselt in einem Gemüseprahm, weiße Ziehbrückchen tragen den Namen des dahinter geduckt liegenden Bauernhofes: ›Julianahoeve‹. Krähen in den kahlen Weiden. Schnell rattert eine Spielzeugeisenbahn in der Ferne: unterwegs in die erleuchtete, große Abendstadt. Man erkennt – weit weg – ihre Silhouette. Aber hier: der Herbsttraum, der schwarze Hund auf dem Weg – und drüben laden sie Milchkannen auf.

Holland: *Der Südweststurm hat es sichtlich auf unsere Küste abgesehen. Kaum kann man sich auf den Beinen halten am Scheveninger Hafendamm, die Kleider schlagen bösartig um die Beine, man schmeckt Salz. Es ist noch nicht ganz dunkel. Unten im Hafenbecken erheben sich schwarze Wasserberge, verwehter, tobender Schaum. Hinter uns: die Sturmbälle, über dem Hafenamt aufgezogen. Weit ins Meer hinausgewagt: das grüne Feuer, das rote Feuer, fast immer von Sturzseen verschüttet.*

Über allem huscht unerschütterlich, beschützend in regelmäßigen Abständen der geräuschlose Strahl des Leuchtturms.

Holland: *Uralte, träumende, man könnte sagen sterbende Stadt an der Zuiderzee: weil Sterben so einsam, erhaben, romantisch ist. Alle Giebelhäuser schlafen. Ruhig träumen sie, es ist Abend. Hier und da Lichtspalten an Fenstern, dort wohnen ruhige, unbekannte Menschen. Die Türe eines Cafés klirrt, fällt hinter jemandem zu, der heute abend noch nach Amsterdam zurück muß. Dort fährt er, mit seinem kleinen Ford. Jetzt herrscht Stille, alle gehen schlafen. Nur ein Fenster, im Hafenamt, leuchtet katzenaugengrün über den versandeten Hafen.*

Holland: *Im Sommer am Damm neben den Flüssen. Links, hinter dem Deich, lieblich weiß in Blumengärtchen: kleine Häuser, deren Dächer gerade noch über den Weg zwinkern. Auf dem gewundenen Damm Fahrradfahrer, Milchautos und lebensgefährliche Autobusse. Rechts: der holländische Fluß, den immer, immer Kähne mit tiefliegenden Anhängern aufwärtsbefahren. Auf der gegenüberliegenden Seite befinden sich Werften, man kennt sie in der ganzen Welt. Es donnert und rattert unaufhörlich. Und immer wieder, überall: die weiten Polder unter dem gewaltigen Himmel.*

Ich wußte früher nie, was Vaterlandsliebe eigentlich ist…

17. November *Doktor Leo, der Häftlingsarzt, war hier. Wieder für vierundzwanzig Stunden sicher. SS-Leute auf Besuch. »Schön heruntergekommen! Wie fühlen Sie sich?« Menschlichkeit von dieser Seite!*

20. November *Ich habe hier Platos ›Georgias‹ auf Französisch, wie ist das nur möglich? Er sagt: Jemand, der seinen Hunger stillt, verliert*

gleichzeitig eine Lust und eine Unlust: Eßlust weg, Hungerunlust weg. Und: Sterben ist das Scheiden von Geist und Körper. Und: Nach dem Tod wird man nackt gerichtet. Und: Es gibt wichtigere Dinge als das Leben.

23. November *Arzt sagt: »Der kommt zum Verbinden.« Eine neue Eiterbeule an meinem Fuß. »Du bist ein echter Muselmann.« Kleine Inzision. Doch um Narkose gebeten. »Intellektuelle sind wehleidig.« Ich zählte bis fünfundfünfzig. Dann weg. Vierte Operation. Diskussion auf dem Operationstisch zwischen Leo und mir über das Neue Testament. Aus eigener Kraft ins Bett zurück. Viel gestöhnt, viel geweint, glühender Wundschmerz.*

24. November *Leo machte alle und jeden wegen seiner Rasierseife verrückt. Ich mit dem operierten Fuß: »Alles raus, los, los, antreten!« Er hatte den Lagerkoller. Zeitung gelesen: »Heldentod – das geliebte Vaterland – Soldatenschicksal – stolze Kriegswitwe« usw. Wie könnte dieses Heldentum verlocken! Romantik. Moffenromantik.*

25. November *Heute morgen Verband. Zwei nette Löcher in meinem Fuß, dadurch ein Drän. Das Gesundwerden ist sowohl erfreulich als auch beängstigend: hier wieder fort.*

3. Dezember *Verlegt. Ich liege jetzt zwischen Norwegern und Franzosen. Wir beschreiben einander unseren normalen Arbeitstag, früher. Meinem norwegischen Nachbarn Thorson bringe ich jetzt Niederländisch bei.*

4. Dezember *Fast zwei Liter Grützsuppe mit Fleisch gegessen, wie dankbar ist der Magen. Der Bauch wird wieder zu einer Festung, hinter der man sicher ist, keine Rumpeltrommel mehr wie auf Rembrandts ›Anatomie‹.*

7. Dezember *Ich wiege jetzt siebenundfünfzig Kilo, das geht noch. Neben mir liegen: ein Geschichtsdozent aus Oslo, ein Lehrer aus Cherbourg, ein Student aus Béthune, ein Student aus Christiansand, ein Bauer aus Luxemburg, ein Bauer aus Nieuw-Amsterdam, ein Arbeiter aus Leningrad und ein Ingenieur aus Paris. Ruhig atmend liegen sie alle da und denken an Zuhause. Sie warten auf die Schüssel Eintopf um zwölf Uhr. Warum diese Idiotie?*

8. Dezember *Entlassen, nicht genesen. Schonung. Weberei. Großer neuer Transport Holländer.*

Ich verließ das Revier nach genau einem Monat. Die frostige Gesellschaft draußen... Inzwischen war ein großer Transport Holländer angekommen, viele vom OD. Mein eigener Transport vom Juli 1943 hatte vor allem aus »gewöhnlichen Leuten« bestanden. Diese zweite Gruppe war ganz anders zusammengesetzt: Offiziere, hohe Beamte, Juristen, einige Geschäftsleute, Studenten usw. Die Atmosphäre bei den Holländern veränderte sich. Mein neuer Blockältester war Hermann Kobold.

Josef Ulč Eines Abends hatte man mich gemeldet: Meine »Schuhe« waren schmutzig in einem Schrank vorgefunden worden. Unser tschechischer Stubenältester Ulč ließ mich, wahrscheinlich auf Befehl von Kobold, als Strafe auf einem Schemel hocken mit einem zweiten Schemel auf meinen ausgestreckten Armen. Ein komischer Anblick für alle Anwesenden, eine sehr peinliche Situation für mich. Con, der hereinkam, um ein Porträt nach einem Foto von Ulčs Tochter zu Ende zu zeichnen, sah mich so sitzen und bekam einen Wutanfall. Er nahm Foto und Zeichnung in beide Hände und tat so, als wolle er sie zerreißen. Er befahl dem Tschechen, mich laufen zu lassen oder von beidem bliebe kein Papierschnitzel mehr übrig. Das wirkte Wunder. »Hau ab, Mensch«, brummte Ulč, und ich schlich wie betäubt davon, zum Schlafraum. Kurz darauf erlebte ich eine noch größere Überraschung. Der Tscheche hatte eine Geige. Er holte sie und spielte für uns ganz ausgezeichnet – Chopin.

Kobold Der Blockälteste, später sogar Lagerälteste Hermann Kobold verdient besondere Aufmerksamkeit. Dieser Kommunist, Metzger aus Düsseldorf, war nicht von der schlechtesten Sorte. Ab und zu bekam er den Lagerkoller, rollte die Augen, spuckte fast die Luftröhre aus und raste mit dem Knüppel herum, ohne von ihm allerdings intensiven Gebrauch zu machen.
Monate später, als ich selbst »prominent« geworden war, suchte Kobold manchmal meine Gesellschaft. Er schien wirklich verrückt zu sein, aber dennoch war er ein Idealist und ein Mann von Charakter. Er mühte sich wiederholt ab, mich von den Segnungen des Kommunismus und vom teuflischen Wesen des Kapitalismus zu überzeugen. Er ging dabei so geschickt zu Werke, mit soviel Überzeugungskraft, daß ich manchmal von seiner Weltanschauung beeindruckt wurde. Sein stärkstes Argument war: »Wo bleiben denn deine Freunde, die Engländer und Amerikaner? Wo bleibt deine Invasion? Die kapitalistischen Imperialisten kommen erst, wenn die Russen, die Soldaten

der Roten Armee, die kapitalistischen Nazi-Faschisten in die Pfanne gehauen haben, bestimmt nicht früher. Die Anglo-Amerikaner lassen sich nur blicken, um Bomben auf Frauen und Kinder zu werfen, sonst sehen sie zu, wie die kommunistischen und faschistischen Armeen sich gegenseitig ausrotten, das hoffen sie jedenfalls. Wenn dann wir Deutschen und die Russen auf dem letzten Loch pfeifen, dann rücken sie an. Zwei Fliegen mit einer Klappe. Aber wir Kommunisten werden die Faschisten zermalmen, täusch dich nur nicht!« Und noch später behandelte Kobold mich betont freundlich. Damals fand das denkwürdige Gespräch statt: »Erinnerst du dich, wie ich dich einmal als Blockältester habe verprügeln lassen?«
»Natürlich, Hermann, ich fand es hundsgemein, ich konnte schon nicht mehr.«
Seine Stimme wurde schrill, Lagerkoller im Anzug. »Als ich sah, daß du nicht mehr konntest, habe ich dich laufen lassen, Mensch!«
»Ja doch.«
»Nun hör mal zu. Ich sitze jetzt zehn Jahre hier, ich bin ein alter Lagerhase. Ich sehe, wer Überlebenschancen hat und wer nicht. So wie du damals beisammen warst, hattest du die besten Aussichten, durch den Kamin zu gehen. Aber ich habe auch gesehen, daß du die Möglichkeit hattest, hier einmal lebend rauszukommen. Und deshalb, mein Freund, habe ich dich kräftig gepiesackt. Ich wollte dich aus deinen Träumereien aufwecken, Mensch. Du warst in großer Gefahr. Meinetwegen bist du jetzt nicht mehr in einer solchen Gefahr, verstanden?«
Nein, der Kobold war nicht von der schlechtesten Sorte.

Aus meinem Tagebuch:

Gelderland *Gemächlich führt die alte Straße mit ihrem Klinkerpflaster ins Dorf. Aber noch sind wir nicht da.*
Weiter wandern wir auf dem festgetretenen Pfad unter den Linden auf der rechten Seite: hellgrünes Sommerlaub. Warm ist es und voller Duft. Auf der herben, verblühten Maidornhecke wiegt sich nun ein weiß und rosa blühendes, hinaufkletterndes Windengewächs. Durch Öffnungen in der Hecke wird der Acker sichtbar: Männer arbeiten dort – hellblaue Arbeitshemden, braunverbrannte Strohhüte – schwarz ist die Erde, in langen Reihen wachsen hellgrüne Pflänzchen vor orangefarbenen Blumentöpfen, die auch neben den Gewächshäusern aufgestapelt sind.

Ein schwarz-weiß geflecktes Hündchen rennt kläffend vom Herrn zum Knecht und wieder zurück. Im Graben unter der Hecke scharren Hennen; mit übertriebenem Kakelspektakel und staubigem Flügelgeflatter stieben sie fort.

Das Rattern der Milchkannen auf dem alten Ford, der aus der Provinzstadt zurückkehrt, ist noch zu hören und eine kreischende Kreissäge, irgendwo hinten im Schuppen der Zimmerleute, und von Zeit zu Zeit das lebendige Rauschen des Lindengrüns über uns: wenn eine Sommerwindböe die Glöckchen der Winde wiegt und das Läuten des fernen Kirchturms herüberweht.

Es ist sehr warm. Deine nackten, braunen Beine schreiten fröhlich aus. Ein kurzer, weißer Rock und ein rotes Band in Deinem braunen Haar. Unter Deinen Achseln ist es feucht, und auf Deinem Hals sitzt ein Marienkäfer, schwarz-oranges Panzertierchen. Sitzen lassen!

Wir sind, so scheint es mir, jetzt wohl im Dorf angelangt. Karren rattern vorüber, und Bauern radeln, auf die Lenkstange gelehnt, langsam vorbei, mit weitabstehenden Manchester-Holzschuhbeinen. Eine Tankstelle, daneben ein Manufakturgeschäft mit dem Namen ›Annie‹, in dem rosa Schlüpfer für dreiundsechzig Cent verkauft werden. Und dann ein Möbelgeschäft, in dem Möbelliebhaber Plüschlehnsessel kaufen können, braungrau bezogen, und Sitzmöbel und grellgrüne Federbetten.

Wir aber suchen einen Bäcker. Hier! Ein Schaufenster aus Kupfer, Marmor und geschliffenen Scheiben, und welch ein Duft drinnen! Man schneidet für uns kleine, rundliche, weißbestäubte Brötchen auf und bestreicht sie mit Landbutter, belegt sie mit butterartigem Käse; sie kosten sieben Cent.

Wir verlassen das Dorf. Die Hitze hat den Himmel hellweiß gefärbt. Drüben bei dem alten Gitter, dort, wo zwei Pferde unter Kastanienbäumen stehen, wollen wir rasten. Das Tor, mit verrostetem Draht verschlossen, schwankt. Die Butter zwischen den Brötchen ist geschmolzen. Zögernd treten die Pferde zu uns, da stehen sie, rotbraun. Schnuppernd strecken sie die Köpfe vor, mit ihren hellen Schweifen peitschen sie durch die Luft, die flockige Haut zittert. Breitbeinig steht eines da, den Kopf abgewandt – aber es blinzelt doch zu uns herüber, mißtrauisch. Das andere läßt sich gerne von Dir kraulen, unter seinem haarigen Kinn.

Und der Sommer ist süß und sanft und so warm.

Bettler Eines Abends im Winter – unaufhörlich fällt senkrecht der Schnee – war uns ungewöhnlicher Lärm im Block der Luxemburger aufgefallen. In Natzweiler waren sie die Großkapitalisten. Es handelte sich um Häftlinge zweiter Stufe, ihre Köpfe waren nicht geschoren, ihre Kleidung war in Ordnung, sie bekamen Pakete von ihren Familien, Bauernfamilien, und arbeiteten in den besten Kommandos. Die Luxemburger bekamen Brote, Speck, Würste von ihren Frauen, und dieser Speck zeichnete sich schon in ihren Körperrundungen ab. An diesem Abend war eine Ladung Pakete für die Luxemburger eingetroffen, und wir rochen schon von weitem den Bratenduft durch den Schneevorhang. Wie von selbst ging ich dem Duft nach. Da drinnen sah es wie in einem Gasthaus aus, einem Café, aus den hellen Fenstern schallte Musik über die Schneefläche.
Ich war nicht der einzige, der dort die Stufen zum Barackeneingang hochstieg. Einige Schatten standen schon dort, die Hände in den Taschen, von einem Bein aufs andere tretend oder die Arme dem Lärm und dem Bratenduft entgegengestreckt. Ich stieg noch eine Stufe höher und sah die gestreiften Kapitalisten hin- und herlaufen mit ihren Töpfen und Paketen und Tellern im Abendlicht. Ich stand ganz oben auf der letzten Stufe, als zwei Luxemburger in der Türe erschienen, um Luft zu schnappen und eine Zigarette zu rauchen – nach dem vielen Essen; direkt vor mir drangen die anderen Schatten vor.
Das Lachen und Unterhalten schlug in Schimpfen und Fluchen um. Ich wurde zurückgestoßen und stolperte die Granittreppe hinunter in den Schnee.
Und plötzlich wurde ich in meine Mutter versetzt. Ich sah meinen Sohn dort liegen, zusammengekrümmt. Im Schnee sah ich einen Bettler und Ausgestoßenen. Ich war es nicht, es war meine Mutter, die weinte – über den Hunger, die Armut und die Schande.

Weihnachten 1943 Es wurde Weihnachten in Natzweiler. Die Deutschen gaben uns wahrhaftig einen Tag frei. Wir wurden nicht gequält, bekamen anständig zu essen, erhielten einige russische Zigaretten, Marke Bregawa, und in einer Baracke stand … ein Weihnachtsbaum, unter dem wir »Stille Nacht« singen durften. Zeigte dies eine unerwartet rührend-gütige Seite der Deutschen? Ich glaube eher, daß diese Vorstellung zu ihrem dämonischen Spiel gehörte. Wie dem auch sei, wir befanden uns alle in gehobener Stimmung. Gerard van Hamel (der an meinem Geburtstag, dem 19. Juli 1944, umkom-

men sollte) las uns die Weihnachtsgeschichte aus einer organisierten Bibel vor und sagte anschließend ein Weihnachtsgedicht auf. Danach wollte ich allein sein.
Heimlich trat ich mit meinen kostbaren Zigaretten hinaus, in den hohen Schnee. Es war eiskalt, am Himmel funkelten schon Sterne. Die Sonne war aber vor noch nicht langer Zeit untergegangen, und im Westen leuchtete es noch dunkelrot. Ich ging hinunter, zur Terrasse neben dem Krematorium. Dahinter erhoben sich riesige Wälder. Man hatte von dort einen wundervollen Blick über das Tal. In der Niederung hingen violette Nebel. Als ich dort in der Einsamkeit stand, eine Zigarette anzündete und langsam wieder zu meiner eigenen Sphäre fand, begannen ganz weit unten im Dunst, im verborgenen Tal, die Kirchenglocken zu läuten.
Kurz darauf erschien mir im Norden, dort wo die Niederlande liegen, ein gewaltiges, silbernes Kreuz am Himmel. »Das Volk, das in Finsternis saß, hat ein großes Licht gesehen und die da saßen am Ort und Schatten des Todes, denen ist ein Licht aufgegangen.«
Es war keine Einbildung. Es war Wirklichkeit. So wahr mir Gott der Allmächtige helfe.
Aber unter dem Datum des zweiten Weihnachtstags lese ich:

Wir aßen schon um elf Uhr dicke Makkaronisuppe, die wahrhaftig nach Käse schmeckte. Danach Appell und ... Läusekontrolle. Zu Weihnachten soll untersucht werden, ob wir Läuse haben. Jeder muß sich splitternackt ausziehen und vor dem Stubenältesten antreten, der mit einem Stöckchen unter dem Geschlechtsorgan herumstochert. Seltsame Welt. Um vier Uhr bekommen wir ein halbes Brot mit Marmelade. Dann noch zwei aufgehängte Männer, die einen Fluchtversuch unternommen hatten. Mord zu Weihnachten. Das ganze Lager mußte antreten und zusehen. Es erfüllt mich mit einer gewissen Befriedigung, die deutsche Bestie hier in Vollendung zu sehen. Wir vergessen es schnell wieder: schützender Verhärtungsprozeß. Dann Kartoffeln mit Haché, nicht gut. Zehn Minuten nach einer grauenhaften Exekution – wie sie zuckten! – essen wir Kartoffeln.

Nie allein Angst vor Terror, Hunger, Kälte, Mißhandlung bei absolutem Mangel an Nachrichten von Zuhause werden als die hervorstechendsten Merkmale des schweren Leidens im KZ angeführt. Doch es gibt noch mehr.

Ich weise auf das erzwungene ununterbrochene Leben in einer Gemeinschaft hin, das Nie-und-Nimmer-Allein-Sein, das zu einer wahren Qual werden konnte und gefährliche Nachwirkungen hatte. Bei der Befolgung des Gebotes, seinen Nächsten wie sich selbst zu lieben, wurden wir aufs höchste auf die Probe gestellt. Wir hatten uns unseren Nächsten im KZ nicht ausgesucht; es waren natürlich einige darunter, die uns nicht sympathisch waren. Flucht vor ihnen aber war unmöglich. Tag und Nacht, bis in die Pritschen, bis auf die Aborte, bis aufs Sterbebett war man zusammen. Vielleicht konnte man einmal – das war natürlich von den Verhältnissen in den KZs abhängig – versuchen, ganz alleine die Lagerstraße fünf Minuten auf und ab zu gehen. Doch nur zu bald wurde man von Männern angehalten, die auf ein paar Worte aus waren. Und hatte man eine Zigarette in der Hand, dann war man nicht eine Minute lang alleine: Schnorrer wußten den Raucher schnell ausfindig zu machen. »Wie wär's mit einem Zug für mich, Floor?« Man wurde also dauernd von der physischen Anwesenheit, aber vor allem von dem psychischen Zugegensein vieler anderer gestört, irritiert, bis zur Raserei gebracht – wenn man die Kraft zum Rasen noch aufbringen konnte.
Es wurde unmöglich, selbständig einen klaren, eigenen Gedanken zu fassen. Alle Gedanken, Ideen, Vorstellungen wurden beeinflußt, infiziert. Ganz offensichtlich trat dieses Phänomen in den Utrechter Gemeinschaftszellen zutage, in denen Tag und Nacht sechs oder sieben Männer zusammengesperrt waren; wechselseitige Beeinflussungen überspannten wie feine Fäden die psychische Konstitution des Individuums. Es entstand nach einigen Wochen ein psychisches Netz. Das Verschwinden eines Zellengefährten aus der Gemeinschaft bedeutete eine totale Veränderung der Atmosphäre – zum Guten oder zum Schlechten. Einer hatte einen besonders großen Einfluß auf uns ausgeübt, aber auch auf die wechselseitigen Beziehungen, die durch den Raum zu strahlen schienen. Wenn A fort ist, ändert sich das wechselseitige Verhalten von B, C, D und E. Und auch das von B zu E und D zu C. Das Netz war gerissen, unmerklich wurde ein neues gesponnen. Gute Freunde konnten zu erbitterten Feinden werden. Irritationen entsprangen den geringfügigsten Anlässen: der Form einer Nase, einem Kleidungsstück, einem Lieblingswort, einem immer wieder gepfiffenen Lied, Schnaub-, Hust- und Kratzgewohnheiten. Wer in einer Gemeinschaftszelle dasaß und mit den Fingern auf den Tisch trommelte, der konnte seine Kameraden auf Mordgedanken bringen.

Noch etwas muß ich gestehen: Ungleichheit von Herkunft und Bildung konnte für viele Freundschaften auf die Dauer doch zu einer Belastung werden. Einerseits kann ich auf Ehre und Gewissen erklären, verschiedene weniger gebildete Schicksalsgefährten aus einfachem Milieu ihres Charakters wegen höher geschätzt zu haben als andere aus meinem eigenen Milieu. Andererseits konnte unterschiedliche Bildung doch zum Anlaß für heftigen Streit, gewöhnlichen, ordinären Klassenkampf werden. Der Klassenkampf ging vom einfachen Mann aus, nicht vom gebildeten. Fast nie wurde meines Wissens ein Akademiker oder vornehmer Herr einem einfachen Mann gegenüber wegen seines Nicht-Begreifens ausfallend. Nein, im Gegenteil: Letzterer eröffnete schimpfend, ja tobend den Kampf gegen Hochmut, Feigheit, Aussprache, Gesicht, Nase, »Getue«, ja einfach gegen alles des ursprünglich höhergestellten Mithäftlings.
Es war scheußlich. Und wir konnten nichts daran ändern. Wir waren nun einmal ganz verschieden. Aber wir hockten auf engstem Raum zusammen. Erziehung half natürlich. Wir hatten Manieren gelernt, nicht nur äußerlich-formell (Gabel links, Messer rechts), sondern auch innerlich-geistig. Freundlich und höflich sollte man sich benehmen, den anderen aussprechen lassen, ihm seine Würde nicht rauben und, vor allem, ihm so wenig wie möglich zur Last fallen. Beeinträchtige andere nicht – das war eine Grundlage der Zivilisation. Dem einfachen Mann war – selbst wenn er einen Charakter aus Gold besaß – diese Grundlage meist fremd. Er wußte nicht einmal, in welchem Ausmaß er den anderen bei allen möglichen Dingen behinderte. Eine Zeitlang konnte man sich beherrschen, auch das war ein Teil der Erziehung gewesen, aber nach ein paar Wochen, manchmal Tagen, kam es zur Explosion: »Hör in Gottesnamen endlich mit dem verdammten Gepfeife auf!«
Ohne Vernunft, Ausweg, Rettung. Allem Anschein nach greifen Tiere, die in großer Zahl auf zu engem Raum zusammengesperrt werden, einander an – fressen sich sogar gegenseitig auf. Manchmal standen wir kurz vor einer Schlägerei; zum Glück reichten unsere Kräfte dazu nicht mehr aus.

In einer KZ-Gemeinschaft kam jedes Schamgefühl abhanden. Schon bald war das Beieinander von vielen splitternackten Männern – dikken, weniger dicken, mageren oder spindeldürren – nichts Besonderes mehr. Beim Baden oder den Untersuchungen oder Desinfektionen hatte man genügend Zeit, die Körper zu betrachten. Es war nicht

sehr interessant, es sei denn, jemand hatte überhaupt keine Ohrmuscheln oder Beine mit den Füßen nach hinten statt nach vorne gekehrt oder riesige Feuermale im Gesicht, oder die obszönsten Tätowierungen auf der Brust oder einen wirklich absurd großen Penis von fünfundzwanzig Zentimeter Länge.
Dies alles habe ich gesehen. Ich sah auch Häftlinge mit einem auf den Oberarm tätowierten Frauenkopf, der mit echtem Haar versehen war. Nun gut, am Ende waren wir doch fast alle nur schmutziggraue Skelette ohne jeden Sex. Und wenn wir auf einem Appellplatz von ein paar Moffen, die an einem Tisch saßen, splitternackt gemustert wurden, um als Sklaven mit einem Transport verschickt zu werden – man mußte sich auch drehen wie bei einem Schönheitswettbewerb –, dann machte uns das nicht mehr viel aus; die Demütigung war nicht größer als sonst. Man kannte es schon nicht mehr anders.

Scheißerei Anders stand es um den Stuhlgang, vor allem um die Diarrhoe oder auch Scheißerei, auf Hochdeutsch Durchfall genannt, die immer und überall an der Tages- und Nachtordnung war. Es ist wirklich unglaublich, wie furchtbar in einem Gefängnis oder KZ Tausende Männer, an denen ein dauernder Hunger nagte, kacken können. Woher nahmen sie nur die Grundstoffe?
Das Nicht-Allein-Sein beim Stuhlgang war und blieb eine Qual. Gab es eine Art WC, Abort genannt, dann war das ein Gemeinschaftsklo, das außerhalb der Arbeitszeit dauernd von vier, acht oder zwölf Mann besetzt war, die Hose heruntergezogen, oft zwei auf einem Topf. Sie brachten ein wahres Konzert für Blasinstrumente dar: für Flöte, Oboe, Klarinette, oft Fagott und Trompete, manchmal sogar Posaune und Tuba. Es strömte nur so und strömte aus verschmutzten Männern mit verzerrten Gesichtern, der Gestank von Schweinekot war nichts dagegen. Papier zum Abwischen gab es nicht.
Aber manchmal gab es sogar keinen Abort. Manchmal gab es nur eine Grube mit einer horizontalen Stange am Rand und – welch ein Luxus – einem Vordach darüber. Dann erscholl eine Freiluftfanfare, zum Besten gegeben von zehn, fünfzehn, zwanzig Männern, die nebeneinander wie die Schwalben auf einem Telefondraht hockten. Und auch da ging es nicht ohne Schlägereien ab, in dem Kotschlamm vor dem Balken, wenn ein Mann schnell angestolpert kam, die Hände ins Kreuz gestützt und sich in die Reihe auf der Stange drängen woll-

te, weil er kurz vor dem Platzen stand. Hier kannte unsere Erniedrigung keine Grenzen.

Ich stand einmal beim Appell neben einem hochgewachsenen, sehr abgemagerten Arzt; ich merkte, daß er still vor sich hinweinte. Nach dem Grund befragt, deutete er nur hinunter, auf seine Holzschuhe. Da sah ich, wie der Durchfall langsam aus einem Hosenbein auf seine Füße tropfte.

Aber er weinte, glaube ich, nicht wegen der Demütigung. Er heulte vor Angst, daß man entdecken könnte, wie sehr er den kostbaren Appellplatz beschmutzt hatte.

Immer allein Nie allein zu sein ist eine Qual, ja, aber immer allein zu sein, in der Scheveninger Einzelhaft, ist vielleicht sogar noch grauenhafter. Denn ein Mensch, der wochenlang allein in einer Zelle haust, wird verrückt. Er bemerkt es eigentlich erst, wenn er wieder herauskommt... Einzelhaft ist, auch wenn man mit zum Hofgang darf, eine sehr raffinierte Grausamkeit. Sie zerfrißt den Verstand, und man selbst weiß es. Weil man es weiß, ändert man sein Verhalten und tut die seltsamsten Dinge. So wie im Schlaf die Körperfunktionen nur auf kleiner Flamme weiterbrennen, so werden die Funktionen des Geistes in der Einzelhaft vermindert. Alles muß so langsam wie möglich vor sich gehen. Das Zusammenfalten der Decken. Das Waschen in einem Kübel. Das Verrichten der Notdurft, sogar das Urinieren. Das Wischen des Fußbodens, das Geraderücken des Hockers. Und natürlich das Essen. Schritte diagonal durch die Zelle, zweihundert in einer Richtung, zweihundert in der anderen. Alles und jedes so langsam, so zeitraubend wie möglich. Ich hatte einen Wintermantel und einen schwarzen Hut in meiner Zelle. Dieser Hut wurde tagtäglich mit hundert Strichen gebürstet, ein Ritual, das wieder acht Minuten einbrachte.

Es erfordert eine grundlegende, geistige Umstellung, wenn alles im Leben nicht schnell, nicht in normalem Tempo, auch nicht bloß langsam, sondern absichtlich so langsam wie nur irgend möglich verrichtet wird. Je länger etwas dauerte, desto besser. Der Tag mußte herumgehen. Es wurde zu einer angstvollen Offenbarung, nach Wochen oder Monaten der Einzelhaft aus der Zelle geholt zu werden, um beispielsweise auf Transport zu gehen. Die Augen sahen etwas Neues, die Nase roch etwas Neues, die Füße liefen auf etwas Neuem. Verstört blickte man um sich, überhäuft von den sinnenhaften Eindrükken. Die unzähligen, in der Einsamkeit wachgerufenen Erinnerungen hatten sich plötzlich materialisiert. Dies alles konnte schreckliche Ausmaße annehmen.

Ein Gefangener, vor allem ein Häftling, der die Möglichkeit zur Anpassung genutzt, der die Gelegenheit ergriffen hat, einem guten Kommando zugeteilt zu werden, hat Angst vor jeder Veränderung. Um Gottes willen, alles muß so bleiben wie bisher, bis ... und weiter dachte man einfach nicht.

Als ich später selbst zu den Prominenten in Natzweiler gehörte, mußte ich einmal mit einem Sonderkommando ausrücken, zu einem Ort einige Kilometer außerhalb des Lagers. Draußen ergriff mich furchtbare Angst. Froh war ich, als ich später wieder im vertrauten, ›sicheren‹ Lager war, wie ein Tier, das in seine Höhle zurückkehrt. Phänomene wie Zeit und Raum, Phänomene der Gedankentiefe, Phänomene wie Materialisierung der Erinnerung – das KZ war voll von ihnen.

Gelöscht Eines Tages wurde beim Appell meine Nummer aufgerufen: 4381. Das bedeutete nichts Gutes. In Amersfoort konnte es eventuell noch ein Zeichen dafür sein, daß man entlassen wurde, aber in Natzweiler kam dies meines Wissens nicht vor. Nach dem Appell mußte man sich am Tor melden: »Häftling 4381 meldet sich gehorsamst!« in der Haltung einer Marionette aus Eichenholz, Mütze ab, mit lauter Stimme. Es stellte sich heraus, daß ich zur Politischen Abteilung bestellt war, der SD- oder Gestapostelle im KZ. Diese Instanz, die nicht dem Lagerkommandanten unterstellt war, wurde besonders gefürchtet, denn dort gingen auch Befehle aus Berlin ein, die Exekutionen betrafen.

Ich meldete mich also dort, wiederum gehorsamst, das Herz klopfte mir bis zum Hals. Man wühlte in Papieren. Schließlich zog man ein Blatt Papier hervor, das man mir aushändigte, nachdem ich den Empfang bestätigt hatte. Es war ein Beschluß des Reichskommissars für die besetzten niederländischen Gebiete, der mich mit sofortiger Wirkung in der Liste der Advokaten und Rechtsanwälte löschte.

Das war jetzt wirklich ein Beispiel für echt deutsche Bürokratie: Man machte sich die Mühe, aus Den Haag über Berlin einen NN-Häftling über ein Papier ohne jede Bedeutung förmlich zu informieren, einen Häftling, der irgendwo in einem KZ in den Vogesen saß. Man machte sich aber nicht die geringste Mühe, mir irgendeine Erklärung über

solch wichtige, düsteren Begriffe wie *Schutzhaftbefehl* und *Vom Verfahren abgetrennt* zu geben.
Das Dokument habe ich übrigens aufgehoben und sogar einrahmen lassen. Seyss-Inquart hat es persönlich unterschrieben, so wichtig fand er es.

Brot Die Bedeutung von ›Brot‹ ist unermeßlich. Christus sprach vom Brot in dem Gebet, zu dem Er uns angehalten hat. Gib uns heute unser tägliches Brot, versetze uns in die Lage, unseren Körper zu nähren, damit wir unser irdisches Leben fortsetzen können. Das Brot, das wir von den Deutschen bekamen, war unzureichend, armselig, nach menschlichen Maßstäben. Wir überlegten, inwieweit wir diesen Zustand ändern konnten. Wir bedachten, daß Jesus vermocht hatte, Menschenmengen mit wenigen Broten und Fischen zu speisen. Was damals möglich war, durfte auch jetzt nicht unmöglich sein. Wir beteten also nicht nur: »Herr, segne diese Speise. Amen«, sondern etwas ausführlicher: »Herr, das vom Feind empfangene Brot reicht nicht aus, aber wenn wir es von Dir empfangen, wird es ausreichend sein.« Selbstverständlich ging dieses Gebet in Erfüllung, solange wir daran glaubten.

Wer in einer Hungersnot vegetiert, für den ist die Wirkung von Nahrung nach einigen Minuten körperlich spürbar. Ein ausgemergelter Hungerleider konnte an einem glühenden Ofen sitzen und doch im Inneren eiskalt bleiben. Aß man Brot, hatte man Brot gegessen, dann fühlte man sofort, wie die Nahrung im Körper in Wärme umgesetzt wurde. Je mehr Brot man aß, zum Beispiel, wenn man eine Sonderportion bekommen oder sich verdient hatte, umso länger hielt die Wärme auch an. Und dabei blieb es nicht. So wie der Hunger erst einen vergeistigten Zustand zur Folge hatte, sogar das Verlangen, ›Mönch‹ zu werden und eine Losgelöstheit von der Welt zu erleben, später aber erste Anzeichen von Wahnsinn, danach Abstumpfung hervorrief, so führte ein allmählicher Rückgang des Hungers zu einem realistischeren Blick auf Umstände und Menschen von der sicheren Festung des Bauches aus. Und später auch zu einem teilweisen (keineswegs vollständigen) Aufleben der intellektuellen Fähigkeiten. Brot im Magen ließ dort Wärme entstehen. Durch mehr und mehr Brot konnte sich die Wärme im Körper weiter ausbreiten; genügend Brot drückte die Wärme in Form von Kraft, von Energie geradewegs

nach oben, durch den Hals in den Kopf, ins Gehirn, das aktiver wurde, nicht mehr so schwebte. Man begann wieder nachzudenken und Gedanken auszutauschen. Man erwachte aus einem Dämmerzustand.
Und auch das war ein Grund, weshalb die zu Resignation, Anpassung und guten Posten gekommene holländische Gemeinschaft nach einem halben Jahr Natzweiler lebendiger wurde. Viele von uns – auch ich – gehörten nicht mehr zu den ehemals halbtoten, zitternden, kranken, mit Todesangst erfüllten Gestalten, sondern wir glichen wieder Menschen. Menschen, die sprechen konnten, manchmal sogar lachen. Viele aber erreichten diese Phase nicht mehr.
Ich erinnere mich an Appelle, bei denen das langsame Erwachen sehr deutlich erkennbar wurde. SS blieb SS, und Appell blieb Appell – doch wir veränderten uns. Die Truppe sah weniger jämmerlich aus. Sie war selbstbewußter, kriegerischer, männlicher. Sogar herausfordernd. Ein seltsames Vergnügen machte sich in der Weise bemerkbar, wie die Appellbefehle befolgt wurden. Beim Kommando »Stillgestanden!« nahmen viele die Haltung von Soldaten an, hoch das Kinn, die Brust heraus, ganz regungslos, den Blick geradeaus gerichtet. Mit ein wenig Phantasie konnte man sich diese Reihen in Schlachtordnung, uniformiert und bewaffnet vorstellen.
Es muß den Deutschen aufgefallen sein, daß wir an Geisteskraft und Selbstbewußtsein zunahmen, je schlechter für sie der Krieg lief.
Es war zu dieser Zeit, daß auch die Internationalisierung zunahm und ein ›Europäismus‹ im kleinen entstand. Nun wurde es deutlich, wie groß der Vorsprung derjenigen war, die Sprachen gelernt hatten und sich mit den Franzosen, Norwegern, Polen, sogar einigermaßen mit den Russen verständigen konnten.
Schon im Kapitel über Amersfoort habe ich angeführt, daß die Erfahrung, Christ zu sein, die Holländer stärker zusammenhielt als ein gleicher gesellschaftlicher Status oder ein gleicher intellektueller Stand. Jetzt zeigte sich, daß die ›Gemeinschaft der Gläubigen in Christus‹ viel enger verbunden war als eine Gemeinschaft auf nationaler Basis. Hinzu kam noch, daß – bei aller Internationalität – eine einheitliche Bildung zum soliden geistigen Nenner wurde.
Trotz nationaler Schicksalsverbundenheit führte die Verbundenheit der Gläubigen zu Reibungen in unseren eigenen Reihen. Und das wurde verhängnisvoll. Abends in der Baracke oder danach auf der Lagerstraße oder auch in den Kommandos taten sich die Gläubigen und die Intellektuellen ungeachtet ihrer Nationalität zusammen,

während die weniger gebildeten Männer, die nie Fremdsprachen gelernt hatten, mißmutig und oft nörgelnd beieinandersaßen. Hier zeigte sich nun wirklich ein deutlicher Unterschied, ein ›Standesunterschied‹ – und er war ein Glück und ein Elend zugleich.
Die Intellektuellen taten sich nicht nur wegen des gemeinsamen Feindes zusammen – dem Riesenbündnis zwischen Amerikanern, Engländern und Russen gegen die Deutschen vergleichbar –, sondern auch, weil sie für gemeinsame positive Ideen und Wertschätzungen eintraten. Mit Belgiern, Franzosen, Luxemburgern und Norwegern konnte man über Themen wie Kompositionen von Debussy diskutieren, über das Leben Rembrandts, die italienische Renaissance und sogar die ›Politeia‹ von Plato, und nicht zu vergessen über das Problem der Demokratie und Diktatur oder über die Frage, für welche Politik man sich nach dem Krieg einsetzen würde. Sogar von den Vereinigten Staaten von Europa sprach man damals in Natzweiler. Nur manchmal wurden wir in unseren Diskussionen von SS und Kapos aufgeschreckt, die ja – wahrhaftig! – noch immer existierten und, nach ihrem tierischen Gebrüll zu urteilen, zurückgebliebene Mitmenschen waren – so erschienen sie uns jedenfalls jetzt. Es würde einige Umerziehung vonnöten sein. Dank den vergrößerten Brotrationen konnten wir uns über die Erziehungslager nach dem Krieg amüsieren, wo zweifellos wir das Kommando führten…

Ökumene Vor allem Sonntag abends versuchten wir in Natzweiler, uns in einer Baracke zu versammeln: zum Gottesdienst. Einen Pfarrer gab es nicht, soweit ich mich erinnern kann, einige katholische Geistliche waren allerdings unter den Häftlingen. Wie dem auch sei, mir wurde ab und zu die Aufgabe übertragen, die Versammlung zu leiten. Damals hatten wir keine Bibel. Es sprach sich aber rasch herum, daß ein Norweger eine Bibel besaß. Ich fand den Norweger. Da er keine andere Sprache als Norwegisch verstand, kostete es mich einige Mühe, ihm erst sein Mißtrauen zu nehmen und ihn dann zu bewegen, mir seine Bibel kurz abzutreten. Schließlich war ich im Besitz der Bibel – einer norwegischen allerdings. Mit ihr ging ich zu einem anderen Norweger, einem, der Englisch konnte. Ich nannte ihm in groben Umrissen einen Text, über den ich sprechen wollte. Der Norweger blätterte, las etwas in gebrochenem Englisch. Dieses? Nein. Dies? Nein. Und das? Ja.
Wir beide setzten uns irgendwo hinten in eine Baracke. Stockend und

stammelnd las er den Text auf Englisch vor, ich schrieb ihn sofort in der niederländischen Übersetzung auf einen Fetzen Papier. Ich bedankte mich bei dem Norweger und brachte dem anderen Norweger die Bibel zurück. All dies mußte mit äußerster Vorsicht vor sich gehen.

Ich kehrte zu meinem Block zurück. Wenn unser Blockältester mehr oder weniger ›gut‹ war, wie Franz Gutmann, weihte ich ihn ein. Er fand es blödsinnig, aber von seiner Seite würden wir keine Schwierigkeiten bekommen. Wohl mußten wir eine Wache aufstellen. Zwei Posten wurden aufgestellt. Wir trafen uns im Schlafraum zwischen den Pritschen: zehn, zwanzig, manchmal sechzig, achtzig Schattengestalten, die sich auf den untersten Pritschen niedergelassen hatten. Am Eingang des Schlafsaals stand ein Posten. Am Eingang zur Baracke ein weiterer. Der Gottesdienst konnte beginnen. Der Bibeltext wurde verlesen. Daran schloß sich seine Auslegung. Der Text war so ausgewählt, daß er in direktem Zusammenhang mit unserer elenden Situation stand. Es folgte ein Gebet, in das Menschen aller ›Gesinnungen‹ einstimmten. Nach dem Gebet gab es immer einige, die noch »Gegrüßt seist du, Maria« beteten. Oder jemanden, der das Glaubensbekenntnis aufsagte. Einige schlugen das Kreuz, auch Protestanten. Manchmal war ein katholischer Geistlicher unter uns, der uns, lateinische Worte murmelnd, segnete.

Während des Gottesdienstes behielten wir den Posten an der Tür im Auge, und dieser seinerseits beobachtete den Posten am Eingang. Es kamen auch besonders grobschlächtige Häftlinge zu den Versammlungen, auch bösartige. Auch Ungläubige schlossen sich nicht aus. Und Kommunisten waren ebenfalls unter uns.

Während der sonntäglichen Zusammenkünfte in Natzweiler wurde ein anhaltender Strom von Kraft spürbar. Die Kraft strömte von außen in uns ein, und die uns erfüllende Stärke verband uns, als ob wir einander an der Hand hielten; im Kreis übertrug sie sich von Mann zu Mann, von einem zum anderen. Denn Christus war in unserer Mitte.

Nach dem Gottesdienst gingen wir nicht sofort auseinander; einer nach dem anderen oder auch zwei verließen uns, um nicht aufzufallen. Die aufgestellten Posten gingen ihres Weges. Draußen im Schnee sahen wir die Welt mit anderen Augen. Wir waren sehr glücklich und fühlten uns ganz geborgen.

Komm meinem Unglauben zu Hilfe An einem Sonntagabend war mein Gesprächspartner ein nicht ungebildeter Mann um die Dreißig.
»Du glaubst an Gott, was?«
»Ja.«
»Und an Jesus Christus?«
»Ja, fast immer, manchmal aber weniger.«
»Ich glaube überhaupt nicht an Ihn. Wie kannst du denn an Gott glauben, hier, mit diesen Bestien um dich herum? Früher habe ich an Gott geglaubt, jetzt nicht mehr.«
»Bei mir ist mehr oder weniger das Gegenteil der Fall.«
»Wie kommst du zu diesem Glauben?«
»Er ist mir gnädig geschenkt worden.«
»Das ist doch eine abgedroschene Weisheit. Ich glaube, daß du vor lauter Angst auf einmal zu glauben angefangen hast. Es ist ein Not-Glaube. Wenn du hier herauskommst, verlierst du ihn wieder.«
»Ich kann nur sehr hoffen, daß es nicht so sein wird. Ich bin davon eigentlich fest überzeugt.«
Er sagte: »Ich kann mir ja noch vorstellen, daß du an Gott glaubst, aber Jesus ... wie kommst du darauf? Ein Mann, der vor zweitausend Jahren gelebt hat, irgendwo in Palästina. Die Juden glauben nicht an Ihn. Millionen Mohammedaner, Millionen Anhänger des Buddhismus und Hinduismus auch nicht. Es gibt so viele Religionen. Warum diese? Du bist bestimmt in ihr erzogen worden?«
»Nein, das stimmt so nicht. Unsere ganze Kultur ist doch vom Christentum beeinflußt, aber das ist nicht der Grund. Gott hat mich durch Christus ergriffen, nicht durch Mohammed. Ich kann nichts daran ändern. Und was die anderen Religionen angeht – wir verehren alle denselben Gott, es gibt nur den Einen.«
»Ist Gott gut?«
»Gott ist weit erhaben über unser ›Gut‹ und ›Böse‹, ich kann es dir nicht sagen. Gottes Sohn hat uns Menschen im Neuen Testament Gut und Böse deutlich dargestellt. Durch das Neue Testament habe ich erfahren, was gut und böse ist, auch wenn ich einige Stellen nicht ganz verstehe.«
Darauf sagte er: »Warum läßt dein Gott diese Schweinerei hier zu, diesen Krieg, diese Gemetzel?«
»Weil wir nicht – nie! – das tun, was Er sagt. Lies im Neuen Testament nach, und du wirst sehen, daß wir allen Geboten und Verboten

zuwider handeln. Wir wenden uns von Gott ab, und dann kommt jemand anderes.«
»Bestimmt der Teufel?«
»Ja.«
»Hier herrscht der Teufel?«
»Ja, aber weil Gott der Allmächtige es zuläßt. Gott herrscht über den Teufel.«
»Gott läßt zu, daß unschuldige Kinder bei Bombardierungen umkommen?«
»Ja.«
»Dann brauche ich deinen Gott nicht. Mich ekelt vor einem solchen Gott.«
»Es ist derselbe Gott, der dich und alles, was dir lieb und teuer ist, erschaffen hat und dem du alles verdankst, was es an Gutem und Schönem in deinem Leben gibt. Ekelst du dich auch davor?«
»Es gibt überhaupt keinen Gott. Das ist eine Erfindung. In unterentwickelten Ländern, bei den Wilden, gibt es die verschiedensten Götterverehrungen mit Riten, Medizinmännern und Magie. Das finden wir primitiv und rückständig. Es wird eine Zeit kommen, da wird man das ganze Christentum genauso primitiv finden. Gott als ein Mensch an das Kreuz genagelt, ermordet, begraben, auferstanden, zum Himmel gefahren – was für ein Schwachsinn.«
Ich sagte: »Jetzt achte auf deine Worte. Was du Schwachsinn nennst, war zweitausend Jahre lang für Hunderte Millionen Menschen die große Glaubenskraft, war Grundlage unserer Kultur, die Quelle der Inspiration für große Geister in unserer Geschichte nach dem Jahre Null. Nebenbei: Unsere Zeitrechnung beginnt bei der Geburt Christi. Das alles nennst du Schwachsinn? Christus vollbringt hier und jetzt Tag für Tag Wunder an allen, die an Ihn glauben. Er lebt.«
»Das sagst du. Aber ich spüre nichts davon. Für mich keine Wunder.«
»Nein? Dein Leben, das Leben, die Liebe, die Freundschaft, die Natur – keine Wunder?«
»Alles wissenschaftlich erklärbar.«
»Unsinn. Nichts ist wissenschaftlich erklärbar, im Grunde genommen.«
Aber er fuhr fort: »Warum läßt es dein Gott eigentlich zu, daß hier und anderswo unter Seiner Herrschaft der Teufel herrscht? Hat Er den Teufel denn auch erschaffen?«
»Das ist die schwierigste Frage. Ich bin kaum imstande, sie zu beant-

worten. Nun, Gott ist der Allmächtige und der Schöpfer aller Dinge, also auch des Teufels; wer sonst sollte den Teufel erschaffen haben? Der Teufel ist die böse Macht, der Anti-Christ. So wie Gott in uns allen ist, so tragen wir auch den Teufel in uns, das weißt du sicher selbst. Gäbe es keine böse Macht mehr – keinen schwarzen Engel, Fürsten der Finsternis – dann wäre uns Menschen die Fähigkeit genommen, gut oder schlecht zu handeln. Wir wären nur noch Tiere, ohne Gewissen. Jetzt können wir die Seite Gottes wählen oder die des Satans. Unsere Verantwortung, unsere Freiheit resultieren daraus. In gewissem Sinne sollten wir also dankbar sein, daß Gott auch den Satan erschaffen hat.«

Er ließ nicht locker. »Wir haben die freie Wahl zwischen gut und böse? Ich habe gedacht, ihr Christen seid der Meinung, daß alles vorherbestimmt ist? Wenn dieser Krieg vorherbestimmt ist, dann sind natürlich auch die Ursachen, die zu seiner Entstehung geführt haben, vorherbestimmt, zum Beispiel die Geburt Hitlers. Wenn das der Fall ist, dann auch die Geburt der Eltern Hitlers. Wenn man weiterdenkt, muß alles und jedes bis in die kleinste Kleinigkeit vorherbestimmt sein. Auch was die Zukunft betrifft. Alles. Ob du und ich hier verrekken oder die Freiheit wiedersehen werden, ist vorherbestimmt. Wie stehst du denn jetzt da mit deiner freien Wahl?«

»Diese Frage ist noch schwieriger. Ich kann sie nicht beantworten. Wenn ich die Bibel richtig deute, beispielsweise die Offenbarung, muß ich glauben, daß alles vorherbestimmt ist, ja, bis in alle Kleinigkeiten. Zugleich glaube ich an unsere freie Wahl und unseren freien Willen.«

»Wenn du also vor der Wahl stehst, ob du hier das Brot deines Nachbarn stehlen sollst oder nicht, und du stiehlst es tatsächlich, ist das dann vorherbestimmt oder hast du bewußt das Böse gewählt?«

»Ich glaube: Ich hatte die freie Wahl, das Brot zu stehlen oder nicht, aber es war vorherbestimmt, daß ich ersteres tun würde.«

»Was für ein Unsinn, ein richtiger Trugschluß. Nein, ich brauche den christlichen Glauben nicht. Aber ich beneide dich doch darum.«

»Warum?«

»Weil du keine Angst zu haben brauchst, weil du nicht alleine und verlassen bist, nicht unglücklich. Weil du auf die Glückseligkeit im Jenseits hoffen kannst. Dein Glaube fängt erst unter den unglücklichsten Umständen erfolgreich zu wirken an.«

»Du hast recht. Aber du brauchst nicht zu meinen, daß wir gläubige Christen immer fest glauben. Manchmal ist unser Glaube schwach,

manchmal ist er sogar verschwunden. Genauso wie bei Christus selbst, im Garten Gethsemane und am Kreuz. Wir schreien: Herr, ich glaube, hilf meinem Unglauben!«
Er wieder: »Euer Teufel – ja, der interessiert mich. Sind SS-Leute Teufel?«
»Nein, sie sind Besessene. Sie sind vom Satan besessen, von Dämonen.«
»Ist Gott auch in den SS-Leuten?«
»Ja. Der Schöpfer ist in allen Kreaturen. Man kann ja manchmal feststellen, daß sogar in den SS-Leuten noch ein Rest Gewissen steckt, eine Erinnerung an das Gute. Auch sie sind Geschöpfe, Kinder eines Vaters. Wir beten um ihre Erlösung von dem Bösen. Wir dürfen sie nicht hassen – es kostet uns entsetzliche Mühe, diese Mitmenschen nicht zu hassen. Wir hassen die Dämonie, die sich ihrer bemächtigen konnte, weil sie Gott abgeschworen haben.«
»Alles ist vorherbestimmt, hast du gesagt. Also auch, daß jemand Gott abschwört, nicht an Gott glauben kann, bewußt die Seite Satans wählt? Ist das vorherbestimmt?«
»Wenn ich konsequent weiterdenke – ja. Es stand tatsächlich im voraus fest, daß beispielsweise Hitler, der vielleicht einmal ein ganz lieber, braver Junge war, sich bewußt von Gott abgewendet und dem Satan zugewendet hat.«
»Das müßten wir ihn fragen, mein Lieber. Vielleicht glaubt er aber, daß er Gott dient, einem groß-germanischen Gott oder der Vorsehung. Vielleicht glaubt er tatsächlich, daß sein Volk das Herrenvolk ist und daß das jüdische Volk aus zu vertilgendem Ungeziefer besteht. Wirklich. Ernstlich. Aufrichtig.«
»Dann ist er verrückt.«
»Das sagst du. Er sagt es nicht.«
»Durch eine kleine Gehirnoperation hätte Hitler vielleicht ein ordentlicher Buchhalter in einem netten Betrieb werden können, mit einer lieben Frau und braven Kindern.«
»Wer weiß. Aber es ist seine Anlage gewesen, die ihn zum größten Massenmörder der Geschichte macht. Vorherbestimmt, was?«
»Ja. Aber vielleicht – ist alles nötig, alles.«
»Was? Wie?«
Da sagte ich: »Wir sind nur Menschen, wir sprechen über gut und böse, und eigentlich gehören wir doch selbst zu den primitiven Wesen. Wer weiß denn, ob die satanische Macht nicht unentbehrlich ist?«

»Was soll denn das?«
»Ach, wer sind wir denn? Ein paar Milliarden Lebewesen, die sich Menschen nennen, auf einem Planeten mit dem Namen Erde. Zwar sind wir nach Gottes Ebenbild erschaffen, aber... Unsere Lebenserwartung beträgt ungefähr, ich glaube, durchschnittlich siebzig Jahre in Holland. Und vorher? Nachher? Außerhalb? Was bilden wir uns eigentlich ein? Wir halten uns, unsere Gattung, unseren Planeten für den Mittelpunkt aller Dinge. Vielleicht sind wir ein unscheinbarer, winziger Planet; wir mit unseren Imperien, Kulturen, Kriegen, dem Glück, Unglück. Gottes Wege sind unerforschlich. Das sagt der Pfarrer, wenn er keine Antwort weiß. Gottes Wege sind tatsächlich unerforschlich. Die Bibel sagt, daß der Menschheit auf Erden eine große Bedeutung zukommt, sie wurde nach Gottes Ebenbild erschaffen. Es gibt sogar ein auserwähltes Volk. Nur um dieses Menschengeschlechts willen ist Gott hier als Mensch erschienen. Ganz augenscheinlich liebt uns der Schöpfer trotz allem. Aber es gibt noch acht Planeten. Es gibt außer unserer Sonne noch mehr Sonnensysteme – eine unaussprechlich große Zahl, ohne Anfang und Ende. Und alles von demselben Gott geschaffen. Was bilden wir uns eigentlich ein? Wie soll ich dir denn sagen können, welche Absichten Gott hat oder nicht hat, wenn Er die Existenz des Satans zuläßt, und das so unverhohlen. Ich weiß es nicht, Mann!«
Er: »Merkst du eigentlich nicht, daß du dir dauernd widersprichst?«
»Doch.«
»Dein ganzes System, deine ganze Argumentation stimmen nicht.«
»Nein. Manchmal begreife ich überhaupt nichts mehr.«
»Ist das nicht ein Beweis, daß dein Glaube eine Erfindung der Menschen ist?«
»Nein.«
Er wieder: »Hast du dir klargemacht, wie unbeschreiblich viele Schandtaten im Laufe der Jahrhunderte im Namen des Christentums begangen worden sind?«
»Sicher. Religionskriege, Kreuzzüge, Inquisition...«
»Hast du dir auch klargemacht, daß die Kirche, die kirchlichen Autoritäten oft mit den Großen der Erde, den Reichen und Mächtigen gemeinsame Sache gemacht haben, gegen das Volk?«
»Sicher. So ist es. Jesus aber wandte sich den Zöllnern, Sündern und Huren zu. Seinen Jüngern wusch er die Füße... Man darf den christlichen Glauben nicht mit den christlichen Kirchen identifizieren. Vielleicht doch ... im Gegenteil...«

»Darüber sind wir uns also einig.«
»Ich gehe noch einen Schritt weiter. Vielleicht ist die Erde ein solches Tränental, gerade weil der christliche Glaube, das Predigen und das Bewahren des Glaubens, zum größten Teil in den falschen Händen liegt. Dafür sind Beweise vorhanden. Christus sagte: Es gibt einen Hirten, eine Herde, eine Kirche. Wieviele Kirchen gibt es?«
»Jetzt kann ich dich schon eher begreifen.«
»Dann werde ich dir jetzt einen Schrecken einjagen. Manchmal begreife ich überhaupt nichts mehr vom Christentum, von der Bibel, von Christus. Gottes Sohn, der Sein Leben gegeben hat, am Kreuz, um uns dadurch von unseren Sünden zu erlösen, durch Sein Blut – manchmal verstehe ich wirklich nichts mehr.«
»Na und? Also?«
»Aber – ich glaube. Ich kann und will nicht anders. Ich wurde ergriffen. Ich erhalte reichen Trost, Seelenfrieden, Gefühle von großem Glück, sogar hier. Tag für Tag werde ich mit großen Gunstbeweisen überhäuft. Und nicht nur ich. Durch den Glauben konnte jahrhundertelang Großartiges geleistet werden. Ich kann nur sagen: Komm meinem Unglauben zu Hilfe.«

Parolen Viele Häftlinge im Gefängnis und KZ konstruierten irdische Sicherheiten, trotz allem, trotz dem immer wieder aufs neue gelieferten Beweis, daß es sie nicht mehr gab, daß es sie nie gegeben hatte. Wahnsinnige Berechnungen wurden angestellt: Heute ist der 12. Februar 1944, das ist 12+2+1+9+4+4 = 32; 3+2 = 5 = meine Glückszahl. Es wird also der fünfte des fünften Monats. Dann werde ich frei sein.
Unsinnige Parolen wurden geglaubt, Nachrichten aufgesogen, okkulte Konstruktionen gierig akzeptiert, man schwelgte in Voraussagen: ein Wirrwarr geistiger Irrwege, errichtet von Menschen in Todesangst. Hast du schon gehört? Alle Häftlinge werden an Hitlers Geburtstag entlassen. Die Amerikaner sind gelandet! (Das war im April 1942.) Weihnachten sind wir zu Hause! Hast du schon gehört? Ein neuer, weniger brutaler Kommandant kommt! Schon gehört? Befehl aus Berlin, daß die Todesstrafe nicht mehr verhängt werden darf. Gehört? Man plant einen internationalen Gefangenenaustausch. Hast du es schon gehört? Churchill hat für nächste Woche die Invasion angekündigt. Gehört? Die Brotration wird auf fünfhundert Gramm erhöht.

Gerüchte und Parolen, so unwirklich – die Kehle wurde dem Zuhörer zugeschnürt beim Anblick der kleinen, gutmütigen Gesichter dieser tödlich verängstigten Menschen, die sie so gerne glauben wollten. Und nach und nach ließen uns alle irdischen Trostmittel im Stich. Jäh aufflackernde Parolen, die wie feurige Flammen der Erlösung zum Himmel schlugen, von der SS oder Gestapo wahrscheinlich absichtlich in Umlauf gebracht, wegen des moralischen Zusammenbruchs danach, stellten sich als hinfällig heraus, verglühten, erstarben – und still wurde dann der Mensch, klein, zerknittert, während das Rot der Aufregung langsam aus seinem gespenstisch mageren Gesicht wich. Aber eine Sicherheit gab es noch, so hatte man gehört, die einzige und ewige Sicherheit: Gott.
So wurde man fast gezwungen, nach Gott zu greifen im dicken Nebel des Daseins, in dem alle irdischen Hilfsmittel sich als untauglich erwiesen, sich aller irdischer Trost nur als Ausflucht herausstellte. Nichts blieb mehr übrig als Gott.

Der krepiert Eines Nachts, um halb zwei, geht auf einmal das Licht an in dem warmen, atmenden Stall mit seiner animalischen Luft. Zweihundertfünfzig Mann wachen in dieser Stube auf, lärmen oder sind still in ihrem Unglück. »Auf! Stawatsch! Ihr faulen Hunde – baden sollt ihr, baden!« Nicht nachdenken. Tücher zusammensuchen, Drähte, die Lumpen. Es geht – wie immer – um das Leben. Verzögerung durch Denken kostet das Leben. Und ein paar Betten weiter knallt der Knüppel. »Und auf, auf geht's, ihr Drecksäcke, ihr Muselmänner, zur Desinfektion!«
Es schneit nicht mehr, der Himmel ist klar, es friert, daß alles knackt. Die millimeterdünne Wärmeschicht zwischen Haut und Lumpen ist weg. Eine gläserne Glocke wird übergestülpt – sie ist aus Eis. Die Füße in den Holzschuhen stampfen wieder, und die Nase läuft wieder, und die Schultern scheuern sich wieder an den Lumpen, und die geschwollenen Hände werden wieder gerieben.
Mondlose Nacht. Sterne leuchten am Himmel. Ich stehe hier wie ein Kind, das nicht gehen kann. Ich kann nicht gehen, in meiner rechten Ferse steckt ein Messer, es sticht mitten ins Fersenbein. Schwere Holzschuhe hängen an den Füßen. Und die hängen an Stöcken. Und darüber gähnen Öffnungen. Con ist neben mir. Er raucht. Läßt mich auch ziehen. Ich rauche. Wir rauchen zusammen. Er faßt mich unter die Schulterblätter. Meine Stöcke bewegen sich. Wir stolpern über

die Lagerstraße nach unten, zum Krematorium. Ich trinke die Tropfen aus meiner Nase. Das Messer in meiner Ferse ist unten, ich bin oben, weit oben, über dem Messer. Das Messer ist unwichtig. In der Ferne, dort, wo ein Dorf liegt, ein geknechtetes französisches Dörfchen, geben die Deutschen Luftalarm. Sofort verlöschen alle Lichter, die Scheinwerfer und Tiefstrahler. Wir befinden uns in neunhundert Meter Höhe, ohne Licht.
Mit unserem Block kommen wir zum Krematorium. Der Lagerkapo, in schwerem Düffel, die Mütze kokett schief gerückt, schweift geräuschlos umher. Weiter oben eine Stimme: »Los, ausziehen, ihr Kleinen, los!« »Desinfektion«, beißen die Kiefer des Lagerkapos. »Los, ausziehen!« Er sagt es ruhig, freundlich, Peitsche unter dem Arm. Wir ziehen uns aus. Wir wickeln die Lappen und Drähte zusammen. Die Holzschuhe dürfen wir behalten. Alles wird auf einen Haufen geworfen. Wir bekommen es nie zurück. Meine Notizen, mein Gürtel – ich sehe sie nie wieder.
Zweihundertfünfzig Mann drängen sich nackt zusammen. Jede Sekunde bohrt sich das Messer weiter hinauf. Niemand spricht. Niemand jammert. Vielleicht denkt niemand. Wir leben noch.
Das Herz lebt noch. Das Herz, eine faustgroße, rote Muskelpumpe, pumpt. Es hängt in meinem Brustkorb. Meine Rippen um den roten Muskel steigen und fallen. Ich atme, aber nicht durch die Lunge. Wuih, Wuih, bläst der Wind durch die Rippenjalousie, sanft fegt er am Herzen vorbei. Das ist in Ordnung. Und sonst bin ich wie eine Wespe, mit einer Drahtverbindung zwischen Brustkorb und Öffnung. Mein Bauch ist offen. Zwei luftleere Räume, durch einen Draht verbunden. Sanft säuselt der Bergwind. Der Schnee glitzert blau. Nirgends ein Licht.
Ich blicke hinauf. Ich sehe die Sterne. Ich sehe Himmelskörper. Keine Sterne, sondern kleine feurige Kugeln. Nicht so weit weg, nicht einmal sehr weit weg. Einige umkreisen uns näher als andere. Feurige Kugeln, Sterne. Ich, mein Auge, kleine Planeten, Planeten, nicht mehr so weit weg… Ich steige. Sie leuchten auch neben mir und sogleich unter mir. Ich bin unterwegs. Ich steige auf zu den Himmelskörpern. Eine Glocke, eine schwarze Glocke voller Feuer umgibt mich. Es ist nicht mehr furchtbar. Ich bin unterwegs, auf meiner Reise. Nur ruhig. Jetzt steigst du auf. Es ist nicht schrecklich. Dies ist dein Weg. Es ist ein großer Augenblick, eine große Nacht, denn nun kommt Gott, es wird dunstig, hinter Milchstraßen wird Er erscheinen…

Con beugt sich über mich. Und ein anderer, der mit seinem Fuß leicht in einer Öffnung bohrt. »Der krepiert«, sagt er. Es ist, sehe ich, der Lagerkapo. Er geht weiter. »Faß ihn auch unter dem Arm«, höre ich Con sagen, »er ist zusammengebrochen. He, Mensch, Floris, wach bleiben, bist du verrückt, hier einfach einzuschlafen, Zähne zusammenbeißen, komm!« Sie heben mich auf, die ersten gehen schon in den Badesaal. Durch die Tür fällt Licht.
Ich hänge an zwei Freunden, meine Arme um ihren Hals, nackt, ausgestreckt.
Ein anderes nacktes Wesen, die Arme ausgestreckt, sehe ich mir gegenüber hängen. Es blickt mich an.
Wir gehen. Die Scheinwerfer sind wieder eingeschaltet. Ja, ja, wir gehen, wir kommen schon, nur ruhig, es gibt uns noch…

Erst Jahrzehnte später habe ich erfahren, wie meine Rettung sich zugetragen hat.
Nach der Desinfektion, als wir naß nach draußen in die Eiseskälte gejagt wurden, war Con bei mir und stützte mich. Infolge eines Hundebisses hatte sich sein Knöchel so entzündet, daß er ›eigentlich‹ nicht gehen konnte. Ich sackte auf einmal zusammen und glitt aus seinen Armen. Er nahm mich auf seine Schultern und trug mich alle spiegelglatten Granitstufen bis zu unserem Block hinauf, vorbei an Leichen von Mithäftlingen. Con meint, daß er damit auch sein eigenes Leben gerettet habe: Die große Wärme, die er bei dieser Kletterpartie entwickelte, habe ihn wahrscheinlich vor dem Erfrieren bewahrt.

Der brüllende Löwe Der Satan irrt umher wie ein brüllender Löwe, der ein Opfer zum Verschlingen sucht. Das ist lobenswert literarisch ausgedrückt. Zudem ist es beängstigend wahr. Eine besonders begehrliche Beute stellen für den brüllenden Löwen natürlich diejenigen dar, die ganz von einem seelenrettenden Glauben erfüllt sind, der ihnen soeben durch Gottes Gnade in den Schoß gefallen ist, einfach so, umsonst.
Der Löwe brüllt keineswegs immer, er irrt auch geräuschlos umher, zieht sich zurück, kommt näher heran, manchmal wie ein Schatten, einmal streicht sein heißer Atem über das Gesicht. Als ich – wie so oft – Gottes Licht hinter einem dicken, grauen Wolkengebirge langsam verlöschen sah und mit dem schauerlichen Abstieg ins schwarze Nichts begann, berief ich mich auf Jesus Christus selbst, der in seinem

Todeskampf ausgerufen hat: »Mein Gott, Mein Gott, warum hast Du Mich verlassen?« Wenn ich daran dachte, spürte ich, wie Christus mit mir hinunterstieg: Seite an Seite gingen wir.
Und wir wurden zusammen versucht und bedroht.
Denn bedeutende Mächte der Finsternis waren am Werke, gesteuert von den Engeln des Todes. Minutenlang, manchmal länger, stand ich ganz alleine – oder mit Christus? – mitten in der Versuchung, die in ihrer grauenhaftesten Form dies enthielt: Es gibt keinen Gott, es gibt keinen Christus, dein ganzer Glaube ist eine einzige ungeheuere Illusion, die nun schon zwanzig Jahrhunderte existiert. Nichts davon ist wahr, es ist Einbildung, geboren aus Todesangst, Schuldgefühl und Verlangen nach Glück. Durch die Jahrhunderte und besonders hier und jetzt wird unaufhörlich bewiesen, daß der Glaube an Gott eine Halluzination ist. Sieh dich um: Wie könnte hier ein Gott existieren? Es ist eine schlaue Erfindung, das Christentum. Es speist dich mit leeren Worten ab. Es hält dir einen Köder vor, dem du dein ganzes Leben lang nachlaufen darfst: das Versprechen der ewigen Glückseligkeit im Jenseits. Das ist ein billiges Versprechen, denn nur die Toten können nachprüfen, ob es wahr ist und eingelöst wird, und Tote reden nicht. Das Christentum ist ein beruhigender Rauschtrunk – ein Beruhigungsmittel, von dem die weltlichen Mächte schon zwanzig Jahrhunderte dankbar Gebrauch gemacht haben, um damit beim Volk Ruhe und anspruchslose Resignation aufrechtzuerhalten. Und sieh, was die kirchliche Macht, gemeinsam mit der weltlichen, für Greueltaten begangen hat.
Und dort dein Jesus: Der sich kreuzigen ließ und in Seiner Todesnot bekennen mußte, daß auch Er mit einer Illusion gelebt hatte: »Warum hast Du mich verlassen?« Und im Garten Gethsemane quälte Ihn schon das Vorgefühl dieses großen Betruges, denn war Er nicht zutiefst betrübt, bat Er nicht, daß der Kelch an Ihm vorübergehen sollte? Nein, ihr habt euch in euerem Kämmerlein etwas ausgedacht – einen Gottvater im Himmel, einen Sohn, einen Heiligen Geist. Alles Menschenwerk, Lug und Trug.
Sieh dich um, hier im KZ, wo die Moffen Tausende deiner Mitmenschen grausam verrecken lassen, mit einem Fluch in ihrem letzten Atemzug. Sieh dich um, blicke zurück in die Zeit, in die alltägliche Welt. Eine Erdkugel, die bis in die entlegensten Winkel erforscht ist; alle Wunder der Natur analysiert und erklärt durch die fortschrittlichen Leistungen der Physik, Chemie, Biologie und Technologie. Es gibt keine Wunder mehr. Blicke zu den Großstädten, den Turmbau-

ten, dem Verkehr, den Großindustrien, den Menschenmassen. Blicke auch hinauf: zum Himmel. Der Himmel? Welcher ist dein Himmel? Immer weiter stößt die Astronomie in den Himmel vor und entdeckt Millionen und Abermillionen Himmelskörper; mathematisch berechnet sie ihren Lauf.
Du sprichst von Himmel und Erde. Wie bedeutend ist denn deine Erde? Ein winziges Kügelchen ist sie mit einigen Tausendmillionen Wesen darauf, die man Menschen nennt. Dachtest du, einfältiger Tor, denn wirklich, daß sich dein Gott einzig und alleine mit diesem Grüppchen befassen würde? Rede keinen Unsinn, laß deine Illusionen fahren. Sei tapfer, sei ein Mann. Sieh die entsetzliche Wirklichkeit mit offenen Augen an: Dein Gott und dein Jesus sind ein aus der Not geborenes Trugbild. Und ich spürte, wie der brüllende Löwe sich anschickte, mich zu verschlingen.
Die Waffe war das Gebet, das feurige Anflehen Gottes. Mit einer auch jetzt noch großen Traurigkeit muß ich gestehen: Es half nicht immer sofort. Gott war scheinbar verschwunden. Das Licht schien erloschen zu sein – eine Halluzination. Dann gab es ein System grober Hilfsmittel; man begann bei dem einfachen, primitiven Gedanken: Sie kriegen mich nicht klein. Bin ich deshalb sechsundzwanzig, siebenundzwanzig, achtundzwanzig Jahre alt geworden, von meiner Familie umsorgt, von aller Fürsorge umgeben worden, in allen Charaktereigenschaften geschult? Habe ich dafür die liebste Frau der ganzen Welt geheiratet? Habe ich mich dafür zu dem entwickelt, was ich jetzt bin? Nur noch eines blieb übrig: Zähne zusammenbeißen, das Gefühl der Selbstachtung wahren, die Reste der Zivilisation verteidigen, stehenbleiben und abwarten. Und wenn der Glaube nichts ist ohne die ›Werke‹, dann mit den Werken beginnen, jetzt, wo der Glaube verlorengegangen war. Versuche, etwas daraus zu machen. Schau die Tausenden von Unglücklichen an! Kümmere dich um deine Freunde! Laß dich nicht unterkriegen! Hilf dir selbst. Gott kehrt zurück. Er kommt deinem Unglauben zu Hilfe.
Dann – es konnte kurz oder lang dauern – kam Gott zurück. Gott kehrte in einem solch blendenden Licht zurück, so großartig, daß ich nur noch wortlos, fassungslos anbeten konnte. Fast kein Mensch mehr, oder ein Mensch, zu Boden gefallen, hingestreckt, eben wie eine Wasserfläche und ganz dem Himmel zugekehrt, vom Licht beschienen. Dann fiel alles ab. Meine Leidensgeschichte und alle Zeit und alle Menschen, alles, was mich umgab und auch das mich umfangende Reich der Dämonen. Sogar die eigene Persönlichkeit schien –

fortgefallen. Ich – wenn es überhaupt noch ein Ich gab – war durch eine Öffnung in eine andere Welt eingegangen, und dort war alles nur noch von einem Glücksgefühl erfüllt bis in die tiefste Tiefe, bis in die höchste Höhe – alles, überall, immer. Das war der absolute Frieden in Gott.
Und ich mußte in das Reich Satans kommen, um ihn zu erleben.
Und es stellte sich heraus, daß nicht Jesus Christus das große Trugbild war, sondern der brüllende Löwe, der sich in Nichts aufgelöst hatte: eine zerflossene Gestalt. Dies ist das Evangelium, die gute Botschaft, die wir – nach den Evangelisten und den Millionen Menschen nach ihnen – mit allerhöchster Dankbarkeit verkünden sollten. Gott lebt, Christus lebt, das Evangelium ist unumstößlich wahr. Und würde man es Millionen Male leugnen, nichts änderte sich daran: Es ist und bleibt unumstößlich wahr, so wie es im Neuen Testament steht, so ist es und nicht anders. Leser, du wirst es spüren, du wirst es selbst erleben, wenn du darum bittest und deine Seele dafür öffnest.

Revier Zum dritten Mal wurde ich ins Revier aufgenommen, nachdem man mich dreimal weggetreten hatte, am 21. Januar 1944 mit 40,4° und einer Lungenentzündung, die beide Lungenflügel abwechselnd angriff. Fünfmal habe ich Lungenentzündung bekommen, aber dieses Mal war der Schmerz fast unerträglich und machte jeden Atemzug zur Qual. Ich war in einem kleinen Raum zusammen mit noch einem anderen Kranken untergebracht und kämpfte mit dem Tod. Draußen lag der Schnee auf und zwischen den Baracken einen Meter hoch. Ich verlor mich in unsägliche Träume.
Mitten in der Nacht ging das Licht an. Häftlingsarzt Fritz Leo stand vor mir: ein besessener Kobold mit schön gewölbten Lippen, ein Kommunist, der mich bei anderer Gelegenheit anschnauzen würde: »Nicht dein Gott wird dir helfen, sondern ich.« Dieses Mal sagte Leo: »Du, kriegst du was runter?« Er gab mir eine Handvoll Tabletten. »Die Tabletten mußt du jetzt sofort schlucken, aber sofort, verstanden?« Eine Zeitlang war ich mit Kauen und Schlucken dieser kalkartigen Substanz beschäftigt.
Am nächsten Morgen hatte ich 37,2°, als der polnische Sanitäter für Temperatur und Stuhlgang erschien. Später erfuhr ich, daß Con Broers unter Lebensgefahr in die Effektenkammer eingebrochen war, wo unsere Zivilsachen verwahrt wurden. Aus seinem Gepäck hatte Con zwei Dutzend Sulfonamidtabletten geholt und sie Leo ge-

geben, für mich. Zum soundsovielten Mal war mein Leben gerettet. Später lag ich mit einem Dutzend anderer Männer auf einem Zimmer im Revier. Manchmal machten wir mit den Holländern und Norwegern Intelligenzspiele, beispielsweise Komponisten oder Gelehrte aufsagen, oder Flüsse oder Städte, die mit A, B, C usw. anfingen. Wenn es dämmerte, besuchte mich immer eine Maus, die mich treuherzig ansah. Ich war noch so krank, daß ich ihr neidlos einige Brotkrumen gönnte.

Einmal erhielten wir Besuch vom Lagerarzt in höchsteigener Person. Auf das Kommando »Achtung« flogen alle Kranken und Halbtoten aus ihren Pritschen und standen stramm. Der ›Doktor‹, behandschuht, voller Orden, schritt die Pritschen entlang, musterte jeden Einzelnen. Er war ein gutaussehender Mann mit einem sympathischen Gesicht – ein aalglattes Ungeheuer. Vor meiner Pritsche blieb er stehen. »Was für ein Landsmann sind Sie?« »Holländer, Herr Lagerarzt.« »Ihr Beruf?« »Rechtsanwalt, Herr Lagerarzt.« Mitleidig schüttelte der Arzt den Kopf. Über seine Schulter gewandt, sagte er leise zum Revierkapo und seinem weiteren Gefolge: »Sieht der Mensch heruntergekommen aus!« Er wünschte mir gute Besserung und spazierte weiter.

Der SS-Arzt tat, als ob fremde, böse Mächte meinen erbärmlichen Zustand auf dem Gewissen hätten!

Der Tod des norwegischen Schwergewichtsboxers löste ein unglaubliches Entsetzen aus, sogar bei uns. Der Mann war von oben bis unten mit Phlegmonen übersät. Eines Abends begann er zu stöhnen, stand auf, riß seine Papierverbände herunter. Es gelang uns, ihn wieder auf seine Pritsche zu legen. Aus seinem Mund kamen Töne wie von einem Schaf: Er blökte unaufhörlich. Nachts stand er wieder auf und befreite sich von seinen Verbänden. Da stand er, ein Riesengerippe voller tiefer, roter Rinnen, aus denen der Eiter tropfte und floß. Ein durchdringender, scharfer Gestank von altem Käse hing im Raum. Das Blöken wurde leiser. Dann veränderte es sich wieder in Schreien, Brüllen – stundenlang. Bis Sonnenaufgang hielt das Brüllen an. Dann brachte man ihn zum Leichenverschlag.

Es blieb nicht bei der Lungenentzündung. Mitte Januar waren meine Füße ein paar Mal an einigen Stellen erfroren gewesen. Furchtbar geschwächt, fast krepierend vor Hunger, hatte ich mich im nie endenden Schneetreiben vom Block zur Weberei und zurück geschleppt. Jetzt war meine Pritsche plötzlich voller Eiter und Blut. Zuerst kam der tschechische Sanitäter Dalibor (Dally) Broft, der den Eiter ausdrückte. Danach kam Leo mit 5 cc von etwas, das mich einschläferte. Operation. Ich erwachte im Bett, von Schmerzen zerrissen. Zuerst schluchzte ich, dann stöhnte ich, schließlich brüllte ich wie ein Tier.

Mein Tagebuch:

9. Februar 1944 *Gestern noch große Schmerzen in der linken Leiste. Das Liegen wird zur Unmöglichkeit. Ich bin mit meinen Kräften am Ende. Wieder Operation. An meinem Unterleib wieder ein Abszeß. Narkose und trotzdem alles gespürt. Ich hätte fast bis siebenhundertsechzig gezählt. Danach lange geheult, gestöhnt. Jetzt geht es besser. Nikopol von den Russen zurückerobert. Macht schon, Soldaten, uns geht es hier dreckig, wir wollen nach Hause. Habe ich schon einmal mehr gelitten als heute? Ich will, ich will,* ich will.*Wir leben noch.*
Und am 10. Februar *Mit meinem Nachbarn Denis sprach ich über den Glauben. Plötzlich mischt sich ein Deutscher ein, der sich als Rechtsanwalt ausgibt, ein Kommunist. Spricht von ›Aberglauben‹ und sagt: »Du lügst.« Dieses Volk verleugnet seine Art nie, ob es nun links oder rechts steht, pro oder contra ist. Aufpassen, aufpassen! Was für Menschen. »Dieser Krieg wird mit dem Christentum abrechnen.« Oh, wie hassen sie uns Christen, die Faschisten und Kommunisten!*
Am 20. Februar *Oft schauen Besucher herein. Mir geht es sehr schlecht. Con kam nicht. Wer kam, war ein Norweger, der ohne viel Umstände zu mir ins Bett kroch. Wie die Tiere: drei eiternde Schnitte in meinem Körper, dazu kaum verbunden, an zwei Seiten durchgelegen, Hunger und dann nur noch ein halbes Bett. Das nennt man Krankenrevier. Hier: ein norwegischer Bauer und ein norwegischer Student, die lautstark mit einem holländischen Großindustriellen lärmen, einem Industriellen in Holzschuhen, kariertem Hemd, einer Decke als Jacke, kahl, der ein ohrenbetäubendes Getöse mit Eßtöpfen und Bettschüsseln veranstaltet. Der kleine Ofen brennt, alle Fenster sind offen. Polnische Schuljungen treiben zusammen mit einem kommunistischen norwegischen Friseur und einem russischen Straßenjungen Schindluder mit frisch Operierten. Rote Dreiecke, Eiter, Pistolen, Appelle vor den Betten – diese Welt ist unbeschreiblich! Wenn ich mich nur nicht daran gewöhne! Wie kommt der Mof dazu, uns dies anzutun? Und heute morgen lief mein Urin in die eitrigen Wunden. Soeben gewogen. 55,5 Kilo. Wir essen jetzt Kastaniensägemehlvogelfuttersuppe.* Ich möchte nun im Leiden vollkommen werden. *Mein neuer Nachbar gibt mir auf*

einmal ein Neues Testament. Das brauche ich noch nötiger als Brot. Ich trank die Bibel so, wie ein Verschmachtender Wasser trinkt. 1. Kor. 13, Matth. 5, 6, 7, 8, Brief des Jakobus, Joh. 17. Welch eine strahlende, alles überflügelnde Kraft geht vom Wort Gottes aus!

24. Februar *Wollust aus Worten: Seraph Harfe Brunnen violett-weiße Kichererbse Indigoblau Betelgeuze Kobalt Cherub Smaragd Nachtschatten Zitronenfalter Aprikose Cölestine. Minutenlang kann ich weiter aufzählen, ich schwelge in Worten.*

Und am 28. Februar *Villengärten. Baarn, Aerdenhout oder Velp, eine Parkvilla. Im Januar. Noch immer, noch immer schneit es. Geräuschlos fallen die Flocken, ruhig, schon seit Tagen. Alles wird von ihnen überquellend, weich-weiß behütet. Was weiß schien, ist nun gelblich geworden, dann gelb-orangerot. Die anderen Farben bleiben sich gleich, sind nur dunkler. Schau, die Villen. Die meisten wurden im letzten Jahrhundert erbaut: nicht gerade schön, aber auch nicht häßlich. Groß und reich sind sie, aus Backstein, mit hohen Fenstern und Gartentüren aus Glas. Und einem Fahnenmast auf dem Balkon über der Glasveranda. Wichtiger als die Villen sind die Gärten. Der Schnee hat alle Unterschiede verwischt. Scheune und Zaun, Kohlenkasten und Mülleimer und all die namenlosen Dinge, die in entlegenen Gartenwinkeln zu finden sind: vereint, eingeebnet unter dieser weißen Decke. Wichtig sind vor allem die Vogelhäuschen, ländlich-roh aus silbernem Birkenholz gezimmert. Kokosnüsse gibt es dort und Erdnußringe. Und auf der gekehrten Terrasse vor dem Eßzimmer mit den Windfangtüren liegen Brotrinden.*

Schau, schau doch, die allersüßeste Zartheit der Rotkehlchen mit ihren flammendroten Federkehlchen, die im Schnee noch farbiger wirken. Und sonst? Zerrupfte Spatzen, Krähen und zwei große, graue Möwen. Wir gehen weiter. Drüben läßt man den Hund hinaus, einen kräftigen Airedale. Er schnüffelt, schnaubt, sucht und hat seinen Baum gefunden: linkes Bein? Rechtes Bein? Nein, doch das linke. Und danach das närrische Rennen durch die dicke Schneedecke, das Scharren mit den Pfoten, auch mit der schwarzen, feuchten Nase. Wir schauen hinein. Dort ist das alte Dienstmädchen mit dem weißen Häubchen – Bet, Stien, Aaf und wie sie sonst heißen – mit dem Staubsauger beschäftigt. Sogar diesem gewöhnlichen Geräusch verleiht die Vornehmheit des Villengartens, Schneeparks, einen vornehmen Hauch. Nur noch wenige Geräusche sind zu hören. Jetzt nur noch diese: das Zufallen des Deckels von einem kleinen Karren, in dem Brot zum Verkauf angeboten wird, ein Mann wurde eigens angestellt, um beim Ziehen zu helfen;

und die fröhliche Stimme einer Dame in Pelz, für die gerade die Haustür geöffnet wird. Und dann beginnt plötzlich jemand Klavier zu üben, sehr schnell und sehr perfekt, hier in dem modernen Haus; schau, es ist eine junge Frau, sie ist schwarzgekleidet, eine rosa Azalee steht in dem großen Fenster. Gleich wird sie zu Chopin übergehen, zu Debussy, Ravel. Man kann es vorhersagen... Da jauchzt ein Kind, ein kleiner Junge in einem tomatenroten englischen Mäntelchen und einer weißen Mütze. Er sitzt auf seinem neuen Schlitten, und das Kindermädchen – in Braun und Weiß, mit braunem Schleier, ein hübsches Ding – zieht ihn. Der Schnee, der wirbelt und wirbelt und alles immer dichter mit dicken Watteflocken zudeckt, leuchtet weiß gegen den grauen Himmel aus Blei. Wie gesund sehen die Menschen aus, fast braun, mit roten Wangen. Ja, die Stille eines Villenparks in Holland im Januar...

Die Kommunisten sagen: Der Intellekt soll sich nicht mit dem Kapital, sondern mit dem Arbeiter zusammentun. Hier ist das schon der Fall: Kapitalisten ›draußen‹ kollaborieren, Studenten und Professoren werden mit den Arbeitern gefangengehalten. An diesem Tag wurde ich wieder operiert, nachdem ich durch das Schneetreiben nach oben gestolpert war, mit meinen Geschwüren.

Leo Der Häftlingsarzt in Natzweiler war Fritz Leo, ein Kommunist mit zeitweiligen leichten Wahnsinnsanfällen. Ein Kobold, mit einem großen Kopf und sensuellen Lippen. Er hatte es auf mich abgesehen. Er wußte, daß ich dem christlichen Glauben anhing, und er hörte nicht auf, mich deswegen zu verspotten. »Du Himmelskomiker«, »du Jesusknabe«. Aber er rettete mir einige Male das Leben.

Diesmal hatte ich eine glühende, zehn Zentimeter große Geschwulst an meiner linken Hüfte. Leo versprach, mir zu helfen, sobald er mit einem anderen Kranken fertig sei. Er forderte mich auf, in seinem kleinen Sprechzimmer mit dem Gesicht zum Fenster Platz zu nehmen, damit ich überempfindlicher »Jesusknabe« bei der Behandlung nicht zuzusehen brauchte. Dunkelheit brach über dem meterhohen Schnee zwischen den Baracken herein. Das Fenster übernahm die Funktion eines Spiegels. Ich sah alles. Ich sah, wie Leo und sein Helfer den Papierverband vom rechten Arm des Patienten entfernten. Hinten am Arm, von der Achsel bis über den Ellbogen, sah ich eine tiefe Rinne, aus der wenig Blut, aber sehr viel Eiter floß. Es stank entsetzlich nach Käse. Leo nahm einen Löffel und kratzte damit ein paar

Mal von oben nach unten die Rinne am Arm sauber. Der Helfer fing den Eiter in einer Schüssel auf. Der Patient gab keinen Ton von sich. Als seine Wunde nicht mehr gelb, sondern blutrot war, wurde sie wieder mit vielen Papierbandagen verbunden, danach bedankte er sich und verschwand.

»Und jetzt du«, sagte Leo freundlich. »Leg dich mal hin, ja?« Sie halfen mir auf den primitiven Tisch. Zu meinem Entsetzen band mich der Helfer darauf fest, etwas, was bei früheren Eingriffen nie geschehen war. Leo verzog seine wulstigen Lippen zu einem Lächeln, beugte sich über mich und sagte: »Nicht dein Gott wird dir jetzt helfen, sondern ich. Leider müssen wir augenblicklich mit Äthernarkosen sparsam sein. Wir sind aber schnell fertig.« Sofort danach wurde mein Bewußtsein durch einen blendenden Blitzstrahl gespalten, der keinen Donner, aber einen Schrei nach sich zog: aus mir, aus meinem Hals, das begriff ich. Leo hatte quer über meinen Tumor einen furchtbaren Schnitt gelegt, und noch einen, zog die Schnittflächen auseinander und begann, mit Tampons den Inhalt wegzuwischen. Schließlich wischte er mit aller Kraft und tief. Der Gestank war wieder unerträglich. »So, du Backels, diese Schweinerei bist du los, was?« Er lachte mich an, auch der polnische Helfer grinste. Ich weinte und lachte. Genäht wurde ich nicht. Sie legten einen großen Verband um meine Hüften an und halfen mir auf. Und im Bett setzte ein Schmerz ein, der nur erträglich war, solange die Nabelschnur zwischen meiner Seele und meinem Schöpfer intakt blieb.

Hat Fritz Leo nicht verstanden, daß mein Gott mich zum tausendsten Mal gerettet hatte, und zwar durch Fritz Leo?

Darüber in meinem Tagebuch:

Plötzlich ein Messer in mir, Stich auf Stich. Es ist zum Heulen. Ich habe geheult und gewinselt und George an seinem Kittel gepackt. Nicht mehr. Ich habe an Dich gedacht und: ich will ein Mann sein. Ich versuchte, meinen Geist zur Zimmerdecke zu versetzen, den Körper hier irgendwo weit darunter zu lassen. Wieder ein Drän in der Wunde. Ende der Operation. Ich rede ununterbrochen, wie ein Kind, wie immer aus Erleichterung nach einer großen Anspannung. Lustige Sprüche, während die Angst im Körper nachzittert. Auf einer Trage zum Revier nach unten zurück, unter verschneiten Decken. Henk Krekel deckt mich schnell zu, sonst weiter kein Anzeichen von Fürsorge oder Mitleid. Das war das schlimmste.

29. Februar *Heute morgen, nach der Sandsuppe, liegt mir fast direkt gegenüber eine Leiche. Gestern hat er unglaublich viel gegessen, heute Nacht Durchfall, heute Morgen tot. Hier ist man im Handumdrehen tot, bevor man es überhaupt weiß. Wir haben uns schon an den Tod gewöhnt. Ich las eine Zeitung. Es war sehr deprimierend. Manchmal überläuft es mich kalt: und wenn es noch lange dauert! Sie sind noch so stark, sie können noch etwas riskieren! Dann denke ich nur an ihre Pamphlete 1917, 1918: Der Sieg ist uns sicher, England hat schon verloren.*

1. März *Wurde plötzlich verbunden, habe mich selbst einmal betrachtet. Ich bin jetzt spindeldürr und entsetzlich, tatsächlich ent-setzlich schlapp, sacke immer wieder in meinen stets gekrümmten Knien zusammen. Bin schwindelig und fast immer eiskalt. Sehr verdreckt, besonders an den Füßen. Arm- und Beinmuskeln sind schlaffe Säckchen. Mein Kopf ist kahl, mein Gesicht mit den weit aufgerissenen Augen und den abstehenden Ohren ist das einer alten, grauen Eule. Ich stinke nach Eiter und Urin, manchmal auch nach Kot. Die Haut auf meinen Beinen ist mit vertrockneten Zellen übersät, schuppt sich. Von Schenkeln und Gesäß hängt die Haut in Falten. Meine Lunge ist nicht in Ordnung. Ich huste, meine Finger eitern, alle zehn. Auf meinem rechten Fuß zwei Narben aus Amersfoort und zwei Narben vom Phlegmon im November. Linke Hüfte voller großer Narben und Furunkel, und dann die vier eiternden Risse auf der Hüfte und an der Leiste, mit Schläuchen. Es ist gut, daß Du mich nicht so sehen kannst, Du würdest es mit der Angst zu tun bekommen und weinen. Es ist tatsächlich ein bißchen zum Weinen.*

3. März *Ich erziehe mich jetzt dazu, erst spät zu essen. Esse ich früher, dann bin ich neidisch, wenn die anderen essen und ich nichts mehr habe. Aus diesem Grund bemüht sich jeder darum, als letzter zu essen.*

8. März *Schon gestern abend war J. sehr still. Träger und seltsamer als sonst, starrer Blick, rote Wangen und nur noch Gewinsel und Gegreine. Er aß nichts, fragte, ob es noch Limonade gäbe, ob Mohr oder van Eeghen nicht kommen könnten. Er sagte: Ein Gläschen Ranja, ja, das hätte ich gerne. Bekam heiße Wickel. Henk Krekel redete ihm sehr barsch zu; ich hatte Mitleid, war aber auch gereizt. Nach langen, schönen Träumen wache ich auf. Henk sagt zu J.: »Setz dich auf, damit du besser essen kannst.« J. sagt ja, rührt sich aber nicht, sein Schüsselchen Brei bleibt neben ihm stehen. Henk schimpft ihn wieder gründlich aus,*

und ich sage: »Stell dich nicht so an, J., du mußt mithelfen.« Er liegt nur da. Plötzlich ruft ein polnischer Nachbar: »Bakels, Kamerad kaputt.« Und zeigt auf J. Ich schaue hin und sehe, daß J. tot ist. Henk kommt gerade mit heißen Wickeln für ihn herein und sagt: »Es ist seine eigene Schuld, er wollte nicht leben.« Der Deutsche neben mir sagt: »Er hatte so Heimweh nach seinen Eltern.« Ein französischer Arzt: »C'était un tuberculeux.« Ich: vielleicht kann ich jetzt seinen Brei aufessen.

Es fehlen mir dafür die Worte. Aasgeier. Hyäne.

9. März *Schäfer, Typograf aus Sarrebourg, weckte mich. Er hat sich im Bett aufgesetzt, keucht und hustet. Kotgestank. Murmeln. Ich rufe Henk, es ist stockdunkel (Fliegeralarm), wir legen ihn hin, decken ihn zu. »Ne vous inquiétez pas monsieur, on ne peut rien faire maintenant, attendez quelques heures, demain matin on pourra vous aider. Couchez-vous.« Er stammelt: »Oui, ça va, ça va, ça va.« Ich schlafe ein, werde wach, höre nichts mehr. Und wahrhaftig, er ist gestorben. Wird weggetragen – steif wie ein Brett, aber es sprudelt noch aus seinem Mund.*

11. März *Nachts wache ich auf. Der Deutsche Hoffmann sitzt entsetzlich keuchend auf dem Rand seiner Pritsche über mir, seine Decken liegen alle auf dem Boden. Ich hebe das Zeug auf, lege ihn ins Bett, richte die Decken, spreche ihm zu, streichele seine Hand und seinen Kopf. Danach scheint er »mein Herz« gesagt zu haben – ich schlief schon wieder – und langsam eingeschlafen zu sein.*

13. März *Der große Tag ist angebrochen. Ich wurde entlassen und muß heute mittag zurück in die frostige, ja sogar eisige Gesellschaft. Vier Wochen habe ich Schonung. Sieben, fast acht Wochen bin ich hier gewesen; das Frühjahr steht vor der Türe. Ich werde soviele treue Freunde wiedersehen: Con, Otto, Chris, Sam Hingst, Gerard van Hamel, Godert van Dedem. Die Franzosen fragen, ob ich sie noch einmal besuchen werde, alle wissen, daß ich gehe, man kannte mich hier, weil ich die deutschen Wehrmachtsberichte (»Das OKW gibt bekannt«) unter allgemeinem Schweigen auf Französisch vorgelesen habe. Die Liebe hofft, glaubt, erträgt alles.* Sie hält alles aus.

Das war ein langes Zitat. Der Leser hat jetzt einigermaßen – und nicht mehr als einigermaßen – einen Eindruck davon bekommen, was sich die Deutschen unter einem Krankenhaus vorstellten.

Das Krankenrevier von Natzweiler Soviel ich weiß, hatte fast jedes KZ ein Krankenrevier oder Lazarett. Dieses war nicht dem Lagerkommandanten, sondern dem SS-Lagerarzt unterstellt, der direkt dem SS-Standortarzt rapportierte, der wiederum dem Hauptsanitätslager der Waffen-SS in Berlin verantwortlich war. Die ständige Leitung hatten der Revierkapo und seine Trabanten in Händen, und für die laufende ärztliche Versorgung – wenn es überhaupt eine gab – sorgten oft (nicht immer) Arzt-Häftlinge. Man könnte eigentlich meinen, daß Ärzte dazu da sind, Kranke zu heilen, und daß Lazarette oder Krankenhäuser die Orte sind, in denen diese Heilung vor sich geht. Auf die KZs traf all dies nur in beschränktem Maße zu. Tatsächlich kam es oft vor, daß man, wenn man krank war, ins Revier aufgenommen wurde und nach der Behandlung als vergleichsweise ›besser‹ entlassen wurde. Aber auch das Gegenteil war oft der Fall.

Das Revier war ein finsterer Ort voller Intrigen, dunkler Machenschaften, Machtkämpfe, Korruption und geheimer Gemeinschaften. Es konnte gleichzeitig ein Ort von Tod und Verdammnis sein. Nach deutschen Maßstäben brauchte es sich bei einem Arzt keineswegs um jemanden zu handeln, der berufen war, Kranke zu heilen. Der Mord an Kranken konnte seine Aufgabe sein, in oder nach grauenhaften medizinischen ›Experimenten‹. Auch ›Euthanasie‹ wurde im Revier im großen Stil betrieben: Schwerkranke wurden oft, genauso wie persönliche Gegner, einfach ›abgespritzt‹. (Es ist vorgekommen, daß ein neuernannter SS-Arzt bei der ersten Konfrontation mit den himmelschreienden Zuständen im Revier guten Mutes erklärte, für eine baldige Verbesserung sorgen zu wollen. Sein Vorgesetzter machte die Ernennung rückgängig, und dieser Arzt verschwand an der Ostfront.)

In vielen Lagern versuchte man, dem Aufsuchen des Reviers und erst recht der Aufnahme zu entgehen; man mußte sehen, daß man draußen zurechtkam und es einem ›von selbst‹ besser wurde (was mit Gottes Hilfe auch oft geschah). Die Häftlinge wußten, daß jeder Aufenthalt im Revier den Tod bedeuten konnte, auch weil ein unhygienisches Lazarett ein einziger Infektionsherd ist.

Die niederländische Mannschaft im Revier von Natzweiler bestand aus Roessingh, Nales, Ad de Jonge, später aus Stuuf Wiardi Beckman und noch später aus Doktor Krediet. In ihrem ununterbrochenen Kampf gegen die SS, den Häftlingsarzt Leo und alle anderen, unterstützt von polnischen und tschechischen Pflegern, haben sie ihr möglichstes getan, um Niederländern, die in Schwierigkeiten waren, durch Aufnahme, Schonung oder bessere Arbeitsplätze zu helfen. Viele Male versah man das Krankenblatt todkranker Schicksalsgefährten, die kein Fieber hatten und denen deshalb die Aufnahme verweigert worden war, mit einer Fieberkurve. De Jonge setzte unter Hunderte von Schonungsscheinen selbst die Unterschrift des SS-Arztes Rohde. Es gelang, das Revier von intrigierenden Kommunisten zu säubern. Leo wurde mit Eßwaren aus Paketen bestochen; in stundenlangen Gesprächen wurde versucht, ihn zur Aufgabe seines Standpunktes zu bewegen, daß alle Westeuropäer wertlose Kreaturen seien, die am besten ausgerottet werden sollten, und daß nur die slawischen Völker – zu denen er das deutsche zählte! – für die Zukunft erhalten werden müßten. Das alles war selbstverständlich lebensgefährlich. Es wurde aus Mitmenschlichkeit und Solidarität getan.

Wohin keine Menschen kommen Wie schon erwähnt, wurden bestimmte Emotionen für mich zu stark, so daß ich mich daran verschluckte, daran nahezu erstickte. Ich konnte sie nicht mehr verarbeiten; Unheil war die Folge. Was für ein Vorgang war das?
Auch im ›normalen‹ Alltag kann es geschehen, daß ein Mensch mit etwas konfrontiert wird, das zu gewaltig für ihn ist. Das kann ganz plötzlich geschehen oder ganz allmählich. Plötzliche Konfrontation, vor allem mit Unglück, aber auch mit Glück kann, so glaube ich, unheilvolle Auswirkungen haben. Tod durch Herzstillstand oder Gehirnblutung kann die Folge sein. Ein plötzlicher Einbruch unfaßbaren Unglücks kann, so meine ich, zu einer Geisteskrankheit führen, zum Wahnsinn. Ich glaube, daß für die Menschen im KZ die Gewöhnung an die Tag und Nacht herrschende Dämonie eine große Gefahr in sich barg: Das Gehirn konnte den Kontrast zwischen schönen Erinnerungen und guten Erlebnissen aus dem Prä-KZ-Leben und der KZ-Dämonie nicht akzeptieren – und positive Eindrücke nicht verarbeiten. Die Gehirnkanäle, die sich normalerweise dem Guten und Schönen öffnen, wurden akut verstopft, die Regulierungsmechanismen versagten. Mir sagte einmal jemand: »Ich bin entregelt«. Wer sich an das Sehen, sogar an das Erleiden von Verbrechen in einer endlos verpesteten Umwelt von materieller und immaterieller Schwierigkeit gewöhnt und einen ›way of life‹ entwickelt hat, der ihn vielleicht gegen den Untergang absichert, der kann nicht plötzlich in den Normalgang zurückschalten. Eine Erinnerung an das Normale, in der

Bedeutung vom ehemals guten und schönen Leben, fällt dann ungeheuer schwer. Wie die erste Begegnung mit dem KZ-Leben, die Empfangszeremonie, dem Geist einen lebensgefährlichen Schlag versetzte, von dem man sich erst langsam wieder erholte (oder auch nicht; viele überstanden gerade die ersten Wochen nicht), so löste jeder Anklang an das Prä-KZ-Leben einen ebenso schweren psychischen Schock aus, der nicht oder kaum erträglich war. Da ich sehr emotional veranlagt bin, geriet ich hier vollkommen aus dem Gleichgewicht. Gott mußte dann bittend angefleht werden: Hilf mir, das Schöne zu ertragen, wie Du mir hilfst, das Böse durchzustehen.

Was eigentlich geschieht, wenn der Geist ein Erlebnis nicht mehr bewältigen kann? Man braucht daran nicht zugrunde zu gehen. Man kann das Bewußtsein verlieren. Man kann sich auch, wenn man den Schock nahen fühlt, verschließen, aus der Bahn treten, einen Vorhang zuziehen. In solchen Fällen konnte auch ich es bei mir feststellen – ich teilte mich entzwei, war nicht mehr eins mit mir. Ich sah mich selbst von außen, sah, daß mein Puls schneller schlug, ein Zittern meinen Körper überlief, Gänsehaut, und Augen, die sehr weit aufgerissen waren. Ich dachte: Kannst du dies ertragen? Ich antwortete: Ja, ich bleibe fest, Gott ist mein Rückhalt, ich kann mich auf Ihn stützen; danach ergriff mich das Gefühl, daß ich verbotenes Gebiet betreten hatte. Ich dachte, das hätte dir eigentlich nicht zugemutet werden dürfen. Man hat dich gezwungen, deine geistigen Kompetenzen weit zu überschreiten. Du bist gewesen, wohin keine Menschen gelangen, in einem noch unentdeckten Gebiet, einem Land des Leidens, einem Land der Verzückung, das unter Hochspannung steht. Man kann sie vielleicht eine Sekunde lang ertragen; zwei Sekunden wären schon der Tod. Manchmal überkam mich das Gefühl: Du warst im Jenseits. Und Bestürzung erfaßte mich, denn im Jenseits waren Seligkeit und Schmerz eng verschmolzen.

Mehr über den Hunger Die Küche in Natzweiler bekam ab und an eine Ladung Fleisch zugeteilt, das klein gehackt der Steckrübensuppe zugegeben werden sollte. Manchmal trafen wir auf ein solches Fleischstückchen in der Suppe. Es schien Pferdefleisch zu sein. Oder Schafsfleisch. Einmal wurde ein Teil eines menschlichen Unterkiefers in der Suppe gefunden. Da wurde alles deutlicher.

Kannibalismus kam vor – im KZ und vor allem auf den Transporten. Ich wurde aber nie Zeuge davon. SS-Hunde rissen bei ihren

Schlachtopfern mit Vorliebe Fleischstücke aus dem Gesäß und hinten aus den Schenkeln. Ich weiß nicht, ob sie sich daran schadlos hielten. Ich glaube schon. Meistens waren es Schäferhunde und Bouviers. Deutsche brüllen. SS-Leute brüllen. Kapos brüllen. Das deutsche Gebrüll – oft Gekreische – ist ein essentieller Ausdruck deutscher Macht. Schon bald konnten wir das Kreischen des einen vom Gebrüll des anderen unterscheiden. Immer war es ein Anzeichen für Gefahr, Mord und Totschlag. Aber manchmal klang es wie Musik in unseren Ohren: wenn es aus dem Mund eines Kapos kam, der auch Extraportionen zu verteilen hatte. Die Aussicht auf unverhofftes Essen wog schwerer als die unmittelbare Gefahr.
In Natzweiler wurden in jedem Block Häftlinge angewiesen, täglich die fünfzig Liter fassenden Feldkessel mit Suppe von der Küche zur Baracke zu tragen. Die bleischweren Kessel hatten an beiden Seiten Griffe. Wenn die vor Anstrengung keuchenden Träger in der Baracke angekommen waren, setzten sie die Kessel ab, und die eisernen Griffe klappten unüberhörbar herunter (ich höre das Geräusch heute noch). Das löste bei mir einen fast nicht mehr zu hemmenden Speichelfluß aus. Man vergleiche die Pawlowschen Hundeexperimente.

Unser Jude Unter uns gab es einen Juden. Wie hatte er sich zu uns verirrt? Welche deutsche Laune, welche deutsche Grille war die Ursache seiner Inhaftierung? Wie kam ein einziger Jude ins NN-Lager Natzweiler? Es war deutlich, daß bald eine Veränderung eintreten würde.
Und wirklich, der Galgen ist aufgerichtet. Ein schwarzer Sarg steht daneben. Grinsend weiden sich die Schergen an dem Schrecken des Juden, unseres Juden, der eingeladen wird, im Sarg Platz zu nehmen. Er legt sich hinein. Jetzt gibt man ihm drei Stunden Zeit, damit er sich an seine künftige Umgebung gewöhnen kann – sagen sie ihm. Der Deckel wird geschlossen.
Drei Stunden später: Das Lager ist vollständig zum Appell angetreten. Man hängt ihn. Es geht alles glatt dieses Mal. Unser Jude bricht sich sofort das Genick.

Die Zigeunerinnen Eines Tages wurde um einen der Blocks neben dem Revier eine besondere Umzäunung angelegt. Am nächsten Tag sahen wir sprachlos vor Überraschung viele Dutzende, etwa hundert dunkeläugige Frauen mit grellfarbigen Kopftüchern, die sich hinter dem Gitter drängten. Wilde Frauen waren es, sie redeten in einer unbekannten Sprache, sie scherzten mit uns. Begriffen sie nicht, wo sie waren?

Einige Tage später lag die Baracke ausgestorben da. Von Hans Docters van Leeuwen, Tierarzt, der außerhalb des Lagers die Hunde und andere Tiere der SS versorgen mußte, erfuhr ich, was geschehen war. Nicht weit unterhalb des Lagers lag ein alter Bauernhof, der Struthof hieß. Man hatte ihn ausgeräumt und zu einer Gaskammer umgebaut. Dort hatte man sich unserer Freundinnen, der Zigeunerinnen, entledigt.

Eine von ihnen hatte ein Kind zur Welt gebracht, kurz bevor sie und das Neugeborene vergast wurden.

Vater und Sohn Gerade erst eingeschlafen, erwacht ein Häftling im Revier wieder von einem merkwürdigen Geräusch: Es klingt, als ob etwas geknackt wird. Leise richtet er sich auf und schaut über den Rand seiner Pritsche. Schräg unter sich sieht er auf einer Pritsche eine kleine Gestalt, die sich an etwas zu schaffen macht. Er erkennt die Gestalt schnell: Es ist der kleine polnische Junge, der kurz nach seinem Vater ins Revier aufgenommen wurde. Auf der Pritsche liegt der Vater, der schon den ganzen Tag mit dem Tod ringt. Das knirschende Geräusch kommt von dort, auch ein leises Stöhnen. Sicher steht der Junge seinem Vater bei...

Am nächsten Morgen ist der Vater tot. Der Sohn erträgt den Verlust in recht aufgeweckter Verfassung. Später am Tag bekommt er Besuch von Prominenten, fetten Kapos, die Brot, Suppe, Zigaretten mitbringen. Auch in den nächsten Tagen kommt Besuch und Essen. Er erholt sich.

Später wird der Junge geschwätzig. Er hat sich geschickt angestellt. Er wußte, daß bei den Toten vor ihrer Verbrennung Goldkronen und Goldzähne entfernt wurden. Er wußte auch, daß sein Vater damit recht gut bestückt war. Ja, hatte er sich gesagt, Gold ist in Natzweiler ein gutes Tauschmittel. Ich werde ihnen zuvorkommen.

Sechs Zentimeter Durchmesser, zwei Zentimeter Dicke Wer im Revier von Natzweiler zwischen Morgen- und Abendappell starb, dessen Tod wurde nicht vor dem nächsten Morgenappell gemeldet.

Man verschwieg die Toten rund zwölf Stunden. So bekamen diese Toten bei der Brotausgabe nach dem Abendappell auch ihre Portionen zugeteilt. Häuften sich die Sterbefälle, dann konnten an einem Abend sogar zehn oder mehr zusätzliche Portionen in die Wache geschleppt werden. Kaum einmal kamen sie den noch lebenden Kranken zugute; sie wurden ›organisiert‹.
Offiziell mit ihren Nummern versehene Tote wurden nackt vor die Baracken gelegt. Eine steinharte Scheibe, vielleicht aus Asbest, in jedem Fall aber feuerfest, wurde an ihren großen Zeh gebunden. Die Scheibe hatte einen Durchmesser von sechs Zentimetern und eine Dicke von zwei Zentimetern, sie war groß genug, um die Nummer des Toten einzukratzen. Die Toten wurden mit der Scheibe in den Ofen geschoben. Später suchte man die Scheiben aus der Asche heraus, und das war der Beweis, daß Häftling Nr. X verbrannt war. Das bringt mich auf ein komplexes Thema: die Verwechslung der Identität. In jedem KZ gab es eine Politische Abteilung, die nicht dem Lagerkommandanten unterstand, sondern unmittelbar Berlin unterstellt war: eine Gestapo-Filiale, in der die Gefangenenkartei und alle dazugehörigen Akten aufbewahrt und bearbeitet wurden. Auch Häftlinge arbeiteten dort (wie Prof. Dr. B. M. Telders in Buchenwald). Wenn aus Berlin ein Befehl eintraf, daß Nr. X exekutiert oder mit einem Transport verschickt werden sollte, zur Hinrichtung außerhalb des Lagers oder zu einem Verhör – kurz, wenn sich ein Häftling in unmittelbarer Lebensgefahr befand, wurde seine Nummer manchmal mit der eines schon gestorbenen Häftlings vertauscht, in der Kartei, in den Akten, und zwar blitzschnell. Der aufgerufene Häftling war also schon verstorben. Auf diese Weise wurden manchmal auch Juden in Arier ›verwandelt‹. Es war eine lebensgefährliche, zugleich lebensrettende Tätigkeit, die ein paar Niederländer im tiefsten, geheimnisvollen Dunkel vieler Lager, auch in Natzweiler, ausübten. Manchmal waren sie auf eine begrenzte Mitwirkung des Blockältesten angewiesen. Kaum jemand weiß von diesem raffinierten Lebensrettungssystem.

Die Schubkarre Der Sonntagmorgen in Natzweiler brachte einen besonderen Schrecken mit sich. Wir rückten nicht zu den entlegenen Kommandos, zum Steinbruch, aus, sondern wurden im oder nahe beim Lager beschäftigt. Beispielsweise mußte ein Berg Ziegel abgetragen und zu einem Platz geschafft werden, von dem am nächsten Sonntag eine andere Häftlingsgruppe sie wieder zum ursprünglichen

Platz zurückschleppen mußte. Vor dieser Sonntagsarbeit konnte man sich keinen Augenblick lang drücken. Die SS sah uns fortwährend auf die Finger, und bei dem geringsten Atemholen brach die Hölle los. Eines Sonntags mußte ein Gruppe, zu der ich gehörte, Granitblöcke mit der Schubkarre über einen glitschigen Weg zu einem Abladeplatz auf einem Hügel über dem Lager schaffen. Unaufhörlich sorgten Horden von SS und Kapos dafür, daß wir den Weg mit den schweren Schubkarren im Laufschritt zurücklegten. Wie immer fiel ich schon bald wegen meiner Länge auf, wegen meiner skelettartigen Erscheinung, meiner Segelohren, die von dem kahlgeschorenen Kopf noch deutlicher abstanden, und der ewigen Triefnase. Ich konnte einfach nicht verbergen, daß ich, anders als viele meiner Kameraden, die von Beruf Bauarbeiter, Hafenarbeiter oder Gärtner waren, nicht an schwere körperliche Arbeit gewöhnt war. Bei der Arbeit mit Spaten, Hacke und Schubkarre stellte ich mich reichlich ungeschickt an. Unten mußten wir die Schubkarren so vollbeladen, daß kein Granitklumpen mehr hineinpaßte. Mit Argusaugen sahen wir uns um, was wo wie am besten zu laden war. Ich wählte kleinere Klumpen – dumm genug, anzunehmen, daß die leichter wären. Damals begriff ich nicht, daß viele kleine Steine eine randvolle und schwere Schubkarre ergeben. Mein Freund Skippie de Vaal, ein Amsterdamer Hafenarbeiter, war leichter von Begriff. Er schleppte sich mit den größten Brocken ab und mühte sich eifrig beim Beladen und keuchte ununterbrochen hin und her. Auf diese Weise hatte er zur vollsten Zufriedenheit der Sklaventreiber seine Schubkarre in wenigen Augenblicken mit Granit beladen. Auch der Mof durchschaute nicht, daß die unausgefüllten Zwischenräume die Karre voll und schwer erscheinen ließen, obwohl sie in Wirklichkeit halbleer und relativ leicht war.
Nach ein paar Stunden – der viel betretene und befahrene Pfad war inzwischen eine Rutschbahn geworden – war ich mit meinen Kräften am Ende. Ich fiel mehr als gewöhnlich auf, als ich im Schneckentempo und keuchend den Weg nach oben mit der verfluchten Karre antrat. Das entging Skippie nicht. Als wir nach der soundsovielten Schreckensfahrt wieder unten waren und unsere Karren wieder beladen hatten, zischte er mir zu: »Tauschen!« Sofort nahm er meine Schubkarre auf und lief schon. Ich nahm seine, die mir nur halb so schwer vorkam – und die auch nur halb so schwer war.
Auch diese Sonntagmorgen fanden ein Ende, ohne daß ich zusammengebrochen wäre. Und das verdanke ich Skippie mit seinem goldenen Herzen und klugen Erfassen der Situation.

Teilen Vor allem, wenn ich in den Besitz einer Zigarette gelangt war, überkam mich das Verlangen, alleine zu sein, um zu mir zurückzufinden. Das Rauchen half mir dabei. Einmal saß ich irgendwo und rauchte meine Zigarette, als sich Jaap van Mesdag zu mir gesellte. Er bettelte nicht. Aber natürlich war es unmöglich, selbst zu rauchen und andere nicht ziehen zu lassen (ich habe erlebt, daß zehn Mann eine Zigarette rauchten). Jaap und ich rauchten also abwechselnd. Als wir die Zigarette aufgeraucht hatten, fielen mir von oben zwei neue in den Schoß. Überrascht blickten wir auf. Zwei wohlgenährte Luxemburger waren vorübergeschlendert; einer drehte sich lächelnd nach uns um.

Freundschaft Wo immer man ein Buch über Kriege, Heimsuchungen und Unglücksfälle aufschlägt, stets wird man dort auch den Ruhm der Freundschaft finden. Ohne Freundschaft konnte man ein Moffenlager nicht überleben – jedenfalls nie länger als ein paar Wochen. Die Freundschaft im KZ beschränkte sich nicht nur auf Ermutigung, auf Hilfe bei Essen und Kleidung, Hilfe, wenn es um ein gutes Kommando ging. Sie ging viel weiter, manchmal bis zum äußersten. Gar nicht selten nahmen Häftlinge lebensgefährliche Risiken unerschrocken auf sich, um einen Mitgefangenen zu retten, ihn von der Schwelle des Todes wegzuzerren. Im Lager änderte sich die Freundschaft zwischen Männern, die im gewöhnlichen Alltag herzlich, rauh, manchmal oberflächlich ist. Im Lager konnte man sich nicht auf »Mensch komm, Kopf hoch!« beschränken. Im täglichen Kampf auf Leben und Tod wurde die sonst rauhe Freundschaft im KZ liebevoll und erinnerte in ihrer Fürsorge an die Liebe einer Frau.
In Natzweiler litt ich immer unter Erfrierungen an Händen und Füßen. Es war mein Freund Sam Hingst, der am Ende eines freien Sonntagnachmittags zu mir kam und mir kleine, schwarze Lappen brachte, die mit Bändern versehen waren. »Hier Floris, ich habe sie für dich genäht. Sie helfen, das lehrt die Erfahrung, besser als die dicksten Fäustlinge.« Es waren Pulswärmer, die der Zivilingenieur Sam an einem Sonntagnachmittag für mich genäht hatte. Am nächsten Morgen band ich sie um. Man konnte sie nicht sehen, meine Ärmel waren lang. Fäustlinge und Handschuhe waren strengstens untersagt. Meine Hände blieben warm.
Freundschaft in einem KZ enthielt, wenn es rundherum ernst wurde, ein großes Element Eros. Man kann nachlesen, daß Männer, die

lange Zeit eingeschlossen sind und ohne Frauen leben müssen, in dieser Zeit homophil werden. Davon konnte bei uns keine Rede sein. Sexuelles Interesse, wofür auch immer, war infolge von Angst und Hunger verschwunden. Und doch verband Freunde manchmal ein starkes Band, das die Bezeichnung »Liebe« verdient. Als ich einmal abends zutiefst niedergeschlagen auf meiner Pritsche lag, kam Con, der Maler, und brachte mir eine Schüssel Makkaroni. Als er sah, wie traurig ich war, kletterte er auf die Nachbarpritsche. Er sagte: »Du mußt dir vorstellen, daß alles, was du jetzt fühlst, schon vor drei Monaten war. In deinen Gedanken mußt du der Zeit vorauseilen. Schau dann auf dich zurück, wie du hier liegst und weinst.« Er legte sich auf die Seite, wandte sich mir zu und begann, meinen Stoppelkopf zu streicheln. Es half, und dieses Ereignis von vor vierunddreißig Jahren ist mir heute noch körperlich gegenwärtig.

Nach einer Lungenentzündung aus dem Revier entlassen und wieder ein wenig lebendiger als tot, aber sehr, sehr geschwächt nach einem mörderischen Appell im Schneetreiben, begegnete ich in Natzweiler Pfarrer Schaars aus Velp, einem sehr sanftmütigen Mann mit dem Akzent der Gelderländer.

Wir führten ein Gespräch über die fühlbare göttliche Gegenwart. Er blieb stehen und sagte: »Du bist ein Protestant, aber ich möchte dich segnen.« Wir standen neben einer Baracke im wirbelnden Schneegestöber. Er flüsterte lateinische Worte und machte dann das Kreuzzeichen über mein Gesicht und meine Brust. Er sagte: »In nomine Patris, et Filii, et Spiritus Sancti...« Oh, wie hat er mir geholfen.

Lang, lang ist die Reihe der Freunde, die mich durch eine endlose Kette von Gefahren gezogen, geschleppt, geschleift haben.

Ich denke an Godert van Dedem, den gläubigen, prinzipientreuen Offizier, der nie verzagte. Er war es, der, in ein anderes Lager weitertransportiert, nach Natzweiler in einem für das Krematorium bestimmten Leichenwagen zurückkehrte. Im allerletzten Moment, ›zufällig‹, wie es so heißt, riß ihn einer unserer Freunde, Oscar Mohr, vom Feuer weg. Ich denke an Jan Koet, einen netten, jungen Mann, immer voller Sorge um seinen gelähmten Vater, der in Utrecht zurückgeblieben war.

Ich denke an Jaap van Mesdag und Ernst Sillem, trotz allem fröhliche Jungen, achtzehn Jahre alt, die mit dem Kanu nach England unterwegs waren, als sie auf der Nordsee von einem deutschen Schnellboot aufgegriffen wurden.

Ich denke an Willem van Lanschot, OD-Offizier, einen Brabanter,

der bei den Verhören furchtbar mißhandelt worden war. An Daan Mulock Houwer, auf dessen eiserne Konstitution die Entbehrungen kaum einen Einfluß zu haben schienen. An Sam Hingst, den sehr Empfindsamen, den eine Beschreibung von Amsterdam mit seinen Grachten um seine Gemütsruhe bringen konnte. An Habbema, Rotman, Verdoorn, van Hamel, Teding van Berkhout, soviele Freunde, manche sind schon lange tot, andere leben heute noch.
Ich denke an Bekkie de Loos, Frits Santman, Henk Krekel, Bert Timmers. An Hans Docters van Leeuwen, Minus de Jonge, Ad de Jonge, Wim van der Burg. An Karel Steensma, Paul Hijmans van Anrooy und Frans de Bordes und an Pim Boellaard, unseren Vertrauensmann.
Und an Dave van Eeghen, einen langen, mageren, nervösen Mann, einen Spötter, ironisch, zynisch, dessen Reden uns manchmal vor den Kopf stießen. Er gehörte der seltenen Spezies von Menschen an, deren Worte manchmal destruktiv, deren Taten aber immer konstruktiv sind. Unzählige Male hat er mich wegen meiner Ungeschicklichkeit ausgescholten, aber öfter noch brachte er mich von dort fort, wo es gefährlich für mich wurde, und stellte mich dorthin, wo es sicherer war. Im Organisieren war er der König. Con Broers hat uns beide in das Kommando Effektenkammer geschoben.

Effektenkammer Eine Effektenkammer ist der Ort, an dem das Privateigentum – also Kleidung und Schuhzeug, aber auch ›Wertsachen‹ wie Uhren und Ringe – der Häftlinge gelagert wird, nicht nur piekfein in Papiersäcke verpackt – für jeden Häftling einen – sondern auch makellos mit Tusche auf Karteikarten aufgeführt ... ein Modellmagazin. So sind die Deutschen. Unsere Effektenkammer unterstand dem nicht unsympathischen, stämmigen Bibelforscher Ernst Hassel, den ein violettes Dreieck kennzeichnete. Es war ein phantastisches Kommando, das in einer Baracke neben dem Krematorium untergebracht war. Wer dort arbeitete, durfte sich zur Prominenz zählen.
Zum Privateigentum gehörten auch Koffer. In den Koffern lagen Kleidungsstücke. Und Bibeln, in vielen Sprachen. Und verschiedene Sachen zum Essen. Und Tabak, Zigarren, Zigaretten. Auch Socken waren darin verstaut, Schuhe, Briefe, Liebesbriefe, Heiligenbildchen, Fotos. Fotografien von französischen, luxemburgischen, norwegischen, niederländischen, russischen, polnischen Frauen.

Wie sonst nirgends hatten wir hier Gelegenheit zu ›organisieren‹. Man konnte sich reich stehlen, denn alles war bestes Tauschgut in der Küche. Man konnte sich Pullover organisieren, Socken, Schuhe. Man konnte rauchen... Anfangs rührten wir die Koffer nicht an. Nicht nur, weil Ernst uns öfter durchsuchte, sondern auch, weil wir es unrecht fanden, unsere Schicksalsgefährten zu bestehlen. Aber die Versuchung wurde immer größer und die Verlockung schließlich unwiderstehlich, als die Lebensmittellage schlechter und schlechter wurde.
Unser Ernst behandelte uns gut. Er war ein schwergewichtiger Mann, gewissenhaft, manchmal unerklärlich bösartig, manchmal ließ ihn ein Koller überschnappen. Ich hatte die Aufgabe, die Karteikarten mit Namen, Vornamen und Nummern der Gefangenen zu versehen, und das mit Tusche. Wochen-, ja monatelang saß ich täglich zehn Stunden in einem sauberen Holzzimmerchen und schrieb, blickte auf ein Stückchen Urwald, einen Wachturm mit SS und Maschinengewehr und einen Teil des Krematoriums. Unzählige Male schrieb ich TADEUSZ – IWAN – LEW – ALEXEJ – HENRI – JANUSZ und Nachnamen, die auf -witsch und -enko endeten. Als guter Direktor tauchte Ernst regelmäßig auf, um mich zu kontrollieren. Meine Arbeit gefiel ihm, bis auf die 1 und die 8 bei den Häftlingsnummern. Schließlich wurde er fast rasend: Ich sollte eine deutsche 1 und eine deutsche 8 schreiben. »Du, Bakels, diesen Unsinn kannst du in deiner Kanzlei machen, aber nicht hier!« Fortan schrieb ich also eine 1 mit einem deutschen Haken und eine 8, bei der ich oben ansetzte und dann den Füllfederhalter links herum führte.
Wie alle Deutschen, so hatte auch Ernst eine Leidenschaft fürs Saubermachen. Wenn es Samstagnachmittag wurde, mußten wir alles liegen und stehen lassen, Eimer mit Wasser füllen und zu den Besen greifen – allen voran Ernst. Erst Fenster auf, und dann setzten Ernst und wir den Holzfußboden unter Wasser. Es war das reinste Wasserballett. Wir wateten durch Überschwemmungen, und Ernst brüllte: »Und immer Ruck Zuck, was, ihr sollt den Boden mal richtig auskehren, was, immer Ruck Zuck!« Da mir die Kraft zum richtigen Auskehren fehlte, stürmte er oft auf mich zu, entriß mir den Besen und begann, mit verbissenem Ingrimm zu schrubben, zu plantschen, wieder einen neuen Wassereimer auszuleeren...
Eines Tages war ein wertvoller Artikel ›organisiert‹ worden. Ein hohes Tier aus der Küche kam herunter und beklagte sich. Ernst beorderte uns in die Baracke und befahl dem Täter vorzutreten. Niemand rührte sich. Es hätte sehr schlecht ausgehen können, beispielsweise

mit einem Strafkommando für uns alle, aber es lief dank Ernst, der selbst ein hohes Tier war, mit einem Anpfiff ab. Am nächsten Tag zählten wir alle noch immer zu den Verdächtigen – und Ernst Hassel ließ es uns deutlich spüren. Es war für mich ein eigenartiges Gefühl: einmal der Verdächtige zu sein. Man weiß nicht, wie man sich verhalten, wohin man schauen oder wie man sprechen soll. Wenn man verdächtigt wird, neigt man dazu, scheu um sich zu blicken, aber das wäre keineswegs ein kluges Verhalten. Und wenn man sich deswegen besonders ungezwungen benimmt, schon fast nonchalant, fällt man besonders auf. Benehmen wie sonst – es wird unmöglich, wenn man unter Verdacht steht.

Mord auf Sondererlaß Am 2. Juni 1944 um 12 Uhr mittags sind vor dem Austeilen der Suppe alle Innenkommandos angetreten. Auf einer der höhergelegenen Terrassen steht der Galgen, ein ungefähr vier Meter hohes Gerüst mit einer kastenartigen Plattform darunter, an der ein Pedal angebracht ist. Tritt man dieses Pedal, klappt der Kastendeckel herunter. Wer auf dem Deckel steht, mit dem Strick um den Hals, stürzt dann einen Meter tief und bricht sich dabei das Genick.

So ist es jedenfalls normalerweise beim Hängen.

Ein junger polnischer Freiheitskämpfer soll auf einen Sondererlaß Adolf Hitlers hin gehängt werden. Er steht neben dem Galgen, mit nacktem Oberkörper, in einer gestreiften Hose, barfüßig, die Hände auf dem Rücken gefesselt. Neben ihm eine Gruppe höherer Moffen, darunter ein ›Militärarzt‹ mit Instrumenten und der Lagerkommandant. Der Kommandant tritt vor und beginnt, den Erlaß aus Berlin mit dem Todesurteil und Angaben von Gründen zu verlesen. Einige Teile scheinen abhanden gekommen zu sein. SS-Männer werden ausgeschickt, um sie zu suchen. Nach etwa zehn Minuten kehren sie unverrichteter Dinge zurück: der Schlüssel zum Aktenschrank ist unauffindbar. Der Kommandant teilt uns mit, daß wir den Rest später zu hören bekommen.

Der Pole fragt, ob er die Stufen hinaufsteigen soll. Ja. Wortlos steigt er hinauf. Zwei mit dieser Aufgabe betraute Häftlinge legen ihm die Schlinge um den Hals und treten zu uns in die Reihe zurück. Plötzlich geht ein SS-Mann auf die Plattform zu und tritt das Pedal. Der Junge verschwindet bis zu den Knien im Kasten.

Anscheinend berührt er mit seinen Fußspitzen den Boden, denn das

Seil ist nicht straff gespannt. Er versucht, wieder auf den Kasten zu steigen. Ein SS-Mann stürzt hinzu und stößt den Kasten zur Seite. Jetzt sehen wir, daß der Junge tatsächlich auf den Zehenspitzen steht. Sein Gesicht wird erst dunkelrot, läuft dann blau an, sein Körper, seine Arme und Beine zucken. Zischende Laute kommen aus seinem Mund.

Durch die Reihen der Tausenden geht ein Raunen, als ob der Wind durch dürres Laub fährt. Nach ungefähr fünf Minuten wird ein Befehl gekreischt. Zwei Helfer des Henkers eilen zu dem Jungen. Einer hebt ihn vorsichtig auf, der andere schwingt den Strick mit einer Schlinge über den Galgen. Dann lassen sie ihn wieder herunter – *vorsichtig.* Doch wieder bricht sich der Junge das Genick nicht, aber nun hängt er. Sein Gesicht wird jetzt dunkelblau, ja schwarz durch das angestaute Blut: vor unseren Augen wird er endlos erwürgt. Langsam dreht er sich hin und her, hundertachtzig Grad nach links, hundertachtzig Grad nach rechts und wieder zurück und wieder hin, grauenhafte Zuckungen und Laute, die nie von einem Menschen stammen können. Die hohen Moffen verschwinden, einer nach dem anderen. Ich blicke genau hin. *Ich will Satan erleben.*

Was können wir tun? Zwei Mann stehen in den Wachtürmen. Vor dem geladenen Stacheldraht liegt SS hinter Maschinengewehren. Man rechnet mit ›Unregelmäßigkeiten‹.

Es wird totenstill. Der Pole beginnt zu würgen, zu röcheln. Plötzlich krampft er sich zusammen, als ob Elektroschocks durch ihn geleitet würden.

Nach einer Viertelstunde, das Schauspiel ist noch in vollem Gange, erhalten wir plötzlich den Befehl zum Einrücken. Beim Abmarschieren kommen wir am SS-Henker vorbei, vor dem wir in Haltung vorübergehen müssen. Mützen ab. Die meisten von uns nehmen die Mütze ganz unverhohlen nicht vor dem Henker, sondern vor seinem Opfer ab, das nicht mehr merkt, daß es von Tausenden seiner Schicksalsgefährten mit einem letzten Gruß geehrt wird.

Zurück in den Baracken, verschlingen wir unsere ›Bohnensuppe mit Fleisch‹, und eine Viertelstunde später müssen wir wieder zur Arbeit antreten. Der polnische Junge dreht sich noch immer hin und her, zuckt noch immer mit den Armen, mit den Beinen. Sein Gesicht ist jetzt fahlgrau. Die Zunge hängt ihm aus dem Mund. Der SS-Mann mit seinen Stiefeln und Totenköpfen, mit Revolver und Alpenjägermütze geht gähnend davor auf und ab.

Das Sterben hat eine dreiviertel Stunde gedauert.

Débarquement en France Am 6. Juni 1944, früh am Morgen, als ich ruhig in meinem Holzzimmerchen saß und Karteikarten vollschrieb, hörte ich jemanden mit unterdrückten Rufen in die Baracke laufen. Ich glaubte »débarquement...« verstanden zu haben und rannte aus dem Zimmer. Jawohl! Es war wahr! Es war dieses Mal wirklich wahr! »Débarquement en France!« rief ein französischer Freund, schlug jedem auf die Schulter, feuerrot vor Aufregung. Landungen in der Normandie nach massiven Luftangriffen und Artilleriebeschuß vom Meer her.
Die Amerikaner und Engländer befanden sich in demselben Land wie wir! Die Befreiung aus dem Westen hatte begonnen! Nach der ersten überschwenglichen Ausgelassenheit zog ich mich in mein kleines Zimmer zurück. Ich wollte beten. Beten um Erleuchtung und Kraft für die Alliierten. Ich betete auch für die Deutschen, für die nun der Anfang vom Ende gekommen war. Ich dachte an die Tausende von Schiffen auf See, die Zehntausende von Soldaten, die sich darauf befanden, dann landeten, kämpften, fielen. Gott, wieviele Menschenleben würde dies kosten...
Mein intensives Glücksgefühl hatte einen seltsamen Beigeschmack. Juni, der Kanal, die Küsten des schönen Frankreich, die Bezwinger des Atlantikwalls, die Soldaten, die fielen, ohne die Verwirklichung ihres Ziels erlebt zu haben, die Deutschen, für die nun die letzte Stunde schlug...
Beim Abendappell vom 6. Juni war die Veränderung überdeutlich. Der Mof bösartiger denn je. Häftlinge wieder mit klareren Augen, manchmal lächelnd, manchmal zwinkernd. Sie kommen!

Päckchen Eines Tages ging in Natzweiler ein Raunen von Baracke zu Baracke, daß für die Holländer Pakete angekommen seien. Das konnte nur ein Märchen sein. Wir NN-Häftlinge waren doch von der heimatlichen Front spurlos verschwunden. Doch das Gerücht bewahrheitete sich. Einige Tage später bekam jeder Holländer ein Päckchen – aufgerissen, geplündert. Der Absender war nicht das Niederländische Rote Kreuz. Der Absender war die Algemene Doopsgezinde Sociëteit (Allgemeine Mennonitische Vereinigung) in Amsterdam. Mit den herzlichsten Grüßen von Dr. Hylkema und Frau le Cosquino de Bussy, mit voller Adresse nota bene.
Wir waren überglücklich und dennoch fassungslos. Man wußte also in den Niederlanden von der Existenz Natzweilers und von der Anwe-

senheit holländischer Häftlinge? Wie war das möglich? Und wie hatten die Amsterdamer Mennoniten den Mut aufgebracht, sich in eine solch große Gefahr zu begeben? Sonnenklar hatten sie durchblicken lassen, daß sie etwas wußten, das sie nicht wissen durften! Die Päckchen aus Holland bedeuteten – abgesehen von ihrem vortrefflichen Inhalt – ein ungeheueres moralisches Stimulans. Auf jeden Fall gab es zwei Menschen in unserem Vaterland, die von uns wußten.

Und zu dieser Zeit erlebte ich ein neues Wunder durch die unerschrockene, tatkräftige Fürsorge meiner Frau, ein Wunder, das Grenzen und Abstände überwand und alle Verbote und alle Hindernisse.

Eines Abends erschien Wim Roessingh mit einem Lebensmittelpäckchen, das der Adresse nach für ihn bestimmt war. Doch die Handschrift war ihm fremd, der Absender auch. Hatte ich vielleicht eine Ahnung, was das bedeuten sollte? Mit klopfendem Herzen begriff ich es, alles. Die Handschrift kannte ich nur zu gut. Auch wer sich hinter dem Absender ›Nortier‹ verbarg. Und der Inhalt war so voller subtiler Mehrdeutigkeit, daß ich bei diesem ersten Lebenszeichen in der Hölle von Natzweiler völlig aus dem Gleichgewicht geriet.

Als ich 1976 versuchte herauszufinden, wie die Amsterdamer Mennoniten es fertiggebracht hatten, uns Päckchen zukommen zu lassen, geriet ich auf mancherlei Umwegen an Herrn C. Inja in Baarn. In Anbetracht der langen Zeit konnte er sich nicht mehr an alles erinnern. Wohl wußte er, daß Tausende von Lebensmittelkarten und Tausende von Kilogramm Lebensmittel hauptsächlich von den Zaaner Fabriken Verkade und Honig finanziert worden waren. Man begann mit zehn bis zwanzig Päckchen pro Woche; im August 1944 wurden sechshundert bis siebenhundert Pakete verschickt.

Außer Pfarrer Hylkema und Frau Le Cosquino de Bussy war auch Frau Truus Wijsmuller-Meyer an diesem Unternehmen beteiligt, eine durch ihre furchtlosen Aktionen zur Rettung jüdischer Kinder bekanntgewordene und offiziell gewürdigte Persönlichkeit.

Truus Wijsmuller († 1978), Notar Jacob van Hasselt, Herman Heldring, Ton Koot und ich gründeten vor vielen Jahren an einem 4. Mai à bout portant die Anne-Frank-Stiftung, um das Anne-Frank-Haus an der Amsterdamer Prinsengracht vor dem Untergang zu bewahren. Beim Erwerb der angrenzenden Gebäude wurden wir vom Bürgermeister Gijs van Hall tatkräftig unterstützt. Seit langem bin ich nicht mehr Vorsitzender oder Vorstandsmitglied der Anne-Frank-Stiftung.

Prominent Im Sommer 1944 gehörten Dave und ich zur Prominenz. Zu Hunderten kamen neue Häftlinge an, fast nur Franzosen, mit viel Gepäck, manchmal tatsächlich mit Koffern voller Essen. Das ›Organisieren‹ griff jetzt um sich. An Nahrungsmitteln herrschte nun kein Mangel mehr. In meinem Tagebuch finde ich die Notiz, daß ich im August 79,5 kg wog (in Amersfoort 53 kg, nach der Befreiung 49 kg).

Das bessere Essen hatte Folgen. Einerseits war es natürlich ein Grund zu größter Dankbarkeit, daß unsere Hungersnot ein Ende genommen hatte. Außerdem waren wir zu richtigen ›Herren‹ avanciert, die respektvoll behandelt wurden. Wir hatten sogar einen Diener, einen russischen ›Traktoristen‹, also einen Arbeiter in einer Traktorfabrik. Er war unser Bursche. Als Lohn erhielt er Essen und vor allem Zigarren. Er versorgte unsere Wäsche. Er putzte unsere Schuhe (die hatten wir natürlich auch organisiert). Er »deckte« unseren Tisch. Dave und ich waren nämlich solche hohen Herren geworden, daß wir nicht mehr auf Pritschen in dem jetzt übervollen Schlafsaal schliefen, sondern auf Tischen im Waschraum. Wir gingen abends nicht zu Bett, sondern zu Tisch, und unser Russe besorgte uns Matratzen, ein Kissen, Decken und Laken.

Andererseits war unsere Situation natürlich prekär und in gewissem Sinne auch beschämend, vor allem gegenüber den Neuankömmlingen, die sich noch in sehr mißlichen Umständen befanden. Einige mögen keinen Anstoß daran nehmen, den reichen Herrn unter den Armen zu spielen, ich schämte mich. Natürlich gaben wir einiges ab, aber trotzdem... Es wurde uns nach dem Mund geredet, wir wurden respektvoll behandelt. Nicht selten quälte mich mein Gewissen. Ich fragte mich fortwährend, ob unserem lieben Herrn unser Verhalten wohl gefallen würde. Gut und schön – Diebe waren wir nicht, bestimmt aber Schacherer, Kaufleute, deren Geschäfte nicht immer sauber waren. Das Fleisch blieb schwach.

Glücklicherweise konnten wir in der Effektenkammer auch viel Gutes tun. Die Hunderte verstört dreinschauender, ängstlicher Franzosen, meist Widerstandskämpfer, versuchten wir zu beruhigen und einigermaßen schnell einzuweisen. Jetzt war es manchmal sehr heiß. Die Franzosen schwitzten. In unserer Baracke hing ein dauern-

der, durchdringender Schweißgestank, der ihrer Kleidung entstieg. Manchmal arbeiteten wir Nächte hindurch. Tagelang fand ich nur drei, vier Stunden Schlaf. Auch deswegen kam mir die Entschuldigung gelegen, dann wenigstens anständig und gut essen zu können.
Mit einem Transport kamen auch ein Prinz und ein Bischof in Natzweiler an. Den Namen des ersteren finde ich nicht in meinem Tagebuch verzeichnet. Und was den Bischof angeht: Er schritt wie der Heilige Sankt Nikolaus mit Stab und Mitra ins Lager, und ich war eine Zeitlang damit beschäftigt, ihm beim Ausziehen zu helfen. Unter seinem Prachtgewand trug er Kniehosen, Wollstrümpfe und robuste Wanderschuhe. Jawohl, ich habe einen französischen Bischof ausgezogen! Nach später erhaltenen Auskünften handelte es sich bei dem Prinzen um François Xavier Charles Marie Anne Joseph Prince de Bourbon, Parma, Piacenza und Guastalla, den jetzigen Schwiegervater von Prinzessin Irene der Niederlande, und um den Bischof von Nancy (andere sagen: von Clermont-Ferrand).

Anomalien Beispiele bestätigen in diesem Buch immer wieder die Unberechenbarkeit der Deutschen: in dem einen Augenblick so, im nächsten so. Vielleicht lag es am neuernannten Kommandanten Hartjenstein oder am Verlauf des Krieges oder an noch etwas anderem. Auf jeden Fall machten sich im Sommer 1944 Veränderungen bemerkbar. Einmal in der Woche, samstags oder sonntags, konnten wir auf einer der Terrassen in der Sonne sitzen, bei einem Glas Bier, das uns der deutsche Staat spendierte. Zweimal habe ich eine Filmvorführung miterlebt. In Dachau gab es ein Bordell, einen ›Puff‹ (der nicht von Holländern aufgesucht wurde). In Natzweiler verfügte das Krankenrevier, mochte es sonst noch so armselig sein, über ein Operationszimmer und einen Röntgenapparat. Und über Ambulanzen. Ein Zahnarzt hatte einen Behandlungsschuppen mit einer urzeitlichen Bohrvorrichtung, die wie ein Spinnrad mit dem Fuß in Gang gesetzt wurde. Einige Betten im Revier waren mit blau-weiß karierten Bezügen und Laken bezogen, am Fußende hing eine Fieberkarte, wie in einem alltäglichen Krankenhaus.
Versuchte uns der Mof einerseits so schnell oder so langsam wie möglich zu vernichten, so hielt er andererseits ein Revier offen, um uns wieder auf die Beine zu bringen. Es war die reinste Schizophrenie.
Ich sprach mit Deutschen, die aufrichtig zu glauben schienen, daß wir der Umerziehung wegen im KZ waren: ein KZ als ›Erziehungslager‹.

Vielleicht war bei bestimmten deutschen Instanzen der Wunsch aufgetaucht, ihre Großmütigkeit Missetätern gegenüber zu demonstrieren: ein Abglanz der so oft vernommenen ›Großmut des Führers‹. »Wir sind nicht so gefährlich«, usw. Vielleicht gab es oben in der Lagerleitung Personen oder Instanzen, die eine andere Meinung bei der Behandlung von Häftlingen vertraten.

Die vier Mädchen Am 6. Juli 1944 war zu Mittag plötzlich dicke Luft in Natzweiler. Die Außenkommandos rückten verfrüht ein. Die Suppenausgabe fand verfrüht statt. Überall lief SS herum. Alle Häftlinge wurden in die Baracken beordert, niemand durfte sich draußen blicken lassen, auch nicht an den Fenstern. Anscheinend sollte etwas vor sich gehen, das nicht beobachtet werden durfte. Ein neues Unheil, ein neues Grauen. Ich lag oben auf der Pritsche und schaute wie viele andere eine Zeitlang über die Terrassen, die Granittreppen, die Lagerstraße: alles ausgestorben.
Da sah ich auf der abfallenden Lagerstraße zwei schwerbewaffnete SS-Männer. Und hinter ihnen – *vier Mädchen.* Vier sommerlich gekleidete Mädchen mit schönen langen Haaren und sacht sich wiegenden Röcken, einige mit nackten Armen, alle mit nackten Beinen. Sie blickten umher. Es schienen Engel vom Himmel zu sein. Mädchen, o Gott. Und hinter ihnen noch zwei von der SS. Mit brennenden Augen verfolgte ich sie, die hinter einer Baracke verschwanden, weiter unten wieder auftauchten. Vor dem Bunker verlor ich sie endgültig aus den Augen. Unser Nachrichtensystem arbeitete. Am nächsten Tag erfuhren wir es, durch viele Verbindungsleute, von den Häftlingen, die mit Geheimarbeiten im Bunker und Krematorium vertraut waren: Vier englische oder französische Mädchen hatten wir gesehen. Vier Frauen, die sogleich mit Phenolspritzen ermordet wurden. Vier Mädchen, schon im Kamin verschwunden. *Verbrannt.*

Ein Buch über den ›Natzweiler-Prozeß‹ identifizierte jene vier Opfer: A. M. Webb, M. A. (Oxon.). F. R. S. A., ›Trial of Wolfgang Zeuss, Magnus Wochner, Emil Meier, Peter Straub, Fritz Hartjenstein, Franz Berg, Werner Rohde, Emil Bruttel, Kurt aus dem Bruch und Harberg‹ (›The Natzweiler Trial‹), London 1949. Der Prozeß um den grauenhaften Mord an vier weiblichen Geheimagenten wurde Mai/Juni 1946 vor einem britischen Militärgericht geführt. Die Namen der ermordeten Frauen sind:

Denise Borrel, F.A.N.Y.
Section Officer, Diana Rowden, W.A.A.F.
Vera Leigh, F.A.N.Y.
Sonia Olschanezky.

Das einzige Todesurteil wurde über den Standortarzt SS-Untersturmführer Dr. Werner A. J. Rohde verhängt, den Mörderarzt, der die Injektionen mit Phenol verabreicht hatte. Lagerkommandant Hartjenstein bekam lebenslänglich.

Der rote Schornstein Als Anfang September 1944 die Alliierten heranrückten und Natzweiler evakuiert werden sollte, gingen die Freiheitskämpfer unten in den Tälern zu offenem Widerstand über. Ein Teil der männlichen Bevölkerung wurde daraufhin verhaftet und zur Exekution in unser Lager überführt. Zu Hunderten sahen wir sie hereinströmen. Sie wurden nicht registriert, bekamen weder Nummern noch Lagerkleidung, wurden nicht kahlgeschoren oder in Baracken untergebracht. Ihr Weg führte sie geradewegs ins Krematorium. Dort wurden sie erst neben dem Ofen gehängt und danach verbrannt.
Als dies immer mehr Zeit in Anspruch nahm – es gab nur vier Haken, und die Amerikaner rückten immer näher –, verzichtete die SS auf das Hängen und stieß die französischen Widerstandskämpfer ohne weitere Umstände in den Ofen.
An diesen Tagen schlugen die Flammen meterhoch aus dem Schornstein des Krematoriums. Über das Lager wehte der Gestank von verbranntem Fleisch. Im Dunkeln verwandelte sich der hohe Schornstein in seiner ganzen Länge zu einem rotglühenden Mal. Er neigte sich leicht zur Seite.

Die Kartei Ende August 1944 ging in Natzweiler das Gerücht von einer baldigen Evakuierung um. Das Donnern der Artillerie war schon deutlich zu hören. Am nordwestlichen Abendhimmel sahen wir rötliche Blitze. Zweifellos waren sie im Anmarsch. Die Nervosität im Lager nahm zu, von Stunde zu Stunde. Transport bedeutete immer Unglück. Die meisten Lagerhasen hatten sich früher oder später ein erträgliches Kommando verschafft. Wir hatten Freunde gewonnen. Es war eine tägliche Routine entstanden. An einem anderen Ort

müßte jeder von uns von vorne anfangen. Doch noch furchtbarer war es natürlich, daß wir aller Voraussicht nach ostwärts verfrachtet würden, weg von unseren Befreiern.
Ostwärts – doch auch dort rückten die Befreier vor. Was planten die Deutschen? Uns irgendwo mitten zwischen der West- und Ostfront abzuschlachten? Wollte man die Insassen der vielen Lager, Hunderttausende, hin- und herwogen lassen, wie der Kriegsverlauf es erforderte?
Die Reaktion eines ziemlich alten, deutschen Lagerhasen – manche saßen schon acht, zehn Jahre – war oft: Bestürzung. Ich erinnere mich an einen älteren deutschen Herrn, der das hohe Amt eines Schreibstubenkarteiverwalters innehatte. Ich glaube, daß er in seinen eigenen Augen etwas wie der Leiter des Meldeamtes war, ein Amtswalter, ohne den die ganze menschliche Gesellschaft ein einziges Chaos wäre. Dieser an sich recht tüchtige Mann war völlig fassungslos und untröstlich. Es hatte sich herausgestellt, daß seine Kartei (»meine fabelhafte Kartei«) nicht mitgenommen, sondern verbrannt werden sollte. Sein Lebenswerk – verbrannt! Er hatte die Realität aus den Augen verloren. Zwei Jahre lang hatte er in deutscher Pflichterfüllung und mit Gründlichkeit die Verwaltung von Lebenden und Toten betrieben, zur Zufriedenheit seiner Vorgesetzten, zweifellos in einer wunderschönen Handschrift, auf farbigen Karteikarten. Verbrannt! Ich bekam den Eindruck, daß er eigentlich eine Ehrung erwartet hatte mit der Überreichung einer goldenen Uhr bei seinem zehnjährigen Amtsjubiläum.

Abzug Am 2. September 1944, nach vierzehn Monaten, gingen wir auf Transport, wie immer mit unbekanntem Ziel. In dem unvorstellbaren Chaos, das vorausgegangen war, hatte ich mir piekfeine Schuhe organisiert. Wie gewöhnlich mußten wir stundenlang stehen, um durchgezählt und nochmals gezählt zu werden. Zu Fuß gingen wir den schmalen Weg nach Rothau durch riesige Tannenwälder hinunter. Ich erinnere mich, daß ich dringend urinieren mußte. In unserer marschierenden Kolonne, umgeben von SS, war Austreten unmöglich. Also ließ ich schließlich den Urin laufen. Das war nicht nur unabwendbar und nicht nur scheußlich, sondern auch außerordentlich schwierig. Urinieren beim Gehen, beim Marschieren, ist fast unmöglich.
Unten im Tal erschütterten uns die kleinen Häuschen, die Blumen,

die Frauen und Männer und vor allem die Kinder, die ganz deutlich Mitleid zeigten.
An den Transport in einem Güterzug nach Osten kann ich mich nicht mehr erinnern. Zwischen dem 2. und dem 20. September fehlen Tagebucheintragungen. Nach einer recht schnellen Fahrt kamen wir im Mammut-KZ Dachau bei München an.

Rückblick auf Natzweiler Natzweiler (Dep. Bas-Rhin) – französisch Natzwiller oder Natzviller – ist ein kleines Dorf und liegt fünfundvierzig Kilometer westsüdwestlich von Straßburg in den Vogesen bei Rothau und Schirmeck. Über Natzweiler erhebt sich der Berggipfel La Roche Louise (ca. 1100 m). Vor dem Krieg war es ein beliebtes Skigebiet. Skifahrer kamen die Louise herunter bis zum Hotel Le Struthof, aßen und tranken dort und fuhren dann weiter in die Täler. Im September 1940 erschien der SS-Standartenführer Blumberg hier auf der Bildfläche. Er hielt den nördlichen Abhang der Louise für geeignet für ein KZ. Damit hatte er recht. Es ist ein einsames Gebiet auf neunhundert Meter Höhe, oft von eisigen Winden heimgesucht und im Winter reichlich mit Schnee versehen. Die Anlage des KLs oder KZs Natzweiler – französisch: Le Struthof – kostete Ströme von Blut, wie auch die Anlage des steilen Weges dorthin. Die ursprüngliche Lagerbevölkerung, einige hundert Grüne, baute ihre eigene Hölle.
Natzweiler wurde zum NN-Lager erklärt: zum Nacht- und Nebel-Lager. Das bedeutete, wie schon erklärt, daß die darin befindlichen Häftlinge spurlos verschwinden sollten. Vor der Familie zu Hause wurde der Aufenthaltsort geheimgehalten. Jeder briefliche Kontakt war untersagt und nach Lage der Dinge auch unmöglich. Von Paketen für die NN-Häftlinge konnte bis Sommer 1944 keine Rede sein.
Bei Natzweiler handelte es sich um ein außergewöhnlich gefährliches KZ. (Ein anderes NN-Lager war Groß-Rosen.) Das Lager war in übereinanderliegenden Terrassen angelegt; auf jeder Terrasse stand an beiden Seiten eine große Baracke (Block), zwischen den Baracken lag der Appellplatz. Es gab fast ebensoviele Appellplätze wie Terrassen. Die Terrassen waren durch kurze, steile Granittreppen verbunden; auch diese kosteten viele Menschenleben. An einer Seite führte ein steiler Weg hinunter, an dessen Ende sich Krematorium und Bunker befanden; dazwischen war eine große Grube ausgehoben worden, in die die Asche der Verbrannten geschüttet wurde. Das Lager war von einer doppelten Stacheldrahtumzäunung unter Hoch-

spannung umgeben, dazwischen lief ein schmaler Pfad, auf dem die Wachposten patroullierten. Es gab Wachtürme, die mit Maschinengewehren und Scheinwerfern versehen waren; sie tauchten das Lager bei Dunkelheit in grelles Licht, nur nicht bei Fliegeralarm. Nach Schätzungen haben sich insgesamt zwanzigtausend bis fünfundzwanzigtausend Häftlinge in Natzweiler aufgehalten, kurz vor der Evakuierung waren es rund siebentausend. Die Anzahl der Toten blieb ungeschätzt. Der Lagerkommandant – erst Hüttig, dann Kramer, danach Hartjenstein – wohnte in einer Villa mit Schwimmbad nahe beim Tor. Dort in der Nähe befanden sich auch die SS-Baracken. Die Bewachungstruppe war hundertsechzig bis zweihundert Mann stark (also ein SS-Mann auf beinahe vierzig Gefangene!). Unterhalb des Lagers war in einer steinernen Scheune bei Le Struthof eine Gaskammer eingerichtet worden. Vom Lager nach oben, auf die Louise, führte ein etwa ein Kilometer langer Weg zum Steinbruch, dem größten Kommando, in dem tausend Mann arbeiteten. Auf dem Steinbruchgelände befanden sich Hallen, wo in Tag- und Nachtschicht gearbeitet wurde.
Im Lager gab es Wohnbaracken, eine Küchenbaracke, Revierbaracken, eine Typhusbaracke, einen Bunker und das Krematorium mit anschließendem Baderaum; und ein Bekleidungsmagazin.
Die Regierung der französischen Republik hat Natzweiler zum *Monument Historique* erklärt. Das Tor, die Umzäunung, die Wachtürme, einige Baracken, der Bunkerblock und das Krematorium sind intakt. In einer Baracke wurde eine Ausstellung aufgebaut; Neofaschisten steckten sie im Mai 1976 in Brand und vernichteten sie. Sie ist jetzt wiederhergestellt. Es werden Führungen veranstaltet, man muß Eintritt bezahlen. Als ›ancien déporté‹ darf man alleine das Lager betreten, ohne Führer und ohne zu bezahlen. Oft kommen Besucher, aber keine großen Gruppen. Direkt über dem Lager wurde ein Denkmal aus weißem Marmor errichtet, fünfundvierzig Meter hoch, in Form einer Flamme. Undeutlich ist die Gestalt eines ›Muselmannes‹ eingemeißelt. Das Denkmal trägt die Inschrift:

Honneur aux héros et martyrs
de la déportation
La France reconnaissante

Es wurde am 25. Juni 1967 von Präsident de Gaulle enthüllt. Rundherum wurde ein eingeebnetes Terrain mit kleinen weißen Kreuzen angelegt. Unten im Lager sind Gedenktafeln angebracht, auch eine niederländische. Auf diesem Platz wurde die Asche aus dem Krematorium ausgeleert. Der Schornstein steht noch immer ein wenig zur Seite geneigt da: Ende August 1944...

Jetzt befindet sich ein Blumenbeet dort. Aus großen Steinen setzen sich darauf die Worte ›Ossa humiliata‹ zusammen. ›Ossa humiliata‹ bedeutet wörtlich »erniedrigtes Gebein«. Die Worte sind dem 51. Psalm, Vers 10 entnommen, in dem der Psalmist David Gott bittet: »Laß die Gebeine fröhlich werden, die Du zerschlagen hast«. Mit anderen Worten: Das Böse, die Sünde hat den Menschen zerschmettert, aber die Auferstehung aus dem Bösen ist uns in Aussicht gestellt. So interpretiert ist ›Ossa humiliata‹ nicht mehr negativ, sondern eröffnet eschatologisch eine herrliche Perspektive. (Ich bin Dr. A. R. A. van Aken großen Dank für diese Auslegung schuldig.) Ursprünglich wollte ich meinem Buch den Titel ›Ossa humiliata‹ geben.

Wo früher alle anderen Baracken standen, befinden sich jetzt tadellos eingeebnete, mit Schotter bedeckte Terrassen. Bei jeder Terrasse eine Tafel: Allach – Groß-Rosen – Neuengamme – Dachau – Mauthausen usw. Ein Stück unterhalb des Lagers liegt das Café-Restaurant Le Struthof. Dorthin kommen am Sonntag französische Familien, trinken Wein, die Kinder Limonade. Eine Tafel ›Chambre à Gaz‹ weist auf eine schmutzige, steinerne Scheune hin. Dort kann man ohne Eintrittsgeld hinein. In der Scheune sind ein paar Zellen. Auch eine Gaskammer, höchstens vier mal vier Meter. Die Gucklöcher sind noch da. Man kann die Gaskammer betreten, ich gehe immer hinein. Die Betonwände von schlechter Qualität sind schmutzig, zerkratzt, voll Unebenheiten. Manchmal geht es nicht nur über den Verstand. Manchmal kann auch die Einbildungskraft nicht mehr folgen.

Über dem Lager wurde ein Weg angelegt. ›Champ de Feu‹ steht irgendwo. Über diesen Weg werden jetzt Rallyes mit Rennwagen veranstaltet. Es ist nicht so einfach, die Abzweigung zum Steinbruch zu finden. Die Fundamente der Hallen sind noch zu sehen. Weiter oben, auf dem großen Plateau unter und über den Granitfelsen, wo das große Morden stattfand, ist jetzt nur noch die Spur eines Pfades zu erkennen zwischen hoch aufgeschossenen Sträuchern, die fast schon Bäume sind. Da ist es meistens schlammig und eiskalt. Hierher verirrt sich keine Menschenseele. An zwei Stellen suche ich kleine Grotten auf, man kann gebückt hinein, von Stein zu Stein über das gelbliche Wasser springen, in das es von oben leise hinuntertropft. Es gibt Vögel, wilde Blumen und Schmetterlinge. Dort, wo wir die Loren um-

kippten und die Granitblöcke in den Abgrund donnern ließen – manchmal mit den fast oder ganz erschlagenen Kameraden darauf – ist nun alles völlig zugewachsen. Zwischen den Bäumen und Sträuchern schimmern zahllose Granitstücke durch. Darunter müßte noch eine Menge Gebein zu finden sein.
Das letzte Mal, als ich den Steinbruch verließ, waren doch Menschen zu sehen. Am Anfang, bei den Hallen. Zwei Leute. In einem kleinen französischen Auto. Ein Junge und ein Mädchen, ein Liebespärchen. Verlegen lachend sahen sie sich nach mir um.

Außenkommando Ottobrunn

10.–20. September 1944

Ein Irrtum Am 10. September 1944 verließ ich mit einem Transport von etwa vierhundert Mann wieder Dachau mit unbekanntem Ziel. Der Transport war willkürlich zusammengestellt worden, nämlich aus aufeinanderfolgenden Dachau-Nummern. Meine Nummer war 99718, vierhundert Nummern gehörten zu dem Transport. Es waren Franzosen, Belgier, Norweger, Polen und ungefähr dreißig Niederländer darunter. Die Reise dauerte vierundzwanzig Stunden, wir durchfuhren auch München. Der Regen tropfte durch zahllose Einschüsse in die Viehwaggons. Am 11. September hielt der Zug mittags in einem großen Tannenwald. Er stand vor einem Prellbock auf einem toten Gleis. Das hohe Unkraut verriet, daß die Gleise kaum noch benutzt wurden. Außer uns und der SS war weit und breit keine Menschenseele zu sehen. Einen Moment lang dachte ich: Jetzt sind wir dran. Doch nach einem halbstündigen Marsch durch ausgedehnte Wälder erreichten wir eine Siedlung von Sommerhäuschen, die leuchtendbunte Blumengärten umgaben. Mitten in diesem von Frauen und Kindern (Evakuierten aus München) bewohnten Dorf befand sich unser kleines Lager: das Außenkommando Ottobrunn. Später erfuhren wir, daß es ein ›Lager zweiter Stufe‹ war, in das nie NN-Häftlinge wie wir aufgenommen werden durften.
Es war ein kleines, gemütliches Lager. Die niedrigen Baracken waren in gutem Zustand. In der Mitte des Geländes lag ein Teich; vor den Baracken fielen die gepflegten Blumenbeete auf. Das Lager war allerdings überbelegt. Wir schliefen in Papiersäcken. SS bekamen wir kaum zu Gesicht. Täglich wurden zwei Appelle von fünfzehn Minuten abgehalten. Nie wurde ich Zeuge von Mißhandlungen. Nach unserer Ankunft hielt der Lagerälteste in Anwesenheit des Lagerkommandanten (eines ruhigen Mannes, der sich ab und zu mit den Häftlingen herumbalgte) eine Ansprache. Er sagte uns: »Ihr werdet es hier gut haben, dies ist nicht Natzweiler«. Sofort erfüllte uns freudige Erregung. Durch die positiven Kriegsberichte steigerten wir uns in

die Vorstellung, daß wir in diesem guten Lager seelenruhig das Ende des Krieges abwarten könnten. Gegen acht Uhr morgens (!) ertönte das Wecksignal. Da war es noch kalt, manchmal fror es, die Sonne stieg noch nicht über die Wipfel der gewaltigen Tannen. Nach dem Appell vertraten wir uns die Füße. Wenn die Sonne zum Vorschein kam, wurde es sofort warm. Wir zogen uns fast nackt aus und nahmen am Teich zwischen den Blumen Sonnenbäder. Nie brauchten wir zu arbeiten. Gegen zwölf Uhr gab es Mittagessen, das nicht im Wohnblock, sondern in einem Eßsaal eingenommen wurde. Auch außerhalb der Mahlzeiten durfte man sich dort aufhalten. Es gab Schachspiele und ein Podium, auf dem manchmal musiziert wurde. Uns kam es vor wie ein Soldatenheim. In den Sommerhäuschen rundum konnten wir die geschäftigen deutschen Hausfrauen sehen und die Stimmen ihrer Kinder hören. Tag für Tag verstrich ohne besondere Vorkommnisse. Abends nach dem Appell fand die Brotausgabe statt. Das Essen reichte natürlich nicht aus, war aber gut. Das Krankenrevier war sehr klein, bot neun Patienten Platz und wurde von einem Arzt aus Overschie geleitet.
Dann gingen Gerüchte im Lager um, daß wir irrtümlich in Ottobrunn gelandet seien und auf Transport gehen sollten. Vier intelligente Jungen aus unserer Gruppe sorgten sofort dafür, daß sie im Lager Arbeit zugeteilt erhielten, so daß sie nicht mitzukommen brauchten. Unser Transport verließ Ottobrunn am 20. September zu Mittag. Wir sollten nach Westen abtransportiert werden, um dort Befestigungen anzulegen, sagte man uns.
Niemand von uns wußte, was uns noch bevorstand: *das Große Leiden.*

Außenkommando Dautmergen

21. September–20. November 1944

Am Äußersten vorbei Nach einer apokalyptischen, etwa vierundzwanzigstündigen Fahrt kam unser Güterzug mit dreihundertfünfzig Mann am 21. September 1944 abends in Schömberg an, einem Ort auf der Schwäbischen Alb. Auf einer kleinen Hochebene zwischen Schömberg (wo es auch ein KZ gab) und dem Weiler Dautmergen lag das dem Lager Natzweiler unterstellte Außenkommando Dautmergen. Nach einem halbstündigen Marsch kamen wir im Dunkeln im Lager an. Immer zu zehn Mann wurden wir in die Zelte gestoßen, die schon mit Polen überbelegt waren, die tobten und wie Rasende fluchten. Licht gab es nicht. Am nächsten Morgen konnten wir uns von der Größe des Lagers eine Vorstellung machen: Es war etwa fünfhundert mal fünfhundert Meter groß, mit einer einfachen Umzäunung, Wachtürmen und Scheinwerfern. Einige Wohnbaracken waren gerade im Bau und konnten noch nicht bezogen werden, ebenso das Krankenrevier und der Schonungsblock. Man blieb in den Zelten. Aber ein paar Tage später wurden wir zu den Baracken befohlen; nach und nach wurden die Zelte abgebaut. Das Revierzelt blieb allerdings noch bis Anfang November stehen.

Dautmergen war ein Ort von unvorstellbar großem Schrecken. Hier hatten polnische Kriminelle die Leitung an sich gerissen. Alles beherrschend aber war der Schlamm. Der Schlamm, von nassem Schnee bedeckt, war einen halben Meter tief, und auch die Glücklichen, die Schuhe besaßen, waren nicht gegen ihn gefeit. Der Dreck lief ihnen von oben in die Schuhe. Es war ein Sonderkommando ›Wasserleitungen‹ eingerichtet worden, aber es wurden weder Wasserleitungen noch Abwässergräben angelegt. Täglich erschien ein Tankwagen und belieferte die Küche mit Wasser. Trink- und Waschwasser gab es nicht. Wer sich aus dem Wagen Wasser organisieren wollte, wurde weggeknüppelt. Die volle Zeit meines zweimonatigen Dautmergener Daseins habe ich mich nicht gewaschen, bis auf wenige Male mit Wasser aus einem Bach, der durch das weit entfernt gelegene Arbeitsgelände lief. Einmal wurde ich rasiert, kahlgeschoren nie. Von Desinfektion war nie die Rede, alle hatten Läuse. Am Anfang gab es auch keinen Strom. Die Ausgabe von Brot und Suppe fand bei Kerzenschein statt, dessen schummriges Licht jeden Betrug ermöglichte. Das Essen: morgens eine Scheibe Brot mit Belag, mittags bei der Arbeit eine Scheibe ohne Belag, abends entweder einen Liter Suppe oder dreiviertel Liter Suppe mit Pellkartoffeln. In der Suppe schwamm ungewaschenes Gemüse – alle Häftlinge litten an der Ruhr. An Pakete war anfangs nicht zu denken. Nur einmal bekamen die Norweger Pakete, aber wie...

Vor unserer Ankunft in Dautmergen hatten hier ausschließlich Polen gehaust, die beim Warschauer Aufstand im August 1944 verhaftet worden waren. Diese Polen, der Abschaum des Volkes, waren die reinsten Verbrecher. Sie hatten das Heft fest in der Hand, und die gesamte Lagerprominenz rekrutierte sich aus ihnen – bis auf die Kapos, die deutsche BVer waren (die ›Grünen‹). Die Blockältesten waren ihrer Aufgabe oft nicht gewachsen, hatten keinerlei Vorrechte, stahlen wie die Raben und schlugen mit ihren Knüppeln auf alles ein, was nicht polnisch war. Der deutsch-polnische Lagerführer war ein Sadist. In den beiden großen Baracken bestanden die Schlafgelegenheiten aus drei übereinander angeordneten Brettern (keine Pritschen oder Betten), die mit Stroh bedeckt waren. Decken waren eine Seltenheit, sie wurden fortwährend im nächtlichen Dunkel gestohlen, ebenso wie Kleidung und Schuhe. Wir schliefen angezogen, die schlammigen Schuhe oder Holzschuhe unter dem Kopf. Die Schlafstelle war so schmal, daß man nur auf der Seite liegen konnte. Wer in der Nacht »austreten« mußte und sich durch seine fluchenden Nachbarn gezwängt hatte, vor dem lag ein Weg von zweihundert Metern durch den Schlamm. Der Abort war ein kleiner, zugiger Schuppen, in dem ein Balken angebracht war, auf den man sich setzte, wenn die Schwäche in den Knien größer war als der Abscheu vor der dicken Lage Kot, die von dem Balken tropfte. Papier gab es nicht. Wer in seiner Verzweiflung nahe oder neben der Baracke versuchte, seine Notdurft zu verrichten, der wurde von Nachtwachen zumindest bewußtlos geschlagen.

In das Zelt, das als Krankenrevier diente, wurden nur Sterbende aufgenommen. Ärztliche Betreuung gab es nicht. Der dort amtierende »Arzt« aus Warschau kassierte Zigarettenkippen ein und belohnte die Geber durch Suppe, die eigentlich seinen Kranken zugedacht war. Tote wurden zu dreien in eine Kiste gezwängt, und, wenn nötig, hin-

eingetreten. Die Kisten wurden an einen nicht bekannten Ort abtransportiert.
Um 4.30 Uhr wurden wir durch heftiges Schlagen auf ein draußen aufgehängtes Eisenstück geweckt, und, wenn es nicht schnell genug ging, aus dem Stroh geprügelt. Danach eine Scheibe Brot und um 5 Uhr hinaus in den eiskalten Schlamm. Wir wurden in Reih und Glied geschlagen, während wir uns festhielten, die Beine aus dem saugenden Dreck zogen, Holzschuhe und Schuhe verloren, nach ihnen im Schlamm wühlten. Dann fand zwei Stunden lang etwas statt, was Ähnlichkeit mit einem Appell hatte. Bis zum Sonnenaufgang, um etwa 7 Uhr standen wir auf dem Appellplatz; dann befahl uns Gebrüll in eine Aufstellung, und wir verließen – einander vorschriftsmäßig unterfassend, um nicht stecken zu bleiben – das Lager.
Die meisten Kommandos arbeiteten einige Kilometer weiter am Bau von Scheunen und Fabriken für ›künstliche Ölgewinnung‹. Ich war Kommando III zugeteilt. Wenn kein Schnee lag, marschierten wir zu hundertfünfundzwanzig Mann, von Wehrmacht und Schutzkommandos eskortiert, über schmale Wege durch hügeliges Gelände eine halbe Stunde bis Dotternhausen, wo neben der Fahrstraße kleine Gebäude errichtet wurden. Dort erwarteten uns Ingenieure, Aufseher und Arbeiter der ›Organisation Todt‹ – ein passender Name. Wir wurden vom ›Meister‹ in Gruppen eingeteilt und arbeiteten von 7.30 Uhr bis 12.30 Uhr. Die Arbeit bestand aus dem Schleppen von Steinen, Balken, Zementsäcken und Schmalspurgleisen und in der Betätigung der Mischmaschine. Es war Schwerstarbeit, vor allem das Schleppen der Schmalspurgleise; hier war ich wegen meiner Länge immer der Dumme; meine Kameraden überließen die Gleise stets mir. Bei der Arbeit wurden wir fast nie geschlagen. Die OT (Organisation Todt)-Mitglieder arbeiteten unter Leitung von höheren OT-Offizieren, die auch russische und französische Kriegsgefangene aus nahegelegenen Lagern kommandierten. Diese, denen es besser als uns ging, warfen uns schon einmal Kartoffelschalen, harte Äpfel und Futterrüben zu. Wir Häftlinge standen unter dem Befehl eines SS-Arbeitsführers. Wer sich bei der Arbeit nicht wunschgemäß benahm, wurde aufgeschrieben (›Meldung‹) und, zurück im Lager, mit fünfundzwanzig oder mehr Peitschenhieben bestraft. Die höheren OT-Mitglieder führten sich wie die SS auf, die niedrigeren waren auf unserer Seite und steckten uns (verbotenerweise) manchmal Brotrinden zu. Der österreichische Arbeiter Glauninger versorgte mich wiederholt mit Rinden, die er in einen Papiersack steckte. Beim Vor-

beigehen murmelte er mir dann zu: »Dort, hinter dem Stein da.« Wir trugen Unterwäsche und gestreifte Baumwollschlafanzüge. Gegen die zunehmende Kälte versuchten wir uns zu schützen, indem wir leere Zementsäcke unter unsere Schlafanzüge stopften. Das war ›Sabotage‹ und wurde bestraft. Einige wagten sich auch vor die Postenkette, um Futterrüben von den Äckern zu stehlen. Dann wurde das Feuer auf sie eröffnet. Es kostete Menschenleben. Ich glaube, daß es bei einigen Selbstmord war. Zivilisten, die uns manchmal im Vorübergehen Essen zuwarfen, wurden mit viel Gebrüll verjagt.
Zwischen 12.30 Uhr und 13 Uhr war Pause, und wir bekamen unsere Brotscheibe, die wir im Freien verschlangen. Bei schlechter Witterung wurden wir in eine zugige Zementbude getrieben. Einmal war ich so unvorsichtig, dort das Säckchen mit den Brotrinden von Glauninger hervorzuholen, während mich rundherum stechende polnische Blicke verfolgten. Plötzlich wurde mir der Sack entrissen, die Rinden flogen auf den Boden, die polnischen Verbrecher krochen herum, standen auf, kauten, sahen mich an.
Von 13 Uhr bis 17.30 Uhr wurde wieder gearbeitet. Danach stolperten wir in der hereinbrechenden Dämmerung ins Lager zurück. Es folgte ein einstündiger Appell im Dreck, bei dem auch die Meldungen ausgeführt wurden. Am Schluß des Tages: die tumultartige, gewalttätige Suppenausgabe. Nach dem ersten Schneefall marschierten wir nicht mehr durch das hügelige Gelände, sondern wurden die Straße durch das Nest Dautmergen entlanggetrieben, wo manchmal Hausfrauen und Kinder in den Türen standen und uns verspotteten. Den Weg säumten Apfelbäume. Man übte sich in der Kunst des blitzschnellen Bückens und Aufhebens von heruntergefallenen Äpfeln, ohne die Aufmerksamkeit auf sich zu lenken. Wurde man geschnappt, dann war der Gewehrkolben fällig.
Das Lager wurde von einem jugendlichen, polnisch sprechenden SS-Rottenführer kommandiert, der die Meldungen mit Vorliebe selbst ausführte. Dazu benutzte er eine Peitsche, die er lose um sein Handgelenk schwingen ließ, bevor er, den linken Arm vorgestreckt, zuschlug. Je lauter sein Opfer schrie, desto fester schlug er zu. Bei diesen Anlässen arbeitete er eng mit dem Lagerältesten und dem Lagerkapo zusammen, polnische Häftlinge beide. Bis auf Kopfschmuck und Kleidung gab es zwischen diesen dreien keinen Unterschied.
Wer sich morgens im Revier krank meldete, der wurde von dort weggeknüppelt und in ein Lagerkommando gesteckt. Durch die vielen Sterbefälle trat Anfang November hier eine Veränderung ein. Das

Revier wurde in eine Holzscheune verlegt, und es wurde auch eine riesige Scheune für diejenigen eingerichtet, die ›Schonung‹ bekamen, etwas, was zuvor unmöglich gewesen war. Die ›Schonungskunden‹ brauchten nicht zu arbeiten, es sei denn, der Mof hatte sie für kleine Tätigkeiten im Lager nötig. Dann wurden fast alle vierhundert menschliche Wracks mit ohrenbetäubendem Spektakel aus ihren Pritschen geprügelt, die Kapos mit ihren Knüppeln sprangen und flogen hinauf bis zum dritten Brett. Auf diese Weise trieb man dann zehn oder zwanzig Mann zusammen.
Es ist fast unmöglich, den Zustand dieser Baracke zu beschreiben. Ein paar Eimer waren aufgestellt worden, in die vierhundert Mann ihre Notdurft verrichten sollten. Der Boden war bis in die letzte Ecke von Kot und Urin verdreckt. Anfang November kamen noch einmal tausend Polen, doch dieses Mal polnische Juden, die seltsamerweise alle mit langen, schweren Mänteln ausgerüstet waren. Im Vergleich zu den nicht-jüdischen Polen waren die polnischen Juden wahre Engel. Man berichtete mir, daß der übliche polnische Lohn für die Denunziation eines polnischen Juden ein Kilogramm Zucker war. Es trafen jetzt übrigens auch ein paar Kleidungsstücke im Lager ein. Sie wurden ausschließlich an Polen verteilt. Zwei Monate habe ich mich nicht nur nicht gewaschen, sondern bin ich auch nicht eine Minute lang aus meinen Kleidern gekommen. Unterwäsche und Schlafanzug waren fast unlöslich mit der Haut durch eine dicke Schicht Schlamm und Kot verbunden. Einmal traf eine Ladung Pakete für die Norweger ein. Drei Wochen lang wurden sie nicht ausgegeben. Dann kam der Sonntagnachmittag, an dem sich alle Häftlinge draußen im Schlamm aufstellen mußten. Bis auf die Norweger, die in eine Baracke beordert wurden. Dort erwartete sie die polnische Prominenz, die sie aufforderte, die Überreste ihrer Pakete mit ihnen zu teilen.

Auch die Stärksten unter uns waren am Ende ihrer Kräfte. Einer nach dem anderen wurde in den Schonungsblock aufgenommen; ich selbst als einer der letzten Holländer am 10. November.
Es ging jetzt das Gerücht von ›Krankentransporten‹ um. Einige ergriff davor eine Todesangst. Nicht zu Unrecht – wie sich später herausstellen sollte – glaubten sie, daß Krankentransporte nur in den Untergang führen konnten. Andererseits war Dautmergen ein so grauenhaftes Lager, daß man sich einen furchtbareren Ort nicht vorstellen konnte. Dies glaubte auch Dave van Eeghen. Er beschloß, sich

zu einem Transport zu melden. Unser Abschied war erschütternd.*
Aber schon kurze Zeit später gab es keine Wahl mehr. Ich selbst wurde am 20. November mit dem letzten Krankentransport nach Vaihingen/Enz verschickt, zusammen mit zweiundzwanzig anderen Holländern, darunter einer Gruppe von vierzehn befreundeten Häftlingen.

Mein Tagebuch aus Dautmergen umfaßt nur wenige Seiten. Aus dem Vorangegangenen wird deutlich, daß und weshalb es dort physisch einfach unmöglich war, etwas niederzuschreiben. Erst im Schonungsblock gab es die Möglichkeit, so etwas wie Papier und Bleistift zu benutzen. Ich zitiere, soweit entzifferbar:

Ich weiß, daß ich aus dem Gleichgewicht geraten bin. Merkwürdig: Ich bin mir selbst nicht mehr gewachsen. Was ist ›Ich‹? Kontraste zu groß. Vergangenheit ein Märchen, Gegenwart eine Hölle, Zukunft ein Nebel. ›Das Paradies von Natzweiler‹ sagen wir hier. Ist ein ›Paradies von Dautmergen‹ vorstellbar? Oder gehören wir zu den Allerärmsten? Diese Heimsuchung ist kein Kinderspiel. Ich aß Rüben- und Kartoffelschalen mit allem Abfall, ausgespuckt von russischen Kriegsgefangenen, aufgewärmt auf einem Feuer in einer Blechdose mit Dreckwasser aus der Karrenspur bei der Arbeit. Oft eindringlich, laut gebetet. Mutter – könnte sie mich sehen, sie müßte ihre Augen schließen. Los, weiter, verzehrender Haß, und doch darf ich nicht hassen. Glaubenskampf sehr schwer, so schwierig, sich über alles körperliche Elend zu erheben. Ich könnte fortwährend heulen, alle Gefühle sind zu schön. Ich muß mich panzern. Am schlimmsten war die Kälte. Die golden-warme Schatzkammer meines Herzens, worin ihr alle seid, abschirmen gegen die Kälte! Herr, ich glaube, komm mir in meinem Unglauben zu Hilfe! Wie sehr, wie so herzlich liebe ich Holland. Alles, was deutsch ist, steht uns erzfeindlich gegenüber. Nationalsozialismus ist der Todfeind jeder Kultur. Ich komme. Ich dachte an den Tod. An Selbstmord. Ich konnte nicht mehr, Liebste. Aber ich komme. Wann – das ist unwichtig. Ich komme zu Dir. Kindliches Vertrauen in Gott. Er blickt hinunter und sorgt für mich. Ich fühle es deutlich. Mein Herz ist nicht in Ordnung. Herzweh, gebrochenes Herz, Tristan und Isolde. Monatelanger Weltkrieg in den Niederlanden. Was bleibt noch übrig von dir, liebes, kleines, tapferes Land? Der Tod umschlich mich, versuchte oft, mich an

* David Hendrik van Eeghen, geboren am 22. Dezember 1920 in Amsterdam, starb am 16. April 1945 in Bergen-Belsen an Erschöpfung.

sich zu reißen. Jede Minute ist ein Kampf auf Leben und Tod, Ernst, blutiger Ernst. Wie soll ich mich denn winden, um mein nacktes Leben zu retten? Angst, das ist die Waffe des Teufels. Meine gegenwärtige nackte, tierische Existenz kann mein früheres Kultur-Ich nicht mehr bewältigen.
Die Angst! Wieder fast zusammengebrochen. Mund weit aufgerissen, Gebiß schmerzt, Druck auf der Blase, warme, kalte Füße, alles schwarz, ich muß heulen, aber auch aus Glückseligkeit. Es liegt in meinem Herzen. Deinem Herzen. Jetzt weiß ich, was glühende Vaterlandsliebe heißt. Hat nichts mit Waffen, Fahnen, Generälen zu tun. Aber Texel, Schiffe, Werften, Blumenzwiebeln. Deiche und Wasser. Gaslicht und Mädchen. Diakonissen, Kirchen, Versammlungen. Gott, welch ein Heimweh nach dem Gefängnis! Sie wollen mich fertigmachen, unterkriegen. Es wird ihnen nie gelingen. Gott ist mit mir, in mir. Ich kämpfe für die Kultur, und Millionen mit mir. Einmal wird unsere Fahne wehen! Der Schlamm ist ein bodenloser Schrecken. Nicht nur Angst vor eiskalten Füßen: Man sackt weg! Psychischer Schlamm. Alles entgleitet, ist ungewiß. Der Mensch kann nicht ertragen, nur auf Gott angewiesen zu sein. Er will Sicherheit. Doch die gibt es nie! Schien nur so. Zu kompliziert. Wir gingen hier durch das Schlimmste hindurch, Gott hat uns am Höllenrand entlanggeführt. Er wird uns höher hinaufheben. Heute morgen sang ich leise unser ›Wilhelmus‹ im Dunkeln. Gott sei unserem kleinen Land gnädig. Da werden nun die Schlachten des Zweiten Weltkrieges ausgetragen. Was bleibt übrig? Was werden wir wiederfinden? Der Schonungsblock hat über der dritten Pritsche niedrige Fenster. Wenn man hinausblickt, sieht man meistens Schneegestöber über dem Schlamm. Aber in meinem Elend, zwischen den Gebeten, sah ich einmal ganz unerwartet, wie die Wolken aufrissen und die rote Glut des Sonnenuntergangs leuchtete. Ich erlebte eine himmlische Aussicht auf abfallende Hänge und dahinter Berge und dort auf einem Berg ein Miniaturmärchenschloß, rosarot, mit Türmen, ein Schloß aus meiner frühesten Kindheit, aus märchenhafter Kinderphantasie. Ich glaubte, daß Gott mich mit einer Zukunftsvision von immerwährender Glückseligkeit trösten wollte. Aber jemand erzählte mir, daß es wirklich ein Schloß war, das weit entfernt liegt. Die anderen sahen es auch.

Die Ferse Die Ferse meines rechten Fußes, der von einem Lumpen umwickelt in einem Holzschuh steckt, fängt schon bald an, unaus-

sprechlich zu schmerzen. Der Schmerz setzte vor drei Tagen ein, aber nun verwandelt sich die Ferse bei jedem Schritt in einen weißglühenden Feuerklumpen. Es ist unmöglich, mit dieser Ferse zu gehen, aber ich gehe, denn unser gekreuzigter Jesus, der bei einem Bauernhof am Weg zur Arbeit steht, hat mir gesagt, ich solle weitergehen.
Irgendwo auf einem Hügel, im östlichen Schneetreiben macht sich der Schmerz in meiner Ferse deutlicher bemerkbar als unser gekreuzigter Herr. Ich höre leises Hundewinseln, das aus mir kommt. Neben mir geht van der Sande, der Mann, der mir erzählte, daß er nach der Befreiung ein Auto mit weißem Lenkrad haben wollte. Er ist nur noch ein Häuflein Knochen, sein Gesicht ist fast so weiß wie der Schnee. Er muß mir helfen, denn ich kann noch fünf, noch vier, noch drei Schritte tun, und dann werde ich fallen, und hinter uns rast SS mit einem Hund... noch zwei Schritte, noch ein Schritt... ganz schwach ein Flüstern: »Hilf mir, stütze mich, ich kann nicht mehr!« Es ist van der Sande, der fast fällt. Mit meiner linken Hand fasse ich ihn am Oberarm, unter der Achsel, und schleppe ihn weiter.
Meine rechte Ferse versagt ihren Dienst ebensowenig wie die linke; der Schmerz ist verschwunden, nur ein heißes Flimmern ist zurückgeblieben. Zusammen laufen wir weiter. Erreichen den Arbeitsplatz. Arbeiten zehn Stunden. Gehen zurück.
Dies war eine unmittelbare Fürsorge Gottes, dessen Existenz manchmal geleugnet wird.

Beten Ich habe in den Lagern und Gefängnissen sehr oft gebetet, immer, wenn ich Kraft nötig hatte, und das war dauernd der Fall. Man konnte wortlos beten oder vor sich hinmurmeln oder laut beten. Laut sprach man natürlich, wenn man zusammen mit anderen betete: Es unterstützte die Konzentration. Das Gebet war kein unverbindlicher Vorgang, der zwischendurch einmal unter dem Leitspruch hinter sich gebracht werden konnte: Wer weiß, wozu es gut ist. Das Gebet bedeutete für die Seele eine absolute Notwendigkeit, und es half mit größerer Gewißheit als irgendein Medikament. Das Gebet war eine direkte Verbindung zu Christus, der den Betenden wirklich und wahrnehmbar erhörte, ihm beistand, ja, sich hinter ihn oder ihm zur Seite stellte. Gott war selbstverständlich immer unsichtbar. Christus erschien wiederholt, und Seine Anwesenheit war fast immer deutlich spürbar. Das Gebet ging weit über Hunger, Kälte und Schmerzen, über das Lager, die Deutschen, den Krieg, die Erde hinaus, es folgte einer Brücke, die sich über die menschlichen Tragödien spannte. Meist betete ich:

Allmächtiger Schöpfer, ich bitte Dich um Vergebung für alles, was ich falsch gemacht habe, falsch mache und falsch machen werde, und das ist mehr, als ich selbst weiß. Auch wenn ich mir einbilde, daß ich manchmal das Rechte tue, so bin ich doch ein schlechter Mensch. Fast nie befolge ich Deine Gebote, Christus; fast immer übertrete ich Deine Verbote. Allmächtiger, und doch überhäufst Du mich Tag für Tag mit Deinen Gunstbeweisen. Was schenkst Du mir nicht alles? Das Leben, die guten Gefühle, die Gedanken, den Glauben an Dich. Ich habe meine Familie als Geschenk erhalten, meine liebe Frau und viele Freunde. Mir wird die Natur vor Augen geführt, ich kann sehen, hören. Ich werde gekleidet und ernährt. Ich brauche mich nur an Dich zu wenden, und meine Bitten werden erhört. Von ganzem Herzen möchte ich Dein dankbares Kind sein. Ich bitte Dich um Schutz für mich, für all die Meinen, für alle meine Freunde, für alle hier in der Hölle und dort im Krieg. Ich bitte Dich: Erscheine meinen Feinden, die im Grunde besessene Menschenkinder sind, die ohne Dich leben, nicht wissen, was sie tun, Dämonen ausgeliefert sind. Erlöse uns, Allmächtiger, von dem Bösen, von den Dämonen. Laß uns nun genug gestraft sein. Gib Frieden auf Erden. Offenbare Dich, Allmächtiger, durch Christus allen, die Dich weder hören noch sehen wollen. Sei den Gottlosen, den Mördern, den Sterbenden, den Furchtsamen nahe. Unser Schöpfer und Schöpfer von allem anderen, gib uns mehr von Deiner endlosen Kraft, damit wir unser Kreuz tragen können. Laß meinen Glauben wachsen. Fange mich auf, wenn es mir, wie so oft, an Glauben mangelt und ich in einem bodenlosen Abgrund versinke. Allmächtiger Gott, Du hast keine Arme, doch Christus hat Arme, und ich bitte Dich, daß ich Christi Arme um mich fühle, was Du auch geschehen läßt. Ich berufe mich auf Deine Versprechen, die zu mir durch das Evangelium gekommen sind.

Amen

Manchmal bat ich Gott um etwas Konkretes, wozu ich mich zu bitten berechtigt fühlte, beispielsweise um Linderung oder Stillung von entsetzlichem Schmerz, aber auch darum, daß ein Sterbender am Leben bleiben sollte. Schon während ich darum bat, erkannte ich mit zunehmender Gewißheit, daß dies eine Schwäche war. Wie konnte ich wissen, ob es nicht notwendig war, daß ich Schmerzen hatte oder daß ein Freund starb? Ich versuchte dann, mit wirklicher Überzeugung zu beten: aber Dein Wille geschehe. Manchmal war das trotzdem nur eine Formalität, ohne innere Überzeugung gesprochen, und auch darum mußte ich um Vergebung bitten.

Auch habe ich, allein oder mit anderen, unzählige Male das Vaterunser gebetet. Ich hatte nicht nur Schwierigkeiten mit »Dein Wille geschehe«, sondern vor allem mit »wie auch wir vergeben unseren Schuldigern«. In den Moffen um uns erblickten wir diese ›Schuldiger‹, und denen vergaben wir selten oder nie. »Erlöse uns von dem Bösen« sprach uns sehr viel eher an.

Gespräche wurden darüber geführt, Gedanken ausgetauscht; ich kam für mich zu dem Schluß, daß auch der übelste SS-Verbrecher ein Kind desselben Vaters und deshalb mein Bruder, aber von Gott abgefallen und dem Satan verfallen war, gegen seinen eigenen Willen. In Augenblicken der Kraft und Erleuchtung – keineswegs immer – sah ich in dem mordenden Verbrecher neben mir ein armes, von Dämonen besessenes Kind Gottes, um dessen Erlösung ich innig beten mußte.

Ich werde dir Ruhe geben Einige von uns waren barfuß, vier Tage lang auch unser dreiundsechzigjähriger Freund, der Richter Bommezijn, dessen Schuhe gestohlen worden waren. Verschiedene von uns boten ihm ihre Holzschuhe oder anderes Schuhzeug an, aber davon wollte er nichts wissen. »Ihr seid noch jung«, sagte er, »ihr habt noch eine Chance.« Unterwegs zur Arbeit kamen wir an einem alten, prächtigen Bauernhof vorbei, neben dem eine gigantische Buche stand. Unter dieser Buche war ein kürzlich vergoldetes Kreuzbild aufgerichtet worden, ein sehr schönes, großes Kruzifix unter einem Vordach. Als wir zum ersten Mal daran vorüberkamen, nahm ich meine Kopfbedeckung ab. Am nächsten Tag waren es schon mehr; später wurde der gekreuzigte Christus von der halben Kolonne gegrüßt.

Erst als ich schon die Hälfte meiner Zeit im Lager Dautmergen hinter mir hatte, bemerkte ich, daß nur einen halben Meter vor dem Stacheldraht um unser Lager auch ein Kreuzbild stand. Man stelle sich die Deutschen vor, die ein KZ auf einem halben Meter Abstand von Jesus Christus anlegen! Jeden Morgen sprach ich mit Ihm und Er mit mir. Das ist keine leichtfertige Behauptung, das ist die Wahrheit, so wahr mir Gott der Allmächtige helfe.

Hier in Dautmergen bekam Jesu Wort: »Kommet her zu mir, alle, die ihr müde und beladen seid. Ich will euch erquicken« eine besondere Bedeutung. Die letzten vier Worte ließen mich oft an den ewigen Frieden denken, und es gab Sekunden – und nicht mehr als Sekunden –, wo ich die ewige Ruhe dem höllischen Leben von Dautmergen vorgezogen hätte.
Unsere Verhältnisse wurden so unerträglich, daß wir gemeinsam beschlossen, um einen Ausweg zu beten. Wir wußten, daß Gott mit uns war und alles zuließ, was mit uns geschah, doch wir waren zu schwache Menschenkinder, um mit dem Leiden in Dautmergen einverstanden sein zu können. Wir beteten zusammen, ungefähr zwanzig Holländer. Vielleicht hat Christus da gedacht: »O ihr ungläubiges Geschlecht, wie lange werde Ich euch noch ertragen?« Und doch erhörte Er unser Gebet und ließ uns kurz darauf an einen anderen Ort ziehen.

Eine uneinnehmbare Festung Ich habe in den zwei Gefängnissen und sechs Konzentrationslagern einige Male das untrügliche Gefühl gehabt, alleine und ohne jede Hilfe eine fünfundzwanzig Jahrhunderte alte Kultur verteidigen zu müssen. Das bedeutete für mich in meinem Zustand eine große Anstrengung. Ich mußte ein künstliches Hilfsmittel benutzen: eine stille, schnelle Retrospektive. Ich dachte an die Perser, die Assyrer, die Phönizier. Ich dachte an die griechische Götter- und Ideenwelt. Ich dachte an das unermeßlich große Römische Reich. Ich dachte an Byzanz; an das Mittelalter mit seinen Klöstern. Ich führte mir die Renaissance vor Augen, die Kaiser, Könige, die Revolutionen, Imperien. Ich dachte vor allem an die Wissenschaftler, die Maler, Baumeister, Komponisten, Dichter; die Entdekker fremder Länder, Erfinder, Techniker, Kaufleute, Fabrikanten. Ich dachte an alle hohen, überlieferten Werte, die von Tausenden und aber Tausenden großer Geister durch Jahrhunderte hindurch vermehrt worden waren – in rascher Folge. So errichtete ich unter meinen Füßen und hinter meinem Rücken eine uneinnehmbare Festung: die westliche Kultur, die ich jetzt zu verteidigen hatte; jetzt, hier, ich, ein zitterndes Skelett, ein kahlgeschorener Sklave, ein hungernder Bettler voller Geschwüre und Läuse.
Schließlich berief ich mich auf Christus selbst, der sich hinter mich stellen würde, nein, mir zur Seite, wenn ich trotz aller widrigen Umstände versuchen wollte, mich für das Gute, Schöne, Vernünftige stark zu machen. Das erweckte ein Gefühl von schüchternem Stolz.

Ich dachte an Ereignisse, die scheinbar unauffällig und von vorübergehendem Interesse waren, die aber – wie sich später zeigen sollte – den Lauf der Geschichte bestimmten. Eine Handvoll Schiffe, eine Truppe von ein paar tausend Mann. Ein bestimmter Mensch zu einer bestimmten Zeit an einem bestimmten Ort. Ein Mensch, mit einer Untersuchung in einem Hinterzimmer befaßt, ein Mensch mit Farbe auf einer Leinwand beschäftigt. Ein Mensch mit Feder und Papier, ein Mensch an einem Flügel, Klangfolgen erprobend. Einst alle namenlos geboren, später Mit-Schöpfer einer Kultur. Sie und ihr Werk galt es zu verteidigen. Es schien mir unmöglich, aber Gott forderte es von mir, also mußte ich es können. Und ging man dabei zugrunde – die Forderung bestand. Ja – diese Güter waren ein großes Opfer wert. Und so viele hatten ihr Leben schon dafür gegeben.

Am 20. November 1944 verließ ein Transport, zu dem zweiundzwanzig Niederländer gehörten, das höllische Lager Dautmergen. Nirgends konnte es schrecklicher sein als dort. Geraunt wurde, daß wir in ein Erholungslager verschickt würden. Wir schleppten uns über die leichtverschneite Landstraße nach Schömberg. Für die SS hatte es gar keinen Sinn, uns zur Eile anzutreiben. An den Transport, die Zugfahrt nach Vaihingen erinnere ich mich nicht mehr. Wahrscheinlich waren wir mehr oder weniger bewußtlos.

Rückblick auf Dautmergen Dautmergen ist ein kleiner Weiler, auf kaum einer Landkarte zu finden. Es liegt in Württemberg, am Fuß der Schwäbischen Alb, rund sechzig Kilometer nördlich vom schweizerischen Schaffhausen. Es war uns bekannt, daß die Schweizer Grenze kaum zehn Gehstunden von uns entfernt war, aber selbst der Gedanke an Flucht kam fast nie auf. Die Umzäunung eines KZs war undurchdringlich, die Bewachung äußerst streng. Auf Fluchtversuch stand die Todesstrafe durch Erhängen mit vorhergehender Folter. Wir waren kahlgeschoren und würden sofort aufgefallen sein, auch durch unsere Kleidung. Geld und Papiere hatten wir nicht. Wir befanden uns in Feindesland. Letztlich waren wir mehr tot als lebendig; vielleicht hätte ich einen Weg von zehn Stunden niemals geschafft. Das Schloß, von dem ich schrieb, war keine Vision. Es war – und ist – das Bergschloß, Stammschloß der Hohenzollern bei Hechingen, achthundertfünfundfünfzig Meter hoch gelegen, rund zwanzig Kilometer von Dautmergen entfernt.

Nach dem Krieg habe ich, soweit ich mich erinnern kann, sechsmal als Zeuge gegen SS- und SD-Verbrecher vor deutschen Gerichten ausgesagt, auch vor dem Schwurgericht in Ulm gegen den SS-Rottenführer, der Lagerkommandant von Dautmergen war. Zeugen, die unter anderem aus den USA und Israel herübergekommen waren, erklärten dort, daß der Angeklagte auch Häftlinge erstickt habe, indem er ihren Kopf in den Schlamm drückte.
Der Vorsitzende des Schwurgerichts ließ mich, nachdem ich meine Aussage gemacht hatte, ersuchen, nach der Verhandlung bei ihm vorbeizukommen, »falls ich noch Zeit hätte«. Die hatte ich. Er empfing mich in seinem Zimmer, ohne Robe. Der Vorsitzende sagte mir, er habe während meines Verhörs den Eindruck erhalten, daß ich den Beteuerungen von deutscher Seite, die deutsche Bevölkerung habe von den Schandtaten in den Lagern nichts gewußt, keinen Glauben schenkte. Ich bejahte es. »Wir haben es nicht gewußt«, hielte ich für eine unverschämte Lüge, sagte ich. Er zeigte sich pikiert. Er selbst habe es auch nicht gewußt. Ob ich ihm das glauben wollte? Ich sagte: nein. Der Vorsitzende war beleidigt. Er sagte mir, daß der deutsche Bürger zwar von der Existenz der Lager gewußt hätte, aber nichts von dem, was dort geschehen sei. Der Bürger sei viel zu beschäftigt mit dem Krieg gewesen: Militärdienst, schwere Bombardierungen, Evakuierungen, Nahrungsmittelmangel. Er habe selbst alle Hände voll zu tun gehabt vor Mühseligkeiten und Not. Ob ich ihm das glauben könne? Ich sagte: nein. Ich verwies ihn auf die deutliche Sichtbarkeit vieler Lager: auf die Schornsteine, den Kamin, den Gestank; auf die Transporte, sichtbar auf allen Bahnhöfen; auf die langen Reihen oftmals verwundeter Häftlinge entlang der öffentlichen Straßen auf dem Weg vom KZ zur Arbeit und zurück; auf Berichte von Entlassenen und so fort. Wußte der Deutsche nichts von allen Mißhandlungen, von Krankheit, Mord und Totschlag? Nun? Ich blieb bei meiner Behauptung. Er bei der seinen. Im Zorn gingen wir auseinander.

Außenkommando Vaihingen/Enz

21. November 1944–2. April 1945

Ein Juden- und Erholungslager Eineinhalb Tage nach der Abfahrt von Schömberg, am 21. November, kamen wir abends am Bahnhofsgelände Vaihingen/Enz bei Stuttgart an. Wir stiegen Betontreppen hinunter und erreichten nach einem kurzen Marsch das Lager Vaihingen. Es lag in einem engen Tal; im Süden waren die Anhöhen mit Nadelwäldern bedeckt. Durch sie verlief eine Eisenbahnlinie, und manchmal war ein kleiner Zug zu sehen. Der nördliche Hang war Akkerland. Das langgestreckte Lager war wie gewöhnlich umzäunt und von Wachtürmen mit Maschinengewehren und Scheinwerfern umgeben.

Die Lagerinsassen hatten sich ursprünglich nur aus Juden zusammengesetzt, die aus Radom und Krakau stammten. Dort waren von den Moffen jüdische Wachmänner angestellt worden, die für Ruhe und Ordnung sorgen sollten. Als die Deutschen die berüchtigten Aussiedlungen durchführten und dabei oder danach den größten Teil der Juden umbrachten, ließen sie die Wachmänner am Leben und transportierten sie in ein KZ. Die jugendlichen Juden in Vaihingen erzählten uns grausige Geschichten von der Ausrottung ihrer Angehörigen.

Aus unbekannten Gründen war Vaihingen kurz vorher auch ein Erholungslager geworden. Wer wird je hinter die Gedankengänge der Moffen kommen! Ein kombiniertes Juden- und Erholungslager!

Aus verschiedenen Lagern wurden Krankentransporte nach Vaihingen geschickt. Dreiviertel der Lagerinsassen waren ständig krank. Die Kranken brauchten nie zu arbeiten, sondern wurden in ein über vier Baracken verteiltes Revier aufgenommen. Es gab nur eine Baracke mit Arbeitern, die sich vornehmlich als Küchenpersonal und Leichenträger betätigten. Dann gab es noch einen Schonungsblock mit Männern, die nicht arbeiteten und sogar bei den Appellen nicht draußen zu erscheinen brauchten. Man hielt die Appelle in den Baracken ab.

Fast alle wichtigen Lagerfunktionen wurden von den polnischen Juden ausgeübt. Die jungen, kräftig erscheinenden Juden waren außergewöhnlich verbittert, jedoch den Holländern gegenüber sehr hilfsbereit, zudem eifrig und geschickt im Organisieren (in der ursprünglichen Bedeutung des Wortes). So grundschlecht die nicht-jüdischen Polen in Dautmergen zu uns gewesen waren, so grundgut behandelten uns die polnischen Juden in Vaihingen.
Schon am Tag unserer Ankunft starb der erste Holländer, Frans Baron van Hugenpoth tot den Berenclauw.

Nach der Hölle von Dautmergen war Vaihingen uns anfangs wie das Paradies erschienen. Die Appelle dauerten nie länger als eine Viertelstunde. Wir brauchten nicht zu arbeiten. Wir wurden fast nie geschlagen. SS bekamen wir kaum zu Gesicht. Außerdem wurden die Holländer von der polnischen Prominenz protegiert. Die Läuseplage nahm aber geradewegs unbeschreibliche Formen an. Ich konnte mich zwar – nach zwei Monaten – waschen, und wir wurden »desinfiziert«, aber nur wir und unsere Kleidung, nicht die Baracken. Es war also völlig zwecklos. In Vaihingen ging ein großer Teil der Häftlinge, darunter fast alle Holländer, zugrunde. Man hatte uns in Dautmergen einen furchtbaren Schlag versetzt, unsere Kraftreserven waren erschöpft. Die ungenügende ärztliche Behandlung (kaum Ärzte, keine Medikamente), die Läuseplage, die in einer heillosen Fleckfieberepidemie gipfelte, und die unzureichende Ernährung versetzten uns Muselmännern aus Dautmergen den Gnadenstoß.
Während um mich herum meine Freunde starben, wurde ich von drei jüdischen Ärzten und einem jüdischen Zahnarzt am Leben erhalten, später auch von meinem besten Freund Wim Roessingh. Sie hatten bemerkt, daß von unserer vierzehnköpfigen Freundesgruppe nur Bas Backer und ich noch Überlebenschancen hatten. Uns beide versorgten sie regelmäßig mit zusätzlicher Suppe und mit Brei, Sonderbrotrationen und sogar mit Zigaretten. Nach einem Aufenthalt in der Schonungsbaracke lag ich vom 2. Dezember 1944 bis zum 2. Februar 1945 im Revier. Die Ärzte taten ihr Bestes, doch sie konnten nur bei der Nahrungsmittelbeschaffung helfen. Instrumente, auch für kleine Eingriffe, hatten sie nicht. Einmal sah ich, wie sie jemanden mit einer Zahnextraktionszange von seinen erfrorenen, fast schwarz gewordenen Zehen erlösten; die Zehen lagen wie Erdnüsse herum.
Wir litten in Vaihingen vor allem unter den Läusen und unter der grenzenlosen Kälte. Fast nie brannte ein Ofen in den Baracken, Klei-

dung gab es nicht. Wir lagen nackt unter zwei Pferdedecken, zusammen mit den Läusen.
Nach einer gewissen Zeit muß es sogar bis zur SS durchgedrungen sein, daß auf diese Weise die ganze Lagerbevölkerung verrecken würde. Mitte Januar erschienen vier Häftlinge aus Neckarelz: der norwegische Arzt Poulsson, der norwegische Pfleger Halversen, der belgische Arzt Bogaerts und Willem Roessingh. Sie hatten den Auftrag, die ärztliche Versorgung zu verbessern, doch die dazu nötigen Mittel bekamen sie nicht. Es war also ein typisch deutscher Auftrag. Allerdings wurde nun auf mehr Sauberkeit geachtet.
Die Zahl der Luftangriffe stieg im Februar an, ihre Stärke nahm ebenfalls zu. Manchmal war der Luftraum über uns nicht eine Viertelstunde ohne Bomber und Jäger. Die spannenden letzten Monate – Tage, dachten wir – waren angebrochen. Mitte Februar setzte die Fleckfieberepidemie ein. Eine eilends durchgeführte Desinfektion, nun auch der Baracken, blieb ergebnislos. Die Krankheit forderte Hunderte von Opfern. Mit aller Gewalt wollte ich dem Revier fernbleiben; es war der Ort geworden, an dem man sich nur noch zum Sterben hinlegte. Solange wie möglich pflegte ich meine sterbenden Freunde, besonders Wolter (Pepi) Bijleveld. Als er am 26. Februar ausgelitten hatte, ließ ich mich am 28. Februar ins Revier aufnehmen. Tagelang rang ich mit dem Tod. Am 13. März wurde ich entlassen. Fast alle meine Landsleute waren an der Epidemie gestorben. Es war einsam geworden.
Die Amerikaner rückten näher. Es gab Tage, an denen der Himmel tatsächlich nicht einen Augenblick ohne Kriegsflugzeuge war. Sie flogen in Geschwadern, scheinbar kreuz und quer durch- und unter- und übereinander, warfen Bomben über Stuttgart ab und griffen mit Bordwaffen an. Einmal flogen Jäger einen Angriff auf SS-Baracken neben unserem Lager. Wir alle hatten Todesangst. Unsere Furcht war viel größer als unsere Befriedigung, daß der Mof es jetzt so von der Breitseite abbekam. Wir spürten, daß große Ereignisse bevorstanden.
Kurz nach Ostern, am 2. April, wurden dreihundert Mann mit etwas Kleidung ausgestattet und offensichtlich zum Transport zusammengestellt. Unter ihnen war ich der einzige Holländer. Einige andere Holländer, darunter Willem, blieben zurück. Unser Transport fuhr am 2. April abends mit einem Güterzug ab. Unterwegs zum Bahnhof sahen wir am westlichen Himmel das rotflackernde Mündungsfeuer der amerikanischen Artillerie. Für uns kamen sie zu spät.

Nimm mich nur Vom Inferno Dautmergen erlöst, konnte ich endlich mein Tagebuch fortsetzen. Die ersten Seiten sind unleserlich: lange, lange Aufzählungen von Worten und Begriffen und Namen ohne jeden Zusammenhang, die als Dregganker dienten und mit dem Seilwerk verbunden waren, an dem ich mich aus der Finsternis hinaufzog, so wie die Truppen bei der Invasion auf die felsige Küste der Normandie. Doch nach ein paar Tagen hatte ich meinen Verstand wieder mehr oder weniger beisammen, und so finde ich am 26. November 1944, einem Sonntag, folgenden Abschnitt:

Gott gebe meinen Worten Inhalt und Kraft, damit ich der Welt bald berichten kann, was auf dem Spiel steht: die Kultur. Gerechtigkeit, die das Gute preist und fördert und belohnt, das Schlechte verhindert, bestraft und beseitigt, doch nach einer Untersuchung, nach Anhörung auch des Angeklagten. Gerechtigkeit, die nicht alles vereinfachen will, alles über einen Kamm scheren will, sondern Individuen unterscheidet und individuelle Interessen. Gerechtigkeit, die das Versprechen hochachtet, eine Übereinkunft als bindend erachtet, Freiheitsberaubung mit der größten Vorsicht anwendet, ja die menschliche Freiheit, die geistige und körperliche als eines der höchsten Güter schätzt und nicht die Sklaverei rühmt und verherrlicht, als gäbe es den Menschen nur zum Vergnügen des Staates! Gerechtigkeit, die einen Unterschied macht zwischen Macht und Recht, die nicht im voraus meint, das Recht beim Stärkeren finden zu müssen, sondern viel eher geneigt ist, den Schwachen zu beschützen, ihm Macht zu verleihen in seiner Schwäche: Gleichberechtigung. Kultur – das heißt auch Barmherzigkeit, die helfende Hand, die aufrichtende Geste, das Geben vom eigenen Besitz. So viele barmherzige, pflegende, dienende Gestalten sehe ich jetzt vor mir: Missionare, Soldaten der Heilsarmee, Diakonissen, Ärzte, Prediger; Gott sei Dank, daß es sie gibt.

Und ferner: Eine besonnene Sanftmut – eine hervorragende christliche Tugend – ebenso wie Verträglichkeit – keinen Streit, keinen Kampf, kein stumpfsinniges Sich-auf-die-Brust-schlagen voll blinden Stolzes und Hochmuts. Sondern das Überdenken der Position des anderen, die Phantasie, sich in die Lage des anderen zu versetzen, das Abwägen seiner Argumente, eventuell auch das Nachgeben und den Respekt vor seinen Auffassungen, den religiösen und gesellschaftlichen.

Die Demut und Selbstverleugnung, die den Nächsten höher schätzt als sich selbst, die sich das Dienen zu einer Ehre anrechnet, umsonst gibt, was umsonst empfangen wurde und dankbar bekennt: Was habe ich, das ich nicht empfangen habe?

Viele, noch viele andere Eigenschaften sind die Juwelen in der Krone des edelmütigen Menschen – oh, welch ein sengendes Verlangen ist so oft in mir kleinem, nacktem, schmutzigem Menschen, ein edler Mensch zu sein wie Du, meine Edelfrau, mein Herz, mein lieber, schöner Engel! Aber ich habe noch mehr auf dem Herzen. Mein Aufschrei nach Kultur ist auch der nie endende Schrei nach Schönheit und Wissenschaft, die oft so seltsam benachbart, oft so herrlich vereinigt sind. Gedanken, Erinnerungen und auch Blicke in die Zukunft gibt es, die kaum erträglich sind, weil der Gegensatz zur Gegenwart zu groß ist: Die Empfindungskraft weicht vor dem Gefühl zurück. Nur ruhig ... die Kultur: die unschätzbare, funkelnde Kultur unseres Holland, die sich in den Charaktereigenschaften, in den Merkmalen von Seele, Geist und Verstand, von Religion, Kunst und Wissenschaft äußert – die gelehrt, gehegt, eingeschenkt und getrunken wird in unserer heiligen, holländischen Familie, die ich um den Tisch in einem warmen Zimmer im Schein der Lampe vereinigt sehe. Gestern, auch heute, morgen. Unvergänglich; das kann kein Deutscher zerstören. Das ist unsterblich. Ich möchte in einem Roman unserer holländischen Familie ein Denkmal setzen, unsere Kultur schildern und berichten, wie sogar die teuflischste Macht der Welt diese Herrlichkeit nicht zerstören konnte.

Aber am 27. November 1944 *Ich schreibe, meine Liebste, während ich mich in einer tödlichen Traurigkeit befinde. Mitten in einer der furchtsamen Stimmungen, wo ich den Wahnsinn fürchte. So furchtsam, so ängstlich, so müde. So alleine. So von allem beraubt. So ohne Liebe. Eine Geste der Liebe, ein Streicheln, ein freundliches Wort – ich möchte schreien! Nur eine Blume, ein Deckchen, der Schein einer Lampe, das Funkeln einer goldenen Brille – ich möchte weinen. Ich weine. Ich denke an Dich, warum weine ich, wenn ich an mein Liebstes denke? Damit helfe ich Dir nicht. Und ich muß noch mehr weinen. Schwach, so unendlich schwach. Manchmal, nur kurz, denke ich: Laß mich doch sterben, mein Gott, hole mich zu Dir. Hier auf Erden kann ich es nicht mehr ertragen. Dies ist kein Leben mehr. Alles wird zu Haß und Tod. Alles geht zugrunde, nichts bleibt mehr übrig. Nimm mich zu Dir, ich bin ein armes, kleines Menschenkind, das sterben will, so mörderisch kalt, so mörderisch alleine. Nur die Flamme der Liebe ist noch in mir. Sie wird ewig bleiben.*

Diese Nacht, eine mondhelle Nacht Ende November, als ich mich

umdrehte und kurz aufwachte, hörte ich irgendwo ein Nagen. Ich dachte natürlich sofort an Mäuse und Ratten, aber was hätten die hier im KZ, wo jede Brotkrume aus dem Staub des Fußbodens sofort aufgeleckt wurde, zu nagen finden können? Außerdem war das Nagen durchdringend laut, zu laut auch für die größte Ratte. Unter meinen Pferdedecken richtete ich mich halb auf, stützte mich auf den Ellbogen. Im Mondlicht sah ich plötzlich auf der anderen Seite des Ganges in einer unteren Pritsche etwas glitzern, und von dort kam auch das Geräusch. Die Pritsche mit dem alten, polnischen Juden – Gott, was für Zähne hatte der Mensch, Zähne, die im fahlen Licht glänzten. Aber was für einen Kopf hatte der Mann...
Ich war jetzt hellwach und konnte es deutlich erkennen. Zwei Köpfe lagen auf der Pritsche. Der Kopf des polnischen Juden. Und ein riesiger Kuhschädel, den er gerade abnagte.

28. November *Optimistische Stimmung, viele Brückenköpfe am rechten Rheinufer. Dauernd Fliegeralarm. Unstimmigkeiten USA–UdSSR? Mein Gott, was für einen Hunger habe ich! Speckkuchen. Würste, gebratene Zwiebeln. Dicker, weißer Speck. Mokkapudding Haferflocken mit Butter und Zucker gebratene Blutwurst Roggenbrot mit Käse ein Glas Aprikosenmarmelade Windbeutel mit Schlagsahne Puddingschnitten Erdnußbutter.*
30. November *Wie finden meine Gedanken einen Ausweg? Sie sind getrübt und drehen sich immer enger im Kreis und werden nun grau und fahl. Sie wagen sich nicht mehr in die rotglänzenden Höhlen der Vergangenheit, um dort die Erinnerungen zu genießen. Die Erinnerungen sind zu schön. Diese intensiven Stimmungen – ich kann sie nicht mehr ertragen. Das Gespenst der Degeneration droht mir. Arm bin ich, arm, so entsetzlich arm im Geist.*
2. Dezember *Der jüdische Arzt: »Sie werden heute aufgenommen, ins Revier.« Es ist, als ob man bei Unwetter in einen Hafen segelt.*
3. Dezember *Ich steige aus den allertiefsten Wachträumen. Ich lag und betete zu Gott. Ich stelle mir Dich, Dein Gesicht und Deine Gestalt vor: Sein Werk. Ich sah einen großen, warmen Raum, dort, wo ein Christbaum leuchtete, der Kerzenschein spiegelte sich in vielen großen Kinderaugen: Sein Werk. Ich sah eine holländische Gracht im Januar: Nebel, Eis, Möwen, am Sonntagmorgen ein Vater und sein Kind mit Pelzfäustlingen: Sein Werk. Ich sah eine Polderweide im Juni; ich hörte Uferschnepfen, Rotschenkel, die Luft flimmerte, ein verspieltes Kalb mit dummem Kopf, großen, glänzenden Augen, Beinen wie*

Stöckchen und einem Sabbermaul: Sein Werk. Musik hörte ich, Musik, die aus einem großen Konzertflügel in vereinsamter Leidenschaft stieg – Gott, wohin mit dieser heißen, schluchzenden, schaudernden Leidenschaft? Sie erhebt sich aus dem schweigend zurückbleibenden Orchester: Gott spricht. Farbenprächtige, an Schätzen reiche Reihung von Schönheiten.

Nie ist mir die Liebe Gottes so deutlich geworden, die Liebe, die Seine ganze Schöpfung durchdringt. Zu Materie gewordene Liebe. Ich bin voller Wärme. Ich bin voller Glück. Ich habe Dich, Gott. Ich verbrenne unter Deiner Kraft, ich vergehe unter Deiner Herrlichkeit.

4. Dezember *Als es dunkel wurde, weckte mich Doktor Boyim. Er erzählte mir, was den polnischen Juden angetan worden ist. Vergast, verbrannt, erschossen, vergewaltigt, Kinder an Bäumen und Mauern zerschmettert, auseinandergerissen, Chlorgas in Zügen, Stock in die Kehle. Die Familie, die Kinder, Frau, Eltern, Freunde: alle ermordet. »Ich möchte weiterleben. Um Rache zu nehmen.« Als er ging, ließ er zwei dicke, in Löschpapier verpackte Butterbrote mit Honig zurück.*

6. Dezember *Wenn ich nur etwas hätte! Der Mensch braucht etwas. Und wäre es eine Brotrinde. Ich besitze nicht einmal ein Hemd. Ich habe drei Bleistifte, eine Zahnbürste, drei Taschentücher, einen Gürtel. Niemand kann ärmer sein als ich. Ich habe gebetet. Je tiefer Leid und Freude empfunden werden, desto mehr ähneln sie sich. Übergroße Freude ist übergroßer Trauer benachbart. Ich vermute, woran es liegt, aber ich bin zu müde, um den Gedanken weiter zu verfolgen. Ich sah einen alten Juden, der nur mit Brille, Suspensorium und Schaftstiefeln bekleidet war. Gestern lief ein schreiender Verrückter um die Baracke. Wir bekamen Kartoffeln, Brot, gesüßten Kaffee, Quark – ›Käse‹ nennt das der Ersatzmof – und Steckrübensuppe. Das Lieblingsessen meines polnischen Nachbarjungen ist: gekochter Fisch mit Rosinen und Zucker.*

Deutsche Justiz: Verhaftung ohne Haftbefehl. Wochen – oder monatelanges Warten aufs Verhör. Folter. Nach Monaten ein ›Prozeß‹: Freispruch. Das bedeutet: KZ. Wieder nach Monaten: ein weiterer Prozeß, ein anderes ungerechtes Gericht. Todesstrafe. Nach abermaligem monatelangem Warten: dritter Prozeß, ein weiteres rechtloses Gericht, Freispruch. Anderes KZ. Oh, diese Verbrecher!

Manchmal besuche ich die Kranken und bete mit ihnen, besonders mit Jan van Brakel, Gerrit Visser, Jaap van Dijk. Wir glauben manchmal nicht mehr an eine Heimkehr. Es wird sich für uns nichts ändern. Wir bleiben Gefangene. Immer.

9. Dezember *Ich würde gerne etwas Schwieriges tun. Ich habe Wolfshunger auf ein Buch. Gestern abend brachte mir der Doktor Steckrübensuppe, mitten in der Nacht noch mehr, mein Bauch war kugelrund, insgesamt achteinhalb Liter.*

Holzvögel *Mir läuft das Herz über vor Vaters farbenprächtigen »Holzvögeln«. Im Katalog werden sie bestimmt als ›Fischerkähne im Watt‹ aufgeführt. Ich kann sie nur ganz behutsam beschreiben, so unendlich zart sind sie.*

Es wird August gewesen sein, am frühen Nachmittag, während der Ebbe. Die Hitze des Sommertages hat ihren Höhepunkt schon überschritten. Doch es ist immer noch heiß. Nordholland schläft, die Inseln im Watt schlafen, der Himmel ist müde geworden von der Sonnenglut, er ist umflort, diesig, weißlich. Seltsam, und diese Boote sind noch so farbenprächtig. Bronzener Ocker, strahlendes Weiß und Blau, Kornblumenblau, nein – das verschossene Blau eines Baumwollsommerkleidchens: buntbemalte Holzvögel, Eichelhäher. Ganz still ruhen sie in sich selbst, schlummern nur. Behutsam muß ich weiterschreiben, sonst wecke ich sie auf...

Siehst Du? Am vorderen Kahn schlägt plötzlich, unwillig, die Windfahne um – und wieder zurück. Dort oben quietscht es entrüstet. Hört man sonst noch ein Geräusch? Wird dort hinter dem kleinen Deich eine Sense geschärft? Hört man – ganz in der Nähe – sommerlichen Spektakel von aufgeschreckten Rotschenkeln? Es ist nicht auszumachen. Aber ein Laut ist doch unüberhörbar, also woher ... ja, dort an Bord. Dort läuft ein sehr geschäftiges Kerlchen umher, in einer blauen Jacke. Er stöbert herum, hat aus dem Vorschiff etwas heraufgeholt, betrachtet es. Er kommt aus Cocksdorp, dem Nest ein Stückchen weiter. Cocksdorp auf Texel – was für Namen, was für ein Sommer! Sieh nur, die behaglich runde Form der behäbigen Holzvögel. Pinken mit ihren robusten Masten und ihren schlaffen Schlummerfähnchen. Wir müssen auf die Flut warten. Gleich, wenn es dunkel wird, strömt das Wasser zurück. Der dürstende Tang wird darin versinken, das schwarze abgeschliffene Wrackholz wird forttreiben, und diese schlummernden Vögel werden sich langsam erheben und zu leise plätscherndem Leben erwachen, im Abendwind – schon gleich. Noch aber viele Stunden flimmernde Hitze. Über dem Watt... Was? – Erst jetzt sehen wir es, so unwirklich hast du es gemalt, Väterchen, daß ich es erst jetzt sehe: im Nordosten, beängstigend zart, der Goldstreifen einer fernen, fernen Küste. Ich weiß schon – das muß Vlieland sein. Sie sagen es. Ich glaube es nicht, Väterchen, ich gehe mit dir mit. Mein Geist ist so schwerfällig und plump, aber ich folge dir, so gut und so schlecht ich kann. Ich folge dir auf deinem Flug, in deinen brennenden Traum, in dein Künstlertum, weg, weit weg, zu dieser Küste. Oh, diese Küste, Vater! Oh, diese ferne Küste... (Was für ein Gefühl mag das sein: einen großen, starken Körper zu haben? Stell dir einmal vor, daß du wieder ein Mann bist. Daß du einer Frau etwas bedeutest. Daß du erobern, befriedigen kannst, daß sie zu dir hinsehen und dich begehrenswert finden! Stell dir vor, daß dein Herz schnell schlägt, daß du dunkles, reiches Blut hast und einen schweren, starken Körper! Eine Frau – was ist das? Manchmal steigt eine Erinnerung auf. Dann verglühe ich wie Magnesium im Feuer.)

10. Dezember. Max und Hurry *Ein Nachmittag im Dezember. Vier Uhr. Noch sind die Vorhänge nicht zugezogen. Draußen über der dämmrigen Stadt liegt Schnee. In unserem Wohnzimmer schimmert gedämpftes Lampenlicht. Die Schiebetüren zum Eßzimmer sind offen. Dort liegt Max, ausgestreckt, Schnauze auf den Vorderpfoten, so elegant wie ein ausgestopfter Fuchs, den sich eine Dame um den Hals hängt. In seinen Augen spiegelt sich der Schein des Kaminfeuers. Warum schlummert er nicht? Weil dies eine bedenkliche Stunde ist, für Tiere... Winternachmittagsschummerlicht in leeren Räumen – man stelle sich vor, was geschehen könnte, und es wird sicherlich etwas geschehen. Schlafen wäre unbesonnen, es ist viel zu ruhig. Nur irgendwo das alarmierende Pfeifen eines Wasserkessels. Es hat wieder zu schneien angefangen – jetzt wird es noch stiller. Etwas Bedrohliches ist im Anzug ... irgend etwas Geheimnisvolles ist in diesem Zimmer ... dort ist es! Tatsächlich, und da kommt es sogar zum Vorschein: Ein Spuk, eine kleine Spukgestalt, ein Spuktierchen kriecht unter der Kommode hervor und läuft in lächerlichem Gang geradewegs auf Max zu. Das muß Hurry sein, unsere kleine Katze. Sie ist nicht wiederzuerkennen. Die ruhige Dämmerstunde ist ihr zuviel geworden, sie ist dem Kätzchen in sein Pelzköpfchen gestiegen, Unsinn hat es im Sinn, den es auch noch ganz bewußt kultiviert. Es kokettiert mit seiner eigenen Schaurigkeit; Öhrchen zurückgelegt, Schnurrbärtchen gesträubt, Katzenbuckel, den lächerlich dicken Schwanz angezogen und Pfötchen wie Stöckchen und Augen ... Augen wie grüne Laternen. Die kleine Spukgestalt schreitet durch das Zimmer, geräuschlos und grausig auf Max zu, nähert sich ihm von der Seite. Er möchte winseln – schnell weglaufen – er kann nicht. Vollkommen in Hurrys Bann. Seine Augen werden größer, einmal seufzt er plötzlich auf, weil er vor lauter Angst das Atmen vergessen hat... Immer näher kommt der Spuk. Schräg vor ihm bleibt er stehen. Dann noch ein Schritt, grotesk, gruselig – da steht*

er ganz nahe vor ihm – Himmel! Da ist er! Kerzengerade hat sie sich aufgerichtet, die besessene Pelzgestalt, die Pfötchen wie ein Bär nach oben, macht einen Luftsprung – daunenweicher Kreuzsprung – berührt heftig und blitzschnell die Hundenase mit einem Pfötchen – Max pfeift – und huscht pfeilschnell unter das Sofa.
Ein Schlüssel in der Türe. »Tag, Liebling«, ruft sie, schon steht sie im Zimmer. Draußen ist es dunkel, die Vorhänge werden zugezogen, die Lampen angeknipst. Weg ist das Geheimnisvolle. Alles ist wie immer, gemütlich. Max ist bis an ihren Scheitel hochgesprungen und sitzt jetzt erwartungsvoll schwanzwedelnd da, wartet auf seinen ersten Keks. Und Hurry ... Hurry sitzt wie ein süßes Porzellankätzchen nahe am Kamin, das rechte Pfötchen hat es an seinen Bauch gezogen, so kann es besser seine kleine Brust lecken. Gut erzogenes Salontierchen ... aber wir wissen es besser, Max ...
12. Dezember *Ein zweiundzwanzigjähriger Jude, dessen Frau und Familie ausgerottet wurden: »Ich habe an Gott geglaubt. Jetzt nicht mehr, seit Er solche Verbrechen zuläßt. Ich kann Ihn nicht mehr verstehen. Ich hoffe, daß der Krieg noch lange dauert, ich will nicht frei sein. Wenn ich frei bin, werde ich meinen Verlust erst begreifen, meine Tragödie. Ich werde jemanden töten müssen. Und wohin sollte ich gehen?«*
13. Dezember *Wir hatten ›Kommission‹, das bedeutet vorabgehende Unruhe und Maßnahmen mit viel Geschrei und Verwirrung, und meistens kommt entweder keine Kommission oder ein Trottel, der keine Ahnung hat. Dieses Mal erschien eine Kommission, vollgefressen, billige Uniformen mit goldenen Abzeichen, Hände in den Hosentaschen, Riesenmützen, Zigarette in der Fresse, und einfach Zusehen, lieber noch Brüllen, noch lieber Zuschlagen. Kultur. Was geht in ihnen vor, wenn sie unser Elend sehen? Sind sie stolz darauf? Schämen sie sich? Nein. Sie denken nicht. Befehl. Ein Mof denkt nicht. Ich habe ihnen einmal zu erklären versucht, warum wir so geschwächt sind und faul scheinen. Dann überfliegt ein merkwürdiger Ausdruck ihr Gesicht, etwas wie fassungsloses Staunen. Man könnte meinen, sie versuchten nachzudenken. Nach fünf Minuten: »Sie faules Volk.« Und nun diese Kommission: »Was über vierzig ist, spielt keine Rolle. Ist sowieso bald tot.«*
Wir sprachen von Radio Oranje in London. Was für eine großartige Arbeit hätte es leisten können! Wie gerne hätte ich dabei mitgemacht! Aber was für eine traurige, fade Sache wurde daraus. Aufgepaßt: Der gebildete Mann wagt nicht, über den Sender zu schimpfen. Er redet von

Treue, Ehre, Fürst und Vaterland. Gott und Oranje. Der einfache Mann sagt: »Kriegstreiber, geschützt auf der anderen Seite des Kanals. Treiben siebzehnjährige, achtzehnjährige Jungen in den Tod. Welch ein Elend haben sie verursacht, ohne jedes Ergebnis. Betrogen wurden wir mit all den großartigen Sprüchen. Wären wir doch ruhig zu Hause geblieben. Sie hätten selbst die Kastanien aus dem Feuer holen können. Wir möchten ruhig und ohne Sorgen leben.«

Gemütlich. Viel Liebe füreinander übrig haben. Kirche, Verein, Chor, Kegelklub. Radio, Zigarre, Zeitung. Die Grundfesten unseres Staates. Diese Leute lehnen die morsche, glitzernde Wichtigtuerei der Minister und Generäle ab. Sie möchten ihre eigene Familie glücklich sehen. Und dafür opfern sie gerne viel. »Wenn es nach mir ginge, hätten wir am 10. Mai 1940 nicht gekämpft. Laßt uns in Ruhe, was haben wir jetzt davon? Haus und Stadt bombardiert, Sohn gefallen, Sohn erschossen. Armut.«

Diese Menschen sind nicht defätistisch, sondern urholländisch nüchtern. Vernarrt in Holland, in die Königin, voller Kritik für die Regierung in London. Sie verlangen Bequemlichkeit. Sie lieben ihre Familie. Die glückliche Familie ist die Basis des Staates. Und deshalb lieben diese Defätisten ihr Vaterland mehr als Generäle und Minister.

15. Dezember *Ich wurde von Berichten unserer polnischen Juden tief getroffen. Sie wollen nur eines: Rache. Sie sind besinnungslos vor Wut auf alle und alles: weil es niemand für sie aufnimmt. Sie sind vollkommen alleine. Alle zu Hause vergast, verbrannt, niedergeknallt. Sie zeigen mir ihre Fotos. Ich sehe eine bildschöne allerliebste jüdische Frau in Weiß mit Blumen neben einem gutaussehenden Mann im Cut. Die Frau wurde auf teuflische Weise ermordet, der Mann sitzt kahlgeschoren, in einem gestreiften Anzug neben mir und heult. Wer kann hinterher der Welt berichten, was geschehen ist?* Es ist keiner mehr da.

Noch mehr Fotos, von Waynberg aus Radom, fröhliche Familien, Liegestühle, Ruderboote auf der Weichsel. Alte Herren mit ihren Käppchen. Schöne, träumerische junge Mädchen. Hochzeitsfotos. Eine Synagoge. Jetzt in die Luft gesprengt, umgepflügt, die Straße wurde mit Grabsteinen gepflastert. Eine alte Dame in einem Krankenhaus. Krankenhaus geräumt, Kranke auf offenem Feld niedergemäht, alle.

Reizende Kinder mit großen, schwarzen Augen auf den Fotos. Mit dem Kopf gegen einen Baum geschmettert, aus dem dritten Stockwerk geworfen. »Eine neue Welt, ja, aber keine neue Frau, kein neues Kind.«

Noch mehr Fotos: Ein allerliebstes Kind, neun Jahre. Vita Gewatha, mit Zöpfen und einem kurzen Kleidchen, blickt lächelnd zu einer schlanken, sehr schönen schwarzhaarigen Frau auf. Zusammen gehen sie durch einen Park, blühend, Mutter und Tochter. Von den Moffen ermordet. Das Töchterchen sehe ich noch später, dreizehnjährig, jetzt ein sehr schönes Mädchen in einem Sommerkleid, mit Freundinnen, drei Jüdinnen in einem Zug. Ein Zaun, eine Veranda, offene Türen, seine Frau bei einem Brunnen, sehr zart, einsam, aristokratisch. Von den Moffen ermordet.

Die meisten Juden wollen die totale Vernichtung Deutschlands. Benzin drüber, Streichholz dran. Viel spricht dafür, noch mehr dagegen. Und doch, dieses Pack darf sich nie wieder erheben!

18. Dezember *Ich war wieder lange bei den Juden. In Radom stürmt ein SS-Obersturmführer zu einer Arztfamilie herein, die Hände blutbesudelt, um zu morden. Die Tochter des Hauses: »Wollen Sie sich nicht die Hände waschen?« Der Mof knallt die Türe hinter sich zu, fällt in einen Sessel. »Der Führer hat uns verrückt gemacht.« Er heult wie wahnsinnig. Wäscht sich. Hat fünfhundert Menschen erschossen. Kann nicht mehr.*

20. Dezember *Große Offensive der Moffen bei Aachen und in den Ardennen! Auf einmal taucht das eiskalte Spukbild vor mir auf: Jede Wärme, jede Geborgenheit in Gott, jedes Vertrauen verläßt mich blitzschnell. Gott ist fort, der Krieg grinst: noch ein Jahr! Noch zwei Jahre. Wir fangen erst an! Du wirst die größten Entbehrungen erleiden und dann umkommen.*

21. Dezember *Ein französischer Häftlingsarzt kommt plötzlich auf mich zu und sagt das allgemeine Glaubensbekenntnis in französischer Sprache auf. Anzeichen der Degeneration bei vielen Freunden. Ich versuche, sie zu trösten, lese ihnen meine selbstgeschriebenen Skizzen vor.*

23. Dezember *Alles durch die Nachricht verdorben, daß die Moffen in Luik stehen, ja sogar die belgisch-französische Grenze überschritten haben sollen. Was bedeutet das? Haben sie neue Waffen? Werden wir die südlichen Niederlande wieder räumen müssen? Wie lange wird das alles wieder dauern? Niemand wagt, sich vorzustellen, daß dies noch jahrelang so weitergehen könnte. Wir winden uns durch die unmöglichsten Argumentationen, um in dieser Sache eine für uns günstige Interpretation herauszulesen. Mein Gott, dies wird viele Menschenleben kosten.*

Weihnachten 1944 *Bekenntnis: »Wir glauben an Gott...«*
Weihnachten 1944. Wir spüren einen fast unwiderstehlichen Zwang,

heute sehr, sehr traurig zu sein, uns in die Decken zu wickeln und das Ende des Tages herbeizusehnen. Wir hatten auf Waffenstillstand gehofft, vielleicht sogar auf Heimkehr vor Weihnachten. Wir haben uns frühere Weihnachtsfeste vorgestellt und vor Freude gebebt: Sollte ihn Gott uns wirklich geben, dieses Jahr? Den Frieden auf Erden?
Gott gibt ihn nicht, dieses Jahr. Das Ziel, das Er hat, ist noch nicht erreicht worden. Sein Liebeplan, den Er für seine Kinder aufgestellt hat, sieht einen Krieg von noch längerer Dauer vor. Vielleicht haben wir noch nicht genügend gelernt. Vielleicht sind wir im Leiden noch nicht genügend gereift. Vielleicht sehen wir noch nicht deutlich genug, wohin wir gelangen, wenn wir Gott verlassen und uns dem Satan zuwenden. Es ist noch Krieg. Finsternis herrscht auf der Erde.
Ist Finsternis nicht das Gegenteil von Licht? Seid nicht betrübt, sondern begeht das Weihnachtsfest heute fröhlicher mit mir als je zuvor! Wir gedenken doch des Durchbruchs des Ewigen Lichtes! Und je undurchdringlicher die Finsternis ist, desto heller strahlt das Licht. Welches Licht?
In dieser heiligen Nacht hat sich Gott Seiner verirrten Kinder erbarmt. Gott hat Sich Seines Volkes erinnert. Der Gott des Alten Bundes, der Gott der jüdischen Gerechtigkeit, der Rache, hat Sich über Sein Volk erbarmen wollen, hat hinabsteigen wollen in einer für dieses Volk begreiflichen Gestalt: der des Menschen, des Liebesmenschen, des Leidensmenschen. »Denn so hat Gott die Welt geliebt, daß er Seinen eingeborenen Sohn gab, auf daß jeder, der an Ihn glaubt, das ewige Leben erhält.«
Christnacht. Das Wunder, das Israels Propheten jahrhundertelang geweissagt haben, das Wunder, nach dem die niedergeschlagene Menschheit schmachtet: die Ankunft des Messias, dieses Wunder geht in dieser Nacht in Erfüllung. Kommt mit mir nach Klein-Asien, nach Palästina, in das nächtliche Dörfchen Bethlehem. Und erlebt mit mir aufs neue die anbetungswürdige Geschichte, so oft gehört, immer schöner, nun in tausend Kirchen und Kathedralen, in Häusern und Krankenhäusern, in Unterseebooten und Bunkern, auf der ganzen Welt von Pol zu Pol, von Ost bis West verlesen: wie Joseph und Maria ihre Zuflucht zu einem Stall nahmen, weil für sie kein Platz in der Herberge war, und wie Maria ihren eingeborenen Sohn Jesus Christus, den Messias, den Erlöser, den Seligmacher, den Heiland dort zur Welt brachte. Sohn Gottes, selbst Gott: das neugeborene Kind im Schein der Stallaterne, dem Licht, das sich in den gutmütigen Augen der verwunderten Tiere widerspiegelt. In Windeln gewickelt. Und erblicke den al-

les überstrahlenden, übernatürlichen Glanz: Hier wurde diese Nacht Gottes Sohn geboren. Dort liegt Er. Der Neue Bund. Gott hat Seine Kinder nicht vergessen. Einen Neuen Bund, einen Bund der Liebe hat Er mit ihnen schließen wollen. Er sandte Seinen Sohn. Gott hat uns nicht verlassen, Er sandte uns Seinen Sohn!

In dieser längst verflogenen Nacht war die Welt tief erschüttert. Sogar der Himmel. Welch ein Wunderschauspiel am Himmel! Die Hirten folgten in dieser warmen Nacht fasziniert dem glänzenden Stern, der rot und grün funkelte. Ein Chor der himmlischen Heere, schneeweiße Engel, sang die unsterbliche Hymne der Freude: »Ehre sei Gott in der Höhe und Frieden auf Erden und den Menschen ein Wohlgefallen.«

Wie konnten sie es ertragen, diesen Anblick, diesen Gesang? Sie verlassen ihre Herden, sie folgen dem Stern, betreten den Stall und beten das Kind an. Später kommen Fürsten aus dem Osten mit Gold, Weihrauch und Myrrhe und beten an. Knieend liegt die Welt diesem rosigen Wesen zu Füßen und bekennt jauchzend: Du bist der versprochene Messias!

Wir verbrüderten Männer wissen, was weiter geschah. Kein mächtiges, irdisches Königreich. Kein prächtiger König, der Israels Feinde in die Flucht schlug, sondern ein einfacher Zimmermann, der Demut, Bescheidenheit, Barmherzigkeit, Toleranz, Versöhnlichkeit und Selbstverleugnung predigte und über alles die Liebe, die Liebe! stellte – und der von einem ewigen Königreich sprach, das Er im Himmel errichten würde. Erst verstanden sie Ihn nicht. Dann mißtrauten sie Ihm. Dann haßten sie Ihn. Und schließlich verhöhnten, marterten, ermordeten sie Ihn. Dieses Christuskind, geboren in dieser Wundernacht voller Wunderglanz, ist den elenden Martertod gestorben am Kreuz, einsam, schreiend: »Mein Gott, mein Gott, warum hast Du mich verlassen?«

Aber Gott hat einen neuen Bund geschlossen. Auch dieses allergrößte Verbrechen hat Er uns um Jesu willen vergeben. Jesus spricht für uns beim allmächtigen Vater, Den wir uns nicht vorstellen können. Jesus! Welch ein Anwalt! Er, Der ausrufen konnte: »Mir ist gegeben alle Macht im Himmel und auf Erden! Mir, seht ihr, Mir, Christus, Friedensfürst und Fürst der Liebe, Mir ist alle Macht gegeben. Nicht der Teufel, nicht die Angst, nicht der Haß werden siegen. Ich werde siegen. O Christus, Du anbetungswürdiger Gott, der Du zu uns gesagt hast: »Seht, Ich bin mit euch alle Tage bis an der Welt Ende…« Er, der uns zuruft: »Fürchtet euch nicht! Vertraut nur auf Mich!« Du Herr Jesus, der Du uns die göttliche Wahrheit lehren wolltest, den göttlichen Trost spenden wolltest, das göttliche Versprechen einlösen wolltest! Gelobt und gepriesen sei Dein Name! Gloria in Excelsis Deo!

Dann kam die Nachricht: »Deutsche Offensive aufgerieben – 18000 Gefangene.« Und der Besuch eines polnischen Juden mit hohem Stimmchen: »Herr Bakels?«, der mir ein Stückchen Fleisch in die Hand drückte.

26. Dezember *Ehe etwas in Vergessenheit gerät, sofort aufschreiben. Unter vielen anderen sind bis jetzt umgekommen: Verdoorn – van Hamel – B. van den Bergh – Bron – Meeuwis – Habbema – Teding van Berkhout – Teeuwsen – Post – Muntz – de Ridder – de Graaf – Michel – Geluk – Sisselaar – Welzing – Jansen – Luisen – Teller – van den Bosch – van der Bijl – de Josselin de Jong – Vogel – van der Weyden – Stapel – Schepers – Renes – Duk – Beck – van Staveren – Leyten – Onvlee – van der Sande – van Hugenpoth – Boelman – Brinkhuis – de Poorten – Bakhuizen – Navis – Vos – Brocks – Meertens – de Pachter – Buys – van der Wildt – Huyssen – van Werkhoven.*

27. Dezember *Es ist eiskalt. Ich kann nichts tun, als den jämmerlichen Versuch zu unternehmen, mir etwas Wärme zu verschaffen. Immer eiskalte Füße und Beine, nur zwei Stunden nach dem Essen nicht. Jetzt fast keine Läuse mehr, sie finden es bei mir zu kalt. Wenn jemand tot ist und kalt wie Eis, hat er keine einzige Laus mehr. Läuse wollen Wärme. Zum ersten Mal seit eineinhalb Jahren durfte ich auf einmal einen Brief schreiben.*

30. Dezember *Es ist so grauenhaft kalt, nackt unter zwei Pferdedekken, daß ich nicht schreiben kann.*

31. Dezember *Ich muß es mit Bedacht niederschreiben, vielleicht finde ich dann Ruhe.*

Gerrit Visser, siebenundzwanzig Jahre, Lehrer in Amsterdam, ist heute morgen gestorben. Wir haben fast tagtäglich zusammen gebetet, gestern zum letzten Mal. Heute nacht, als er sagte: »Ich kenne dies« – er begann zu röcheln – begriff er, daß er gehen mußte. Vielleicht schon früher. Es schneit. Ich finde keine Worte mehr. In Dautmergen hat er gesagt: »Ich werde den Winter nicht durchstehen.« Ich habe seine körperliche Hülle gesehen. Es kann sein, daß ich sterbe. Eine gelbe Leiche sein werde. Daß Du stirbst, daß Du gestorben bist. Ich bin nicht bereit. Der Schnee fällt dichter, an diesem letzten Tag des Jahres. Vielleicht sterbe ich morgen. Und ich bin nicht bereit. Ich bin ein Sünder, ein großer Sünder. Ich käme nicht zu Gott. Mit jeder Faser hänge ich am irdischen Leben. Ich sage zwar: » Ich glaube an das ewige Leben«, doch ich vertiefe mich nicht in diesen Gedanken. Ich müßte ein Mönch werden. Sorgen mache ich mir um die sechzig, siebzig Jahre, die ich hier lebe. Um die Ewigkeit sorge ich mich nicht. Gerrit Visser hat für sein Vaterland gekämpft, hat vier Jahre entsetzlich gelitten. Ist 23, 24, 25, 26, 27 Jahre alt geworden in der Gefangenschaft, hat Eltern, ein Mädchen – und endet jetzt hier auf diese Weise, in einer Baracke in einem Lager in einem fremden Tal in einem unbekannten Teil dieses verfluchten Landes. Hier! Ich will aus diesem Schrecken fliehen – zu Dir! Christus! Feuer und Liebe, Orgel und Flamme, Blume und Frau, meine Frau! Es schneit. Draußen fällt der verfluchte deutsche Schnee. 1945 steht vor der Türe. Es wird den Tod oder die Heimkehr bringen. Etwas anderes kann ich mir nicht vorstellen, aber Tod oder Heimkehr ebensowenig. Ich trauere. Es schneit stark. Alles ist zugedeckt.

Die Brillanten In den Krankenbaracken taten die jüdischen Ärzte aus Polen ihr Möglichstes – und das war wegen des Mangels an Medikamenten fast nichts –, um uns am Leben zu erhalten. Allerdings fast erfolglos. Der Ober-Häftlingsarzt war Dr. Boyim aus Warschau, der oft bei mir zu einer Unterhaltung vorbeikam. Als ich ein wenig Ruhe gefunden hatte, brachte mir Dr. Boyim abends öfter ein Stück Brot. Wenn er eintrat, muß er meinen brennenden Blick sofort auf sich gerichtet gefühlt haben: Hatte er etwas für mich dabei? Nein – ja – nein – ja! Auch ein anderer Holländer erhielt manchmal etwas von Boyim, doch ich schien besonders bevorzugt zu werden. Als ich Boyim fragte, warum er immer mich und den anderen begünstigte – eine gefährliche Frage, denn man stelle sich vor, daß er sein Verhalten ändern könnte! –, antwortete er mit einem schmerzlichen Lächeln, daß ich und der andere die einzigen Holländer seien, die noch Überlebenschancen hätten. Bei den anderen war das Brot vertan.

Meine Freude über diese Antwort war mit einem Gefühl der Schande und Erniedrigung gemischt: Vor den Augen der Kameraden wurde ich herausgefüttert.

Eines Abends kam Boyim wieder zu meiner Pritsche. Seine Augen glänzten feucht. Offensichtlich war er zutiefst deprimiert. Nach dem Grund befragt, antwortete er mir: »Ich war Chirurg in Warschau. Ich besaß eine große Praxis. Ich hatte unter der jüdischen Bevölkerung einen sehr guten Namen. Ich war mit einer schönen, lieben Frau verheiratet. Wir hatten eine kleine Tochter.« Immer schneller flossen die Tränen über seine Wangen. »Unser Töchterchen haben sie hinausgeholt. Sie haben es bei den Beinen gepackt. Dann haben sie seinen Kopf an einer Mauer bis zur Unkenntlichkeit zerschmettert. Meine

Frau wurde abgeführt, ich habe nie wieder etwas von ihr gehört.« Er schluchzte laut. »Und sie trug ihre goldene Brosche mit den vierundsechzig Brillanten.« Später, als er sich beruhigt hatte, fragte ich ihn, wie er dazu komme, in einem Atemzug die Ermordung von Frau und Kind und den Verlust von vierundsechzig Brillanten zu erwähnen. Ich hielt seine Hand und sagte: »Boyim, wir sind Freunde, ich bin dir sehr dankbar, ich mag die Juden sehr, und auch dich, und du leidest entsetzlich, aber doch bist du wirklich ein echter Jude, wenn du in einem Atemzug von diesen Greueln und den verdammten Brillanten redest.«

Er schien nur wenig beschämt zu sein. »Das erkläre ich dir, mein Freund. Wie du weißt, wurden die Juden in der ganzen Weltgeschichte immer und überall verfolgt. Tag und Nacht müssen wir mit Verfolgung, Mißhandlung, Folter, Verhaftung rechnen. Wir müssen immer beweglich sein, zur Flucht oder zum Kampf bereit, aber auch bereit und in der Lage, jemanden zu bestechen. Wir lieben Diamanten und Brillanten, weil sie leicht mitzunehmen sind und überall auf der Welt hochgeschätzt werden. Sie verleihen uns eine gewisse Macht und ermöglichen uns Flucht und Lebensunterhalt. Mit den vierundsechzig hatte ich gehofft, eine Flucht bezahlen zu können, Moffen zu bestechen ... aber meine Frau trug die Brosche, als man sie abführte, und ich hatte keine Möglichkeit mehr, sie loszukaufen...«

Die Juden von Vaihingen waren ganz anders als die in Amersfoort und Dautmergen. Sie trugen blumenreiche Namen: Tabaksblatt, Wayntraub, Kirschenzweig. Aber es waren außerdem rauhe, kampflustige, ja sehr militante Juden, und ich fing an, sie sehr hochzuschätzen.

Abends kam die jüdische Prominenz aus Warschau und Radom und Lodz in dem Eckchen des Blockältesten, ebenfalls eines Juden, zusammen. Oft waren Willem und ich bei ihnen zu Gast. Sie hatten Kerzen, Essen und sogar Wein organisiert. Sie unterhielten sich, schwatzten, schrien, sangen. Vor allem sangen sie »Bei mir bist du schön«, dabei sprachen sie die deutschen Worte jiddisch aus. Sie redeten auch Jiddisch. Im Ghetto von Warschau oder Lodz oder Radom hatten sie die eine oder andere Stellung bekleidet, eine Art Ghettopolizei im Dienst der Moffen. Sie waren Augenzeugen beim Abtransport Zehntausender von Juden gewesen. Sie selbst hatte man, als Prominente, am Leben gelassen und in ein KZ gebracht.

Es waren große, dunkle, noch recht gutgenährte Männer mit bläulich-schwarzen Schatten von Schnurrbart und Bart und Haar. Bei einigen funkelten die Augen manchmal seltsam hellrot auf, wie bei Katzen, die im Dunkeln in ein Licht sehen. Es geschah dann, wenn sie über die Moffen sprachen. Ganz unverkennbar gehörten sie einem anderen Volk, fast einer anderen Welt an. Vielleicht haben einige von ihnen den Krieg überlebt, sind nach Israel gezogen, haben sich dort Haganah oder Palmach angeschlossen und Krieg geführt.

Wiedergeburt Während einer unserer sonntäglichen Zusammenkünfte in Vaihingen bei den sterbenden Holländern konzentrierten wir uns auf dieses Bibelwort: »Wahrlich, wahrlich, Ich sage dir: Es sei denn, daß jemand von neuem geboren werde, so kann er das Reich Gottes nicht sehen.«

Theologischen Beistand hatten wir nicht. Wir mußten zusehen, daß wir mit dem geheimnisvollen Text alleine zurechtkamen. Es kostete uns große Mühe.

Wer zu den Sterbenden gehörte – und das wußte jeder selbst –, der glaubte, das Königreich Gottes nach seiner Wiedergeburt erblicken zu können. Wiedergeburt – das war für sie: nach dem Tod. Denn wie sollte man wiedergeboren werden, wenn man zuvor nicht gestorben war? Wie dem auch sei, diese Worte Christi schenkten ihnen eine tiefe Ruhe.

Mir selbst kam ein anderer, fast unbeschreiblicher Gedanke. Das Wiedergeborenwerden setzte auch für mich ein Sterben voraus, aber mehr ein Wegschwinden des alten Menschen und die Geburt des neuen Menschen: »Siehe, ich mache alles neu.« Doch das Hinschwinden des alten Menschen – es wurde zu einer großen Betrübnis, einer ›Traurigkeit nach Gott‹, einer weltumspannenden Trauer, einer Trauer um die endende, schwindende Welt, einer Trauer um das Loslassen aller Dinge … Ich wurde mir meiner großen Anhänglichkeit an diese Welt bewußt. Und je mehr dieser Prozeß voranschritt, desto mehr nahm meine Anbetung ihrer erschütternden Schönheit zu. Es war herzzerreißend, eine schmerzhafte Geburtswehe. Was nun? Was war mit der Liebe, der Liebe zu einer Frau, meiner Frau? Zu meiner Familie? Den Schönheiten der Erde: den großartigen Wolken, Blumen, Schmetterlingen, Wassern und Wäldern? Allem Begehrenswerten eines reichen, erfüllten Lebens auf Erden – hing ich denn tatsächlich zu sehr daran?

Der Abglanz der Ewigkeit setzte aufs neue einen Prozeß der Vergeistigung in Gang: Das Abstreifen des alten Menschen, das Lebewohlsagen, das Abschiednehmen, sogar den Versuch, nicht zu sehr am Leben selbst zu hängen – und dann der feste Wille, den neuen Menschen anzunehmen, eine stille Flamme zu werden, aufzustreben, den eigenen jämmerlichen Leib zu vergessen, den Willen, zur Kraft zurückzukehren, aus der ich geschaffen war... Ich kam nicht weiter. Ich sah nur noch einen Ausweg: alles Ihm zu überlassen.

1. Januar 1945 *Dies wird das wichtigste Jahr unseres Lebens, es steht an dritter Stelle nach dem Jahr unserer Geburt und unseres Todes.*
2. Januar *Heute bin ich seit tausend Tagen in Gefangenschaft. Wie gut, daß ich es nicht vorher gewußt habe.*
3. Januar *Brief an Jan van Brakel auf der Pritsche unter mir: »Lieber Jan, ich muß dir etwas beichten, ich mach es schriftlich, weil ich mich wegen der Kälte nicht aus dem Bett wage. Gestern habe ich etwas Unverantwortliches getan, als ich dich gefragt habe, ob du mir Brot leihen kannst. Ich schulde nämlich heute einem anderen schon 250 Gramm. Ich hatte damit gerechnet, ihn mit der Margarine von heute, die 250 Gramm Brot wert ist, zufriedenzustellen und dir meine Brotration zu geben. Aber es sieht so aus, als ob wir heute keine Margarine bekommen. Ich habe versucht, mit ihm diese Angelegenheit zu regeln, aber er will heute das Brot haben, weil er nichts anderes hat. Meine Frage ist, ob du bis morgen warten willst/kannst. Wenn nicht, dann bitte ich jemanden, den ich ganz gut kenne, ob er mir Brot leiht. Sag mir also wirklich ehrlich, ob es dir so recht ist. Ich entschuldige mich für diese unkorrekte Art des Geschäftemachens. Ich hatte gestern scheußlichen Hunger und fühlte mich elend. Ich mache in diesen Tagen eine Nervenkrise durch, wahrscheinlich merkst du es am Zittern des Betts. Ich fühle mich dir gegenüber schuldig. Du liegst nur da, und ich tue nichts für dich. Heute liege ich einen Monat hier, und höre deine Stimme kaum. Das geht doch nicht. Was machst du? Wie geht's ? Schlecht? Ich bin doch da, um dir zu helfen. Sag es mir nur. Wir beide brauchen uns doch, Freund. Es ist so schwer. Auch für mich.«*
Antwort von Jan: »Lieber Floris, natürlich kann ich warten, und es ist alles in Ordnung. Auch ich mache schwere Zeiten durch, aber es wird gehen. Bete für mich, ich bete für dich.«
Bommezijn, mit dem ich über Albert Schweitzer sprach, sagt, daß der nichts taugt. ›Weil er ein Deutscher ist. Nicht einer von ihnen taugt etwas.‹
4. Januar *Bom kam wieder auf Schweitzer zurück und gab zu, daß er*

es nicht so meinte. Morgen Hochzeitstag, fünf Jahre verheiratet. Davon zwei Jahre und neun Monate getrennt. Es gibt wieder ein paar Kohlen. Um das Öfchen stehen dauernd in Decken gehüllte Männer. Ich auch. Schlief ein, sackte zusammen, verbrannte mir meinen ›Apparat‹ am Ofen. Der Arzt, als er die Blasen sah: »Wenn Sie zur Frau zurückkommen, ist nichts mehr übrig.« Eine Kommission war da, die Ärzte Boyim und Wayntraub werden in einen anderen Block versetzt. Norwegische Ärzte kommen.

Ein Dieb Wenn man das Leiden und langsame Sterben eines Mitmenschen miterlebt, hat man normalerweise Mitleid mit ihm und versucht, ihm zur Seite zu stehen. Jedenfalls läßt es niemanden unbeeindruckt. Nicht normal, sondern unmenschlich ist es, wenn man sich glühend wünscht, daß der Sterbende jetzt stirbt; neben ihm steht eine Schüssel mit kaltem Brei, und die Gier ist so groß... Am liebsten würde man sie stehlen. Der Brei ist unendlich wichtiger als der Sterbende.

Ich habe natürlich auch gestohlen. Auf der Pritsche neben mir, in vierzig Zentimeter Abstand, lag der Richter Bommezijn. Ein kräftiger, alter Mann, dessen Todeskampf sich schon wochenlang hinzog. Schließlich aß er fast nichts mehr; ihm fehlte die Kraft. Ich wußte, daß er in den Lumpen unter seinem Kopf mindestens drei Portionen Brot aufbewahrte: ein Vermögen. Mit diesem Brot beschäftigte ich mich, der ich selbst ziemlich krank war, den lieben langen Tag. Als er vorgestern seine erste Portion nicht aß, sondern versteckte und gestern, als er die zweite zur ersten legte und heute, als die dritte zu den beiden ersten kam, bat ich inständig: Gib mir das Brot! Aber er gab mir nichts, redete ein wenig, dämmerte vor sich hin, erzählte manchmal etwas. Und ich versuchte, das Gespräch auf meinen Hunger und sein Brot zu bringen...

Am dritten Mittag war er fest eingeschlafen. Ich dachte: das Brot wird steinhart, er ißt es bestimmt nicht mehr, ich muß am Leben bleiben, andere werden das Brot stehlen, die Russen werden es heute Nacht holen, und man wird sie erschlagen; er vergißt ja nur, mir das Brot zu geben, er hat vergessen, was Hunger ist, über ein Vermögen läßt er Läuse wimmeln, er ist ein Dreckskerl, was für ein Dreckskerl; ich verrecke hier vor Hunger, und er will einfach nicht sterben.

Als er an diesem Mittag schlief, sah ich ein schmutziges Wesen auf seinen Kopf zukriechen. Es war meine dreckige, verlauste Klaue, mein Arm aus Holz, der sich selbständig gemacht hatte. Klaue und Arm verfolgte ich mit brennendem Interesse, sie hatten sich von mir losgelöst. Klaue und Arm überbrückten schnell den Zwischenraum zwischen den Pritschen, die Klaue erreichte die andere Seite und wühlte vorsichtig in den Lumpen. Da wurde ich von etwas Furchtbarem abgelenkt: Ich blickte in die offenen Augen des Richters. Aber in der Nacht habe ich mir doch eine Portion geholt.

9. Januar *Soeben die Neujahrsansprache des Führers gelesen. Wie großartig klingt das alles, wie kann dieser Schuft lügen, einfach meisterlich. Seine Sozialeinrichtungen, der Kulturwille, Großdeutschland, Volksarmee, alles gleich großartig, mächtig, und die ganze Herrlichkeit aus der Luft von den ›Negern‹ zertrümmert. Aber einmal: Endsieg. Ich sehe jedoch: einen Schweinestall voller ausgemergelter Skelette. Ich denke an die Greuel, in diesen Lagern, die unfaßbare Herzlosigkeit, die Heimtücke, die Feigheit dieses Volkes. Ich gedenke der Verbrechen, die sie begingen und bei uns begehen, des hinterhältigen Angriffs, des Verrats, des NSB, der widerlichen Propaganda, der Verleumdung. Ich gedenke der vielen Toten. Ich denke daran, wie sie unser Rotterdam zerstörten und danach einen großen Teil von Den Haag dem Erdboden gleichgemacht haben. Ich denke an die Königin und ihre Familie, an die Juden, an die Schändung unserer Natur. An das Ausrauben unserer Lagerhäuser, das Wegschleppen unserer Arbeiter. An ihren Sadismus, ihre Sentimentalität, ihre Dummheit, Unfähigkeit zu allem – außer zum Morden. Kurz: das ekelerregende deutsche Volk.*

11. Januar *Bitterer Frost, befrorene Scheiben, kein Feuer. Zu kalt zum Schreiben. Gut, daß ich wieder so viele Läuse habe, da bleibe ich in Bewegung. »Der Laborant aus Natzweiler ist da.« Und vor mir stand Willem Roessingh. Gott, welch eine Freude! Er und die neuen Ärzte sind über das, was sie hier sehen, ganz entsetzt. Es ist viel schlimmer, als ich es mir selbst klargemacht habe. Und das halten wir schon für ein Paradies im Vergleich zu Dautmergen. Die Amerikaner, berichtete er, erreichten Ende November Natzweiler, das Lager ging nicht in Flammen auf, meine Papiere liegen also sicher über dem Hahnenbalken.*

12. Januar *Gestern starb Jan van Brakel. Ich bin außer mir. Sogar Schreiben wird nicht helfen. Ich fühle mich zutiefst schuldig. Gerade wurde er weggeholt. Jetzt bin ich hier der Jüngste. Jan bat mich gestern um ein Schlafmittel. Ich besorgte ihm Tabletten. Kurz darauf kam Boyim. »Wer steht dort neben meinem Bett?« fragte er in der Nacht.*

Dort stand: der Tod. Sein kurzer Brief an mich ist der letzte, den er geschrieben hat.

14. Januar *Eiskalt, ich schrieb im Dunkel der Decken. Wir urinieren unter den Decken in eine Schüssel: Abort zu kalt. Jede Minute Kampf ums Überleben. Heute nacht, wie o Gott ist es nur möglich, endlich ein feuchter Traum, es spritzte hinauf bis zu meinem Mund. Der Stabsarzt glaubt, daß wir onanieren, um Eiweiß zu verlieren, Phlegmone zu bekommen und so länger im Revier bleiben zu können. Verrückt sind sie, total verrückt.*

15. Januar *Gestern nur gegen die Kälte angekämpft. Füße reiben, Füße reiben. Abends mußte ich kacken. Eine grausige Expedition. Dem Seefahrer Willem Barents ist es bestimmt nie kälter gewesen. Innerhalb von vierundzwanzig Stunden starben hier sechsundzwanzig Mann. Willem kämpft für uns bei der SS. Jesus selbst ist mit mir. Es geht besser. Er spricht, und alles wird still. Gott gibt mir viel. Viel. Danke.*

16. Januar *Habe mir selbst einen Zahn gezogen. Die Russen stehen in Ostpreußen. Bom ist schwerkrank.*

17. Januar *Ich habe entdeckt, daß Mitigal gegen Läuse hilft! Ich habe keine Läuse mehr!!*

18. Januar *Wir sind in Block 3 umgezogen, näher bei Holland als 4, Millionen Läuse mehr. Hier brennt kein Ofen. Noch neun Holländer sind aus Dautmergen übriggeblieben. Ein französisches Markus-Evangelium gefunden. Wieder etwas zu lesen! Seit September nichts mehr gelesen. Die Russen rücken vor. Die Rote Armee, die unbesiegbare Armee, wie gerne möchte ich sie sehen! Hammer und Sichel will ich sehen! Viele haben vor den Russen Angst. Ich glaube: zu Unrecht. Was ich von ihnen sah und hörte, ist nicht schlecht. Polen viel grausamer. Deutsche unendlich grausam. Deutsche bei Verhören: »Wir werden das Kind aus dem Bauch deiner Frau treten.« Verhör in einem eiskalten Bad. Einem alten Juden Hoden abgeschnitten. Kochendes Wasser ins Gesäß gespritzt. An den Zehen aufgehängt. Nägel gezogen. Auf die Nieren geprügelt. Hundertstündiges Verhör mit Aushungern. Der Mof muß total vernichtet werden. Ich las den Freunden sechs Kapitel aus dem Markus-Evangelium vor.*

20. Januar *Habe mir soeben die Füße gewaschen, draußen, lief nackt durch einen ausgewachsenen Schneesturm. Aber lieber Lungenentzündung als Verschmutzung. Jaap van Dijk ist sehr schwermütig. Seine Zehen sind ihm im Bett erfroren. Bom ›schwer krank‹. Jaap gebe ich jetzt Konfirmandenunterricht. Einige spornen mich laufend an:*

»Wann werden wir wieder beten?« Die Russen stürmen mit Millionenheeren heran. Breslau ist erreicht. Manchmal fühle ich herzlich englisch-amerikanisch, dann wieder von Herzen russisch. Werde ich einmal wählen müssen? Auch andere stehlen jetzt Brot von ihrem Nachbarn.

25. Januar *Heute rief mich Bom mitten in der Nacht. »Floris, ich sterbe, bete für mich, bitte Dr. Poulsson, daß er ein Ende macht.« Gott, o Gott. Der Schnee fiel kerzengerade in dicken Flocken. Ich las Markus 10, 11 und 12 vor. Polen ist erreicht. Wir wurden jetzt für die Entlassung aus dem Revier ausgewählt. Bom ißt kaum etwas, ich bekomme fast alles von ihm, gebe ihm dafür Margarine und Marmelade. Boyim untersucht Bom, wendet sich mir zu und schüttelt den Kopf: nein. Bekomme plötzlich 38,5°, es ist psychisch, ein ganz schönes Gefühl.*

28. Januar *Das Fieber ist vorbei. Es liegen wieder Leichen auf den Pritschen in unserer Baracke, jeden Tag zehn. Wir sind außergewöhnlich reizbar, zwischen den Holländern gibt es Streit. Und es schneit.*

Liebeserklärung *Du sitzt mir gegenüber, beim Feuer, dessen roter Schein alles in ein Geheimnis verzaubert. Du schenkst gerade Tee ein. Du trägst ein mir so liebgewordenes Kleid aus graublauem Satin, mit kurzen Ärmeln, etwas dunklere Strümpfe, schwarze Schuhe, und neben dem perlglänzenden Ansatz Deiner Brust – ein rosa Bändchen lugt hervor – eine rotgelbe Flamme: Kapuzinerkresse. Dort und da ein wenig Gold, ich sehe das breite Goldarmband auf Deiner Haut, die noch vom Sommer braungebrannt ist. Deine Hände sind so persönlich, sie ähneln Gesichtern. Deine Beine aneinandergelegt, etwas schräg. Eine Zigarette in Deinem Mund. Und deshalb ein Auge zugekniffen. Ein wenig Farbe auf Deinem Mund. Flammendes Feuer, singendes Wasser, Bonbons in einem Silberschälchen. Und dann zischt der Rauch aus den aufflammenden Holzscheiten. Auf dem Fell das schlafende Hündchen. Jetzt Dein liebes Gesicht über Bilder gebeugt, immer jauchzst Du vor Freude auf, Freude über ein schönes, reizvolles Detail. Dein Hals rührt mich. Und wenn etwas erklingt, was Dich beeindruckt, dann wirst Du ruhig wie ein Kind, ein großes Frauenkind, Deine großen grauen Augen mit Goldfünkchen in der Iris, sie sehen alles, trinken alles. Jetzt lachst Du dunkel und schaust mich an. Was strahlt unter diesen langen, sich langsam hebenden Wimpern? Es versengt … es brennt …*

30. Januar *Bom wird sterben. Gestern wurde er bewußtlos. Zu sechst bemühten wir uns eine Stunde lang um ihn. Er ist schwer, voll Wasser. Beim Umdrehen mußte sein Bauch eigens umgekippt werden.*

Er ißt nicht, schläft nicht, stinkt grauenvoll und leidet solche Qualen. Kein Tier verreckt so elendig wie er. Ich kann nur beten. Er sagt: »Ich fühle mich so müde. Sag meiner Frau, daß ich mich für die schöne Zeit mit ihr bedanke.« Sonst nichts. Tödlich ruhig. Fast scheint er heiter. Und ich denke: Kriegt er, kriege ich heute abend noch sein Brot? Herr, vergib mir. Herr, sei nun mit ihm. Um 17 Uhr ist es geschehen. »Alles wird sich finden«, sagte er. Ich betete mit ihm und für ihn das Vaterunser. Man hat ihn geholt. Es ist jetzt bitterkalt. Er ist gestorben, seine Hand ruhte in meiner Hand, sein Kopf in meinen Armen.

31. Januar *Bom hat einmal gesagt: »Wenn es für einen baldigen Frieden nötig ist, daß ich sterbe, dann Herr, nimm bitte schnell mein Leben.« Jetzt hat der Herr sein Leben genommen. Möge Er einen baldigen Frieden geben. Seinen Nachlaß habe ich hier: Gürtel, Löffel, Brille im Etui, Seife, Rasierpinsel, Taschentuch und vor allem die Zigarettenspitze, an der er so hing. Pepi Bijleveld liegt jetzt neben mir in Boms Bett. Heute weniger kalt. Ich habe neues Schreibpapier. UdSSR scheint die Oder überschritten zu haben. Alles kann jeden Moment geschehen.*

1. Februar *Boyim kam und berichtete mir, daß ich heute aus diesem Block entlassen würde. Ich konnte es noch verhindern. Ich schrieb dem norwegischen Arzt, daß ich drei Gründe für mein Bleiben hätte: Fieber mit Kopfschmerzen, Angst vor der Einsamkeit, jetzt, da Bom tot ist, und meine Nützlichkeit hier für alle meine kranken Freunde. Bin beim Koteimer gewesen, habe die Luft draußen eingesogen, bekam unbeschreibliches Verlangen, es strömte aus der Seele aus bei einem überlaufenden Faß. Heute ist es mild, es taut und tropft, Nebel und Dampf, und ich vergehe vor Verlangen.* Erik Verstijnen ist tot. *Jetzt sieben von vierzehn. Es gibt keine Worte mehr.*

2. Februar *Es ist soweit. Morgen muß ich fort von hier. Poulsson will es. Boyim nicht. Ich fühle mich jetzt ziemlich wohl. Wer weiß, wozu es gut ist. Zusammen mit Wim Roessingh bin ich der einzige »gesunde« Holländer. Ich werde die Jungens oft besuchen. Vielleicht kommt bald das Ende oder die Evakuierung oder die Flucht. Ich bin dann auf den Beinen. Gleich werde ich in Block 2 zwischen allen Fremden der einzige Holländer sein. Zwei Monate lag ich hier. In dieser Zeit verloren wir Visser, Eras, Partouns, Verstijnen, van Brakel, Bommezijn. Zuvor schon Hugenpoth. Ich las aus den ›Prières d'un prisonnier‹ vor.*

4. Februar *Ich bin in meiner neuen Behausung. Alles ist besser, als ich es erwartet hatte. Die Natur ist eine Offenbarung. Ich bekam ein*

Hemd, ein Anzug kommt noch. Die Juden sagten, daß ich jeden Abend zum Essen kommen darf. Ich schlafe zwischen einem – manchmal warmen – Ofen und einem Norweger, Christian Ottosen. Sonst hausen hier viele Franzosen, die schreien und sich nie waschen. Ich schlief herrlich, aber lausig. Ich suchte einen französischen Priester auf, R. P. de la Perraudière, Tours, einen Jesuitenpater. In seinem Gebetbuch lese ich: »Que m'arrivera-t-il aujourd'hui, oh mon Dieu, je l'ignore. Tout ce que je sais, c'est qu'il ne m'arrivera rien que Vous n'avez prévu de toute éternité. Cela me suffit, mon Dieu, pour être tranquille. J'adore Vos dessins éternels et impénétrables. Je m'y sousmets de tout mon coeur. Je veux tout, j'accepte tout, je Vous fais un sacrifice de tout, j'unis ce sacrifice à celui de Votre cher Fils, mon Sauveur, Vous demandant par Son sacré-cœur et ses mérites infinis, la patience dans maux et la parfaite soumission qui Vous est due pour tout ce que Vous voulez ou permettez. Amen.«

Wieder im Block, nahm ich Kontakte zu den vielen polnischen Juden, zu Franzosen und Norwegern auf. Bis auf Wim und mich lagen alle Holländer im Revier; ich besuchte sie regelmäßig. Von allen Seiten bekam ich Essen zugesteckt. Die Juden sagten: »Vor dem 25. Februar sind wir Juden bei Bommezijn im Himmel. Du wirst heimkehren.« Die USA und England sollten Hitler dankbar sein: weil er ihre jüdische Konkurrenz in Europa ausgeschaltet hat. Wie kommen sie auf einen solchen Schwachsinn? Die russische Staatspolizei GPU soll noch viel schlimmer sein als die Gestapo, wird uns aber nichts antun, weil wir im KZ waren. Manchmal bekommen wir merkwürdig weiße Suppen. »On ne peut pas reculer jusqu'à Berlin et toujours servir de bonnes soupes«, sagten die Franzosen. Die Nachrichten verfolgten wir mit gespannter Aufmerksamkeit. Ich lernte auch einen Marquis de Mailly kennen, der sich als Bankangestellter ausgab. Er erzählte mir, daß er nach zweieinhalb Jahren Kriegsgefangenschaft nach Paris zurückgekehrt war und dort einen Scheidungsgrund vorfand. Manchmal spielten wir Schach mit einem selbstgemachten Spiel. Man stattet einander Besuche ab, am Bett. Als ich meinen Marquis wieder einmal zu mir einlud, sagte er: »Oui, je te verrai sur ton lit à 16 heures après m'avoir dépouillé.« Dank Mitigal war ich meine Läuse meistens los.

Manchmal kamen große Krankentransporte in Vaihingen an; dann wurden viele Häftlinge aus dem Revier entlassen, auch eine Reihe todkranker Freunde, um Platz für noch kränkere zu schaffen.

Der Aufenthalt in einem Normal-Block tat mir gut, nach dem zweimonatigen unterweltartigen Elend im Revier. Dank dem zugesteckten Essen, den neuen Verbindungen, dem nahenden Frühling und den phantastischen Nachrichten wurde ich wieder kampflustiger; ich erreichte außerdem ein Gewicht von zweiundsechzig Kilo. Von großer Wichtigkeit war, daß jemand für mich Schuhe organisiert hatte. Der Luftalarm nahm kein Ende.
Zutiefst deprimierend war der Besuch bei Freunden, besonders bei Pepi Bijleveld. Ich versuchte, ihn so gut wie möglich zu pflegen: waschen, Schüsseln reinigen, gegen die Läuse vorgehen, vorlesen, beten. Essen nahmen sie kaum noch zu sich. Einige schämten sich ihrer großen Not. Um die Baracken irrten Häftlinge, auf der Suche nach einem sonnigen Fleckchen. Manche erinnerten an gespenstische Gestalten aus der Welt eines Hieronymus Bosch: in schmutzige Decken gehüllt, von Lumpen und Papier zu hochschultrigen Holzpuppen verunstaltet, eine Art Kaffeewärmer bis dicht über die triefenden Augen gezogen, Schnurrbärte und Bärte, und nichts als Stinken und Organisieren.
Am 10. Februar benahm ich mich hundsgemein. Einer der Juden gab mir abends eine Schüssel Suppe, die ich »mit dem Konsul« teilen sollte. Unterwegs zu ihm ins Revier wurde ich »in Versuchung geführt« und verschlang alles. Dem ›Konsul‹ Bas Backer erzählte ich, daß ich gestolpert sei und die Suppe verschüttet hätte. Ich schäme mich bis auf den heutigen Tag: Ein mieser Dieb war ich. Gott sei Dank überlebte der Mann den Krieg. Wim sagte zu mir: »Wenn du so was nicht kannst, hast du nichts dazugelernt.«
Unter uns tauchte auch ein ... NSBer auf. Er drohte uns. »Der Mof ist teuflisch; ein NSBer ist ein zehnmal größerer Teufel«, schrieb ich. Ein anderer Mit-Häftling ließ sich von der ... Wehrmacht einfangen und verschwand. Täglich starben viele Dutzende Gefangene. Oft saßen wir in der matten Sonne und diskutierten, den Rücken einem großen Feuer zugewandt: Tagtäglich wurden die Strohsäcke der Toten verbrannt. Manchmal konnte ich mich des Eindrucks nicht erwehren, daß einige selbst an ihrem Tod schuld waren; sie ließen sich gehen, hatten jede Moral verloren, blieben einfach liegen, wuschen sich nicht mehr, bewegten sich nicht, organisierten nichts, strengten ihr Gehirn nicht mehr an und aßen Dreckzeug.
Am 15. Februar kamen Barackengefährten mitten in der Nacht mit einem fünf Meter langen Balken an, der in einer Viertelstunde zu Brennholz verarbeitet wurde.

Für Pepi setzte ich mich jetzt sehr ein. Ich entlauste ihn, besorgte saubere Kleidung. Aber ein Menschenleben zählte im KZ so wenig! Ohne Aufhebens stellte man fest: Ach der? Der geht drauf. Mit einer wegwerfenden Geste wurde er einfach abgeschrieben. Im übrigen starben damals täglich Deutsche zu Zehntausenden. Es wurde offensichtlich, daß das Ende des Krieges in Sicht kam. Tag für Tag wurde in unserer internationalen Gesellschaft gemutmaßt, wie alles vor sich gehen würde: die deutsche Kapitulation, unsere Befreiung – und danach. Ich zitiere aus meinem Tagebuch *(21. Februar 1945)* einen meiner Wach-Lustträume.

Eine Nummer wird aufgerufen, auch mein Name. Ich gehe zum Tor. Draußen steht ein taubengrauer Achtzylinder-Rolls-Royce Phantom. Ein ruhiger, freundlicher Chauffeur ersucht mich, einzusteigen. Der Chauffeur bittet mich, meine Kleidung abzulegen, packt meine Lumpen in eine Kiste, zaubert aus einem eingebauten Réchaud eine Schüssel mit warmem Wasser hervor und ein angewärmtes Handtuch. Ich wasche mich mit Majaseife. Danach werde ich in große Schafspelze mit Seidenfutter gehüllt, und dann setze ich mich ans Lenkrad. Der Chauffeur bringt eine große Schale voll dampfenden Haferbreis mit einem Stück Butter darin und einer dicken Lage Zucker darauf. Danach Rühreier und eine Tasse Kaffee. Während ich mir eine Craven A anstecke, schaltet er das Radio ein, aus dem Jazzmusik ertönt. Ich lasse den Motor warmlaufen, während er, neben mir, die Michelinkarte studiert. Er macht den Vorschlag, über Straßburg, Thionville, Luxemburg, Aarlen, Namen, Brüssel, Antwerpen, Breda, Rotterdam und Den Haag zügig nach Leiden durchzufahren, zur Rapenburg 49, wo Frau Bakels mich schon ungeduldig erwartet. Es ist jetzt 8.00 Uhr, um 18.00 Uhr rechnet die gnädige Frau zum Essen mit mir. Man hat sie telegrafisch von unserer Abfahrt verständigt.

Fleckfieber Doch Ende Februar griff der Tod in Vaihingen wieder einmal nach mir. Im Lager war die Zahl der Kleiderläuse, die, wie der Leser weiß, die Überträger des Fleckfiebers oder Flecktyphus sind, auf einige Trillionen angestiegen. Die Läuse waren allgegenwärtig, auch auf der Brotrinde, die wir aßen. Unsere grauen Pferdedecken waren total verlaust: Von nahem betrachtet, wimmelten die Decken nur so von ihnen. Wem es sehr kalt war, dem machten die Läuse nicht so zu schaffen. Wer eiskalt war, weil er nicht mehr lebte, der wurde

von den Läusen verlassen. Der Mof haßte Epidemien. Er richtete eine Quarantänebaracke ein und ließ sich dort nie blicken; nach den Kranken sahen jüdische Ärzte und ihre Helfer. Es gelang mir, mich eine Zeitlang von der Baracke fernzuhalten; sie war zur Vorhalle zum Massengrab jenseits des Hügels über dem Lager, dem täglichen Ziel der Leichenträger, geworden. Doch auch mein Tag brach an.
Die Typhusquarantänebaracke von Vaihingen war ein endloser Alptraum; immer wieder mußte man sich klarmachen, daß dies doch kein Alptraum, sondern die Realität war. Hunderte von Häftlingen lagen dort in allen Stadien des Fleckfiebers krepierend, schreiend, stöhnend, phantasierend, kackend, pissend, quer durch die drei übereinandergeordneten Pritschenreihen. Ich gelangte in eine obere Ecke, und dort fing das armselige Überbleibsel meines verlausten Körpers vor Fieber zu sieden an. Ein paar Thermometer gab es; einmal konnte ich undeutlich erkennen, daß es bei mir 40,8° anzeigte. Schlimmer als die Glut im Körper war das Beil im Schädel. Fleckfieber löst einen Kopfschmerz aus, den man sich nicht vorstellen kann, es sei denn, die Phantasie ist so stark, daß man begreift, wie es sein muß, wenn einige Zentimeter tief am Haaransatz ein Beil steckt. Und über die Fieberglut und den gespaltenen Schädel sank ein gelber Schleier. Man sah alles leuchtend gelb.
Wer noch einen allerletzten Funken tierischer Sauberkeit in sich hatte und seinen dauernden Durchfall nicht einfach laufen lassen wollte, von der dritten über die zweite zur ersten Pritsche und dann auf den glitschigen Fußboden, der stolperte hinaus, um seine Notdurft zu verrichten. Dort stand vor dem Stalltor der Baracke eine rostige Öltonne, die bis zum Rand mit Kot gefüllt war (also zweihundert Liter, und die deshalb weder zu heben noch zu reinigen war). Dort mußte man seine Notdurft verrichten. Papier gab es natürlich nicht. Der schon durch den anhaltenden Regen durchweichte Boden war um die Tonne herum vollkommen von Fäkalien und Urin durchtränkt.
Und dann kam eine Nacht, die die furchtbarste werden sollte. Am Abend waren noch viele Fleckfieberkranke gestorben (oder eher: verreckt). Sie wurden zum Mittelgang der Baracke geschleift, nicht weiter, denn die Leichenträger durften im Dunkeln natürlich nicht ausrücken. Während dieser Nacht mußte ich wieder ganz dringend nach draußen. Da mir die Kraft fehlte, auf eine normale Weise aus der dritten Pritsche nach unten zu gelangen, ließ ich mich mehr oder weniger rollend und mich festklammernd fallen. Ich tastete mich an

den Pritschen mit den Sterbenden vorbei, fand die Tür zum Gang. Am Ende des Ganges sah ich einen – gelblich – leuchtenden Schein, dort, wo die Türen zum Kübel sein mußten. Ich ging darauf zu. Doch dann geriet ich in größte Schwierigkeiten.
Weiterwankend und -tastend fühlte ich unter meinen Händen und Füßen eine große, eisige, schlüpfrige Masse. Der Holzfußboden erschien mir wie eingeseift, so glatt war er. Als ich nach einem festen Halt griff, vernahm ich das klatschende Geräusch von Armen und Beinen, die von dem Berg heruntterglitten. Es kam der Moment, daß ich stolperte und mit meinem gelben, glühenden, gespaltenen Schädel zwischen den Gliedmaßen niederfiel.
Doch schließlich erreichte ich den Scheißkübel, und in der eisigen Kälte klatschte wieder ein Stück Leben aus mir neben die Tonne in den Dreck.
Zurück durch die Nacht, hinauf zur Pritsche, gab es für mich nur noch inbrünstige Träume, tiefste Melancholie, Gebete zu Gott und ein Verlangen nach Obst – und besonders nach ... Joghurt. Es war eine ungeheuere Empfindung, daß ich kein Brot mehr hinunterbekam.
Langsam sank das Fieber, und das Gelb wurde fahler; das Beil wurde aus meinem Schädel gerissen. Ich begann umherzugehen mit einer Urinflasche und einer Schlinge, um soviel wie möglich aufzufangen. Nach Verlassen der gelben Welt sahen die beiden verfügbaren Harnflaschen dunkelbraun aus, weil es nichts gab, um sie zu reinigen. Unser Lieber Herr und die eiserne Konstitution, die sich in meinem Skelett und Sehnengerüst unter der schlaff herabhängenden, pergamentartigen Haut verbarg, hatten mich wieder einmal durchgebracht.
Mein Tagebuch, fast unleserlich:

27. Februar *Es ist mild draußen. Jetzt scheint sogar eine strahlende Sonne. Ich sitze draußen. Ich habe zwar noch Fieber, aber zurück ins Revier – nein. Ich ersticke. Alles läuft doch so seltsam gut. Jemand, der so viel essen kann, kann nicht schwerkrank sein. Ich stehe noch nicht sicher auf meinen Beinen, und vor meinen Augen flimmert es. Ein weißes Häuschen, Regenschleier über Rasen und Veilchen, ja über Veilchen. Drinnen – die Türen zum Garten stehen offen, ein ganz junges Mädchen, siebzehn, schwarzhaarig in einem weißen Kleid, das ›Jardin sous la pluie‹ spielt.*
28. Februar *Ich muß schreiben, aber ich kann nicht. Habe schreckliches Fieber, grauenhafte Kopfschmerzen, Durchfall und Rheumatismus. Fleckfieber? Du mußt heute abend ins Revier, sagen sie. Dann*

komme ich nicht daran vorbei. Alles ist so demütigend. Es ist trotz aller Gnade Gottes so entsetzlich schwer. Jetzt sind es fast drei Jahre. Und nun wieder todkrank. Dein Gebet wird mich retten. Deutschland ist fertig. Gut. Ich kann nicht mehr. Holland, wirklich ein Land, für das es sich zu sterben lohnt. Bestimmt 40° Fieber.

1. März *Erst schreiben, sonst kann ich nicht schlafen. Gestern 40,8°. Jan Bruyel, ein neuangekommener Holländer, schleppte mich ins Revier 4, Saal 7. Verdacht auf Fleckfieber. Während der Nacht einmal splitternackt durch den stockdunklen Gang zum Abort im Freien gewankt. Wenn ich zu Dir zurückkehre, und darauf vertraue ich felsenfest, dann hat Gott das soundsovielte Wunder vollbracht, und die niederträchtigen Unternehmungen der Moffen durchkreuzt. Akkerman ist tot, jetzt sind nur noch fünf übrig. Ich sehe alles hellgelb.*

2. März *Fieber, in Wellen. Ein Leichenstapel von zweiunddreißig Körpern. Heute nacht 39°. Freunde helfen mir. Ich sah altvertraute Dinge. Gott hält mich sicher und fest; ich möchte noch so gerne mit ihr leben, Herr. Die Wärme und das Licht Christi erfüllen mich. Ich glaube fest. Behüte sie, Gott.*

3. März *Weit und hoch über allem schwebte ich diese Nacht, ich glaube, daß ich am Leben bleiben darf, habe aber trotzdem versucht, mich auf Gott vorzubereiten. Konnte es nicht zuende bringen. Kam weit, ertrank dann in Tränen. Engel, schwarze Tunnel und Türme, innen goldverkleidet. Flammen, daneben Jesus selbst. Ich kann es nicht. Heute abend 38,7° unter der Achsel. Es geht alles schon besser, Gott will, daß ich überlebe. Ich kämpfe wie ein Löwe. Alles werde ich tun. Ich sehe Dich immer vor mir. Alles kann geschehen. Vielleicht steht das Ende kurz bevor. Am Abend ein Schrecken: rektal 40,3°, trotzdem geht es mir besser, ich wankte durch den Leichengang, zickzack, alles grellgelb mit Silbersternen. Ich bin nahe bei Gott und bei Dir, und alles wird sich zum Guten wenden. Trotzdem – so schwer.*

4. März *Sonntag. Mein Text: »Kommt her zu mir...« Die Krankheit hat jetzt ein sehr gefährliches Stadium erreicht. Eine heikle Sache. Ich glaube noch immer daran, daß ich es schaffen werde. Verwahrlosung ungeheuerlich, sie schmeißen Kotschuhe unter die Decke. Bin schon verdreckt. Was macht es noch aus? Kein Arzt. Ich habe keine Angst. Gott sorgt für mich, Er sieht mich, und Er wird mich zu Dir bringen. Ich weinte vor Verlangen. Sommer in Holland mit Anne-Marie. Mein Kind, Dein Mann kämpft jetzt den schwersten Kampf um sein Leben. Mit Gott ist nichts unmöglich. Herr, wir brauchen Dich so sehr, verlaß Deine Kinder nicht. Amen.*

5. März *Ich schwebe nur in weiten, feurigen Flammenwelten. Abgründe, Öfen, Wolkenkratzer. Schwedische Wälder. Und wie so süß Riouw, Kaag, Pijnacker, Borg, ja, besonders Borg. Die Schweiz. Das Fieber schwankt zwischen 39° und 40°. Es ist gefährlich, aber ich weiß, auf wen ich vertraue. Wenn es mir zuviel wird: rot-weiß-blau, für Holland, dann bin ich so stolz und dankbar.*
Und mein bestes Hilfsmittel: Floris! Deine Frau muß dich wiedersehen dürfen. Nur Gott wird mir helfen. Und ein einziger Freund. Jan leistet Unglaubliches. Die Verwahrlosung nimmt hier immer grauenhaftere Formen an. Man wird nicht einmal mehr gewaschen. Eine Krankenstation! Oh, es sind solche Verbrecher! Jeden Tag werden Leichen in den Gang geworfen. Esse jetzt soviel wie möglich, es geht mir nicht besser. Liebling, bete jetzt für mich. Du fühlst bestimmt, daß Dein Mann in Lebensgefahr schwebt. Engel.
Ich habe Fleckfieber, sofort in ein anderes Zimmer verlegt. Immer größere, geheimere Welten. Dauert noch zwei Tage, sagt der Arzt. Warte wie ein treuer Hund auf die Befehle meines Herrn. Wird bestimmt ein gutes Ende nehmen. Jesus Christus. Wurde mit 40,8° in Saal 1 gebracht. Schwebe plötzlich über den Menschen, fühle mich nahe bei Jesus. Seine Engel verteidigen mich. Du bist auch dabei. So ist es himmlisch, krank zu sein. Gloria in excelsis Deo: daß Du sie erschaffen hast und sie mir geben willst. Vereinige uns. Amen.
6. März *Es ist Dienstag. Verbrachte die erhabenste Nacht. Meine Wasserflasche war gefüllt. Wenn die Wasserflasche voll ist, bin ich beruhigt. Jetzt wieder gefüllt: Aber: Sorget nicht um euer Leben, was ihr essen und trinken werdet, auch nicht um eueren Leib, was ihr anziehen werdet. Ich lebe jetzt nahe bei Gott. Heute 39,4°. Sie sagen: wenige Tage noch, dies ist die Krise.*
7. März *Einen weiteren Tag hinter mich gebracht. Fieber 38–39°. Ich träume, träume, träume. Ich schaffe es. Ich bin keinen Augenblick ohne euch. Die Zukunft nimmt vage Formen an. Bin ja unzurechnungsfähig. Gott und Du, das sind die Riesenkräfte und der mächtige Engel. Sie halten mich. Ich selbst kann nichts.*
8. März *Zum Schreiben zu krank. Jetzt 38, 37,6°, das ist gut, Krise hinter mir. Aber grausiger Durchfall mit Dreck im Bett, auch Kotzen. Und bodenlose Niedergeschlagenheit. Wir waren zusammen am Strand mit Luftballons und Windrädern, Zuckerstangen, Zuckerkuchen und Liegestühlen. O Gott, ich liebe sie so! Gib auf sie acht, Vater, und führe uns bald wieder zusammen. Es ist ein so ungeheueres Grauen. Amen.*

9. März *Erstmals 36,7°. Von heute abend weiß ich noch nicht. Überhaupt keinen Appetit und fürchterlich traurig. Ich bin weit, so sehr weit weg. Alles wird sich zum Guten wenden.*
10. März *Samstag, ganzen Tag fieberfrei! Welch eine Wonne. Aß 48 Stunden lang nichts, Magen nicht in Ordnung, jetzt kann Durchfall tödlich sein. Ich träume von den allerschönsten Dingen, sehr viel von Dir, soeben ein wilder, feuchter Traum, woher diese Kraft? So sehr liebe ich Dich. Ach, ich bin müde.*
11. März *Seltsamer Sonntag. Fieberfrei, kein Durchfall mehr. Heute morgen eigener Gottesdienst: »In der Welt habt ihr Angst; aber seid getrost, Ich habe die Welt überwunden.« O Vater, Du weißt alles. Auf Dich so will ich bauen, verlaß mich nimmermehr. Amen.*
12. März *Ein schwerer Tag. In Zimmer 3 verlegt, zu zweit in einem Kotbett. Bin sehr schwermütig, sehe nirgends einen Lichtblick, nur oben, dort ist Gott in Seiner ganzen Herrlichkeit und sieht alles, was mit mir geschieht. Nun, dies war bestimmt der schwerste Teil. Ich möchte so gerne hinaus.*
13. März *Nicht gut geschlafen. Müde, keinen Appetit, doch gegessen: Makkaroni mit Blut. USA bei Remagen über den Rhein! Ich habe es schwer, aber 1. ich lebe; 2. Gott ist bei mir; 3. von allen Seiten rücken die Befreier heran.*
Und dann am 16. März: *Also. Vor zwei Jahren haben sie dich geholt. Ich bin Gott sei Dank wieder aus Block vier heraus und wieder in zwei. Welch eine Anstrengung! Erst nur Kotzen wegen des Gestanks. Dann Suppe, habe gleichzeitig Riesenhunger auf alles und Ekel vor allem Lageressen. Jetzt, ein ergreifender Triumphzug durchs Frühjahr zum Badehaus. Heulte zum Steinerweichen. Verschont!*

Ein Holländer nach dem anderen verschwand für immer. Die Hölle von Dautmergen hatte ihnen das Lebenslicht ausgeblasen. Es kam ein kühler Frühlingstag, der 16. März, an dem ich mit einigen Dutzenden anderer die Quarantänebaracke verließ und nackt nach draußen in die Sonne stolperte, zum Baderaum, einer Scheune mit ein paar Duschen. Erstmals sahen wir dort wieder SS, jedenfalls Moffen. Vollgefressen lümmelten sie sich auf einer Holzbank und sahen zu, wie wir unter die Duschen gingen. Zu ihren Füßen stand ein großer Bottich. Als etwa zwanzig Skelette unter den Duschen standen, wurden die Hähne geöffnet. Sofort schwaches Schreien. Mit ungewöhnlicher Lebhaftigkeit bewegten sich die Skelette: Das Wasser war kochend heiß. In einer Sekunde war die Duschecke voll Dampf, während wir wie Verrückte hin- und herrasten. Einige lagen schon bald auf dem Steinfußboden und krepierten. Einer von ihnen wurde von den Moffen in den Bottich, der halb voll kochenden Wassers war, gestoßen und wie eine Katze ersäuft. Es war eine Szene direkt aus der Hölle.

Zurück in der Baracke, betete ich inbrünstig zu Gott: »Herr, mein Gott, darf ich Dich darum bitten, die Deutschen, die Moffen, die Unmenschen zu verdammen? Herrgott, das sind doch keine Menschen mehr? O Gott, sind das keine Untermenschen? Hast Du Dich nicht geirrt? Jämmerliche Sterbende mit kochendem Wasser zu überschütten, Sterbende, die wimmernd in ihrem eigenen Dreck krepieren, mit kochendem Wasser zu übergießen? – Herr Gott, o Gott, bei allem Glauben, allem Christentum, jedem Bibeltext, allem und jedem, darf ich denn nicht bitten, im Namen Jesu, diese von Dir verlassene Brut zu vernichten, schnell, sofort und ohne Ausnahme?«

Einige Minuten lang glaubte ich tatsächlich, daß ich diese Bitte an Gott herantragen durfte. Danach begriff ich, wie entsetzlich ich mich irrte. Beten hätte ich sollen, beten, daß diese Mitmenschen vom Bösen erlöst würden. Und darum betete ich dann auch. Trotzdem – ein Zweifel blieb, offen gesagt, bis auf den heutigen Tag.

Menschen, Tiere, wilde Tiere, es gibt so viele Geschöpfe. Und der Unterschied zwischen den Arten soll immer so deutlich sein? Der Mof betrachtete die Juden als eine Zwischenspezies, als Untermenschen, die wie Ungeziefer vernichtet werden sollten. Wenn aber der Mof selbst ... der Untermensch wäre? Könnte es nicht sein, daß es Dämonen gab, die Menschengestalt angenommen hatten? Aber Jesus trieb aus einem Menschen den bösen Geist aus, der in eine Schweineherde fuhr...

Sofort darauf wurde im SS-Lager neben unseren Baracken Fliegeralarm gegeben. Dieses Mal näherte sich kein anschwellendes Donnern von den Anhöhen. Dieses Mal kamen Jagdbomber auf uns heruntergestürzt, wieder, immer wieder. Sie feuerten mit Bordwaffen; die Baracke bebte, Schutt häufte sich am Boden, Staub und Kalk. Gott, wir müssen dran glauben, dachte ich, das habe ich von meinem elendigen Gebet, jetzt ist Schluß mit dir, du Sünder.

Plötzlich fiel mein Blick auf einen Gegenstand. Schon seit Tagen hauste ich in dieser Baracke, auf der obersten Pritsche, aber ich hatte es noch nie bemerkt. Das kleine Holzkreuz, sechs Zentimeter groß, ungeschickt geschnitzt, hing über meiner Pritsche an der Wand und erzitterte leicht bei den Erschütterungen der einschlagenden Granaten und dem Tod und Verderben draußen. Dieses Kreuz: das Symbol des Kreuzes, an dem Christus für uns gelitten hatte und gestorben war, um uns von allem Bösen und aller Sünde zu erlösen. Ein winziges Holzstück. Ein Holzstück, das eine strahlende Macht über mich besaß in dieser Stunde des gottverlassenen Zorns und der Todesangst. Die Jäger waren verschwunden. Von ferne, vom SS-Lager, schallte Lärm zu uns herüber. Bei uns war niemand getroffen worden.

Einer nach dem anderen Mochte das KZ Vaihingen/Enz auch ein Ruhesitz im Vergleich mit dem Inferno Dautmergen sein (dem einzigen Ort, wo sich der Gedanke an Selbstmord in mir regte), so sind dennoch mit diesem KZ sehr traurige Erinnerungen verknüpft. In Vaihingen starben nacheinander fast alle meine Landsleute, die Häftlinge aus meiner Gruppe von schon mehr toten als lebendigen Kameraden, die sich in Dautmergen zum Transport hatten bereitmachen müssen.

In meinem Tagebuch aus Vaihingen finde ich überall, täglich, Aufzeichnungen über sie, über das Stadium ihres Sterbens im Revier. Sie konnten dort einigermaßen in Ruhe liegen – abgesehen von der entsetzlichen Läuseplage. Fast täglich ging ich zum Revier, um ihnen noch solange wie möglich zu helfen. Hilfe konnte hier nur im Zuhören bestehen und dem Erinnern an die Heilsbotschaft des Evangeliums. Sie alle wußten, daß es mit ihnen zu Ende ging. Viele von ihnen – nicht alle – befanden sich schon in einem mehr oder weniger fortgeschrittenen Stadium des Losgebundenseins. Für sie bedeutete der baldige Tod keinen Schrecken, sie empfanden ihn als nahende Erlösung.

Mit ihrer schwachen Stimme sprachen die meisten zu mir von glücklichen Erinnerungen: der Frau, den Kindern, Segeln, Ferien auf der Watteninsel Ameland, dem Leben auf ihrem Bauernhof, einer bestimmten Musik. Nicht ein Wort fiel über den Kriegsverlauf oder über die Deutschen oder das Lager. Fast flüsternd sprachen sie, die Augen weit geöffnet, die Lippen von den Zähnen zurückgezogen, sich oft unter den Pferdedecken schläfrig gegen das Läusegewimmel wehrend. Die meisten baten mich, ihnen etwas von Gott zu erzählen, von Jesus, dem Evangelium. Sie freuten sich auf mein Kommen. Sie gaben mir auch Nachrichten für ›Zuhause‹ mit. Sie hatten jedes Interesse an Nahrung verloren. Keiner wurde von Todesangst gequält. Nach und nach kam für alle eine letzte Phase, in der sie auch nicht

mehr über Zuhause sprachen oder über ihre Erinnerungen. Sie wollten nur noch zuhören, ganz still, sehr bleich, die Augen oft geschlossen. Manchmal hatte ich plötzlich das Gefühl: du sprichst zu einem Toten, er ist gestorben. Aber dann öffnete er plötzlich doch wieder die Augen, oder seine Hand kratzte müde unter der Decke.
Und dann kamen die Tage, an denen ich eine Pritsche leer vorfand, und dann eine andere und eine dritte, nacheinander, in kurzen Abständen. Kam ich an den wegzutransportierenden Leichenstapeln vorbei, dann wendete ich mich ab. Ich fürchtete, dort jemanden wiederzuerkennen.
Und schließlich waren nur noch drei von uns übrig: Bas Backer, van Dijk und ich.

Samen Eines Tages wurde Wim Roessingh, der sich gerade mit seinen ›Instrumenten‹ befaßte, von einem ihm unbekannten, hohen SS-Mann aus dem Wachtrupp angesprochen. Er hatte etwas auf dem Herzen. »Hab mal 'ne Gonorrhoe gehabt, möchte trotzdem Kinder haben, können Sie mal untersuchen, ob mein Samen noch lebt?« »Aber sicher«, antwortete Wim, der Laborant, »aber dafür brauchte ich etwas von Ihrem Samen auf Zimmertemperatur.« Wortlos verschwand der Mof. Nach einer Viertelstunde kehrte er zurück, mit einem Schälchen, um das er ein Taschentuch gewickelt hatte. Er rief: »Hab mir einen abgewichst, hab's auf die Heizung hingestellt, und jetzt schau mal nach, ob's da noch Lebewesen gibt.«
Wim untersuchte den SS-Kleister unter seinem alten Mikroskop. Kurz darauf erschien der Seimscheißer wieder. »Na, und?« Wim stand stramm und kreischte: »Herr Obersturmführer! Häftling Nummer 313 meldet gehorsamst, daß es da Lebewesen gibt!« Schmunzelnd stapfte der Vater in spe fort.
Noch in Vaihingen erzählte mir Wim diese Geschichte. Das war eine der seltenen Gelegenheiten, daß ich mich zwischen 1942 und 1945 wirklich schiefgelacht habe.

Das falsche Pferd Es war Mitte März, und es wurde wärmer. »Angezogen« mit einem »Hemd« und einer Decke, begann ich, auf meinen Stelzenbeinen erste kleine Spaziergänge um die Baracken zu unternehmen. Natürlich war auch dieses KZ von einem elektrisch geladenen Zaun umgeben. Außerhalb standen vereinzelt Männer

mittleren Alters und Ranges in Uniform Wache, bewaffnet mit einem Karabiner.
Eines Tages rief mich so eine Gestalt an. Erst erstarrte ich vor Schreck, dann vor Überraschung: der Kerl rief in unserer Sprache: »Holländer?« Sofort stand ich stramm. Ein automatisches: »Jawohl, Herr...« Ich wußte nicht, welchen SS-Rang ich vor mir hatte, außerdem gehörte er gar nicht zur SS. »Wir gehören zum Volkssturm. Bist du schon lange hier?« »Fast drei Jahre.« »Hast du Hunger?« »Ja.« Aus seiner Uniformjacke holte der Mann etwas zum Vorschein und warf es über den Zaun. Es waren Butterbrote. »Danke, herzlichen Dank!« Er kam näher, ich auch. »Ich habe aufs falsche Pferd gesetzt. Ich habe zwar keine Angst, vor nichts und niemandem, aber wir fahren zur Hölle. Ich heiße Westbroek. Den Haag. Ich glaube, daß sie uns wahrscheinlich nach Sibirien deportieren werden. Tja, aufs falsche Pferd gesetzt.« Der Mann machte sich wieder auf seinen trägen Rundgang um den Zaun. Ich überlegte ein paar Minuten, ob ich das Brot eines Landesverräters essen konnte. Dann setzte ich mich hinter eine Baracke in die Sonne, außer Sichtweite von Herrn Westbroek, und verschlang die Brote.

Exkurs über Landesverräter Die Leser können sich keine Vorstellung machen von dem tödlichen Haß, den die Niederländer während des Maikriegs 1940 und danach der NSB, allen NSBern und allen anderen Landesverrätern entgegenbrachten. Von Deutschen – wie sehr sie auch verhaßt waren – konnte man noch, nicht zu Unrecht, sagen, daß sie unter verbrecherischer Führung und in verbrecherischer Absicht in diesem Krieg für ihr Land kämpften. Es war denkbar, daß auch eine Anzahl ›guter‹ Deutscher in deutsche Soldatenuniformen gesteckt worden war. Von der NSB war das undenkbar. NSBer hielten wir schlechthin für Landesverräter. Besonders die Straßenterroristen der WA* in ihren schwarzen Uniformen haßten wir wie die Pest, aber auch wenn man auf der Straße oder im Zug eine Zivilperson mit der NSB-Anstecknadel (Parteiabzeichen) sah, fühlte man sich wie von einer Natter gebissen. WA-Mitglieder und andere

* Weerbarheidsafdeling, schwarzuniformiert, zeigte sich erstmals beim ersten öffentlichen Auftritt der NSB am 7. 1. 1933 in einem von sechshundert Anhängern besuchten ›Landtag‹ in Utrecht. 1935 von der niederländischen Regierung verboten. Wiedergegründet, trug sie zu schändlichen anti-jüdischen Aktionen bei, die ein Grund für den Generalstreik 1941 im Februar waren. (Anmerkung der Übersetzerin.)

NSBer und ihre Trabanten müssen während der Besatzung eine schreckliche Zeit in einer heimgesuchten Bevölkerung verlebt haben, die am liebsten ihr Blut getrunken hätte.
Ein typisches Beispiel der gesellschaftlichen Zustände, während der ersten Zeit der Besatzung:
Bei einer wohlhabenden Familie in Wassenaar war ein deutscher Admiral der Kriegsmarine einquartiert. Am Geburtstag des Hausherrn wurde eine Party gegeben; die Familie wollte sich nicht kleinkriegen lassen. Direkt zum Beginn kam... der deutsche Admiral in voller Kriegsmontur herunter, um seine Aufwartung zu machen. Nach und nach strömten die Gäste herein. Die Stimmung sank auf den Nullpunkt. Alle sahen den deutschen Marineoffizier isoliert in einer Ecke stehen und einsam an seinem Glas nippen. Niemand wagte, etwas zu sagen, der Empfang war ein großer Mißerfolg, und schon bald machte jeder, daß er wegkam. Dann ging der Deutsche auf seinen wütenden Gastgeber und dessen Frau zu und sagte: »Sie haben mich bestimmt verwünscht, weil ich von Anfang bis Ende in aller Deutlichkeit anwesend war und Ihren Empfang verdorben habe. Ich tat es mit Absicht. Unter Ihren Gästen war eine adelige Dame, von der ich – anscheinend im Unterschied zu Ihnen – weiß, daß sie politisch vollkommen unzuverlässig ist und daß sie den Auftrag hatte, auf Ihrem Empfang für die Gestapo zu spionieren. Da ich mich als deutscher Offizier so deutlich postiert hatte, wagte natürlich niemand, den Mund aufzumachen. Ihr Empfang ist mißlungen, aber die Gestapo konnte keine Ernte einbringen.«
Können wir Älteren es uns erlauben, können wir es ertragen, uns in die ernsten Gewissenskonflikte zu vertiefen, in die ›gute‹ Deutsche unter verbrecherischer Führung im Krieg gestürzt wurden? Befehl ist Befehl, sicherlich, darauf beriefen und berufen sie sich. Auch ein verbrecherischer Befehl mußte kritiklos befolgt werden, wollte man nicht unter das Beil kommen. Wer bringt im Krieg, auch in zukünftigen Kriegen, den Mut auf, einen militärischen Befehl zu verweigern? Wenn darauf die Todesstrafe steht? Wir wollen ehrlich und gerecht bleiben. Aber im Hinblick auf die Deutschen kostet es wohl Mühe.
Um das Jahr 1961 empfing ich aus beruflichen Gründen einen eleganten Herrn mit einem wohlklingenden Namen. Er kam, um eine wissenschaftliche Schrift zum Verlegen anzubieten. Nach ein paar Minuten witterte ich Unrat und fragte ihn, ob er im Krieg auf der richtigen Seite gestanden habe. Eine Diskussion folgte, in der mir klar

wurde, daß er die richtige Seite für die falsche hielt. Er war nach dem Krieg eingesperrt gewesen. Ich erklärte, dies sei ich im Krieg gewesen. Er sagte mir, daß wir von den Deutschen schlecht behandelt worden seien, er aber von den Niederländern noch viel schlechter. Ich ersuchte ihn, unser Büro so schnell wie möglich zu verlassen. Das tat er, schäumend vor Wut.
Später habe ich noch fünfmal Gespräche mit Personen geführt, die im Krieg die falsche Seite gewählt hatten: Jugendsturm, NSB, SS, Waffen-SS. Sie waren alle bestraft worden. Ich hatte mit ihnen geschäftlich zu tun. Sie fielen in unserer Gesellschaft nicht auf, aber Leute meines Schlages haben für sie eine feine Nase: Wir wittern sehr schnell, ob jemand auf der Seite des Feindes gestanden hat. Ich fragte sie: »Wie war es möglich, daß Sie, nachdem unser Land vergewaltigt, Ihre Fürstin und Regierung verjagt, Rotterdam verwüstet, das Vaterland besetzt, bestohlen, betrogen, ausgemergelt worden war; nachdem die Juden mißhandelt, weggeführt, ermordet worden waren; die Arbeiter in Sklaverei verschleppt waren, die Freiheit zertreten war; wie war es möglich, daß Sie damals die Seite dieses Ungeheuers wählten?« Die Fünf antworteten beinahe gleichlautend. Kleines Bürgertum, Plackerei, christliche Erziehung (!), Frustration, Unzufriedenheit: NSB. Große Bewunderung für die imposante deutsche Macht. Großer Abscheu vor den gottlosen Kommunisten. Zeitweise Trübung des Geistes, als 1939 die Nazis und Kommunisten ihren Ribbentrop-Molotow-Vertrag schlossen. Klärung des Geistes, als die Deutschen in die Sowjetunion einfielen. Mit Deutschland für Europa gegen den Bolschewismus! Mit dem deutschen christlichen Brudervolk gegen den Antichrist, das bolschewistische Ungeheuer in Moskau! Es lebe der Führer! Das war ihre Argumentation. Sehr, sehr spät kamen sie zur Einsicht, daß dies ein Kampf zwischen zwei Monstersystemen war, wobei das östliche vielleicht noch dem westlichen vorzuziehen war, bestimmt zwischen 1941 und 1945. Ohne Ausnahme bekannten sie ihre große Schuld. Ihr Standpunkt war der falsche gewesen.

13. 3. *Wir aßen eine merkwürdige, aber wohlschmeckende Suppe: Grütze, Vogelfutter, halberfrorene Kartoffeln und Muscheln durcheinander, es war wieder einmal etwas Neues. Die jüdischen Ärzte haben einen unvergleichlich materialistischen Zug an sich, man muß an ein überheiztes Zimmer denken, an einen Vorhang mit Papageien, an Schweißgeruch, Pelz, Wurst, Brillanten, Bonbons, Wellensittiche,*

Fruchtbonbons und rosa Seide. Herrlich. Samtweich, fett, üppig, vielfarbig, schmatzend, animalisch. Schmalz.
14. 3. *Alles: Mann, Frau, Kind, Tier, Stadt, Dorf, Nation, Erdteil, reich, arm, Leben, Tod, Religion, Beruf, alles, ja alles, dreht sich um eine einzige Sache: Brot. Brot. Im Alltagsleben spürt man es nicht. Hier schon.*
17. 3. *Gestern überflog uns eine volle Stunde eine riesenhafte Luftflotte in nur wenigen hundert Metern Höhe. Es war höllisch, wir hatten entsetzliche Angst.*
20. 3. *Letzter Wintertag. Jetzt auch Beck gestorben. Es wird einsam. Wir sind noch drei: Bas Backer, van Dijk und ich. Zähne zusammenbeißen und weiterkämpfen in blindem Gottvertrauen.*
21. 3. *Ein winziges Kreuz über meinem Bett!*
22. 3. *Ich sonnte mich hinter einem Steinhaufen. Bomber überfliegen uns jede Viertelstunde, als müßte es so sein. Nichts Außergewöhnliches mehr. Großer Hunger.*

Unter den Franzosen befand sich ein katholischer Geistlicher, der sich kaum noch auf den Beinen halten konnte. Der Tod hatte sein Gesicht schon gezeichnet. Merkwürdigerweise trug er ein großes Holzkreuz um den Hals, obwohl es strengstens verboten war. Er trug es und legte es nie ab.
Dieser Mann erhob sich täglich von der Pritsche, auf der er sterben sollte, um zu seinen Landsleuten zu gehen, die im Sterben lagen. Er stand ihnen in ihrer letzten Stunde bei. Auch Sterbenden, die weder seiner Nation noch seiner Konfession angehörten, leistete er auf Wunsch Beistand. Einmal kam ich mit ihm ins Gespräch. Ich war damals zu Tode betrübt, weil fast alle meine Freunde gestorben waren. Er sagte zu mir: »Anscheinend hat es Unser Lieber Herr sehr gut mit dir gemeint. Ich kann mir nicht vorstellen, daß Er es, nachdem Er dir all das auferlegt hat, plötzlich anders als gut mit dir meinen sollte.«
Meine Depressionen in Vaihingen waren sehr unterschiedlicher Natur, aber gleich in ihrem Schrecken. Was rief sie hervor? Ich hatte alle möglichen mehr oder weniger gefährlichen Situationen und Krankheiten überstanden. Fortwährend war ich von guten Freunden umgeben. Ich war tiefgläubig. Und die Sieger, die Befreier näherten sich rasch von allen Seiten, das Ende stand kurz bevor.
Ich glaube, daß gerade der letzte Punkt die Hauptursache meiner damaligen Depressionen war. Sie rückten heran, waren schon nah, aber sie hatten uns immer noch nicht erreicht. Die Nähe des Endes

aber ließ mich die Gegenwart, die augenblickliche Wirklichkeit, umso stärker fühlen.
Hinzu kam die Trauer um alle guten, edlen, heldenhaften Männer, die nacheinander gestorben waren, und der – heimliche – Gedanke, daß auch wir, die letzten unserer Gruppe, unser Leben lassen mußten. Wäre das nicht nur gerecht? Wenn sie ..., warum nicht auch wir?
Außerdem war die Nahrungsmittelsituation äußerst kritisch geworden. Ich starb fast vor Hunger, trotz aller Hilfe. Auch waren wir bei aller Freundschaft und guten Absichten sehr gereizt, weil wir begriffen, daß wir uns am Vorabend eines mächtigen, vielleicht lebensgefährlichen Geschehens befanden und eventuell zwischen die Kampflinien geraten könnten.
Und schließlich gab es die deutschen Zeitungen, die nicht aufhörten, den »Endsieg« durch Geheimwaffen und ähnliches zu predigen. Hätten wir es besser wissen müssen? Ja und nein. Kämpfen konnten die Deutschen. Wer weiß, vielleicht hatten sie tatsächlich noch etwas im Hintergrund. Und wenn nicht, was konnten wir denn von der Begegnung zwischen Amerikanern, Engländern, Kanadiern, Franzosen usw. und den Russen erwarten? Wie sollte das ablaufen?

23. 3. *Jaap van Dijk sagt, daß er sterben wird.*
24. 3. *Wir haben über das Auftreten der Deutschen in den Niederlanden gesprochen, vor allem über ihre Raubzüge und Plünderungen. Wie sie in den teuersten, elegantesten Geschäften herumstolzierten mit ihren idiotischen Mützen und Nagelstiefeln und Kleider und Anzüge kauften und kauften und kauften mit den frisch gedruckten Scheinchen und mit ganzen Bögen von Stoff- und Kleidermarken. Für die Frau in der Heimat. Alles räumten sie aus. Und über Rotterdam haben wir gesprochen, über ihren Einzug mit Panzern unter gelben Tüchern, und über ihre dreckige Art, einen Krieg zu führen, über ihre Arroganz trotz – wegen – ihrer Unfähigkeit. Über die vielen Freunde, die sie ermordet haben, schnell oder langsam, und über die Foltermethoden der Gestapo, über die systematische Vernichtung unserer Städte, unserer Natur; und über das Wegzerren von Männern in die Sklaverei; über ihre widerliche, für Analphabeten oder Kleinkinder bestimmte Propaganda, und welchen Vorteil sie aus den ekelerregenden Landesverrätern zogen. Wenn ich an all das denke, muß ich sagen: Ich bin froh, daß ich etwas gegen dieses Natterngezücht unternommen habe, und wenn es sein muß, dann tue ich es wieder. Ich kann es nicht unterlassen. Ich*

werde die Konsequenzen tragen. Diese Brut muß erst verschwinden, sonst können wir ja doch nicht leben.

26. 3. *Große Neuigkeit: Montgomery hat eine große Offensive gestartet. Amerika überschreitet überall den Rhein, wir können wirklich alles erwarten. Ich gehe mich jetzt waschen, ich will sauber aussehen, wenn die Amerikaner kommen.*

28. 3. *Es scheint äußerst kritisch zu stehen. Wir sollten mit einem Transport verschickt werden. Amerika hat bei Karlsruhe einen Brükkenkopf, 60 km entfernt! Alle sind überaus nervös. Heute nacht vielleicht USA-Panzer vor dem Zaun. Ich sterbe vor Hunger, liege den ganzen Tag auf der Pritsche, beim Gehen werde ich schwindelig. Ist das das Ende? Wie soll der Mof die Kranken fortschaffen? Vierzehnhundert Tote liegen jetzt hinter dem Hügel. In Traumbildern stelle ich mir immer wieder unser Wiedersehen vor. Makkaroni mit zusammengebombten Pferden. Alle schwermütig. Wieder geschieht nichts. Van Dijk fiebert und phantasiert. Ich bete inbrünstig. Meine Befürchtungen wachsen.*

30. 3. *Karfreitag. Jesus Christus gestorben. Jaap van Dijk ist heute um 5 Uhr früh gestorben. In Dautmergen haben wir zusammen geweint und einander getröstet, meist mit der Ermunterung: Denk dran, daß unsere Frauen alles fühlen und sehen und zuschauen, wie wir uns halten. Sie sollen sich nicht für uns schämen müssen. Ich habe seinen Nachlaß hier, darunter ein kleines Notizbuch, vollgeschrieben mit Aufzeichnungen. Er hatte soviele schöne Pläne gemacht. »Wenn ich nur nicht zum Schluß ins Gras beißen muß.« Ich möchte Gott bitten, daß er mir beim Verstehen hilft. Ich will versuchen, es zu begreifen. Von unseren vierzehn sind jetzt nur noch Bas Backer und ich übrig. Ich kann es nicht fassen. Aber eines fasse ich: wie tödlich mein Haß auf den Mof ist. Kein Wort darüber an diesem Tag. Ich möchte bei Dir sein. Jeder neue Verlust bringt uns einander noch näher. Ich will kämpfen, und ich werde wie ein Löwe kämpfen, jede Minute, jede Sekunde. Auch mich wollen sie umbringen, diese Verbrecher. Aber ich will leben. Ich will zu Dir zurück. Das Ende rückt näher. Amerika nimmt eine Moffenstadt nach der anderen. Sie werden fertiggemacht, die Schweine. Aber in ihrem Sturz wollen sie mich mitreißen. Ich werde mich wehren.*

1. 4. *Ostern. Beim Morgengrauen, trauernde Frauen, schneeweiße Engel. »Was sucht ihr den Lebendigen bei den Toten? Er ist nicht hier. Er ist auferstanden.« Der ermordete Gott – Er lebt.*
Holland, rasch sich drehende Windmühlenflügel, ungestüme Wasser;

wenn die Wolken aufreißen, streift die Sonne über die Weiden. Kurzes Schilf, Glockenläuten, Hyazinthenduft. Saubere Straßen, Leute in ihrem österlichen Sonntagsstaat, rosa Schleifen, stromlinienförmige Kinderwagen, Zigarre, Kirchgang. Eier aus rosa Zucker und mit Fondant gefüllt, oder mit einem lila Band verziert, in Silber verpackt. Ungeheuer viele Bomber. Die Amerikaner lassen massenhaft Ostereier fallen.
Es ist einfach grauenhaft: Heute, Ostern, ist auch Bruyel gestorben. Jan Bruyel, der mich während meines Fleckfiebers so aufopfernd gepflegt hat. Mit dem ich über sein Mädchen gesprochen habe, über Segeln auf den Loosdrechter Seen. Tot.
2. 4. *Es geht die Rede von einer unmittelbar bevorstehenden Evakuierung. Hoffentlich nicht: eher bei den Amerikanern sein! Aber dieses Lager ödet mehr und mehr an. Es ist ein verdrecktes, grausiges Totenlager. Dachau wäre ein Paradies, obwohl überfüllt. Ich fühle mich so schwach, manchmal Durchfall. Atemnot, und mein Herz rast.*
Plötzlich kleidet man uns neu ein, ich habe Socken, eine Überjacke und eine fast neue Wolljacke, herrlich, aber überaus häßlich. Sollten wir wirklich fort? Scheint alles dummes Gerede zu sein. Wir werden sehen. Ich überlasse alles Gott. Was für ein unerschöpflicher Reichtum: an Gott glauben zu dürfen und Jesus immer neben sich zu haben!

Nachdem die deutsche Ardennen-Offensive (15. Dezember 1944–26. Januar 1945) zurückgeschlagen worden war, wurde es auch dem größten Pessimisten im KZ klar, daß die Moffen den Krieg verlieren würden, und zwar bald, angesichts des zügigen russischen Vormarschs im Osten und der Überschreitung des Rheins durch die Alliierten im Westen. Den bevorstehenden apokalyptischen Untergang des Dritten Reiches konnten sogar die fanatischsten Parteigenossen nicht mehr in Frage stellen. Welchen Einfluß übte diese Tatsache auf das Verhalten der Deutschen uns Häftlingen gegenüber aus? Diese Frage läßt sich nur schwer beantworten. Einerseits wurde der Mof, die Niederlage vor Augen, mordgieriger: Wenn wir in die Hölle fahren, dann kommt ihr mit. Für diese Einstellung gibt es Beispiele im Überfluß; ich nenne nur die zahllosen mörderischen Transporte von Häftlingen, zu Fuß, in offenen Güterzügen usw., quer durch die teutonischen Lande. Das lag auch im Wesen der Deutschen: Der Untergang sollte so dramatisch wie möglich gestaltet werden. Andererseits gibt es zahlreiche Beispiele, daß SS-Leute usw. sich mit den Häftlingen gutzustellen versuchten. Sie milderten die Schreckensherrschaft,

ergriffen Maßnahmen, ihre eigene Haut zu retten. In vielen Lagern ließ die Disziplin nach. Die Ursache dafür war das allmähliche Auswechseln der SS-Wachen durch den Volkssturm u. ä. und der Mangel an Lebensmitteln. Die KZs funktionierten nicht mehr nach den deutschen Spielregeln. Alles entglitt den Deutschen immer mehr, so wie schließlich in Dachau. Auch wenn weniger gemordet wurde – Tote gab es genug. Wen Feuerwaffen, Knüppel und Gas nicht fertigmachten, den brachten das Fleckfieber und der Hunger unter die Erde.
Die Zusammenhänge sind aber noch komplexer. Nicht alle Deutschen waren fanatische Nazis. Je schlechter der Krieg für sie lief, desto eher sahen einige von ihnen ein, daß sie von ihrem eigenen Führer und allen unsinnigen Ideologien betrogen worden waren; sie erwachten aus ihrem Machtrausch von Herrenvolk, Blut und Boden und Lebensraum und begannen, ihr verbrecherisches Tun einzusehen.
Tatsächlich, einigen Deutschen gingen die Augen auf. Es gab einige, sehr wenige, die sich an uns heranmachten, nicht so sehr, um bei uns einen Stein im Brett zu haben, als aus der Erkenntnis heraus, wie sehr sie sich ›geirrt‹ hatten. Die Parteispitze selbst gehörte deutlich zur ersten mordlustigen Kategorie. Der Reichsführer SS Heinrich Himmler hatte, wie sich später herausstellen sollte, den KZ-Kommandanten befohlen, uns beim Heranrücken des Feindes umzubringen. »Kein Häftling darf lebendig in die Hände des Feindes fallen.« Ein Befehl, der von etlichen Lagerkommandanten sabotiert wurde. Aus Angst vor Repressalien der anrückenden Sieger? Oder hatten sie Skrupel? Ich weiß es nicht. Ich vermute, daß sie bei ihrer Verhaftung letzteres behauptet haben, auch wenn im Grunde ersteres zutraf.
Zusammenfassend glaube ich doch, daß die Deutschen, die uns in ihren Untergang mitreißen wollten, in der Mehrzahl waren.

Die Zwölf Zum Schluß meiner Erinnerungen und Tagebuchaufzeichnungen aus dem Totenlager Vaihingen/Enz möchte ich die zwölf Freunde – darunter mir sehr teure –, die nacheinander an den Folgen ihres Leidens in der Hölle Dautmergen starben, noch einmal mit großer Ehrfurcht und einem großen Schuldgefühl namentlich aufführen.
Voller Ehrfurcht: weil sie gekämpft haben – und in der Verdammnis des KZs weiterkämpften – für menschliche Würde, Gerechtigkeit und Freiheit. Schuldbewußt: weil ich sie nicht vor einem Tode habe retten können, der damals so jämmerlich erschien und doch gerade

deshalb erhaben war. Diese zwölf und die Tausende anderer Märtyrer werde ich bis an mein Lebensende in Erinnerung behalten. Und sollte neues Unheil unser Land heimsuchen, dann vertraue ich darauf, genug Kraft zu empfangen, um mich ihrer würdig zu erweisen.

F. Baron van Hugenpoth tot den Berenclauw	21. November 1944
G. J. Visser	31. Dezember 1944
J. Eras	6. Januar 1945
J. E. van Brakel	11. Januar 1945
... Partouns	13. Januar 1945
Mr. A. B. Bommezijn	30. Januar 1945
E. F. Verstijnen	1. Februar 1945
Ir. W. J. Bijleveld	26. Februar 1945
J. H. Akkerman	ca. 1. März 1945
J. E. Philipsen	ca. 13. März 1945
N. Beck	ca. 20. März 1945
J. van Dijk	30. März 1945

Die beharrliche Frage Haben Häftlinge, die noch einigermaßen bei Kräften und zu helfen imstande waren, in welcher Form auch immer, wirklich alles Menschenmögliche getan, um die zu retten, die zu retten waren, und um den Sterbenden die letzten Tage und Stunden zu erleichtern? Diese Frage habe ich mir auch gestellt.
Sehr oft. Bis heute. Meine Antwort lautet: ja – nein. Es gibt Beispiele im Überfluß von Taten der Fürsorge, Selbstaufopferung, sogar des Heldenmutes im Dienst des Nächsten, ob Freund oder Feind. Ich habe viele aufgezählt. Ich selbst habe mein Leben auch solchen Taten zu verdanken. Aber der eine war durch seinen Charakter und seine Position dazu eher imstande als der andere. Wenn es einem Häftling relativ gut ging, weil er in einem guten Kommando arbeitete und zu essen hatte, fiel es ihm natürlich viel leichter, einem anderen mit Nahrung, aber auch mit moralischer Unterstützung beizustehen. Wer sich selbst in einem jämmerlichen Zustand befand, der konnte nur unter größter Anstrengung Hilfe leisten. Andererseits erlebte ich, daß jemand, der gleichsam mit letzter Kraft dem Nächsten half, ganz unerwartet mehr zurückbekam, als er gegeben hatte. Dieses Buch liefert auch dafür Beispiele. Wir hätten eigentlich alles, wirklich alles aufs Spiel setzen müssen, auch das eigene Leben, um noch Schwächere zu retten. Das ist auch geschehen. Aber es ist auch unterlassen worden.

Auch ich habe manchmal nicht genug darauf vertraut, daß Gott mir, sogar in Lebensgefahr, die Kraft und die Mittel wiederschenkte, die ich selbst weggab. *Das ist ein Grund, warum Überlebende aus dem KZ immer ein Schuldgefühl zurückbehalten werden.*

Schlimmer als Tiere Vaihingen und Dachau sind in der Luftlinie zweihundert Kilometer voneinander entfernt. Drei Tage brauchten wir dafür. Unser Zug bestand aus drei Güterwaggons, wir waren dreihundert Mann, man stelle sich die drangvolle Enge vor! Gleich am Anfang der Fahrt wurden uns 750 Gramm Brot zugeteilt; das war alles für die drei Tage. Nichts zu trinken. Nichts. Austreten außerhalb des Zuges wurde nur einmal zugelassen, später benutzten wir die Eßschüsseln oder nicht einmal mehr sie. Das Sitzen an sich wurde schon zu einer Kunst. Langsam knickte man in den Knien ein und wartete ab, wohin und auf wen man geriet, ob die Sitzenden den Eindringling dulden oder wieder hochstoßen würden. Wer einen Platz ergattert hatte, dann aber aufstand, war ihn sofort los und mußte wieder darum kämpfen.
Manchmal starb einer; man war erleichtert, weil man sich auf ihn setzen konnte. Jemand ließ ein Stückchen Brot fallen; ein Dutzend Männer stürzte sich darauf, wühlte im Kot, einige stachen mit ihren selbstgebastelten Messern zu. Nach meinen Aufzeichnungen – auch in dieser bestialischen Gesellschaft schrieb ich noch – konnten wir manchmal durch Schußlöcher hinaussehen. Weinberge und blühende Obstbäume erblickte ich, prächtige Burgen, Klöster.
Unser Krankentransport mußte am 3., 4. und 5. April Angriffe der Alliierten durchstehen. Nur noch Todesangst in dem Waggon; Männer schrien nach ihrer Mutter. Am 3. April um 16 Uhr wurden wir bei Plochingen von Jagdbombern angegriffen. Die Wachposten flohen über die Böschung in den Wald, wir blieben eingeschlossen und hilflos in den Waggons. Am 4. April legten wir dreißig Kilometer in vierundzwanzig Stunden zurück. Endlos wurde rangiert. In dieser Nacht sah ich die Donau und das Ulmer Münster, Frauen mit Spaten und Kolonnen von Kriegsgefangenen.
Auf einem Bahnhofsgelände konnten wir kurz Verbindung mit einer Gruppe amerikanischer Kriegsgefangener, Piloten, aufnehmen! Das also waren sie, die ›phosphorabwerfenden anglo-amerikanischen Neger‹ von Goebbels. Gute Kerle, freundliche Gesichter. Sie warfen uns Zigaretten herüber. »You'll be free within three, four weeks«,

riefen sie uns zu. Es sollte in Erfüllung gehen. Eine ganze Nacht stand der Zug in Günzburg. Die Wachen hatten sich im Luftschutzraum unter dem Bahnhof verkrochen.
Manchmal, wenn in der Ferne Luftalarm gegeben wurde, suchten die Deutschen mit dem Zug Schutz in den Wäldern. Ich traf Maßnahmen, alle meine Tagebuchaufzeichnungen zu retten, mit Hilfe von Belgiern.
Ab 5. April gab es keine Moral mehr. Nur Klagen, Fluchen, Scheißen, Messerstechereien. Läuse.
In diesem Zug des Grauens schrieb ich: »Wie ist es möglich, daß der Mensch am Leben bleibt?«

Rückblick auf Vaihingen Das Lager Vaihingen/Enz, ein Außenkommando von Natzweiler, lag rund fünfundzwanzig Kilometer nordwestlich von Stuttgart in der Nähe eines Villendorfes, das den Namen Vaihingen trug. Wim Roessingh, der nach der Evakuierung am 2. April 1945 mit einigen anderen dort zurückblieb, berichtete, daß das Lager nicht wie geplant vernichtet worden war (natürlich mit allen Häftlingen zusammen), sondern am 8. April von der Première Armée Française unter Befehl von General de Lattre de Tassigny befreit wurde. Diese Streitkräfte setzten sich aus nordafrikanischen, französischen Truppen und Teilen der Forces Françaises de l'Intérieur zusammen. Der Lagerkommandant hatte zuvor förmlich Abschied genommen und sich verzogen. Der Befehl Himmlers, daß kein Gefangener lebend in die Hände des Feindes fallen durfte, war Roessingh und seinen Leuten bekannt. Als fast alle KZ-Insassen am 2. April evakuiert wurden, wußten sie nicht, was sie sich wünschen sollten. Im KZ zu bleiben, bedeutete, wenn man den Befehl Himmlers in Betracht zog, den sicheren Tod. Transport an einen anderen Ort bedeutete ein enormes Risiko. Gott sei Dank sind wir beide, der eine, der geblieben war, und der andere, der weitertransportiert wurde, mit dem Leben davongekommen. Und einunddreißig Jahre später, am 5. Mai 1976, verlobten sich sein ältester Sohn und unsere einzige Tochter... Sie heirateten am 5. Mai 1979!

Konzentrationslager Dachau

5.–29. April 1945

Das Todesbad Am Anfang unseres Dachauer Daseins erwartete uns die Desinfektion, und zwar mitten in der Nacht. Wir mußten uns draußen ausziehen, in strömendem Regen. Unsere Kleidung wurde zu Bündeln zusammengeschnürt. Die Jacke mit der Nummer obenauf. Nach der Desinfektion der Kleidung – anscheinend sollte dies bündelweise geschehen – sollte dann jeder seine Lumpen anhand der Nummer wiederfinden. Daraus wurde natürlich nichts: Die Bündel fielen auseinander.

Als wir nach stundenlangem Stehen in der Regennacht wie erstarrt waren, wurden wir in den Baderaum getrieben. Wer laufen konnte, lief. Wer nur noch humpeln konnte, der humpelte. Diejenigen, die nur noch kriechen konnten, krochen. Wer sich nicht mehr bewegte, wurde mitgeschleift. Wer tot war – auch.

Der Baderaum in Dachau war geräumig. Warmes Wasser strömte aus den Duschen. Seife und Handtücher gab es natürlich nicht. Doch das Schauspiel, das sich dann, Anfang April 1945, einen Monat vor der totalen Niederlage Deutschlands, unseren Augen bot, war so entsetzlich, daß die Augen bei seiner Wahrnehmung zögerten und es nur verschwommen und undeutlich an das Gehirn weiterzugeben wagten.

Nur wenige von uns konnten aufrecht unter der Dusche stehen und versuchen, sich den Kot vom Skelettkörper zu waschen. Der Kot trieb langsam strudelnd in die Abflußgruben.

Ein größerer Teil lag auf den Knien unter dem warmen Wasser oder saß darunter. Blut und Eiter und Verband flossen gurgelnd in die Gruben.

Andere lagen unter dem warmen Duschstrahl in Dachau, stöhnten, weinten, zuckten. Einige ließen Fäkalien und Urin laufen, die wirbelnd mit in die Gruben strömten. Und neben den Badenden…

Neben den Badenden, aber auch unter den Duschen, war das Waschraumkommando in Aktion getreten, in der Badehose. Stämmige, kahlköpfige Männer stapelten die Leichen höher und höher. Eins, zwei, hopsa! – und wieder klatschte ein toter Körper oben auf den Stapel. Sie packten auch Liegende, noch Zuckende, in Todesnot Keuchende: eins, zwei – »Hoch Amerika«, und wieder klatschte etwas, das einmal ein Mensch gewesen war, auf den stetig anwachsenden Stapel, und ich sah, wie sich noch Hände bewegten und Füße, und sie zuckten noch mit Armen und Beinen, und aus dem Menschenhaufen floß das Blut, der Eiter, der Kot, der Urin. Im Leichenberg wurde noch geröchelt, gestöhnt – aber: eins, zwei, hopsa! Und man schleifte sie von der am weitesten entfernten Dusche heran, an den Füßen, los, los! quer durch die Sterbenden, die Knieenden, die Sitzenden, und dann: eins, zwei, hopsa! Bis man mit einem neuen Menschenberg begann.

Nach dem Todesbad wurden wir wieder nackt in die Nacht hinausgetrieben, über den Appellplatz zu einer Quarantänebaracke. Dort mußten wir versuchen, in dem schon überfüllten Schlafsaal unterzukriechen.

Ich sah viele Freunde wieder, die von Natzweiler nach Dachau transportiert worden waren. Trotz der Quarantäne gelang es ihnen, mit uns Kontakt aufzunehmen, durch die Fenster an den Barackenseiten. Ich sah Chris Diters wieder, Jaap van Mesdag, Jan Drost, Pim Boellaard, Hans Teengs Gerritsen. Auch Daan Mulock Houwer erschien am Fenster. Als er mich sah, sperrte er Mund und Augen weit auf. Dann rief er: »Floris, du bist doch tot!« Ich antwortete, daß das noch nicht der Fall sei. »Warte«, sagte er. Nach einiger Zeit kam er zurück und steckte mir eine halbe Wurst zu. »Weil du noch lebst.«

So war es. Nachrichten wurden ausgetauscht. Wer lebte noch, wer war schon tot? Ich hatte einen traurigen Bericht abzuliefern: zwölf, vierzehn, an die zwanzig Namen. Und sie nannten ihre Toten: Stuuf Wiardi Beckman, van de Kasteele, Doktor (Dokkie) Krediet und viele andere. Der Tod war etwas so Alltägliches geworden. Man schrak zwar immer wieder kurz zusammen, doch unsere Trauer hätte endlos sein können. Wer lebte noch? Darum ging es zu allererst in diesen letzten Tagen.

Der Deutsche – ein Porträt Eine oft gestellte Frage soll in diesem Buch in aller Ehrlichkeit beantwortet werden: Wie waren eure Erfahrungen mit den Deutschen während eurer Gefangenschaft?

Wenn ein Staat plötzlich, trotz aller gegenteiligen Erklärungen und

ohne jede Vorwarnung, unter Anwendung der niederträchtigsten Mittel unser eigenes Vaterland bei Nacht und Nebel mit einer gewaltigen Übermacht angreift; wenn dieser Feind dann, nachdem er wegen des unerwartet starken Widerstandes unserer (doch höchst unzulänglich ausgerüsteten) Streitkräfte seiner Ansicht nach nicht schnell genug einen Sieg verzeichnen kann und deshalb seine Zuflucht zu einer Schreckensbombardierung nimmt und eine große, wehrlose Stadt zerstört; wenn sich der Feind, nachdem er das Land besetzt hat, anfänglich anzubiedern versucht, doch nur zu bald seine wahre verbrecherische Fratze zeigt und auf der ganzen Linie einen immer zunehmenden Terror einsetzt, vor allem Juden gegenüber, aber außer ihnen auch die gesamte Bevölkerung terrorisiert und im Widerspruch zu allen Regeln des Völkerrechts vor Betrug, Veruntreuung, Diebstahl, Zwangsarbeit, Sklaverei, Menschenraub, Repressalien, Mißhandlungen, Deportation und Mord nicht zurückschreckt und dies in einem Maß vor sich geht, das nicht mehr zu überbieten ist; wenn der Feind diejenigen, die gegen dieses teuflische System Widerstand leisten, gefangennimmt und vor oder nach einer lächerlichen Abart von ›Rechtsprechung‹ der Folter, der Deportation, der Exekution unterwirft ... dann ist kaum zu erwarten, daß die Antwort derjenigen, die am meisten darunter gelitten haben, anders als so ausfällt:
Wir haßten die Deutschen wie die Pest. Wir machten – und einige machen noch heute – keinen Unterschied zwischen Deutschen und Nazis. Das deutsche Volk hat es nun einmal zugelassen, daß die Nationalsozialisten an die Macht kamen. Solange die Nationalsozialisten Erfolg hatten, standen die Deutschen geschlossen hinter ihnen, mit nur wenigen Ausnahmen. Anders konnten wir es nicht sehen. Als es bergab ging, formierte sich deutscher Widerstand, aber eher deswegen, weil der Führer als Oberbefehlshaber versagt hatte und nicht mehr siegen konnte, als aus Abscheu vor dem bestialischen Regime. So mußten wir es glauben. Aber ich will natürlich versuchen, meine Meinung nuancierter darzulegen.
Wir sind auch in der Gefangenschaft »guten Deutschen« begegnet; in diesem Buch gibt es dafür Beispiele. Gute Deutsche gab es sowohl vor als auch hinter dem Stacheldraht. Sie fielen durch ihre Seltenheit auf. Diejenigen, die mit der Bewachung der KZs beauftragt waren, gehörten selbstredend ebensowenig zur Auslese der Nation wie die Beamten des SD und der Gestapo.
Von den Deutschen heißt es, daß sie »gründlich« sind, sauber, strebsam, fleißig, diszipliniert, präzis und zu allem fähig (einschließlich des

industrialisierten Mordens). Das mag heutzutage zutreffen, wir aber haben von diesen Eigenschaften nichts bemerkt. Die Deutschen, die sich mit uns befaßten, waren nicht gründlich, wohl strebsam, nicht präzis und fast immer höchst unfähig, umständlich, langsam im Tun und von Begriff, kurzum: dumm. Fast ständig mußten wir über die Dummheit der Deutschen staunen, auch über die ihres Polizeiapparates. Selbst mit ihrem Organisationstalent lagen sie weit unter dem Durchschnitt.

Ferner fiel uns die erstaunliche Kombination von Blutdurst und Sentimentalität auf, auch dafür liefert dieses Buch Beispiele.

Der Deutsche... ist grausam, finster, fühlt sich oft zum Tod hingezogen. Mit seinem Begriff »oberster Kriegsherr« sind imposante Vorstellungen verbunden: Feld der Ehre, Heldentod, Heimat, Walhalla. Der Deutsche auf der Jagd, im Grünen, im Wald ist ein »Kriegsherr« en miniature. Seine grobe Sentimentalität ist damit unverbrüchlich verbunden.

Zu Siegfried gehört die blonde, blauäugige Kriemhilde, die man sich als »vollbusiges, arisches Edelweib« vorstellen sollte. Das bringt mich auf den Gedanken, daß die Deutschen den Menschen oftmals mit dem Tier auf eine Stufe stellen. Die SS suchte in Anzeigen vollbusige Edelweiber zwecks Erzeugung arischer Kinder. Unter Leitung von Himmler wurden dann auch Deck- und Zuchteinrichtungen für Menschen geschaffen: ›Lebensborn‹.

Bei den Deutschen zählte ein Menschenleben nicht viel (bei den Russen wahrscheinlich noch weniger). Mit uns gingen sie nicht sparsam um, ebensowenig mit ihresgleichen. Was die Juden betrifft: die wurden nicht als Menschen, sondern als Untermenschen eingestuft, die vernichtet werden mußten – wie eine Rattenplage.

Gewiß – der Deutsche war diszipliniert und gehorsam, bis zum Verbrechen: Kadavergehorsam. Das trat auch bei den Nürnberger Prozessen deutlich zutage. Ein Befehl, welcher Art auch immer, wurde befolgt. Der Gedanke, ihn zu verweigern, kam überhaupt nicht auf.

Die Deutschen waren roh bis in den Tod. Sie erdachten Roheiten, auf die nur ein krankes Hirn verfallen konnte. Körperliche Züchtigung erwachsener Männer war früher nichts Ungewöhnliches; man denke zum Beispiel an die strenge Disziplin bei der britischen Navy. Aber dort wurden Männer auf den Rücken geschlagen, bis sie bluteten, oft noch ärger; für die Deutschen war es typisch, daß sie sich eine offizielle Züchtigung wie Fünfundzwanzig auf den Arsch ausdachten. Daß man erwachsene Männer in aller Öffentlichkeit – nach Reichs-

vorschrift von Himmler persönlich – auf das nackte Gesäß schlug, ist echt- und urdeutsch.
Die Deutschen schienen auch allen Ernstes von ihrer Überlegenheit als Herrenvolk überzeugt zu sein. Bei guter Laune kehrten sie ihre väterliche Großmut gegenüber uns armen Schluckern heraus – uns dummen Holländern. Ein Beispiel, das für sich selbst spricht:
Im Jahre 1943, als ich schon lange gefangensaß, mietete meine Frau eines Tages ein Ruderboot auf den Kaager Seen (unser Wohnschiff hatten die Deutschen gestohlen, die Jolle war gesunken), ruderte ein Stück, lenkte das Boot ins Schilf, kleidete sich aus und legte sich hin, um ein Sonnenbad zu nehmen. Schon bald wurde sie von sich nähernden Schritten im Marschtempo aufgeschreckt. Ein bis an die Zähne bewaffneter Mof erschien am Ufer und schaute über das Schilf zum Boot. »Gehört das Boot Ihnen?« »Nein, es ist gemietet.« Daraufhin brüllte der Mof: »Kann da liegen bleiben!« und marschierte fort. Das war alles, was ihm beim Anblick einer schönen, nackten Frau einfiel, aber es war sehr wohlwollend gemeint.
In der Verwaltung und Organisation waren die Deutschen reine Esel. Sobald sie uns Gefangenen – aus welchem Grund auch immer – etwas mehr Selbstverwaltung zugestanden, uns mehr überließen, lief alles viel besser. Ihre Verworrenheit zeigte sich auch in ihren Schriftstükken, den schriftlichen Mitteilungen und Anordnungen, den deutschen Texten im allgemeinen, auch denen der höchsten Behörden. Verworrenes Gefasel, oft kompletter Unsinn. Aber eifrig waren sie, bei allem (auch in Auschwitz...). Arbeiten konnten sie buchstäblich wie die Teufel. Stark waren sie, gesund und unermüdlich. Und musikalisch. Wie unser Volk traditionell mit der Malerei verwachsen ist, so ist das deutsche Volk von Musik durchdrungen. Vor allem von sentimentaler Musik, von romantischen Klangfolgen. Ich glaube, daß das deutsche Volk, was Komponisten, Tonkünstler und Orchester betrifft, den anderen Völkern weit überlegen ist.
Das fiel auch im KZ auf. Da verlangten die Deutschen Musik, auch bei den Hinrichtungen, und die Häftlinge musizierten auf Befehl.
Eine besondere Eigentümlichkeit der Deutschen war ihre Vorliebe (die den Niederländern übrigens auch nicht unbekannt ist), etwas auf komplizierte Weise zu tun, auch wenn es einfach ging. Äußerste Kompliziertheit der Vorschriften und Anordnungen verbunden mit einer großen Weitschweifigkeit in Worten und endlosem Gestarre auf Papier zeugten bei ihnen von Bildung und Belesenheit.

Überdies hatten sie den merkwürdigen Hang, einen angenehmen Zustand rasch zu beenden. Sogar im KZ kam es schon einmal vor, daß man genügend gegessen hatte und für kurze Zeit scheinbar außer direkter Lebensgefahr gemütlich schwatzend mit Freunden im Warmen zusammensaß. So ein Zustand dauerte bei den Deutschen nie lange an. Es schien, als ob sie, getrieben von den harten Pflichten für das Vaterland, sich der Behaglichkeit schämten. Dann ertönte auch schon bald der schreckliche Befehl: »Fenster auf!«, dem ein eisiger Luftstrom folgte. Essen weg, Zigaretten aus, ein allgemeiner Aufbruch und »ruck zuck an die Arbeit, auf geht's!«

Die vorangegangenen Zeilen entwerfen ein negatives Bild, aber ich muß sie aufrechterhalten. Positiv ließe sich die Forderung der christlichen Nächstenliebe hinzufügen, diesem sonderbaren, sehr verirrten, doch begabten Volk Beistand zu leisten, um es auf den rechten Weg zurückzuführen. Auch muß erwähnt werden, daß es in dem Volk von – damals – neunzig Millionen Seelen natürlich hochgesinnte Geister gab. Mit einigen bewundernswerten Ausnahmen – die Namen der Frauen und Männer des Widerstands, Menschen recht unterschiedlicher sozialer und politischer Herkunft, sind wohlbekannt, und nach und nach erfuhr man von mancher guten und tapferen Tat, die im Verborgenen geleistet wurde – haben sich diese während der zwölf Jahre des Tausendjährigen Reiches natürlich mäuschenstill verhalten. Andererseits muß man zugeben, daß, wie bekannt, unser eigenes Volk zu unserer hundertjährigen Schande viele tausend Menschen niedriger Gesinnung hervorgebracht hat, die an Schlechtigkeit den Deutschen nicht nachstanden. Jedoch kann ich der manchmal geäußerten Behauptung nicht zustimmen, daß das niederländische Volk, hätte es zwischen 1918 und 1933 in denselben Umständen wie das deutsche gelebt, wahrscheinlich denselben Weg gegangen wäre oder, verallgemeinert, daß kein Volk vor Massenkriminalität sicher sei. Davon kann keine Rede sein.

Durch seine Geschichte, seine Ehrfurcht vor ›dem Militär‹, durch die traditionellen Erziehungsmethoden, die unangreifbare väterliche Gewalt, das Patriarchat, den überkompensierten Minderwertigkeitskomplex, die Empfindlichkeit für Hypnose, den Todestrieb und die Sentimentalität war das deutsche Volk ganz besonders geeignet, hinter einem Führer herzumarschieren, dem Untergang entgegen.

In den Niederlanden hätte man den schon sehr bald ausgelacht und hinauskomplimentiert.

Wie überlebt man das? Wer mir bis hierher gefolgt ist, wird sich vermutlich des Eindrucks nicht erwehren können, daß ich vor meiner Verhaftung und vor allem danach von allen Seiten beschützt und bevorzugt worden bin. Links und rechts fielen die Schlachtopfer, meist nach unvorstellbaren Leiden. Sie wurden bei ihren Verhören gefoltert. Sie wurden in den Bunkern zusammengeschlossen. Sie wurden halbtot geschlagen – oder ganz. Sie wurden lebendig begraben, erhängt, erschossen, vergast. Sie verhungerten bei Wasser und Brot, sie wurden zu Boden getreten, mit Knüppeln zerschmettert, von Hunden zerrissen. Man mißbrauchte sie für Experimente, Bestrahlungen, Kastration, Sterilisation. Sie litten in Judenkommandos, Strafkommandos, Straflagern.
Und ich? Gegen mich sprach viel. Ich war zwar kein Jude und auch kein Russe oder Pole, aber doch ein Rechtsanwalt, ein Intellektueller, ein Erzfeind allen Gesindels hinter und vor dem Stacheldraht. Ich war ›christlich‹, und infolgedessen fanden mich alle, die Kommunisten oder Nazis waren, äußerst verdächtig. Meine äußere Erscheinung war nicht sehr einnehmend: ein schmutziggraues, 187 Zentimeter langes Skelett, mit abstehenden Ohren und einer ewigen Triefnase. Ich war ein Schwärmer, ein Träumer, konnte nur ungeschickt mit Werkzeug umgehen. Ich war langsam, immer irgendwo verletzt. Überall fiel ich auf. Ich hatte wirklich alle Eigenschaften, um schnell an mein Ende befördert zu werden. Viele Leidensgefährten fürchteten für mich fortwährend das Schlimmste und waren starr vor Staunen, wenn sie mich immer wieder irgendwo lebend auftauchen sahen: aus einem mörderischen Kommando, aus einem Krankenrevier, aus einem anderen Lager. Wie kam das?
Es gibt nur eine richtige Antwort: Weil es Gott gefallen hat, mich zu verschonen. Von dieser Antwort lassen sich noch einige andere Antworten ableiten. Ich glaubte fest an meine Befreiung; ich betrachtete dies als göttliche Zusage. Ich wollte unter allen Umständen zu meiner Frau zurück. Daran hielt ich fest. Deshalb ließ ich mich selten kleinkriegen und wenn, dann nur vorübergehend. Ich fand auch, daß ich eine Aufgabe hatte. Ich war auf eine seltsame Weise zum Christentum bekehrt worden, ich mußte meinen Glauben nunmehr hinaustragen und weitergeben. Ich vertraute darauf, daß dies Gottes Absicht war und daß ich deshalb am Leben bleiben würde.
Ich hatte über meine Eltern von vier Großeltern eine eiserne Konstitution mitbekommen. Als Student war ich geradezu stark. Mein Organismus war in Ordnung.

Ich hatte viele, viele Freunde. Den unschätzbaren Wert der Freundschaft habe ich an anderer Stelle beschrieben. Die Freunde hielten den Freund moralisch aufrecht. Und auch körperlich. Sie sorgten nicht nur dafür, daß ich so wenig wie möglich auffiel, sie begünstigten mich auch. Freunde verhalfen mir zu kleinen Pöstchen, verschafften mir Essen. In meinem Tagebuch werden zu Hunderten, vielleicht sogar zu Tausenden oder mehr, Fälle von Hilfeleistungen aller Art aufgezählt. Ich habe in diesen drei Jahren fast immer den furchtbarsten Hunger gelitten. Ich darf nicht daran denken, welche Formen der Hunger angenommen hätte, wenn ich nur auf die offiziellen Rationen angewiesen gewesen wäre. Hunderte von Kilogramm Nahrungsmittel haben mir Freunde zugesteckt.

Und weiter: die Vorstellungskraft! Anders als viele Häftlinge, die zerbrachen, wenn sie an ›Zuhause‹ dachten, panzerte ich mich bewußt oder unbewußt gegen die mich umgebende Wirklichkeit mit einer Schutzhülle aus Erinnerungen und schirmte mich in gewissem Sinne gegen das Grauen ab. Ich verteidigte mein Menschsein. Dann konnte ich mich in Erinnerungen an früher ergehen, mich aber auch mit Plänen für später befassen. Ich fühlte die Gefahr, in der Realität des KZs geistig gestört, einfach verrückt zu werden (so wie es auch einige Male der Fall gewesen ist). Ich benutzte die Phantasie tatsächlich als Waffe. Und meine Gedanken konnte ich niederschreiben, beinahe überall und immer. Das Schreiben war eine Lebensnotwendigkeit geworden, vergleichbar dem Essen. Indem ich alles aufschrieb, zwang ich mich auch, nicht abzuschweifen, sondern »dran« zu bleiben. Die in geschriebenen Worten materialisierten Erinnerungen hielten einen Gedankenstrom manchmal etwas überspannter Bilder und Ideen in meinem Geist in Fluß, der sonst versickert wäre.

Denn der Geist erlag eher als der Körper. Eisenstarke Kerle wie Otto Verdoorn, die den Mut verloren, deren Charakter zu nobel war, um die Schurkerei rundherum ertragen zu können, gingen innerhalb weniger Monate zugrunde. Kleine, schwächliche, physisch gar nicht so starke Männer hingegen, die durch ihren Charakter oder einen Glauben oder eine Philosophie oder auch durch schlaue Gewandtheit oder reine Hartnäckigkeit ihr Los anzunehmen verstanden, überlebten oft. Man mußte versuchen, sich nicht gehen zu lassen. Viele verwahrlosten und vernachlässigten sich, oft aus reiner Schwäche. Ihnen war alles egal. Sie verschmutzten äußerlich und innerlich. Das war verhängnisvoll. Man mußte darauf achten, solange wie möglich seine

Lebensart beizubehalten. Man mußte versuchen, noch Manieren zu haben, Gespräche zu führen, sich zu beherrschen.
Vor allem durfte man mit dem Waschen nicht aufhören, selbst wenn es nur Eiswasser gab und keine Seife, kein Handtuch und man in einen Waschraum voll zänkischer Häftlinge gehen mußte. Man mußte versuchen, an saubere Kleidung zu kommen, seine Pritsche reinzuhalten wie ein Tier sein Nest. Sonntagmittag mußte man sich bemühen, beim Rasieren dranzukommen, selbst wenn man der Einundzwanzigste in der Reihe war. Man mußte Wunden und Geschwüre sofort auswaschen, mit etwas Margarine einfetten und mit einem Stoffstreifen verbinden. Man mußte, so sonderbar es auch klingen mag, versuchen, seine Gesundheit zu schützen. In Außenkommandos und auch bei Appellen konnte man sich oft Plätze suchen, wo man weniger gefährdet stand.
In fast allen Lagern waren die Pritschen in drei Etagen übereinander angeordnet; man mußte sich immer um eine Schlafstelle oben bemühen, weil es in der Nacht dort am wärmsten war und weil die anderen, die austreten mußten, dann nicht über die eigene Pritsche kletterten und mit ihren Füßen ins Gesicht des Schläfers traten, und weil man dann auch von denen, die ihrer Notdurft freien Lauf ließen, nicht belästigt wurde. Niemals durfte man Brot oder andere Lebensmittel gegen Zigaretten tauschen (was oft vorkam).
Auch Gewitztheit war am Platze, unverhüllte, egoistische Schlauheit. Bei der Brotausgabe mußte man während des Anstehens schnell überblicken, wie die Portionen lagen und welche Stücke am größten waren (oder schienen). Dann mußte man seinen Platz in der Schlange so einnehmen, daß man bei dem größten Stück an die Reihe kam. Ebenso bei der Verteilung der Suppe. Man mußte an die Reihe kommen, wenn das Unterste und deshalb Dickste aus dem Kessel geschöpft wurde.
Man mußte versuchen, und das war sehr wichtig, die zuständigen Machthaber unter den Häftlingen für sich zu gewinnen, wenn man in ein Revier oder in einen Schonungsblock aufgenommen werden wollte. Das war eine große Kunst. Sah man allzu jämmerlich aus, dann reizte man den Mof so, daß er den Bittsteller verjagte. Versuchte man sein Bestes, um noch einigermaßen ordentlich auszusehen, dann tat er das erst recht. Große Schauspielkunst war nötig, um gefährliche Kriminelle günstig zu stimmen. Man mußte sich still verhalten, sehr still, demütig, einnehmend ... aber doch erbärmlich. Es ist widerwärtig, aber so ist es.

Bei der SS mußte man wieder ganz anders vorgehen. Im Kontakt mit der SS war äußerste Selbstbeherrschung geboten. Dann mußte man absolut etwas darstellen, militärisch, perfekt Haltung annehmen, laut und gut deutsch sprechen mit einem so germanischen Aussehen wie nur möglich. Sonst hatten die Schurken nur Verachtung übrig, man wurde verspottet, geschlagen und verjagt. So wollten sie den Gefangenen nicht sehen. Auch das ist widerwärtig, und doch war es so. Davon konnte sehr viel abhängen. Zum Beispiel der Aufstieg in ein besseres Kommando. Da mußte man wirklich alles auf eine Karte setzen, um akzeptiert zu werden. Man mußte sich nach dem Geschmack der Deutschen krümmen! Es war beschämend, aber hier heiligte der Zweck die Mittel. *Der Leser merke sich diese Anweisungen. Sie könnten ihm noch von Nutzen sein.*

Die letzten Tage In der letzten Phase des Krieges verschleppte der Mof seine Gefangenen von West nach Ost und von Ost nach West. Er konnte auf sie nicht verzichten. Er wollte sie nicht freilassen, er wollte sie offenbar ebensowenig umbringen. So steckte er Streitkräfte, Eisenbahnkapazität, Geld und Nahrungsmittel in den Transport von Herden menschlicher Wracks, die für ihn – wie die Erfahrung gelehrt hatte – nichts wert waren, anstatt alle seine Mittel im Krieg einzusetzen, den er offenbar bis zum totalen Untergang fortführen wollte. Da Ostbayern zu den Gebieten gehörte, die zuletzt befreit wurden, kamen im April wiederholt riesige Transporte in Dachau an. Daraus ergab sich allmählich ein Chaos in diesem ältesten KZ Deutschlands. Die Disziplin ließ nach, die Nahrungsmittel gingen langsam zur Neige.

Selbstverständlich wußten wir, daß die amerikanische Armee nicht mehr weit entfernt stand. Tagsüber fand ein ungestörtes Kommen und Gehen von Bombern und Jagdgeschwadern statt. Sie flogen schichtweise unter- und übereinander. Andererseits fühlten wir alten Lagerhasen, daß uns großes Unheil drohte. Während der letzten Tage mußten alle 32000 Häftlinge wiederholt auf dem riesigen Appellplatz antreten. Wir blieben dann eine oder mehrere Stunden grundlos stehen, ohne daß die terroristische Disziplin der deutschen Appelle angewendet wurde, und mußten dann plötzlich wieder in die Blöcke wegtreten. Während des ungeordneten Appells waren wir auf alles gefaßt, besonders auf einen Luftangriff oder auf Artilleriebeschuß. Sollte der Mof uns die Befreiung durch die Alliierten tatsäch-

lich gönnen? Andererseits: Wäre er wirklich fähig, 32 000 Menschen umzulegen? Diese Unsicherheit kennzeichnete jede Minute der letzten Wochen. Befreiung konnten wir uns nicht vorstellen, Massenabschlachtung ebensowenig. Aber auch nicht das ewige Andauern der Gefangenschaft, denn Deutschland brach zusammen. Was dann? Trübe Aussichten gepaart mit Angst, manchmal aufflackernde Hoffnung, manchmal ungeduldige Verzweiflung. Merkwürdigerweise litt ich diese letzten Wochen keinen großen Hunger mehr. Ich hatte viele Freunde, die – wie schon vorher berichtet – erstaunt waren, daß ich noch lebte, und mir allerlei zusteckten, um mir noch weiter auf die Beine zu helfen. Sie waren länger in Dachau als ich und verfügten als Prominente über mancherlei Sonderzuteilungen. Übrigens waren – mirabile dictu – gerade in den letzten Wochen aus allen Himmelsrichtungen Pakete eingetroffen, aber natürlich wieder nicht für die Holländer. Doch konnten auch sie Verschiedenes ›organisieren‹.
Ich werde nun für jeden Tag Fragmente aus meinem Tagebuch zitieren.

19. 4. 1945 *Ich habe Wasser im Unterleib, übrigens bin ich dicker geworden. Gestern ein strahlender Sonnenuntergang. »Aus dieser Richtung werden sie kommen«, und ich mußte heulen. Nach neuerlichem Kahlscheren und der Lysolquaste unabgetrocknet eine Stunde warten, nackt wieder hinaus in die Nacht, nackt unter eine nasse, winzige Decke. Banditen. Schurken. Immer, immer Hunger. Ich nörgle und greine – die steinerweichende Kälte ist schuld daran. Die Sonne ist nicht warm. Hier ist alles heimtückisch. Sie kämpfen in Nürnberg. Auch in Belgien. Das ist eine gute Sache. Mir ist elend zumute, ich bin ganz verwirrt. Bah.*

20. 4. 1945 *AH hat Geburtstag. Heute kein Appell! Bedenklich viel Wasser in meinem Geschlechtsorgan und im Gesicht. Es werden Dosen Ovomaltine verteilt. Ich glaube doch, daß die USA bald hierher kommen werden. Vielleicht nächste Woche. Nach einem Nickerchen in der Sonne 2 Liter Möhrensuppe, einen davon organisierte ich: Ausschau gehalten – nach links, nach rechts, nach hinten – nichts? Uff, türmen, weiterrennen, verschwunden sein – geklappt. Der Kampf um das nackte Leben. Heute großer Fliegeralarm. Ich liege auf einem Tisch in der Sonne und höre einem ungarischen Geiger zu, der das Ave Maria von Schubert spielt. Ich weiß sicher, bald kommt das Großartige: Waffenstillstand, Heimreise, Wiedersehen. Das Frühjahr 1945 wird uns den glücklichsten Tag unseres Lebens bescheren. H. gibt mir*

noch 3,5 Liter Suppe, Chris 1,5 Liter Vogelfutter, also 5 Liter – Hunger!

21. 4. 1945 *Habe von Ostereiern, der Königlichen Bibliothek und einem gruselig hohen Wachturm, der gerade umfiel, geträumt. Wichtig ist, daß Pakete ausgegeben werden. Franzosen, Belgier, Luxemburger und Polen kriegen Pakete; Zwieback, Milch, Fleisch, Zigaretten und Bonbons sind darin, auch Schokoladetafeln, Makkaroni. Die Holländer kriegen nichts. Man hat in den Päckchen gehaust. Daan Ottelé aus Gent bekommt eines mit Zwieback, Zucker, USA-Milch, Fleisch und Zigaretten. Er mußte auch einem Belgier eins bringen, der im Sterben lag, organisierte es aber* nicht. *Bewundernswert. Er gibt jedem reichlich von seinem Paket ab, ich wollte, daß ich das auch so könnte. Solange es keine Pakete gab, war alles mehr oder weniger Friede und Eintracht. Mit den Paketen halten wieder Diebstahl, Neid, Schwindel, Bestechung und Streit ihren Einzug. Es ist wie draußen in der Gesellschaft. Ich aß Zwieback mit Schokolade und Zucker plus zwei Frikadellen mit amerikanischer Sauce. Ich danke Gott für all Seine Güte. Was hat Er nicht alles erdacht! Die Sterne, grellrot, violett, geheimnisvoll grün funkelnd in der schwarzen Unendlichkeit. Blumen in der Sonne, brennendes Orange, reines Blau, Scharlachrot und warmes Sonnengelb. Schmetterlinge mit ihrem zierlichen Geflatter und ihrem wasserhellen Blau über den Blüten. Tiere, Pelztierchen, so zart und drollig und elegant. Die tobende, chaotische Kälte des Meeres, die zeitlose Erhabenheit eines Hochgebirges, die Felder und Heiden und goldene Äcker, weiße Birken und Zitterpappeln auf einer Weide neben einem gurgelnden Bach – Regen, Regen, warm, windstill, rauscht über einem abendlichen Garten, Amseln und Nachtigallen und das violette Wetterleuchten; und das wehmütige Nebelwetter, das Gedanken über Alter und einen friedvollen Tod aufsteigen läßt. Und, ach Gott, meine Frau hast Du erdacht, nur für mich, in all ihrer Anmut, ihrem Liebreiz, ihrem Adel und ihrer Feinheit. Die Liebe, der Schöpfer der Liebe, bist Du. Ich lebe noch. Ich darf noch leben. Ich darf noch genießen, was es hier zu genießen gibt. Ich darf auf noch größere Genüsse hoffen, zusammen mit meiner Frau in einer Welt ohne Krieg. Beglückendes Erleben meines geliebten Heimatlandes, meines hellen Wasser- und Polder- und Seenlandes. Mit seinen Wolken und Wassern und Horizonten. Gott, ich bete Dich still an. Samstagmittag. Zunehmender Fliegeralarm. Sie rücken näher. Oh, laß sie näherkommen! Laß sie kommen!*

22. 4. 1945 *Ich wurde wieder außergewöhnlich begünstigt. Ich traf*

einen österreichischen Priester, der mir bis heute abend sein Neues Testament lieh. Ich habe es hier, es liegt vor mir auf dem Bett. Ich verschlinge es, vor allem die Offenbarung des Johannes. Wie sorgst Du doch stets, daß ich Dein Wort überall lesen kann, sogar in der Hölle! Wir haben zu Ehren des Geburtstages von Daantjes Mutter einen »Tea« veranstaltet, wie mit Con in Natzweiler am Hochzeitstag seiner Eltern und mit Dave am Geburtstag seiner Mutter. Er spendierte uns belgische Pfefferkuchen mit einer dicken Lage amerikanischer Margarine und noch mehr Zwieback mit Zuckerstreusel auf Leberpastete, all dies gespickt mit Zigaretten und begleitet von Geigenmusik... Danach las ich lange in meiner deutschen Bibel. Soeben standen wir eine halbe Stunde im eisigen Wind und Hagel, aber unsere Männer sind jetzt mit ihren vollen Bäuchen viel lebhafter, sie sehen ganz anders aus: rote Wangen. Wirklich, Brot und Spiele, und das Volk ist zufrieden.

23. 4. 1945 *Gestern auch noch Jazz auf dem Akkordeon. De Boer gab einen Stepptanz zum Besten. Heute nacht überall Diebereien bei den Paketen. Jetzt ungeheuer kalt. Das Ödem klingt wieder ab. Verwirrung. Ich bin noch ganz erfüllt von der Apokalypse. Alles weist auf diesen Krieg hin. Mir ist fürchterlich kalt, und ich sitze gegen einen Ofen angelehnt, draußen sind ›Jabos‹, USA Jagdbomber, am Werke. Die Juden werden abtransportiert. Es gibt keine neuen Nachrichten.*

24. 4. 1945 *Gestern 1/8 Brot und soviel Vogelfuttersuppe, daß ich fast platzte: 1/4 Eimer oder fast 4 Liter hintereinander. Die Amerikaner scheinen Augsburg passiert zu haben und näherzurücken. Fortwährend Fliegeralarm. Jeder Tag kann alles für uns bringen. Mein Verstand ist all dem nicht mehr gewachsen, ich bin ganz durcheinander. Die Zeit ist so gewaltig, die Dinge sind von solch riesenhafter Bedeutung, die Zukunft ist so verwirrend, ich könnte ebensogut schreien wie weinen wie lauthals lachen. Ich suche meine Zuflucht beim Neuen Testament. Und bei Essen und Schlafen.*

Nichts, nichts kann ich mir vorstellen; es ist alles viel zu groß. Ich ersticke sofort. Rauchen, ich würde am liebsten ununterbrochen rauchen und Schokolade essen und Wurst und Sahne und Pfannkuchen. Ich habe eine Broschüre über Lourdes gelesen, die auf mich einen großen Eindruck gemacht hat. Ich erinnerte mich an meine eigenen »Visionen« am 9. April 1942 bei Delft und am 25. Dezember 1943 und im Januar 1944 in Natzweiler. Ich denke manchmal darüber nach, wie es wäre, wenn ich katholisch würde. Diese Kirche umgibt sich mit viel Eleganz und Liebreiz. Man findet dort festeren Halt, sie »machen viel mehr daraus«. Auch ihr großer Einfluß, ihre Internationalität und vor allem das künstlerisch Geheimnisvolle ziehen mich an. Ich habe Tee getrunken und bin rasiert. Wieder Alarm. Transporte finden nicht statt. Es ist ein äußerst beunruhigender Zustand. Daan war eben hier, er arbeitet nicht und bekommt morgen drei Pakete. Gleich essen wir Trokkengemüse. Ein freundlicher Russe aus Mariupol kocht es für uns. Mit einem Mal bringt man uns Suppe herein. Ich sprach mit einem »Kameraden«, der 600 Kilometer nördlich von Wladiwostok wohnt, 12000 Kilometer von hier. Tankkolonnen in der Nähe.

25. 4. 1945 *Die Nacht schien ohne Ereignisse zu verlaufen, aber am Abend wurden hier in die Stube 166 Mann hineingepfercht. Viertausend Häftlinge aus Nürnberg sind drei Wochen zu Fuß unterwegs gewesen. Jetzt zu dritt auf einer Pritsche ohne Matratze und ohne Decke. Aber ich, plötzlich prominent, ganz allein in einem Bett mit zwei Matratzen und vier Decken. Und leider wieder unter Läusen. Ich schäme mich in jeder Hinsicht.*

Die Kommandos rücken nicht mehr aus. Die USA scheinen einige Dutzend Kilometer von hier entfernt zu stehen. Heute oder morgen? April 1945, sollte das wirklich der Monat werden? Wenn ich daran denke, was jetzt alles geschehen kann, zittere ich wie ein Schilfrohr im Wind, es überläuft mich heiß und kalt, ich bebe und schwitze. Wenn man uns nur nicht evakuiert, 32000 Mann! Doch wohin und womit? Ich habe den Eindruck, daß AH auf den Ruinen von Berlin mitkämpft, das sich wohl in eine Festung verwandelt hat. Er wird fallen oder Selbstmord begehen. Was für eine fürchterliche Zeit für diesen Mann, der vielleicht einmal Ideale hatte. Die Nachrichten sind jetzt sehr spannend. In diesen Tagen wird es geschehen, heißt es. Auf einmal Artilleriefeuer.

26. 4. 1945 *Also doch.* Dachau wird um 12 Uhr evakuiert. *Die Amerikaner sind im Anmarsch. Es ist nicht zu fassen. Ich glaube auch: unmöglich. Sie werden uns einholen. Gott gebe, daß der Mof jetzt zu spät aufbricht. Pim Boellaard war hier, ich aß große Stücke Wurst, Käse und Margarine. War natürlich vollkommen außer mir. Ich verschlang unglücklicherweise auch ein Stück Seife, merkte es erst, als ich es schon fast aufgegessen hatte. Wir sind noch nicht weg, 32000 Mann zu Fuß, wohin? In ein paar Tagen haben die USA uns doch eingeholt. Es ist eine Angelegenheit, der man ruhig entgegensehen muß. Gott ändert sich nie und ist uns immer nahe. Jetzt lautstarker Spektakel. Erinnert an Natzweiler am 2. September 1944 und Vaihingen am 2. April 1945. Man kann nur hoffen, daß die Deutschen einmal mit ihrer Evakuierung in Verzug geraten. Die Holländer bleiben lakonisch und*

nüchtern. Was mich betrifft, so glaube ich, daß wir hierbleiben, es gibt schon dementsprechende Gerüchte. Ich will *ruhig bleiben.* Große Ereignisse stehen uns bevor.
Abends. Wir sind noch da. Holländer und Angehörige anderer Rot-Kreuz-Länder sollen bleiben. Ich habe wiederholt darum gebetet. Ein wahres Festessen gehabt: 4 Liter Braune-Bohnen-Suppe, sehr dick (très épaisse, pas de la flotte), in die Chris ein halbes Pfund Fleisch mit Fett geworfen hatte, Kaffee (!) mit Zucker und eine Laurens als Nachspeise, unglaublich. Ich habe gelernt, für alles dankbar zu sein. Aber heute nacht? Unterwegs? Oder auf meiner Pritsche hier? Wann Amerika? Wann Holland? Wann Du?
27. 4. 1945 *Wir sind noch immer da. Es gibt noch zu essen. Alles ist ein einziges Chaos. Soeben lautes Gejubel: Amerikaner! Was für ein Unfug, es war der Volkssturm. Die Leute sind mit ihren Nerven am Ende. Wichtig ist, daß ich noch hier bin. Man scheint doch einige tausend Juden evakuiert zu haben. Ich hatte Dich heute nacht so lebendig vor Augen, Du wirst viel deutlicher. Ich kann nicht gut schreiben, es rast und saust und schwirrt in meinem Kopf. Ich habe mich ganz gewaschen und mit Mitigal gegen die Läuse eingerieben. Mein Körper ist nicht ohne Schaden davongekommen. Überall Narben und Unreinheiten. Das Ödem ist fast verschwunden. Habe mich rasiert und mir die Furunkel verbinden lassen. Bin jetzt bereit, die Amerikaner zu empfangen. Die Haare will ich mir nicht mehr schneiden lassen. Das von jetzt eben war ein Vorgeschmack auf die Aufregung, die bald ausbrechen wird. Einige umarmen sich. Die Franzosen bekommen wieder Pakete. Warum wir eigentlich nicht? Sie sollten über die Schweiz geschickt werden. Es ist schon bitter, daß wir nichts bekommen. Fünfhundert Pakete waren unterwegs, sie wurden bombardiert, vierzig sind übriggeblieben. Die große Frage ist: gehen wir oder bleiben wir? Ich glaube ans Bleiben und bete ohne Unterlaß darum.*
28. 4. 1945 *Gestern entsetzliche Verwirrung. Zugänge zu Tausenden. Wir – unter apokalyptischen Gewitterwolken und im Unwetter – zu Block 19, im strömenden Regen, wo Daan Mulock Houwer mir zu einem Bett verhalf. Die Franzosen um mich herum essen ununterbrochen, ich habe nichts, das ist eine Qual, schwierig, gegen sie anzukämpfen. In den Kleidern geschlafen, man kann nie wissen. Heute früh: Zwieback mit Zuckerstreuseln, Paté de Fruits, Streichkäse und weiße Bohnen mit Kakao, alles von ein paar Franzosen bekommen. Die USA haben München eingeschlossen und sollen jetzt sehr nah sein. Heute? Morgen? Am Geburtstag von Prinzessin Juliana? Ruhe bewahren, lies*

deine Bibel, das ist das Beste, und vergiß die essenden Franzosen um dich herum. Gott, hilf uns weiterhin in dieser unabsehbar wichtigen Zeit. Der Neid der Männer, die keine Pakete bekommen haben, könnte einen Aufstand auslösen. Es ist zu arg. Gerritsen sagt, daß man die Holländer zusammenlegen will. Ich las seit fünf Jahren die erste alliierte Zeitung. Enorm! Heute oder morgen. Es gibt tatsächlich Suppe. Voll Angst denke ich – sollten die Moffen doch Vernichtungspläne für uns haben? Würden sie uns lebendig in die Hände des »Feindes« fallen lassen? Nicht daran denken.

29. 4. 1945 *Sonntag. Wie beginnen? Die Verwirrung nimmt lächerlich große Ausmaße an. Keine Namen, keine Nummern, keine Listen. Ist das Lager frei? Neue Regierungen, Republik Bayern, was es alles an Gerüchten gibt! Ich glaube nichts mehr. Weiß nur, daß ich noch nicht heraus kann. Ich bin jetzt kein Prominenter mehr, sondern mit einem Schlag ein gewöhnlicher Gefangener. Ich las gestern in meiner deutschen Bibel – Geschenk von Pater Lenz – den Hebräerbrief und Timotheus I und II und Psalmen. Gebe Gott, daß die Holländer zusammengelegt werden. Ja, es wird wohl der letzte Sonntag in Gefangenschaft sein. Ich wage es kaum niederzuschreiben. Die Sonne scheint. Eiskalte Füße.*

NB NB: Seit ungefähr zwölf Uhr von allen Wachtürmen weiße Fahnen. *Was soll das denn wieder bedeuten?*

Nach der Suppe überfiel mich auf eine eigentümliche Weise äußerste Verzweiflung, nur so, vor Ungeduld und vor Ekel, wegen allen Schmutzes, aller Schurkerei um mich herum; Hunger, auch Schuldgefühl, und Einsamkeit und Reizbarkeit und Enttäuschung, weil wir heute morgen wieder keine Pakete bekommen sollen und weil ich nichts mehr zu rauchen habe. Ich schrieb einen Hilferuf an Chris und wartete eine halbe Stunde hinter dem Gitter in der Kälte auf Antwort. Die bestand aus einem Kessel mit 1,5 Liter Suppe voll Fleisch, einem Paar neuer Socken, einer Zigarette, Tabletten und Mitigal. Gott, was bin ich doch für ein schwacher, ungläubiger, armer Tropf! Nun ja, alles geht in Ordnung. Das sieht man doch. Jetzt habe ich keine Worte mehr. Es durchströmt mich. Mich überläuft ein sengendes, heftiges Sehnen nach dem Göttlichen.

Später: noch immer wehen von den Maschinengewehren auf den Wachtürmen weiße Fahnen. Es wird ernst. Er kann morgen hier sein. Oder heute Nacht. Oder jetzt sofort.

Befreit

29. April–9. Mai 1945

›Yeah‹ Sonntag Abend, 29. 4. 1945, 18 Uhr *Die ersten Amerikaner. Tote SS. Tritt in den Hintern, entwaffnet, tot. Rote Fahnen. Andere Fahnen. Gerade habe ich Brot mit Käse und Zucker gegessen. Zigarre. Only American. Hitler tot? Haben wir alles hinter uns, oder werden sie noch schießen? Jetzt schwere Explosionen. Tanks? Schokoladenmilch. Ich heulte eine ganze Stunde. Frauen gesehen. Nach zehn Minuten donnert in voller Fahrt eine Harley Davidson herein mit einer geschminkten, sechzigjährigen Frau darauf, bewaffnet. Film, Papier, Bleistift. War correspondent. Mehr Frauen gesehen. Gefangene wurden vom geladenen Stacheldraht getötet. In ein paar Tagen fort. Ist Holland frei? All die Toten. Staubsturm, grauer Staubsturm. Ich weiß es nicht. Bin zu erschüttert.*

Das war ein Auszug aus meinen Tagebuchaufzeichnungen. Die Befreiung von Dachau fand um 17.31 Uhr durch ein combat team der Rainbow Division der VII. US Army unter Befehl von General Patterson statt.
Ich hatte endlich wieder einmal etwas von den Franzosen locker gemacht und lag auf dem Boden im Block, als ich draußen einen ungewöhnlichen Lärm hörte. Ich humpelte durch den schmalen Durchgang zwischen zwei Blocks in die Richtung der Umzäunung, des Grabens, des elektrisch geladenen Stacheldrahtes und der Wachtürme und sah dort einen Roboter aus einer anderen Welt stehen: Topfhelm mit Zweigen besteckt, Patronengürtel um den Leib gewunden, Handgranaten im Gürtel, eine große Maschinenpistole, hohe, braune Stiefel. Ich rief: »Are you American?« Er drehte sich zu mir um: »Yeah.« Danach wendete er sich wieder dem Wachturm mit der weißen Fahne zu. Ein Mof polterte herunter und nach draußen, mit erhobenen Händen. Der Amerikaner riß ihm seine Abzeichen ab, drehte ihn um und befahl ihm wegzulaufen. Als der Mof weglief, schoß der Amerikaner ihn mausetot.

Wir sahen jetzt mehr Amerikaner in kleinen, offenen Autos, auch auf Gleisketten. Einige Gefangene durchbrachen die erste Sperre, hielten beim Graben inne, durchkletterten ihn, stiegen hinauf und fielen der Hochspannungssperre zum Opfer. Ich rannte, ja rannte, zum Appellplatz, zusammen mit Tausenden. Schon bald brauste die Harley Davidson mit dem blondierten weiblichen war correspondent heran. Am Jourhaus, dem Torbau, sah ich einen Häftling – jetzt kein Häftling mehr – auf halsbrecherische Weise hinaufklettern und dann eine feuerrote Fahne am Mast befestigen. Eine Stunde nach der Befreiung lagen überall erschossene Deutsche an der Mauer, besonders bei den Wachtürmen. Sie hatten Gesellschaft bekommen. Polen und Russen beschäftigten sich mit ihnen. Sie nahmen den toten Deutschen Stiefel und Uhren ab. Später sah man überall Polen und Russen mit Moffenstiefeln und zahlreichen Armbanduhren herumlaufen. Es dämmerte. Ein Sturm kam auf, der große Staubwolken aufwirbelte. Die Russen waren schon im Gemüsegarten der SS, sie rissen Rüben und Kartoffeln aus der Erde und kochten sie in Töpfen auf Feuern in der Lagerstraße.

Etwas später begann eine ohrenbetäubende Schießerei. Wir glaubten, daß die Deutschen uns aus der Ferne beschossen, aber später stellte sich heraus, daß amerikanische Soldaten deutsche FLAK-Granaten gefunden hatten und sie, weil sie ihnen veraltet schienen, entzündet hatten: reinstes Feuerwerk.

Um die festen Schlafplätze in den Baracken kümmerte sich niemand mehr. Auch die Quarantänebaracken waren vergessen. Ich ging zu Freunden, wir weinten, aßen und hörten amerikanische Jazzmusik. Plötzlich waren auch einige Mädchen in unserer Mitte, Gott weiß, woher.

Vorgeschichte einer Befreiung Die Befreiung von Dachau am Sonntag, dem 29. April 1945, um ca. 17.30 Uhr hatte eine außergewöhnlich spannende Vorgeschichte.

Es stand für die zweiunddreißigtausend Häftlinge fest, daß jeden Tag, eigentlich jeden Augenblick, entscheidende Geschehnisse über sie hereinbrechen konnten. Die Deutschen waren sehr nervös, wiederholt mußten wir in Massen antreten, wiederholt wieder wegtreten. Transporte wurden aufgerufen, die manchmal abgingen, manchmal nicht. Neue Transporte mit mehr Toten als Lebendigen trafen ein. Im Lager brach allmählich das Chaos aus. Das Essen ging zur Neige; glücklicherweise kamen weiterhin Pakete an, die, nach der Plünde-

rung durch die SS, auch ausgegeben wurden. Wir fürchteten – nicht zu Unrecht –, daß der Mof uns alle liquidieren würde. Sein Verhalten wurde an verschiedenen Stellen beobachtet. Das internationale Gefangenenkomitee trat zusammen.
Am 26. April, dem Tag, an dem der erste Transport in Richtung Alpen abging, bekam ein Kommando unter Kapo Eichmüller den Befehl, außerhalb des eigentlichen Lagers das Verpackungsmaterial der von der SS geplünderten Rot-Kreuz-Pakete zu verbrennen. Dieses Grüppchen, begleitet von einem SS-Mann, der seine Haut retten wollte, machte eilends, daß es aus dem Lager kam. Es wurde von einer SS-Patrouille versprengt, aber zwei festentschlossene Häftlinge, Nicolas Hausner und Karl Riemer, nutzten die Chance und erreichten unter den schwierigsten Umständen Pfaffenhofen, rund vierzig Kilometer nördlich von Dachau. Sie liefen dabei ununterbrochen Gefahr, von SS-Leuten aufgegriffen zu werden, und mußten sich hier und da auch zur Wehr setzen. Während Hausner, der aus Pfaffenhofen stammte, bei einem Bauern Unterschlupf fand, gelang es Riemer, sich bis zu dem von den Amerikanern besetzten Ort durchzuschlagen. Er berichtete dem Kommandanten von der Tatsache, daß das Leben von zweiunddreißigtausend Menschen in Dachau an einem seidenen Faden hing.
Der amerikanische Befehlshaber gab augenblicklich einer Abteilung Infanterie und Tanks der 42. Division unter General Linden das Kommando, zum Städtchen Dachau auszurücken. Nach Scharmützeln und Feuergefechten wurde Dachau um ca. 14.00 Uhr eingenommen.
Gegen 15 Uhr hörten wir im Lager, wo ja schon seit einigen Stunden weiße Fahnen von den Wachtürmen wehten, Schüsse. Von den Türmen aus schien trotz der weißen Fahnen mit Maschinengewehren geschossen worden zu sein. Um 17.15 Uhr wurden drei amerikanische Panzerfahrzeuge beim Eingangstor bemerkt. Ungefähr eine Viertelstunde später legten die Amerikaner die Deutschen auf den Wachtürmen um.
Wer die weiße Fahne hißt und zugleich feuert, stellt sich außerhalb des Kriegsrechts. Niemand kann sagen, wie unser Schicksal ausgesehen hätte, wenn Hausner und Riemer keine Helden gewesen wären, die amerikanischen Befehlshaber nicht so tatkräftig improvisiert hätten.
(Nach Paul Berben, ›Histoire du camp de concentration de Dachau [1933–1945]‹, Comité International de Dachau [Bruxelles, 1968].)

Noch im Lager Am nächsten Tag bekamen wir zu viel und zu fettes Essen. Ich schlang alles schnell hinunter. Einige sind daran gestorben. Ein Gottesdienst wurde auf dem Appellplatz abgehalten, geleitet von einem amerikanischen Militärpfarrer. Die Predigt befaßte sich mit denen, die ihr Leben für ihre Freunde hingeben.
Ich besuchte den Pfarrerblock, kniete, betete, machte neue Bekanntschaften. Ich lernte auch den Schriftsteller Ed. Hoornik kennen, der gerade im Begriff war, eine kleine Zeitung für die Holländer zusammenzustellen, zusammen mit Nico Rost (De Stem der Lage Landen – Die Stimme der Niederlande). Ich bot meine Dienste an, sie wurden angenommen. Ich schrieb einen Artikel. Er kam ins Blatt. Auf dem Appellplatz versammelten sich fünfhundert Niederländer zur Feier unserer Befreiung, zufällig am Geburtstag von Prinzessin Juliana. Pim Boellaard sprach. Es wurde eine schöne niederländische Fahne gehißt. Wir sangen das ›Wilhelmus‹, sofern die Tränen uns nicht daran hinderten.
Am Abend erschienen viele Russen in unserem Block, die offensichtlich einen Abstecher in die Umgebung von Dachau gemacht hatten. Auf großen deutschen Motorrädern kamen sie donnernd angebraust. Sie hatten schneeweiße Hemden an und Hüte auf und rauchten Zigarren. Sie kochten auf Feuern mitten in der Baracke allerlei Essen, sie hatten auch Weinflaschen. Nach einiger Zeit fingen sie zu singen und auf russische Weise zu tanzen an – in der Hocke, die Beine abwechselnd nach vorne gestreckt. Es war uns ein Rätsel, woher sie die Kraft nahmen.
Freunde von mir hatten sich bei den Amerikanern gemeldet, um ihnen behilflich zu sein. Auch Con war Dolmetscher geworden. Die Amerikaner verboten uns, das Lager zu verlassen, wegen der vielen ansteckenden Krankheiten; es würde auf uns geschossen. Con berichtete, daß man ziemlich viele SS-Leute gefaßt hatte. Ex-Gefangene hatten einen Kapo, der mit der SS gemeinsame Sache gemacht hatte, mit einem Küchenmesser langsam von vorne nach hinten enthauptet und im Badehaus mit dem Kopf Fußball gespielt.
Con erzählte mir auch, daß der amerikanische Drei-Sterne-General das Lager besucht hatte und man ihm einen Berg von zweitausendachthundert Leichen beim Krematorium zeigte. Die Leichen, umschwirrt von Millionen Fliegen, waren mangels Brennstoff nicht mehr verbrannt worden. Kleine Rinnsale von Blut, Urin, Fäkalien und Eiter flossen unten heraus. Der General nahm seine Mütze ab und versicherte Con: »Man hat uns schon einmal vorgeworfen, daß wir nicht

wüßten, wofür wir kämpfen. Jetzt wissen wir es.« Wir bekamen etwas mehr zu essen.
Am folgenden Tag, dem 1. Mai, starrte ich mit offenem Mund eine seltsame Erscheinung an, ein Grüppchen eleganter, entzückender Mädchen in blauer Uniform. Sie sahen tödlich erschrocken aus und trippelten auf hohen Absätzen vorsichtig durch das Durcheinander, an Lumpen und Pfützen vorbei. Es handelte sich um eine Abteilung von Ambulance Automobile Française, die gekommen war, um unsere französischen Kameraden zu pflegen. Es gab eine 1. Mai-Feier. Das Radio meldete verschiedene Neuigkeiten. Der letzte Widerstand konnte überwunden werden. AH hatte in seinem Berliner Bunker Selbstmord begangen. Holland war noch nicht frei, es herrschten Hunger und das blanke Entsetzen. Bomber warfen Lebensmittelpakete ab, man nannte das ›droppings‹.
Con erzählte mir, daß wichtige SS-Leute nicht getötet, sondern gefangengenommen und verhört wurden. Unser Lagerkommandant soll die von Himmler befohlene Ermordung aller Häftlinge sabotiert haben.
Con hatte in seiner Funktion als Dolmetscher bei US-Soldaten am Tor gestanden. Es waren gefangene SS-Männer hineingebracht worden, sie standen mit erhobenen Händen an der Mauer. Con erzählte dem US-Soldaten neben ihm, daß er bei seinem Verhör zwanzig Stunden lang so hatte stehen müssen. Der Amerikaner entsicherte seine Maschinenpistole und sagte kauend: »Shall I shoot them for you?« Con, der ungläubig grinste, machte eine Gebärde, die als Zustimmung aufgefaßt wurde. Der Amerikaner befahl den SS-Leuten, ins Lager zu laufen. Das taten sie. Er erschoß sie. Con erschrak.
Die ersten Tage nach unserer Befreiung waren viele von uns »ziemlich aus dem Gleichgewicht geraten«, manchmal auch total durchgedreht. Ich glaube, daß wir nicht die einzigen waren. Ganz Europa befand sich nach der Kapitulation der Moffen in größter Verwirrung. Meine Gedanken fanden nirgendwo Halt. Das Alte, Vertraute war schon lange verschwunden, abgebrochen, weggespült. Die Gefangenschaft war vorüber. Die Zukunft besaß keinerlei Form. Wir hatten Churchill, Truman, Stalin plus einer Menge alliierter Minister und Generäle, aber von ihren Ideen und Vorstellungen wußten wir kaum etwas. Wir wußten eigentlich nur eines: daß wir nach Hause wollten.
Als ich meinem Freund Frans de Bordes mein Leid klagte, weil ich nicht wußte, wie ich wann was worüber denken sollte, sagte er, er

denke auch nichts und wisse nichts außer dem einen: dem Kurs, den Königin Wilhelmina einschlug, dem würde auch er folgen. Das war seine einzige Sicherheit. In diesen Tagen geriet ich doch mehr oder weniger in das vertraute Fahrwasser von nationaler Ergebenheit und patriotischem Stolz, vor allem am 30. April, während und nach der Gedächtnisversammlung der Niederländer am Appellplatz. Ich glaube, wir alle hatten feuchte Augen. Mit einem Mal wurde ich damals – und dagegen war auch nichts einzuwenden – ein nationalistischer, chauvinistischer, stolzer Niederländer. Gott, die Niederlande und Oranien! Wir hatten für das erniedrigte, unterdrückte Vaterland gekämpft, wir hatten unser Leben für den Sieg eingesetzt, der Feind war geschlagen. Die magere Brust schwoll vor Stolz. Viele meiner Gedanken, Erfahrungen, Ängste und Erkenntnisse aus sehr bangen Zeiten wollte ich einmal ganz und gar vergessen. Nur kurze Zeit. Ich glaube, daß diese primitive Reaktion begreiflich, ja verzeihlich war. Ich wollte einfach unter der rot-weiß-blauen Fahne das Wilhelmus singen und jubeln für unsere Königin. Eigentlich gab es dagegen auch nichts einzuwenden.

Die letzte Nacht Während ich versuchte, meine Tage zu füllen, begann sich das Lager langsam zu leeren. Es erschienen Diplomaten, Militärkommissionen, Rot-Kreuz-Funktionäre. Die Norweger verließen uns, auch die Luxemburger. Zu den Deutschen, den Polen, den Russen kam niemand.

Und für die Niederländer erschien auch niemand. *Die Niederlande hatten ihre politischen Gefangenen offenbar ganz und gar vergessen.*

Am 8. Mai organisierte ich einen nagelneuen, dunkelblauen Anzug mit einer breiten, feuerroten Biese längs des Hosenbeins, wahrscheinlich eine SS-Musikkorpsuniform. Ich trennte die Biesen ab und zog den Anzug an. Ich organisierte ein paar trockene Kekse. An diesem Abend stellte sich heraus, daß Chris Diters verschwunden war, und nicht nur er. Ich erfuhr, daß er und ein paar andere »sich empfohlen« hatten. In einer Ecke der Baracke sah ich drei von uns zusammensitzen und tuscheln: Harry van den Bogerd, Leen Vogel und Siem Wolff. Ich bekam den Eindruck, daß sie dem Beispiel von Chris nachzueifern gedachten und gesellte mich deshalb zu ihnen. Ich hatte mich nicht geirrt. Die drei hatten den Plan gefaßt, das Lager Dachau am nächsten Morgen zu verlassen, sich auf irgendeine Art bis zum Rhein durchzuschlagen, um von dort per Schiff in die Niederlande zu

gelangen. Natürlich hatten sie nichts: keine Kleidung, kein Geld, keine Papiere. Nichts. Ich bat sie, mich mitzunehmen.
Dagegen erhoben sie Einwände. Es waren drei hilfsbereite junge Leute aus Rotterdam und Umgebung, die keine Angst vor Abenteuern kannten und eine noch halbwegs gute Kondition hatten. Was sollten sie mit »dem Rechtsanwalt« anfangen, der etwas schwindelig dahertapste und sehr unsicher auf den Beinen war? Ich würde es nie schaffen. Nein, sie konnten mich nicht mitnehmen.
Den Rest des Abends und die halbe Nacht lag ich auf meiner Pritsche wach und grübelte. Was sollte ich tun? Ich hielt es nicht mehr aus. Wir waren schon seit zehn Tagen befreit, und trotzdem noch immer eingesperrt. Ich hing an einer Feder, die sich zwischen mir und Holland aufs äußerste spannte: es zog mich mit aller Kraft nach Hause. Ich mußte fort.

Heimkehr

9.–28. Mai 1945

Eine Odyssee im Frühling Wir schreiben den 9. Mai 1945, und endlich ist Frühjahrswetter. Ich sitze schon vor Tau und Tag draußen und blicke auf die niederländische Fahne und den Sonnenhimmel darüber. Der Himmel über Holland ... da höre ich den Ruf: »Komm! Komm doch!« Oft wird ein wichtiger Entschluß in einer Sekunde gefaßt. Wir werden gehen, nun doch zu viert. Harry van den Bogerd, Leen Vogel, Siem Wolff und ich. Ich stopfe die Kekse in meinen neuen blauen Anzug, suche meine Tagebuchblätter zusammen und verlasse wie im Traum den Block, gehe die Lagerstraße hinunter, über den Appellplatz zum Tor. Ich habe mir genau wie die anderen einen Erlaubnisschein organisiert, der mir Zutritt vom »compound« hinaus in das ebenfalls umzäunte größere Lager verschafft.

In einer Staubwolke von abfahrenden Lastwagen schwenken wir unsere Papiere und rennen schnell durch das Tor, rufen dem schwerbewaffneten Wachposten »Hello« zu, gehen durch und über zerstörte SS-Baracken. Stille. Blumen. Vögel. Brandgeruch. Auf gut Glück laufen wir in ein kleines Wäldchen, sehen uns um, gehen weiter. Das Rattern einer MP zerreißt die Stille, wir erschrecken uns zu Tode. Weitergehen, als ob nichts wäre. Drüben am Weg lümmelt sich ein Soldat im Liegestuhl, er kehrt uns den Rücken zu. Wieder schießt er drauflos. Ich gehe hin und fange ein Schwätzchen an. »I just shot a bird«, grinst er kauend. Da rast in voller Fahrt ein Jeep mit Offizieren heran. »Why did you shoot?« »I just shot a bird.« Er bekommt einen gewaltigen Rüffel, weil jetzt alle Posten alarmiert sind. Verlegen lacht er. Wir machen uns gemächlich aus dem Staube.

Weiter weg wird geschossen, diesmal gilt es uns. Wir sehen eine große Lücke in der Umzäunung am Weg. Wir rennen über den Weg, zwängen uns durch die Lücke, kriechen unter Lastwagen durch, schleichen an Kasernen vorbei. In einem Wäldchen bleiben wir keuchend stehen. Jetzt schon müde! Und die wollen nach Holland, ohne Papiere, ohne Geld, schwach, viele hundert Kilometer durch ein vor kurzem

besiegtes Land, in dem es von Armeen, Gesindel, Minen und anderen Gefahren wimmelt. »Komm! Komm doch endlich!«
Wir laufen schnell geradeaus, kämpfen uns durch Stacheldraht und landen dann schließlich in einem Gehölz. Ich sehe nach dem Sonnenstand, schätze die Zeit und bestimme die südliche Himmelsrichtung. Wir gehen weiter in Richtung Nordwesten, in die Niederlande. Da ist ein Weg. Da sind Menschen, ein engumschlungenes Pärchen, also ungefährlich. Ich gehe auf sie zu und frage kurzerhand nach dem Weg in die Niederlande. Sie begreifen mich sofort, die Frage wird anscheinend öfter gestellt. »Sie gehen am besten erst zum Rhein, also Augsburg, Ulm, Stuttgart, Karlsruhe.« »Jawohl.« Dann folgt eine komplizierte Geschichte, von der ich mir nur »Reichsautobahn nach Augsburg« merke. Das Mädchen sieht uns ängstlich an, halb hinter ihrem unterwürfigen Freund verborgen. Wir sind aber auch finstere Gestalten. Weitergehen.
Leichter gesagt als getan. Unsere Füße brennen, die Knie sind wie aus Gummi. Leen fühlt sich elend. Den donnernden Verkehr auf der Autobahn hören wir schon von weitem. Wir werden ihnen sagen, wer wir sind, die Amerikaner werden uns schon mitnehmen.
Davon kann aber keine Rede sein. Schon eine Ewigkeit trotten wir am Rande der Autobahn. Kolonnen, Kolonnen, Kolonnen. Lastwagen, Rot-Kreuz-Wagen, Kranwagen, kleine Tanks. Niemand bleibt stehen. Einer hat Motorschaden. »Not allowed«, kaut der Negerchauffeur. Schön, dann gehen wir zu Fuß nach Hause. An Zigaretten herrscht kein Mangel. Am Straßenrand liegen Hunderte noch glimmender Zigarettenstummel, meistens Lucky Strike.
Nach vielen Stunden gehen wir von der Autobahn herunter zu einem kleinen Bach. Wir ziehen Schuhe und Socken aus und stellen unsere Füße ins eiskalte Wasser. Wir liegen auf dem Rücken und rauchen. Wie gestautes Wasser den Deich durchbricht, so bricht sich bei mir plötzlich die Erkenntnis Bahn: *Du bist ein freier Mensch. Du kannst tun und lassen, was du willst. Du lebst, und du bist frei.*
Ich knabbere meine Kekse, hole mir einen neuen Riesenstummel vom Straßenrand und schaue die Autobahn hinunter, nach links und rechts. Rechts: unübersehbare Kolonnen, noch nie gesehene Waffen mit einem weißen Stern. Lastwagen, vollgepfercht mit Kriegsgefangenen, alle Ränge durcheinander, Schiffchen und sehr große Schirmmützen, rote Kragen. Und darüber Luftgeschwader und nochmals Luftgeschwader, die das Weltall erzittern lassen. Links: nah und fern hügelige Weiden und kleine Dörfer mit zwiebelförmi-

gen Türmchen. Glockenläuten. Ganz in der Nähe, auf einem Hügel, erheben sich klosterähnliche Turmbauten. Ach, für heute ist es genug, es wird ein Kloster sein, wir wollen anklopfen.
Langsam gehen wir hinauf, der Verkehrslärm überdröhnt das Insektensummen. Ich grüße ein Wegkreuz, das ist mir zur Gewohnheit geworden. Als wir oben angelangt sind, beginnen die Glocken zu läuten. Wir setzen uns auf eine Bank vor einer blühenden Hecke. Frauen und Kinder mit Gebetbüchern kommen vorbei und blicken erstaunt auf die vier Landstreicher mit ihren hohlen Wangen und den Stoppelköpfen, die neben der Kirche sitzen und rauchen. Ich folge den Gläubigen. Ich bin in einem deutschen Gotteshaus voller freundlicher silberner Heiliger und Kerzen und Düfte und Kindergesang mit Orgelbegleitung. Eintönig rauscht das »Vaterunser, der Du bist im Himmel…«, und ich lasse mich nun ganz einfach gehen. Ich kniee wie die anderen auch und gebe mich den Gefühlen anheim, während ich wortlos zum Vater bete, der mich niemals verlassen hat.
Die Kirche leert sich. Alle sehen zu uns hin. Der Pfarrer kommt näher: »Von welchem Block?« Er ist auch gerade aus Dachau weggelaufen. Er sagt uns, daß wir in Lauterbach sind, sechzehn Kilometer vor Dachau. Der Pfarrer bringt uns zu einem Bauernhof mit vielen Nebengebäuden, wo wir von einer freundlichen Familie willkommen geheißen werden. Zu essen gibt es reichlich, warme Milch und eine Zigarre. Ich erzähle von Dachau, streichele dabei den Kopf eines Kindchens. Alle werden ganz still. Dann bekommen wir zum ersten Mal die Worte zu hören, die alle Deutschen, mit denen ich nach April 1945 gesprochen habe, mir ohne Ausnahme gesagt haben: »*Wir haben es nicht gewußt!*«

Himmelfahrtstag, 10. Mai 1945. Vor meinem Fenster steht ein rosafarbener Apfelbaum. Im Morgengrauen blüht er unbändig. Ein gewaltiger Vogelchor begrüßt die aufgehende Sonne. Ist das wirklich wahr?
Wie früh man auch aufsteht, die Bauern sind immer noch früher aufgewacht. Ich gehe in den dämmrigen Ställen umher, streichele Pferde unter ihren behaarten Kinnbacken. Eines hat ein Fohlen, ein nagelneues Pferdchen auf hölzernen Beinen mit dunkelglänzenden Augen, das meinen Ärmel zwischen seine Lippen nimmt. Als ich zurückkomme, ist Leen von einem Rot-Kreuz-Auto abgeholt worden. Meine Kameraden sind nirgends zu sehen. Ich leihe mir das Fahrrad unseres Gastgebers. Sogar radfahren kann ich noch! Ich bin wie ein

neugeborenes Kind, alles ist für mich wie das erste Mal. Ich radle bis zum Waldrand und lege mich dort splitternackt in die Sonne. Kohlweißlinge und Zitronenfalter umflattern mich.
Am 11. Mai ist die Familie vollständig versammelt, um uns das Geleit zu geben. Man betet zehn »Gegrüßt seist du, Maria« zum Abschied. Bald sind wir, nunmehr zu dritt, in einem mittelalterlichen Urwald. Im Dörfchen Sulzemoos serviert uns eine Frau ein riesiges Omelette, ihren Namen und ihre Adresse hatte uns der Pfarrer gegeben. Danach folgen wir wieder der Fahrstraße.
Halb Europa zieht jetzt über Deutschlands Straßen. Ich höre viele Sprachen. Man geht zu Fuß, radelt, fährt mit auf Bauernkarren und in Autos. Ganze Familien sind unterwegs, oft auf bloßen Füßen. Ihre Habseligkeiten haben sie auf kleine Wägelchen geladen: Menschen auf der Suche nach ihrem Trümmerhaufen.
Gegen Abend erreichen wir das Dörfchen Ober-Elzhausen. Der Bäcker schenkt uns ein ganzes Brot. Der Pfarrer des Ortes fragt: »Haben Sie Geld?« »Nein.« Er drückt jedem von uns zehn Fünfmarkscheine in die Hand. Dann bringt er uns zu einem Bauernhof mit Scheunen, so groß wie Kirchen. Wir sind beim Bürgermeister. Wir werden zu Tisch gebeten. Zu zehnt essen wir aus einem Waschtrog. Heimlich schiebt man uns die besten Stücke zu. Nun, sie haben ja auch etwas gutzumachen, die Deutschen. Der Bürgermeister sagt, daß wir am nächsten Morgen um neun Uhr parat stehen sollen. Dann kommt das Milchauto nach Friedberg bei Augsburg. Betten hat der Bürgermeister nicht für uns. Er beherbergt noch viele andere Gäste, aber sie kommen nicht zum Vorschein. In diesen Tagen haben viele jeden Grund, sich nicht blicken zu lassen. Unterwegs sah ich Männer, die in geliehener und gestohlener Kleidung einen langen Fußmarsch offenbar einer Kriegsgefangenschaft vorzogen. Ach, das alles interessierte mich jetzt nicht.
Ich trinke zwei Liter warme Kuhmilch und suche mir in einer der Riesenscheunen einen guten Platz im Stroh. Rund um mich höre ich das Rascheln von Menschen, die im Stroh verborgen liegen.
Am 12. Mai steht in meinem Tagebuch: »Kein Herrscher der Welt hat jemals ein solch wunderbares Schlafgemach besessen wie ich in dieser Nacht.« Als ich wach werde, strahlt die feurige Morgensonne durch die weitgeöffneten Tore und färbt das Stroh rosa und golden. Wir waschen uns in einem Flüßchen, werden mit Brot und Eiern überhäuft und fangen das bereits schwer mit Menschen und Waren überladene Milchauto ab.

Da sitzen wir nun, sehr schwankend hinten auf der Ladefläche. Beim plötzlichen Beschleunigen, in engen Kurven und bei weit herunterhängenden Zweigen müssen wir scharf aufpassen. Mit meinen beiden Reisegefährten gibt es nicht mehr viel zu bereden. Ihr Interesse gilt anderen Dingen als das meine. Ich glaube nicht, daß sie es so eilig haben. Mitreisende erzählen uns, daß ab Augsburg Züge für Ausländer fahren. Wir werden sehen.
Gut gelaunt steigen wir in Friedberg aus, essen und trinken ohne Lebensmittelkarten und fast ohne zu bezahlen in einem Kaffeehaus und spazieren nach Augsburg. Das ist die erste bis auf die Grundmauern zerstörte Stadt, die wir zu Gesicht bekommen. Nur noch ein einziger Trümmerhaufen. Ein Einwohner sagt uns, daß der Bahnhof am Adolf-Hitler-Platz liegt. Bei diesen Worten zwinkert er mit den Augen, bleibt aber vollkommen ernst. Ich lache ihn aus. Wir gehen zu dem zerstörten Bahnhof und hören, daß keine Züge fahren. Ich setze mich, um einmal eine Zeitung zu lesen, ›Die Mitteilungen‹, die von Amerikanern an eifrig zugreifende Hände verteilt wird. Darin finde ich einen illustrierten Artikel über Dachau. Diese Zeitung soll mir später noch von Nutzen sein.
Wir ziehen also wieder weiter. An einer großen Kreuzung regelt die MP den Verkehr. Tankkolonnen, so groß wie Häuser, lassen die Erde erbeben. Stählerne Lasten auf Gleisketten dröhnen vorüber. Ein Tank führt vorne eine große Sowjetfahne mit! Alle Fahrzeuge sind mit Maskottchen, mit Spielzeugtieren und Puppen behängt. Ein riesiger Kranwagen, der einen an der Hinterachse aufgehängten Lastwagen mitschleppt, wird von einer reizenden Negerin in einem grellblauen, über den vollen Busen gespannten Pullover gefahren, eine Zigarette zwischen den violetten Lippen.
Was für ein Unterschied zwischen der Wehrmacht und dieser siegreichen Armee! Die Deutschen: immer in ihre billigen Uniformen gezwängt, unter ihre ›Hurramütze‹ geduckt, vorwärts stampfend in ihren unförmigen Nagelstiefeln, immer schneidig und militärisch. Aber diese Farmer aus Texas, Büromenschen aus New York, Metallarbeiter aus Detroit tun so, als ob alles nur ein Kinderspiel wäre. Ohne Jacken, die Hemdsärmel aufgerollt, mit Sonnenbrillen und grellen Halstüchern, rauchen, kauen sie, schnattern wie Enten und lassen ihre Beine über den Wagenrand baumeln. Alles spricht dafür, daß sie auf das Soldatenleben pfeifen und gerne in die Staaten zurück wollen, zu Frau und Kindern. Ich lese, daß man in einer halben Stunde von der Straße verschwunden sein muß. Ich lese weiter: »Ausländer ohne

Heim melden sich in der Arraskaserne.« Ich habe nicht viel für Kasernen übrig, aber irgendwo werden wir schlafen müssen.
Die Kaserne ist eine Stadt für sich. Wir versuchen, uns zu melden, aber niemand weiß wo. Zwischen den riesigen Gebäuden liegen bergeweise Möbel, Papier, Abfall und kaputte Waffen. Menschengewimmel. Endlich treffen wir auf ein Trüppchen Holländer. Sie berichten uns, daß in einigen Tagen ein Transport nach Ulm abgehen soll. Dort wird man untersucht, und dann geht es weiter nach Frankreich und Belgien, wo man in Lagern untergebracht wird, weil die niederländische Grenze wegen Epidemien geschlossen ist. Wir erfahren überdies, daß die Arraskaserne bewacht wird und wir nicht mehr herauskönnen, es sei denn mit einem besonderen *permit,* das drei Stunden lang gültig ist.
Dies alles gefällt mir nicht. Die Epidemien in den Niederlanden, und: schon wieder gefangen. Transporte, Untersuchungen, Lager. Dazu kommt, daß meine beiden Reisegefährten, die sich mit den Holländern hier anfreunden, viel weniger Eile als ich zeigen, ins heimgesuchte Vaterland zurückzukehren. Die Holländer präsentieren Koffer voll Waren: Kleine Einrichtungsgegenstände, elektrische Geräte, Weinflaschen, Uhren. Wir überlegen. Man rät mir, in der Kaserne zu bleiben und ruhig abzuwarten. Eine Reise auf eigene Faust, ohne Papiere, fast ohne Geld und in meinem Zustand hält man für gefährlich, ja sogar unmöglich. In diesem Land wimmelt es von Gesindel. Überdies habe ich ein gehörig eiterndes Geschwür an der Zehe.
Den ganzen 13. Mai warte ich ab. Ein beherztes Mädchen schneidet meine Zehe auf und holt den Dreck heraus. Ich teile meinen Kameraden mit, daß ich am Morgen weiterziehen werde. Sie mißbilligen es. Ich besorge mir ein *permit* für drei Stunden. Ruhig schlafe ich ein. Morgen. Keine Macht der Welt kann mich aufhalten.
Am 14. Mai bin ich, Gott sei Dank jetzt ganz allein, unterwegs nach Ulm. Ich gedenke der Bombardierung Rotterdams am 14. Mai 1940. Meine Zehe hindert mich am schnellen Vorwärtskommen. Ich bin jetzt fünf Tage unterwegs und noch in der Nähe von Augsburg. So geht es nicht. Ich muß ein Fahrrad haben. Ich halte nach einem Rad Ausschau.
Auf einem Feldweg steht ein Kontrollposten. »Your papers please.« »I haven't got any papers.« »We are obliged to send you back.« »Don't do that. I come from Dachau. I want to see my wife after three years.« Sie salutieren und lassen mich gehen. Aber ich habe noch mehr Glück.

In Zusmarshausen ist wieder ein Posten. Fünf Soldaten sitzen vor einem Haus, Jazzmusik klingt aus den offenen Fenstern. An der Hauswand lehnt ein Fahrrad. Ich grüße, erzähle, wer ich bin und wohin ich gehe und bitte sie um das Fahrrad. Der Reifen ist kaputt, sagen sie. Ich frage, ob ich das Rad nicht so mitnehmen darf. »Sure.« Aber dann kramen zwei Jungen in ihrem Jeep herum, und nach einer Stunde sind alle Löcher geflickt. Ich springe auf mein Rad, vergesse vor Aufregung mich zu bedanken, kehre um, schüttle schwarze Hände, sie winken mir noch nach.
Ich fahre wie ein Verrückter. Bei dem Tempo werde ich wohl ankommen. Mühsam strample ich die einsamen Hügel hinauf, schnell sause ich auf der anderen Seite wieder hinunter. So komme ich am Abend in Glottweng an, das nicht einmal auf meiner organisierten Karte eingezeichnet ist. Es gibt eine Wirtschaft. Ich bitte eine alte Frau um eine Unterkunft und zeige ihr meine ›Mitteilungen‹. Das Resultat ist eine Schüssel mit warmem Wasser draußen auf den Stufen in der Abendsonne, Seife und saubere Handtücher, Spiegeleier und Bratkartoffeln und ein ausgezeichnetes Sofabett.
Am 15. Mai will ich bezahlen. Keine Rede davon. Ich bekomme RM 10,– geschenkt, und die Frau sorgt dafür, daß mein Reifen, der morgens wieder platt ist, schnell umsonst geflickt wird. Ich frage sie, warum sie so gut zu mir ist. Ihre Antwort: sie hofft, daß Gott es ihr vergelten wird und ihren Sohn, der Soldat ist, auf seinem Weg nach Hause die gleiche Gastfreundschaft erfahren läßt. Ihre Wirtschaft haben auch SS und Wehrmacht besucht. Als die Amerikaner kamen, fand eine kurze Schlacht zwischen den drei Gruppen statt: die Amerikaner schossen auf die Wehrmacht, die kam mit erhobenen Händen zum Vorschein; die SS schoß auf die Amerikaner *und auf die deutschen Soldaten.* Ich nehme herzlich Abschied, nachdem sie mich noch vor der unüberwindlichen Kontrolle auf der Donaubrücke bei Ulm gewarnt hat.
Bald taucht die Stadt vor mir auf. Immer riesiger wird die Silhouette des Münsters. Es ist der einzige Turm, der sich dort noch erhebt. Ich fahre bis dicht vor die Kontrolle, steige ab und schaue, wie der Hase läuft. Eine Menschenmenge steht dicht zusammengedrängt da, nur zwei Soldaten kontrollieren. Als sie in eine heftige Diskussion verwickelt sind, packe ich mein Rad und laufe mit unbewegtem Gesicht ganz ruhig hinter den Soldaten vorbei, über die Brücke hinein in die ungeheure Ruinenwüste. Von Ulm steht nur noch das Münster.
Ich radle weiter. Entrüstete Fußgänger weisen mich auf Plakate hin,

die anzeigen, daß dies eine militärische Landstraße ist, auf der Zivilverkehr strengstens verboten ist. Die dummen Deutschen bemerken nicht, daß die Plakate vergilbt sind und daß der Text nur deutsch und nicht auch englisch ist. Es ist der veraltete Blödsinn ihrer eigenen Wehrmacht, mit dem ich nichts zu schaffen habe. Das sage ich ihnen auch scharf und bissig und jage ihnen einen ordentlichen Schrecken ein.

Gegen Abend komme ich nach Luizhausen. Da gibt es ein großes Gasthaus und ein sehr hübsches Mädchen, das mich mit allem Nötigen versorgt. Außer mir sitzt eine schwarzgekleidete, ältere Dame da, offensichtlich unterwegs zu einem Trümmerhaufen. Weil sie mich freundlich mustert, setze ich mich zu ihr. Sie ist hundertfünfzig Kilometer mit schwerem Gepäck zu Fuß gegangen und muß nach Mannheim. Ich gebe ihr den Dachau-Artikel zu lesen. Sie nickt. Sie geht weg. Nach einer halben Stunde ist sie zurück, mit einem Brot, einer Flasche Wein, acht Eiern und der Nachricht, daß am nächsten Morgen um sechs Uhr ein Lastwagen nach Karlsruhe abfährt. Sie hat für uns beide einen Platz reserviert und bezahlt, und sie sagt, daß ich müde sei und mich hinlegen solle.

Am 16. Mai um 5.30 Uhr stehe ich bereit. Ich bringe mein Rad hinaus, gehe zurück, um etwas zu essen und bin nach zehn Minuten wieder draußen; das Rad ist weg, gestohlen. Ich habe gelernt, mich von irdischen Gütern schnell und leicht zu trennen, und besteige mit meiner Beschützerin, Frau Lisa Sturm, das Holzgasauto, das bis zum Rand mit Brennholz, Säcken und Menschen beladen ist. Wir kommen am Trümmerhaufen Stuttgart vorbei. Es stellt sich heraus, daß alle Fahrgäste nach Heidelberg wollen. Wir sammeln, der Fahrer erklärt sich mit dem neuen Fahrziel einverstanden. Unterwegs, überall: zerschossene Tanks, zerstörte Bauernhöfe, sogar noch tote Tiere. Und ein unübersehbar großes Kriegsgefangenenlager: bis zum Horizont sind die Hügel und Täler von ehemaligen deutschen Soldaten bevölkert. Ich muß lachen. Frau Sturm versteht auch das.

Ich höre, daß von einer Schiffahrt rheinabwärts keine Rede sein kann. Es liegen viertausend gesprengte Schiffe und zweihundertfünfzig gesprengte Brücken im Rhein. Wir kommen nach Bruchsal. Der Fahrer sagt, er fährt doch lieber nach Karlsruhe und nicht nach Heidelberg. Sein Geld hat er schon eingestrichen. Ich erkläre ihm, das sei eine typisch deutsche Niedertracht. Wir nehmen unser Gepäck und wandern in Richtung Heidelberg. Alles in allem sind wir der Heimat hundertfünfzig Kilometer nähergekommen.

Kurz darauf sind wir in Ubstadt, wo Frau Sturm Bekannte hat. Sie nehmen uns gastfrei auf, und eine volle Mahlzeit wird aufgetischt. Ich gehe bald zu Bett.
Am 17. Mai werde ich mit einem fürstlichen Frühstück geweckt, das ich ans Bett gebracht bekomme und mit dem ich eine Stunde lang auf höchst angenehme Weise beschäftigt bin. Ich bin so dankbar – aber eigentlich brauchte ich das gar nicht zu sein, denke ich, denn alles, was ich bekomme, ist fünf Jahre lang in ganz Europa zusammengestohlen worden. Ich wiege kaum fünfzig Kilo. Die Damen haben eine rot-weiß-blaue Fahne für mich genäht. Spät machen wir uns auf den Weg. Ich winke mit meiner Fahne, wenn uns ein Auto der Alliierten überholt, aber nicht, wenn Deutsche vorüberfahren. Es ist ein Deutscher, der uns endlich nach Mingolsheim mitnimmt.
Da sitzen wir nun. Es ist zu warm, um weiterzugehen. Das Gepäck von Frau Sturm ist auch viel zu schwer. Ich selbst habe nichts zu tragen. Gegen Abend erkundet Frau Sturm die Lage in einem großen, rosa Haus uns gegenüber. Wir sind dort willkommen. Wohlhabende Bürger, eine Dame mit einer achtzehnjährigen Tochter. Deutsche Mädchen sind oft sehr schön, und bestimmt ist es diese Irmgard Leicht. Nach einem gewaltigen Abendessen, bei dem sich erweist, daß ich meine Tischmanieren vergessen habe, setzt sich das junge Mädchen ans Klavier. Es spielt Chopin, Beethoven, Schumann.
Ich gerate vollkommen aus dem Gleichgewicht. Erst noch verschwommen, dann immer stärker erinnert mich die Musik an die Dinge, die einmal mein Leben so verschönert haben: liebe Menschen, die Allerliebste, Bücher, Musik, Blumen und Gewässer, all das Herrliche, das unsere Kultur ausmacht. Die anderen Damen sind schon lange zu Bett gegangen. Aber diese Irmgard, meine Erzfeindin, spielt sehr schön. Bis weit nach Mitternacht. Sie bringt mich hinauf, in ein hübsches Gästezimmer. Ich öffne die Vorhänge, die Balkontüre. Über und um den Balkon breitet sich schweigend die Frühlingsnacht aus. Wiederum tritt sie hinter mir ins Zimmer, mit Zigaretten und Streichhölzern. »Stehen Sie morgen früh auf, ich spiele für Sie in der Kirche. Gute Nacht.«
Den frühen Morgen des 18. Mai 1945 in Mingolsheim werde ich niemals vergessen. Kurz nach sieben Uhr erklimmen wir eine Wendeltreppe in einer gewaltigen Kirche. Oben angekommen, setze ich mich neben sie. Noch nie habe ich eine Kirchenorgel von so nahem gesehen: kompliziert wie eine Hochspannungsanlage. Sie ist eine Zeitlang mit Schaltern, Pedalen und Registern beschäftigt, kleine Lämpchen

leuchten auf. In den riesigen Pfeifen hoch über uns setzt ein Summen ein. O Gnade! Es ist die berühmte Toccata und Fuge von J. S. Bach. Immer mächtigere Ströme von Klängen donnern in die Kirche hinab, das Kirchenschiff bebt. Anklingende Akkorde vervollständigen sich, die ganze Welt ist eine unermeßliche Musik, ich breche zusammen... Sie hat etwas gemerkt. Sie hält inne, wartet und geht zu Reger über. Aber ich bitte sie wieder um Bach, und jetzt ist es zu ertragen. Der Schweiß läuft mir in Strömen herunter, ich sehe aber doch, wie diese molligen Arme und Beine solch mächtige Klänge hervorbringen. Es ist für sie Schwerarbeit, sie muß oft schlucken, sie zischt »verflucht«, sie ist wunderschön...

Draußen wird mir schwindelig. Ich sage Frau Sturm, daß ich es eilig habe und daß ich mich auf die Suche nach einem Fahrrad begebe. Ich schlage den Weg zum Rathaus ein. Hier sind Franzosen die Besatzungsmacht. Es geht strenger als bei den Amerikanern zu. Ich erbitte und erhalte Zugang zum französischen befehlshabenden Offizier. Er hat sich mit einem Stab von sicher zwanzig germanischen Schönen umgeben. Ich erkläre ihm meine Situation und meine Wünsche. Er nimmt mich beim Arm und führt mich zum Fenster, das auf einen Platz hinausgeht. »Voyez-vous les bicyclettes?« »Qui, mon commandant.« »Elles sont toutes à vous.« Er drückt mir Brote und Weinflaschen in die Arme. »Bon voyage, monsieur.« Mit Hilfe eines Fahrradmechanikers komponiere ich aus sechs Fahrrädern ein Prachtstück. Ich fahre damit zu meinen Gastgeberinnen. Im letzten Moment verbinden sie mich zu dritt, kniend, ein häßliches Geschwür ist plötzlich auf meiner rechten Wade aufgetaucht. Ich bekomme ein Paket mit Essen mit. Ich stecke meine Fahne auf das Rad und nehme Abschied. Beim Weggehen gibt mir Frau Sturm ihre Adresse in Mannheim, wo wahrscheinlich auch ihre Schwester – wenn sie noch lebt – wohnt. Heidelberg scheint ganz und gar unzerstört geblieben zu sein. Es ist – eine Erholung. Ich habe schnell nach Mannheim durchfahren wollen, aber die Reise zieht sich stundenlang hin. Ich fühle mich nicht allzu gut. Mannheim ist ein Alptraum, eine Mondlandschaft, so weit das Auge reicht. Hier und da sind noch Mauerinschriften zu sehen:

»Der Endsieg ist unser.«
»Mit dem Führer zum Sieg.«
»Wir kapitulieren nie.«
»Räder rollen für den Sieg.«

Ich frage eine umherirrende Gestalt nach der Hafenstraße. Sie sieht mich mitleidig an und weist auf einen Weg zwischen eingestürzten Steinmassen. An der Art der Verwüstung kann man sehen, welche Auswirkungen eine einzige Bombe gehabt hat. Wohnkasernen – jetzt turmhohe Ruinen. Ausgestorben. Ich muß zu Nummer vier. Ich klettere über die Trümmer, gehe durch ein Tor in eine Steinwüste. Da sitzt tatsächlich ein Kerl in einem Rohrstuhl und liest. Ich frage ihn nach Fräulein X. Er schreit hinauf, und da erscheint auf der Turmzinne wahrhaftig ein Gesicht. Gesicht und Zubehör klettern herunter. Ich überbringe die Grüße von Frau Sturm und erbitte ein Obdach. Das Fahrrad wird in dem Keller, in dem der Kerl zwischen Bergen von geretteten Möbeln haust, verankert; auch ich soll dort übernachten. Das Fräulein nimmt mich mit hinauf: ein Himmelskäfig im sechsten Stockwerk, die vier Etagen darüber sind verschwunden. Hier und da sieht man in der Wohnung den freien Himmel durch drei Meter große Öffnungen. Das Klosett ist im Wohnzimmer gelandet. Doch gibt es Strom, es gibt Wasser; und überall, links und rechts und darunter hausen Familien. Nach dem Abendessen begebe ich mich auf den Balkon und blicke über das Trümmergebirge, das einmal der Rheinhafen Mannheim-Ludwigshafen war. Ich flüchte lieber schnell in den Keller.

Am 19. Mai in aller Frühe kommt auch Frau Sturm an. Sie ist froh, eine Schwester und etwas von der Wohnung wiederzufinden. Ich bin froh, sie noch einmal zu sehen. *Ja, sie ist eine Deutsche, aber sie hat wie eine Mutter für mich gesorgt.*
Ich will nun über den Rhein und dann nach Bingen. Wir gehen zusammen zur großen Brücke von Ludwigshafen. Streng verweist man mich von dort ins Rathaus, um Papiere zu holen. Hier ist es anders als auf der Donaubrücke zu Ulm, und jeden Tag wird die Kontrolle schärfer, denn es treibt sich viel Nazi-Gesindel herum. Mit Frau Sturm ins Rathaus; dort will man mich in eine Kaserne schicken. Wieder höre ich von Untersuchungen, Transporten, Lagern und geschlossenen Grenzen. Ich nehme nun endgültig von der guten Frau Sturm Abschied, schwinge mich aufs Rad, überquere auf der Fähre den Neckar und radle den Rhein entlang in Richtung Mainz.
Bald bekomme ich eine niederländische Fahne zu sehen; sie flattert auf dem Rotterdamer Rheinkahn Damco 56. Ich gehe an Bord. Das Schiff ist stark zerschossen. Die holländische Schifferfamilie bittet mich zu Tisch. Es kommt wahrhaftig Genever zum Vorschein, den ich

kaum vertrage, und das Radio bringt Nachrichten von dem »*Herrjzend Nederland*« (den wiederauferstandenen Niederlanden).
Der Schiffer erzählt, daß die Deutschen bei der Sprengung der rund viertausend Rheinschiffe den Familien keinen Räumungstermin gestellt hatten. Sie kamen ohne jede Vorwarnung mit dem Sprengstoff an Bord, und wenn die Familie sich nicht eilig davonmachte, flog sie mit in die Luft. Überdies liegen zweihundertfünfzig Brücken im Rhein. Man erwartet, daß bis Oktober eine schmale Fahrrinne freigemacht wird.
Nur mit Mühe nehme ich Abschied. Es wird eine ruhige Fahrradtour. Die Landschaft verändert sich: Die Rheinebene mit Äckern und Pappeln liegt vor mir; rechts verschwindet die Hügelkette. Ich bedenke, daß am nächsten Tag Pfingsten ist und daß ich müde bin. Ich möchte es mir einmal bequem machen, mich ausruhen. Ich möchte mich auch rasieren und zum ersten Mal mir wieder die Haare schneiden lassen. Zu alledem bricht auch noch ein Platzregen los, und gleichzeitig geht meinem Reifen die Luft aus.
In Erfelden nehme ich in einer großen Gastwirtschaft Quartier. Ich sorge für das Rad, den Schnurrbart, die Haare und einen vollen Magen und schlafe ruhig ein, während draußen ein Frühjahrsgewitter niedergeht.
Es ist der 20. Mai, Pfingsten. Die Sonne strahlt. Ich wasche mich gründlich, verbinde meine eiternde Wunde am Bein und frühstücke unten. Wieder in meinem Zimmer, feiere ich Pfingsten. Sehr lange liege ich auf den Knien in Anbetung des Tuns und Wirkens des Heiligen Geistes. Die Abenteuer und die Spannung dieser Reise haben mich von meinem Glaubensleben ein wenig entfernt, genau wie ich es erwartet hatte. Christus wiederzufinden, ist ein Ehrfurcht einflößendes Glücksgefühl. – Ich brauche nur einen Spottpreis zu bezahlen und bin wieder unterwegs.
In Geinsheim halte ich an, um die Karte zu studieren. »Goeiemorgen«, höre ich. Das galt meinem niederländischen Fähnchen. Es ist ein Amsterdamer Zwangsarbeiter. Der Bauer, bei dem er gearbeitet hat, ist ein Nazi. Dieser lädt mich zum Pfingstessen ein, ich schlage die Einladung nicht aus. Ich versuche, den Bauern zu provozieren, er merkt es nicht, ich schäme mich. Der Bauer blickt düster vor sich hin, er hat auch allen Grund dazu. Der gute Amsterdamer bringt mich auf den Weg, er drängt mir noch ein Päckchen Raleigh auf. Weiter geht's nach Mainz-Kastell.
Es ist zum Ersticken heiß. Ich schmücke mich mit Klatschmohn, der

das Land wie ein Tulpenfeld aufflammen läßt. Einige Deutsche sehen meine Fahne, erschrecken und rufen: »Ein Franzose!« Weiter oben halte ich am Rande der schmalen Straße an, eine Kolonne nähert sich mir von hinten – wieder Amerikaner. Als mich der erste Wagen überholt, verspüre ich einen heftigen Schlag auf meinem Rücken. Bestürzt schaue ich dem Auto nach, ein grinsender Amerikaner mit einem Stock in der Hand sieht sich nach mir um. Patsch! Ein zweiter Schlag, vom zweiten Wagen. Jetzt sehe ich, daß aus allen Autos Soldaten mit Stöcken hängen. Sie züchtigen die Deutschen auf ihre Art. Ich verziehe mich auf die Straßenböschung.
Im Ruderboot werde ich über den Main gesetzt und folge der Biegung des Rheins in westliche Richtung. Mainz am anderen Ufer ist eine Geisterstadt. In Bibrich ruhe ich mich kurze Zeit auf einer Bank an der schattigen Uferstraße aus. Bald ärgere ich mich halbtot. Den Leuten hier sieht man nirgends an, daß sie Deutsche sind, die gerade zum zweiten Mal einen Weltkrieg verloren haben. Wohlgenährte Männer mit fetten Nacken und dicken Zigarren, sehr hübsch gekleidete Mädchen, auch noch schön, Musik, Springbrunnen, reizende Hotels. Ich denke an Holland, das dieses Volk in fünf Jahren an den Bettelstab gebracht und in Trauer gestürzt hat. Mir wird übel. Ich muß sofort weg von hier.
Ein scharfer Ostwind kommt auf. Ich fliege auf dem einsamen Weg vorwärts, der Himmel bewölkt sich. Rechts Weinberge und kleine Villen in Blumengärten, links in der Ferne, wo Bingen liegen muß, ein blauschimmerndes Gebirge. Als ich dort angekommen bin, wird das Wetter einfach trostlos. Es regnet, der reißende Fluß strömt durch eine sich verengende Kluft, graue Wolken wie aus Watte hängen um die Berggipfel. Es ist niemand mehr zu sehen, auch nicht auf der Pontonbrücke vor Bingen. In Lorch halte ich an. Ich fühle mich fiebrig und ziemlich elend. In einem kleinen Hotel bestelle ich etwas zu essen und eine Flasche Wein. Ich sitze und denke nach, sehr lange. Ich gehe zu Bett und falle in einen fiebrigen Schlaf.
Der 21. Mai. Strömender Regen. Aber wer sich tagelang bei Wolkenbrüchen und Schneegestöber und mit leerem Magen hat abrakkern müssen, dem macht das nichts mehr aus, bestimmt nicht, wenn er auf dem Weg nach Hause ist. Manchmal klopfe ich bei holländischen Schiffern an. Sie wohnen in Dachkämmerchen, unsere Fahne hängt heraus, vor der Haustür liegt ihr gesunkener Kahn im Rhein. Überall bekomme ich zu essen, einer schenkt mir seine Öljacke. Alle sagen, daß von Koblenz aus Züge mit Zwangsarbeitern in die Nieder-

lande fahren. Ich soll mich in einer Kaserne in Niederlahnstein melden. Weiter! Das brave Fahrrad bringt mich nach Oberlahnstein, einer ausgestorbenen Ruine im strömenden Regen. Plötzlich stürzt ein großer Felsbrocken herunter und verfehlt mich nur knapp. Meine niederländische Fahne! Ich mache, daß ich wegkomme. Vor mir wieder französische Soldaten. »Vos papiers.« Sie sehen unfreundlich aus. »Je n'ai pas de papiers.« Ich werde in ein Büro mit Offizieren gebracht, alle barsch, alle unwirsch. Ich erkläre ihnen, wer ich bin, woher ich komme und wohin ich gehe. Das Resultat ist überwältigend. Alle lachen, schreien, schlagen mir (zu fest) auf die Schulter, und im Handumdrehen habe ich die Arme und die Öljacke voll Brot, Zigaretten und Weinflaschen. Und was noch viel schöner ist: am nächsten Morgen geht von Niederlahnstein ein Zug über Koblenz und Bonn *in die Niederlande* ab.
Soldaten rudern mich über die Lahn. Zum Dank überlasse ich ihnen mein Fahrrad, über das sie, wunderlich genug, riesig froh sind. Nur mit viel Mühe erhalte ich Einlaß in die Kaserne. Drinnen sind Tausende »Niederländer«, alle gut genährt und ziemlich auffällig, jedenfalls seltsam, mit gestohlenen Sachen bekleidet. Ich habe keine Zeit und keine Lust gehabt, etwas zu stehlen. Ich habe alles geschenkt bekommen. Endlich finde ich so etwas wie ein Büro. Ich erzähle meine Geschichte und teile mit, daß ich morgen gerne mit möchte.
Das geht nicht.
Wieso geht es nicht?
Ich gehöre nicht zur Gruppe, und der Zug ist voll.
Voll? Wieviel Mann pro Waggon?
Dreißig Mann pro Waggon. Voll. Es geht nicht. Tut mir leid. Ich denke an die Transporte von hundertzehn aneinandergepreßten Menschen in einem Waggon. Ich schaue die fettgemästeten Plünderer näher an. Plötzlich überkommt mich zu meiner eigenen Bestürzung ein entsetzlicher Anfall von Jähzorn. Ich sage den Kerlen, was ich von ihnen halte. Man setzt mich sofort auf »die Liste«. Ich bekomme eine doppelte Ration Essen. Und ein Bett.
Am 22. Mai in aller Frühe besteigen wir, mit oder ohne Gepäck, eine Anzahl offener amerikanischer Lastwagen. Mit der Fähre fahren wir über den Rhein. Die amerikanischen Fahrer rasen ohne jede Beachtung der kurvenreichen Strecke durch den Schutthaufen Koblenz. Wer sich nicht eisern festklammert, woran und an wem auch immer, ist verloren.
Um zehn Uhr verläßt der Zug mit tausend Heimkehrern Koblenz.

Die Güterwaggons sind außen mit Blumen und Fahnen geschmückt. Ich kann unmöglich der Vorhersage Glauben schenken, daß wir diesen Abend noch in den Niederlanden eintreffen werden. Ich liege auf einem Stapel von Säcken mit Beutegut, fiebrig, manchmal nicht ganz bei Bewußtsein.
»Das da!« schreit nach vielen Stunden ein Mann neben mir, der in der offenen Schiebetüre steht, »das Häuschen da, das weiße, *das ist das erste niederländische Haus, Mensch!*« Ich vergesse meinen jämmerlichen Zustand und stelle mich neben ihn in den Fahrtwind.
Und auf einmal, um 21.15 Uhr sehe ich andere Signale, andere Schranken, andere Schilder – wir sind wieder in unserem Land! Und als die Menschen in den kleinen Limburger Dörfern aus ihren Häusern stürzen und dem geschmückten Zug zujauchzen und -schreien, ja da übermannt es mich, uns alle, wir weinen, rufen, umarmen uns, hängen aus den Türen im Abendschein – *wir sind zurückgekehrt ins Vaterland!*

Es wird ein Triumphzug nach Maastricht, die Sonne ist hinter den Frühlingshügeln untergegangen. Jeder fragt sich, wo wir hinfahren. Am Bahnhof von Maastricht verkündet ein Lautsprecher, daß der Zug nach Sittard fahren wird. Sollten sich in dem Zug aber politische und/oder Kriegsgefangene befinden, dann sollen diese unverzüglich aussteigen und sich beim Rot-Kreuz-Posten melden.
Zum ersten Mal seit drei Wochen folge ich den Anweisungen einer Autorität: Es ist eine niederländische Autorität. Außer mir steigen noch zwei andere Männer aus. Sehr langsam gehe ich zu dem Posten. Dort steht ein Mann in einem weißen Kittel. Dort sind Krankenschwestern. Ich beginne zu erzählen. Sie starren mich an, sie bringen mich in einem Auto in ein Repatriierungsbüro. Dort werde ich untersucht. Man schlägt mir vor, mich in ein Krankenhaus zu fahren, ich sei krank. Ich spreche von meiner Frau und vom Leiden und von drei Jahren. Sie sagen, daß Holland oberhalb der Flüsse abgeschlossen ist und, nochmals, daß ich krank bin und Fieber habe. Endlich ergebe ich mich. Wir fahren zu einem riesigen Gebäude, das sich als Repatriierungskrankenhaus herausstellt, eigentlich ein Jesuitenkloster, Tongersestraat. Ich bekomme eine Bestätigung als *displaced person* und einen Stapel schneeweißer Butterbrote. Man läßt ein Bad einlaufen. Ein liebes Schwesterchen mit molligen, nackten Beinen hilft mir hinein, wäscht mich. Sie setzt sich auf einen Hocker neben das Bad und füttert mich mit den Butterbroten.

Ich zitiere nun aus meinem Tagebuch:

23. Mai 1945 *In Holland sind wegen Typhus Sperren errichtet. Ich kann ebensowenig zu Dir kommen wie Du zu mir. Wir werden sehen. Rechne mit mir. Ich habe verschiedene Adressen angegeben, weiß nicht, wo wir wohnen. Mir ist kalt, ich bin noch immer hungrig. Gestern, bei dem Schiffer im Regen, hätte ich wissen sollen, daß ich heute in den Niederlanden bin! Heute morgen um halb vier waren vier Ärzte hier, die mich untersucht und verbunden haben. Ich habe 38,2°. Sie werden Onkel und Tante Bax schicken, die wohnen doch hier? Ich mußte schon wieder heulen wegen all dieser Freundschaft und Fürsorge. Wenn es mir zu lange dauert, gehe ich doch. Die Niederlande. Schlafen. Ich werde von einem Ladenmädchen mit runden, bloßen Armen, das als Krankenschwester Dienst tut, zugedeckt. Wir liegen hier zu sechzehn Mann in einem Saal. Onkel und Tante sind gekommen. Sie brachten Fotos mit. Alle leben noch. Enkelkinder gibt es mehr als früher. Danach kam Dr. Erik Twiss, der sich alles noch einmal ansah. Er sagt, daß ich ein biologisches Wunder bin. Ich habe eine sonderbare Fettgeschwulst auf meinem Steißbein. Er sagt: Bleib vierzehn Tage hier und laß deine Frau kommen. Dann bist du wieder bei Kräften, die Geschwulst ist weg, besseres Essen als in Westholland. Ich schrieb einen langen Brief an Euch, den nimmt heute abend ein Kurier zu den Orten in allen Himmelsrichtungen mit, zusammen mit fünf gleichlautenden Postkarten. Dorthin, wo Du sein könntest. Großes Essen. Bin wieder wie zerschlagen. Onkel ist hier gewesen, ich bat um ein Schreibfräulein. Mein Tagebuch muß so schnell wie möglich abgetippt werden, denn ich denke an die traurigen Besuche, die ich nun zu machen habe. Schwester Jansen besorgte mir ›Rebecca‹ von Daphne du Maurier und ›Apollyon‹ von Bordewijk. Herrgott, gib, daß ich sie bald sehen werde, die Tage des Wartens sind jetzt fast nicht mehr zu ertragen.*

Zwischenbericht: Traurige Botschaft Sobald wie möglich nahm ich nach meiner Rückkehr in die Niederlande, noch während meines Aufenthalts im Maastrichter Repatriierungskrankenhaus, Kontakt auf zu den Verwandten meiner verstorbenen Freunde – vornehmlich aus Vaihingen –, deren Adresse ich kannte. Viele von ihnen reisten trotz der Verkehrsprobleme zu jener Zeit nach Maastricht, um mich im Krankenhaus aufzusuchen. Es wurden ergreifende Begegnungen.

In verschiedenen Fällen schien es mir unklug, einen genauen Bericht der Umstände zu geben, unter denen Freunde gestorben waren. Mit vielen der Angehörigen stehe ich noch heute in Verbindung.
Ein ganz besonderes Erlebnis war das folgende: Der Vorsitzende des Bezirksgerichts von Den Haag, dem ich vom Tode des Richters Mr. A. B. Bommezijn unterrichtet hatte, lud mich ein, einen mündlichen Bericht vor den Richtern abzugeben. Als ich am verabredeten Tag erschien, traf ich etwa fünfzig Leute an: Richter, Staatsanwälte, Schriftführer, Rechtsanwälte. Ich gab meinen Bericht. Der Vorsitzende dankte mir. Er sagte ungefähr dies: »Wir wußten, daß Kollege Bommezijn und seine Frau sich mit Widerstandsaktivitäten, darunter Hilfe für Piloten, befaßten. Ich habe sie oft auf das Risiko und auf die damit verbundene Lebensgefahr hingewiesen. Er hat meine Warnungen in den Wind geschlagen und hat weitergemacht. Leider hat er seine Tätigkeit mit dem Tod bezahlen müssen.«
Der Leser wird verstehen, wie ich über diese Worte dachte.
Ich bin schnell weggegangen.
Frau Bommezijn hat u. a. Ravensbrück überlebt. Sie ist Jahre später gestorben.
Doch weiter im Tagebuch.

24. Mai 1945 *Viel Weißbrot mit Corned Beef, Eier, Haferflocken in Milch, echten Kaffee und* Pall Mall! *In diesem Krankenhaus darf man rauchen. Warum bin ich verwirrt? Alles ist so verwirrend. Oh, daß ein Mann sich so rasend sehnen kann! Es war eine richtige Expedition: bin zu einem anderen Gebäude spaziert, um dort geröntgt zu werden. Prima in Ordnung. Gewicht: schon 55 kg! Vor kurzem noch 49. Also bestimmt keine TBC. Ich gehe zum ersten Mal wieder durch eine niederländische Geschäftsstraße, fühle mich etwas kräftiger, alle schauen mir nach, mein Haar ist noch sehr kurz. Der Arzt brachte mir einen Pyjama und noch ein Buch, ich bin rasiert, die Verwandlung gelingt, ich werde ein Mensch. Gebratenes Fleisch, Spinat, Kartoffeln, Maizenacrème, Milch, Tee, Kekse, Schokolade, alles auf Staatskosten. Ich las französische Artikel über diese Zeit und hoffe, langsam zum Zeitgeist durchzudringen. Darüber will ich lieber noch nichts schreiben, es ist alles viel zu kompliziert. Ich werde mich noch sehr an die amerikanische Mentalität gewöhnen müssen. Soeben kam der Arzt mit einer Arztfrau – nicht der seinen –, die bereit ist, alles abzutippen. Sie heißt Frau Koppers. Sie scheint mir wie geschaffen dafür: Arztfrauen sind etwas gewöhnt, sie ist nicht zu jung und tut es vielleicht auch noch umsonst. Ich*

fiebere. Das wird nicht besser, solange ich warten muß. Morgen kann ich dem Kurier wieder einen Brief mitgeben. Ach, ich bin so müde.

25. Mai 1945 *Eigentlich hat dieses Tagebuch immer weniger Sinn, denn ich kann jetzt alles, was ich Dir schreibe, einfach in Briefen schikken. Gestern 39°. Ich aß zehn Butterbrote mit Fleisch, Marmelade, Schokolade, viel Brei, viel Kaffee, heute morgen wieder. Heute 38,4°, und eine Punktion meines Knotens, der keine Fettgeschwulst ist, denn er blutet. Ein ekelhaftes Ding. Ich las Hiob, Jesaja und ›Yank‹ und schrieb nochmals nach Hause, der Arzt legte ein Attest bei. Ich aß heute abend drei Teller, die bis zum Rand mit Salat, Pürree, Bratkartoffeln, Eiern, Suppe, Brei gefüllt waren. Jetzt Tee mit Keksen und Schokolade. Ich werde in Zukunft weniger über das Essen schreiben. Ein Pater hat die Briefe mitgenommen. Frau Koppers kann alles lesen und tippt weiter. Herr, vergelte allen meinen Wohltätern ihre Güte. Jetzt wieder 39°.*

26. Mai 1945 *Es ist möglich, daß Du heute kommst. Zeitungen gelesen. Bin verblüfft und überrascht. Prinzessin Juliana teilt in Westkapelle Spielzeug an drei- bis zwölfjährige Kinder aus. Gerbrandy sagt, daß die Lebensmittelsituation in Holland ungünstiger ist, als er erwartet hatte. Die Kanadier paradieren in Den Haag – nett anzusehen für diejenigen, die noch gehen können. Viele sehr antideutsche Artikel. Ich gerate ins Wanken. Ich sollte sagen: »Ja, es ist ein gemeines und durch und durch verdorbenes Volk.« Dann denke ich an die guten Menschen, die mir auf dieser Reise begegnet sind. Es waren Hasenfüße darunter, aber auch herzensgute Leute. Ich aß besorgniserregend viel, schwitzte schrecklich, heute 38,5°. Ich schrieb, studierte noch einmal die Landkarte, nahm ein Buch nach dem anderen zur Hand, legte alles wieder weg, rauchte, versuchte, etwas zu tun. Es mißlang. Ich kann mich nicht konzentrieren. Alle Gedanken werden im Keim erstickt. Jede Beschäftigung langweilt mich nach kurzer Zeit. Herr, schicke sie doch bald, bald, bald. Spargel, Wurst, Makkaroni, elendes Fieber. Die Holländer: Der einfache Mann ist immer Pessimist. Kein Wunder, wenn man nur Not und Elend kennt. Sein Pessimismus ist nörglerisch und aufreizend. Die Holländer sind, jetzt auch noch, überaus verwöhnt. Sogar hier, und jetzt getrauen sie sich noch zu nörgeln. Sie sind intelligenter als die meisten anderen Völker, aber doch oft erschrekkend dumm. Ins Blaue hinein reden, alles über einen Kamm scheren, etwas für wahr halten ohne jeden Beweis. Ziemlich flauer Humor. Sehr gutherzig. Helfen sofort. Sehr großzügig, vor allem der kleine Mann auf der Straße. Nicht nüchtern, oft glauben sie alles. Manchmal ängst-*

lich, meistens tapfer. Sie scheren sich um nichts. Ihr Geschmack für Bücher und Musik ist unterentwickelt. Für Gemälde natürlich nicht. Alle sind große Naturfreunde. Motorräder, Fischen, Fußball spielen, Kino, Bier, Zigaretten. Fast alle sind gläubig, aber der Glaube geht und kommt mit dem Sonntagsanzug. Oft wehleidig. Sie alle lieben Geselligkeit, eine köstliche Eigenschaft. Kein Volk ist so gesellig wie das unsere. Onkel Willem Bax war hier, brachte Bücher und Zeitungen. Ich las leider die Zeitungen und sah rot vor Wut. Der Hunger in Holland war grauenhaft. Vierhundert Gramm Brot pro Woche! *Dahlien- und Tulpenzwiebeln. Sie hungern jetzt noch. Und da werden in Den Haag Paraden abgehalten! Ich bin jetzt furchtbar unruhig. Wer weiß, in welcher Not Ihr Euch befindet. Vielleicht hättest Du die Pflege hier nötiger als ich. Auf einmal bin ich richtig verzweifelt. Herrgott, willst Du uns helfen?*

27. Mai 1945 *Sonntag. Gestern bist Du nicht gekommen. Ich hatte 39,9°. Der Arzt hält es für Bauchtyphus und Lungenentzündung zugleich und setzt mich auf Diät. Diät bedeutet Hunger. Ich habe eine entsetzliche Angst davor. Auch fürchte ich mich vor unbekannten, scheußlichen Krankheiten; es war Gesang und Lärm im Saal. Zum ersten Mal seit vielen Tagen war ich zutiefst unglücklich. Konnte nicht schlafen. Schwester Jansen, allerliebst mit sehr kurzem Rock, setzte sich zu mir aufs Bett zu einem Plauderstündchen, gab mir ein Schlafmittel. Wirklich, diese Tage sind fast noch die schwersten von allen. Wurde heute früh klatschnaß wach, bekam nur trockenes Brot und ein Ei und las ›J. P. Coen‹ von Slauerhoff. Priester erschienen und teilten die Kommunion aus. Es ist möglich, daß heute Frau Koppers kommt. Wie wird das sein, die beschämenden intimen Aufzeichnungen einfach so getippt zu sehen? Die kleine Schwester hat gebetet, daß Du bald zu mir kommen darfst. Vielleicht kommst Du doch heute…*

Jetzt am Sonntag abend. Hohes Fieber. Ich schwitze wie eine Otter. Noch immer Diät, trockenes Brot und Ei, die herrlichsten Speisen werden an mir vorübergetragen, wirklich gemein. So geht's mit mir schnell wieder bergab. Heute nachmittag Frau K. Meine Berichte so tadellossachlich getippt zu sehen, läßt mich erröten. Es stehen sehr geheime Gedanken darin. Onkel und Tante waren hier. Sie sagen, daß Du bald kommst. Mein Bruder soll eine Braut haben, sie heißt Kasteel oder so ähnlich. Ich lese wieder ›Apollyon‹. Der Arzt untersuchte mich wieder, fand wieder nichts, sprach wieder über Bauchtyphus und Lungenentzündung. Ist gut möglich. Die Geschwulst scheint ungefährlich zu sein: ein Lipom. Gott sei Dank. Matthäus 25–35 = meine Reise hierher.

Herrgott, heute kam sie nicht. Könnte denn nicht morgen der schönste Tag unseres Lebens werden? In Jesu Namen. Amen.

28. Mai 1945 *Es ist sechs Uhr früh. Die Sonne strahlt golden. Aber in mir glüht ein heftigeres Feuer.* Gestern abend, kurz nach zehn Uhr bist Du zu mir gekommen. *Ich will nicht versuchen, darüber noch etwas zu schreiben. Das geht weit, weit über meine Kraft. Nur dieses: der Herr unser Gott sei gelobt, gepriesen, ihm sei gedankt in Ewigkeit. Psalm 9.*

Natürlich schlief ich nicht. Ich, ich, ich. Aus damit. Endlich Du, Du, Du. Meine liebe älteste Schwester Mia ist am 20. April gestorben. Wenn jemand zu Gott kommt, dann sie. Was hast Du mir erzählt? Du mußtest keinen großen Hunger leiden. Du siehst glänzend aus. Kleider, die ich nicht kenne. Schöne lange Haare. Ein Hündchen, das Fluns heißt. Ich habe gar nicht gewagt, Dich zu berühren. Ich frage mich: Welchem Umstand habe ich dieses unabsehbare Glück zu verdanken? Was erwartet uns? Bald gehen wir heimlich fort, an einen stillen Ort … Der alte Bosch van Rosenthal hat sich rührend um Dich gekümmert, sagtest du. Und Juliaan Bierens de Haan und viele, viele andere auch. Wie kann ich ihnen das jemals vergelten? Unser Häuschen steht noch, unser kleines Schiff ist da, auch das Fahrrad. Du konntest die Frage, ob mein Bruder verheiratet ist, nicht beantworten. Im November ist es Dir sehr jämmerlich ergangen. Du hast gefühlt, daß auch ich damals über dem Abgrund schwebte. Du erzähltest von Deiner Verhaftung und von neuen Freunden. Du bist eher jünger als älter geworden. Bald kommst Du wieder. Ich glühe Dir entgegen. Du hast Kleidung für mich mitgebracht. Wenn ich nicht neben mir meine goldene Uhr liegen sähe, würde ich sagen: Es war wieder ein Traum. Wenn ich meine Gedanken über alle Möglichkeiten und Aussichten schweifen lasse, erblicke ich einen unermeßlich großen, paradiesischen Garten.

Dieses Tagebuch, das eigentlich ein Brief an Dich ist, geht nun zu Ende. Ich brauche Dir nicht mehr zu schreiben. Ich kann mit Dir sprechen, Dich ansehen. *Gleich schon und morgen wieder, unser ganzes Leben lang kann ich bei Dir sein. Herr Gott, Halleluja!*

Amen.

Rückblick auf Maastricht Ich hatte Lungenentzündung und Bauchtyphus zugleich und eine riesige Fettgeschwulst (Lipoma) am Steiß. Im Repatriierungskrankenhaus (Jesuitenkloster) in der Tongersestraat wurde ich von den Ärzten Castermans und Twiss ausge-

zeichnet behandelt. Dr. Castermans selbst hat meine Frau, die damals an der Leidener Rapenburg wohnte, aufgesucht, um ihr zu berichten, daß ich am Leben war und in seinem Krankenhaus lag. Angesehene Maastrichter Familien sorgten dafür, daß es uns an nichts fehlte; man besuchte uns auch.
Auch Prinzessin Juliana kam, die vor allem mit den beiden ehemaligen politischen Gefangenen sprechen wollte; sie saß eine Viertelstunde bei mir auf der Bettkante, weil sie nicht wollte, daß meine Frau ihr ihren Stuhl überließ. Wir kannten die Prinzessin aus der Leidener Zeit, als sie, wie meine Schwester Mia, in einem Trio oder Quartett mitspielte, das bei den Eltern der Reihe nach musizierte.
Ich lag in einem Krankensaal zusammen mit fünfzehn anderen. Der ganze Tag war erfüllt von Lärm, Musik, Besuch. Man durfte rauchen. Meine Frau, die mich natürlich jeden Tag besuchte – sie wurde gastfreundlich aufgenommen von der Familie De Nerée tot Babberich –, machte sich schon bald in der Krankenhausküche nützlich. Wir waren glücklich – aber nicht allein.

Es kam der Tag, an dem ich einen Augenblick auf meinen Beinen stehen durfte. Wir machten ein paar Schritte; ich war noch ganz schwach. Einige Tage später ging es schon besser. Ich fand, daß ich jetzt auch Treppensteigen versuchen sollte, also gingen wir nach oben. Da wurde es stiller. Schließlich betraten wir auch den Dachboden. Da standen und lagen viele Heiligenfiguren durcheinander. Das Gebäude war ja ein Kloster, nur vorübergehend in ein Not-Krankenhaus verwandelt. Da auf dem Boden, zwischen den steinernen Statuen, waren wir nach mehr als drei Jahren wieder allein zusammen.

Drei Monate blieb ich in diesem Krankenhaus. Bei der Ankunft wog ich 49 Kilogramm, bei der Entlassung 94, ein muskelloser Fettkloß. Das letzte Geschwür, das ich mir aus der Gefangenschaft mitgebracht hatte, wurde im Oktober 1946 (!) durch die Amputation eines Stückchens von einem Finger beseitigt.
L. H. N. Bosch Ridder van Rosenthal (1884–1953), Altbürgermeister von Den Haag, Regierungspräsident der Königin in der Provinz Utrecht, Mitglied und Vorsitzender des Collegiums der Vertrauensleute der Londoner Regierung, Vater eines meiner Freunde aus dem Studentenklub, hat sich sehr um das Schicksal meiner Frau in ihrer Einsamkeit gekümmert: ihre Eltern unerreichbar in der Schweiz, ihr Mann schon lange gefangen, sie selbst noch an den Nachwirkungen

der dreimonatigen Einzelhaft leidend. Trotz seiner enormen Aktivitäten im Widerstand fand er die Zeit, sich ihrer väterlich anzunehmen, vor allem nach dem Tollen Dienstag (September 1944), als sie, wie so viele, die auf eine baldige Befreiung gehofft hatten, unter einer großen moralischen Depression litt. Seines Namens sei in hohen Ehren gedacht. (Siehe eine hervorragende Charakterisierung Bosch van Rosenthals: L. de Jong, Band 7, zweiter Teil, Seite 1140ff.)

Epilog

1945–1977

Geistige Reserven Es ist Anfang 1977, und ich schließe meine Niederschrift nun ab. Anne-Marie und ich lösten unsere Ehe. Ich habe 1949 wieder geheiratet. Außer der Braut und mir und dem Beamten waren noch drei Personen anwesend.
Wir haben eine Tochter und vier Söhne.
Wir wohnen seit 1952 in unserem Haus unweit von Amsterdam.
Meine erste Frau, die kurz hintereinander ihren zweiten Mann und ihren Vater verlor, kehrte in die Schweiz zurück und nahm wieder die Schweizer Staatsbürgerschaft an. Zwischen uns besteht eine herzliche Beziehung wie zwischen Bruder und Schwester.

Nach dem subtropischen Sommer 1976 regnet es in Scheveningen am 11. September in Strömen. Ein starker Wind weht. Beim Gefängnis ist alles vollgeparkt. Wir müssen ein Stück zu Fuß gehen. An der Ecke der Gefängnismauer steht eine große Plastik: Menschen in Ketten, ein Baum, Schlangen, Stacheldraht, und die Worte: »Sie waren eines Sinnes 1940–1945.«
Um die Ecke beim Tor starkes Polizeiaufgebot, Beamte in weißen Handschuhen. Absperrungen. Fahnen auf halbmast und eine Gedenktafel mit den Worten von Anthonie Donker:

> »Gedenke ihres letzten Gangs
> Durch diese enge Pforte.
> Ihr Leben, für Freiheit
> Und für Recht gegeben.
> Setzt ihren Kampf fort.«

Wir befinden uns, die beiden Frauen, denen dieses Buch gewidmet ist, und ich, in einer großen Menschenmenge – ich kenne kaum jemanden – in einem Raum, der einer großen, kahlen Garage ähnelt. Die Türen stehen offen. Wir sitzen auf Klappstühlen. Eine Polizeika-

pelle spielt traurige Melodien. Neben einem farblosen kleinen Fahnenmast, der in einem Betonblock steckt und mit einem Keil befestigt ist, steht ein kümmerliches Katheder. Die Fahne auf halbmast. Ihre Majestät Königin Juliana betritt den Raum, neben ihr Prinz Bernhard, der in diesen Tagen vor der Weltöffentlichkeit entsetzlich gedemütigt worden ist. Man applaudiert nachdrücklich laut. Hinter dem Königlichen Paar eine Anzahl offizieller Persönlichkeiten. Jhr. Mr. C. J. A. de Ranitz hält eine ausgezeichnete Rede. Das ›Wilhelmus‹ wird gespielt und laut gesungen. Ein alter Herr ganz nahe bei mir ruft plötzlich: »Es lebe die Königin!« Man jubelt. Ich möchte rufen: »Es lebe der Prinz!«, traue mich aber nicht. Andere wagen es ebensowenig. Vielleicht fände der Prinz es auch nicht angenehm.
Wir schieben uns durch lange, weiß-grün gestrichene Gänge bis zur Todeszelle 601. Vieles hat sich verändert, fast nichts erkenne ich wieder. Die Zellentüren haben keine Luken, keine Riegel mehr. Überall stehen Bewacher, sie scheinen freundlicher Natur zu sein. Hinter den Zellentüren – vor den Fensterchen hängen schmutziggelbe Vorhänge – sitzen echte Häftlinge. Auf den Türen die Namen. Auch: »Wochenender – RK – ½ Weißbrot, ½ Braunbrot.«
Zwei Damen halten Wache neben der offenen Türe zur Zelle 601, die mit Blumen und Kränzen ausgeschmückt ist. Alles ist tadellos organisiert, auf eine gutmütig holländische Art, ohne viel Aufhebens, von Herzen. Auf dem Innenhof im Regen bleiben wir eine ganze Weile zögernd neben dem Wagen der Königin stehen.
Wir versuchen festzustellen, wer zum Sicherheitsdienst gehört. Der Chauffeur schlendert herum, dann entfaltet er mit einem Handgriff die königliche Standarte auf dem verchromten kleinen Ständer vorne rechts. Ihre Majestät läßt auf sich warten. Durchgefroren fahren wir dann zu einer Zusammenkunft in einem Scheveninger Hotel. Jetzt treffen wir doch noch Freunde: Pim Boellaard, Hans Teengs Gerritsen und Willem van Lanschot.

Ich habe jetzt, 1977, meinen fünften und vermutlich letzten Posten beim Verlagskonzern Elsevier angetreten mit einem Arbeitsvertrag, der jedes Jahr erneuert werden kann. Wir Verlagsdirektoren werden in unserem zweiundsechzigsten Lebensjahr pensioniert. Da KZ-Jahre dreifach zählen, bin ich jetzt dreiundsiebzig, nicht dreiundsechzig. Ich wurde für achtzig Prozent arbeitsunfähig erklärt (hoffentlich zeugt dieses Buch nicht davon). Wieso? Ich unterhielt mich darüber mit einem Arzt, einem Internisten, der mit Menschen wie uns viele

Erfahrungen gesammelt hat. »Mit euren physischen und vor allem mit eueren geistigen Reserven wurde zu sehr Raubbau getrieben«, sagte er mir. »Jedes KZ-Jahr zählt für drei, außerdem zieht lange andauernder Hunger die Gehirnzellen in Mitleidenschaft.« Leide ich also unter Beschwerden? Sicherlich. Trotzdem darf ich mich keineswegs beklagen. Ich kenne keine liebere Frau als die meine, keine lieberen Kinder als unsere. Es fehlt uns an nichts. Ich werde von keinem Schmerz, keiner Krankheit geplagt, ich habe den besten Arbeitgeber, den man sich wünschen kann und eine angesehene letzte Stellung in einem prachtvollen Unternehmen. Mich umgeben Scharen von Freunden und Freundinnen.
Und ich habe unbegrenzte geistige Reserven.

Das Post-KZ-Syndrom ist eine neuartige Krankheit, eine Verbindung von psychischen und physischen Symptomen, verursacht durch die Leiden im KZ: Angstpsychose, Angst vor der Türglocke, dem Telefon, einem Auto, das am Abend vor dem Haus hält. Depressionen, sehr plötzlich auftretende Aggressivität, Anfälle von Jähzorn, Alpträume (ich bin geflohen, sie sind mir auf der Spur!), Konzentrationsschwäche, ›Weltschmerz‹. Frühzeitiges Altern – körperlich, vor allem aber geistig –, Herzkrankheiten, Zellendegeneration durch den Hunger, ständige Überreiztheit und so weiter. Dies alles mehr als dreißig Jahre nach 1945.
Das Syndrom hat, wenn auch sehr spät, in den letzten Jahren internationales Interesse gefunden, in den Niederlanden vor allem durch das ehrfurchterregende Werk des Leidener Psychiaters Prof. Dr. J. Bastiaans. Es ist eine Tatsache: Wir Überlebende haben alle einen Sparren zuviel im Kopf. Ich will nicht auf die medizinischen Aspekte des Syndroms eingehen, dafür bin ich nicht zuständig, sondern ich möchte auf ein ganz anderes Problem hinweisen, das sich mir zu meiner eigenen Überraschung stellte.
Es gibt außer KZ-Häftlingen noch mehr Menschen, die mit großem Leid, schrecklichen Erfahrungen fertigwerden mußten: Soldaten, Juden, die untergetaucht waren, Familien aus dem Hungerwinter 1944–1945, um mich auf den Krieg zu beschränken. Ich kann mir vorstellen, daß jemand sagt: Warum fordern diejenigen, die im KZ gesessen haben, für sich die Anerkennung einer besonderen Krankheit, einer besonderen Behandlung, sogar eine besondere ›Widerstandsrente‹? Sie haben zwar viel durchlitten, aber das Monopol für Leiden haben sie nicht. Auch vor dem Stacheldraht des KZs ist

viel Leid geschehen. Woher also der Anspruch auf diese Ausnahmeposition?
Ehrlich gesagt, kann ich mir diese Frage sehr wohl vorstellen; sie taucht auch bei mir manchmal auf. Es ist immerhin gut möglich, daß jemand, der sechs Monate in einem erträglichen Arbeitskommando in einem nicht allzu gefährlichen KZ durchgestanden hat, viel weniger litt als ein jüdisches Ehepaar, das drei oder vier Jahre lang in einem Verschlag auf dem Dachboden eingesperrt war. Auch ein Soldat, der jahrelang an der Front gekämpft hat, kann von gräßlichen Erinnerungen verfolgt werden.
Das Spezifische eines Ex-KZ-Kranken ist vielleicht dies: alles zielte im KZ auf die schnelle oder langsame psychische und physische Vernichtung ab. Der Gefangene stand ihr vollkommen wehrlos gegenüber; behördlich angeordnete Foltermethoden wurden dabei angewendet, so gemein, daß ein normales Gehirn sie sich nicht einmal ausdenken kann. Ein Schlachtfeld ist schrecklich; das Leid der Untergetauchten ist entsetzlich; das KZ-Leiden ist jedoch dämonisch, unwirklich und zeichnet sich durch den rein satanischen Charakter aus. Das absichtliche, ununterbrochene, alles umfassende Quälen eines hilflosen Opfers: das ist es.

Dort wo sich das Polizeiliche Durchgangslager Amersfoort befand, befindet sich jetzt das Gebäude der Polizeischule ›De Boskamp‹. Einen der Wachtürme hat man stehen lassen. Gelände und Umgebung sind so gut wie nicht mehr wiederzuerkennen. Dem Eingang der Polizeischule gegenüber steht ein unauffälliger Gedenkstein mit der Inschrift:

> »Sie, die in den Jahren 40–45 hier ermordet wurden, haben mit ihrem Blut diesen Boden geheiligt.
> Ihr Opfer sei der Nachwelt ein leuchtendes Beispiel.«

Und noch ein kleines Schild mit einem Pfeil, ›Hinrichtungsplatz und Denkmal des früheren Konzentrationslagers Amersfoort.‹ Es bezeichnet den Anfang eines Pfades, der zu der ehemaligen Kiesgrube und durch sie hindurch führt; dort haben viele Hinrichtungen stattgefunden. An ihrem Ende steht ein meterhohes Denkmal, das einen Häftling in unerschrockener, ja herausfordernder Haltung darstellt. Frits Sieger hat es geschaffen.
Südlich des Lagers steht im Wald ein zweites Denkmal, zum Ge-

dächtnis der russischen Kriegsgefangenen, die im und beim PDA hingerichtet wurden. Dieses Denkmal – kleiner, aber viel besser gepflegt – trägt eine Inschrift in russischer und niederländischer Sprache:

> Den ruhmreichen Söhnen des Sowjetvolkes,
> die im Kampf gegen die deutsche Besatzungsmacht
> 41–45 gefallen sind.
> Ihr dankbares Vaterland.

Das PDA wurde am 19. April 1945, also einige Wochen vor der Kapitulation, dem niederländischen Roten Kreuz unterstellt.
Mein christlicher Glaube hat, auch wenn er manchmal vom Alltagsleben verschüttet wird, nicht gelitten, sondern konnte sich behaupten. Glaube, Hoffnung und Liebe durchströmen mich unvermindert, vor allem wenn sich Mißgeschicke, Enttäuschungen und insbesondere ernste Ereignisse einstellen, wie der Tod meines Vaters, 1956, und der meiner Mutter, 1964. Ich stehe den christlichen Kirchen skeptisch gegenüber, auch den kirchlichen Institutionen und Organisationen, der Theologie und den Theologisierenden. Ich sehe, daß die *Una Sancta* keine oder kaum Fortschritte macht in Richtung auf die eine und einzige Kirche, die durch Christus besteht und von ihm gefordert wird. Ich gehöre also auch keiner kirchlichen Vereinigung an und besuche fast nie eine Kirche. Der CDA ist vielleicht ein winziger Schritt auf dem richtigen Weg.
Ich mache mir große Sorgen um den Lauf der Geschehnisse in der Welt und besonders auch in den Niederlanden. Ich erlebe eine in zunehmendem Maße allgegenwärtige schamlose, unverhohlene, aber auch als Engel des Lichts maskierte dämonische Macht. Ich bin über die, wie es scheint, abnehmenden Gegenkräfte bestürzt. Indem ich meine Hoffnung auf das Versprechen des kommenden Gottesreichs setze, kann ich im Grunde nur optimistisch sein. Und doch fürchte ich die Katastrophen, die über uns hereinbrechen werden – viele stehen schon auf unserer Schwelle.
Telefongespräche mit verschiedenen Instanzen und Personen haben nichts erbracht, als die Mitteilung des leitenden Arztes, daß ich seine Anstalt nicht ohne Zustimmung des Justizministers betreten darf und daß ich übrigens auch nichts davon hätte: Alles wurde abgebrochen, verbaut, ist nicht mehr wiederzuerkennen.
Früh an einem Sonntagmorgen stehe ich vor dem Gebäude in der Utrechter Gansstraat. Neben der Eingangstür zwei Schilder:

Institut für die
Untersuchung und Beobachtung
Straffälliger, die psychisch gestört sind.

Ein Portier in Hemdsärmeln öffnet mir. Ja allerdings, das war ein Untersuchungsgefängnis. Allerdings, im Krieg war dies wohl ein deutsches Gefängnis. In der Tat, Sie dürfen das Gebäude nicht betreten. Nun ja, es gibt keinen Gedenkstein, kein Denkmal, keine Inschrift an der Mauer, auch nicht drinnen. Guten Morgen, meine Herren.
Mein Sohn und ich gehen um das Gebäude herum. Dahinter ist ein Gewässer, eine große Straße unter einem Viadukt, rundherum stehen hohe Gebäude. Nichts, aber auch gar nichts ist wiederzuerkennen. Außer den kleinen, düsteren, jetzt nicht mehr vergitterten Fenstern, hoch oben im Mauerwerk.

Ich leide wie viele Überlebende manchmal an einer Art Post-KZ-Syndrom. Mein Gegenmittel ist einfach. *Wer von den Erinnerungen an seine Leiden im KZ gequält wird, der lasse sich von seinen anderen Erinnerungen an das KZ trösten: von denen an die direkte Nähe Gottes.* In hohem Maße tröstet mich überdies die Liebe zu meiner Frau und unseren Kindern, die von Herzen kommende Freundschaft vieler Menschen, die heldenhaften Taten der Menschenliebe, die ohne große Publizität und Aufsehen noch immer vollbracht werden, die Wunder der Natur, die Musik und das Segeln. Ich verspüre einen mit den Jahren wachsenden Wunsch, mich auf all dies Teure, Liebgewordene wie auf eine Festung zurückzuziehen. Aus Selbstschutz möchte ich, daß alles, was an Unrecht, Brutalität, Falschheit, Betrug und gottlosem Handeln geschieht, mir so wenig wie möglich nahegeht. Wahrscheinlich ist das nicht richtig. Und diese Einsicht war auch einer der Gründe, dieses Buch zu schreiben.
In extremen Situationen, die uns heute immer unbegreiflicher werden, ist mir die absolute Wahrheit vieler, sehr vieler Bibelworte nicht nur deutlich geworden, sie wurde mir auch *bewiesen.* Dieser Beweis und die Manifestation Jesu Christi als des vollkommenen, vertrauenswürdigen Helfers haben bei mir jeden Zweifel an der Richtigkeit aller Bibelworte, auch derjenigen, die ich nicht verstehe, weggefegt. Christus kann man nicht nur zum Teil vertrauen. Ich glaube deshalb auch fest an Seinen endgültigen Sieg und freue mich in diesem Gedanken darauf.

Panik und Gegen-Panik Ich leide unter einem »Katastrophendenken«. Darunter verstehe ich das Erwarten eines Unglücks, das sich bei unangenehmen Vorfällen unweigerlich einstellt. Wie eine in die Höhe schießende Flamme, lodert sofort Panik in mir auf. Selbstbeherrschung unterdrückt die Panik sofort wieder. Dieser Vorgang reibt das Nervensystem auf. Er ist noch ein Andenken an das Lager. Ein Kind kommt weinend durch das Gartentörchen gestolpert, sein Gesichtchen blutverschmiert. Das Katastrophendenken erwartet sofort: schwere Kopfverletzung, Ärzte, Polizei, Krankenwagen, Krankenhaus, Operationen, schweres Leiden, Tod. In Wirklichkeit: ein Schlag mit dem Hockeyschläger, aus Versehen; schnell zu einem Arzt, reinigen, nähen, verbinden, nach einer Woche eine kleine Narbe.

Bei allem erwartet man sofort das Schlimmste. Man quält sich selbst mit grauenhaften Vorstellungen, was alles geschehen könnte. Der Grund: Man war daran gewöhnt, daß die entsetzlichste Vorstellung von der Wirklichkeit übertroffen werden konnte und auch wurde.

Andererseits, und direkt im Widerspruch zum Katastrophendenken, breitet sich Abstumpfung bei Situationen aus, die Mitmenschen schrecklich finden. Das kleine Schlachtfeld nach einem schweren Autounfall zum Beispiel hinterläßt bei mir keinen tiefen Eindruck. Leute, regt euch nicht so auf, war das schon alles? Wir sind etwas anderes gewöhnt.

Es gibt Menschen – und ich kenne sie –, die nach kurzer oder langer klinischer Behandlung einer Nervenkrankheit oder eines psychischen Leidens als geheilt entlassen wurden. Es ist vorbei. Trotzdem behalten diese Ex-Patienten eine mehr oder weniger deutliche Erinnerung an ihr Leiden. Sie wissen noch, wie es war, auch wenn es überwunden ist.

Mit diesen Menschen bin ich – und vielleicht auch noch andere Ex-Konzentrationshäftlinge – etwa zu vergleichen.

Wir haben eine gewisse Grenze überschritten, kamen in ein Reich, das ein Mensch eigentlich nicht betreten darf, und wir sind dort Emotionen begegnet, die für Menschen nur sehr schwer zu ertragen sind. Sie haben in unserer Seele einen Kanal gegraben, den Ströme durchflossen.

Wir sind aus diesem Reich zurückgekehrt. Wir haben wieder zu uns selbst gefunden – so gut wie möglich. Wir haben unser Leben wieder zu leben begonnen. Diesseits.

Der Kanal ist schon lange ausgetrocknet, doch sein Bett ist nun einmal gegraben. So wie die Möglichkeit besteht, daß ein seit Jahren erloschener Vulkan plötzlich wieder ausbricht, so kann sich auch ein ausgetrockneter Kanal wieder mit Wasser füllen. Weil uns diese Möglichkeit immer deutlich vor Augen steht, finden wir viele Angelegenheiten, die anderen wichtig scheinen, belanglos. Wer an Hochspannungsemotionen gewöhnt war, findet Schwachstromgefühle nicht der Rede wert. In gewissem Sinne könnte man mich *blasiert* nennen.

Auf der Rückreise in die Niederlande – in Ulm habe ich als Zeuge vor einem Schwurgericht ausgesagt – mache ich einen großen Umweg über die Schwäbische Alb auf der Suche nach Dautmergen. Die Landkarte läßt mich im Stich, aber ich finde Schömberg und Dotternhausen. Ich irre über schmale Feldwege, sehe ein Denkmal, das an die Gefallenen des KZ Schömberg erinnert, fahre wieder eine Zeitlang auf einem einsamen Weg und erblicke dann einen großen Bauernhof, der mir bekannt vorkommt. Ja, bestimmt, der hat damals auch hier gestanden, ungefähr fünfhundert Meter vom Lager entfernt. Ich parke dort, gehe fünfhundert Meter zurück und schaue über sanft gewelltes Weideland mit Vieh unter einem grauen Himmel. Keine Spur von einem Außenkommando Dautmergen.
Nein, keine Spur. Oder doch? Ganz nahe, halbversteckt in den niedrigen Zweigen eines einsamen Baumes, steht das jetzt sehr verfallene Kreuzbild, vor dem wir morgens beim Ausrücken unsere Mützen abnahmen. Und mit dem man hatte sprechen können.

Ekelhaft Ich finde vieles ekelhaft. Butter, die in die Butterdose zurückgeschmiert wird. Zuckerstreusel und andere Essensreste in der Butter oder Margarine. Belegte Brote, die von schmuddeligen Mädchen in Geschäften zurechtgemacht werden. Kroketten! Fleckige Jacken und Hosen von schmierigen Kellnern.
Und: schmutzige Fenster, Flecken auf Kleidern und Teppichen, schmutziggraue Kragen und Manschetten, Speisereste in Mundwinkeln, verklebte Augen, Fettglanz in den Ohren, schlampig abgeschnittenen Käse, Körbe voll Schmutzwäsche, eine Badewanne mit einem Schmutzrand, Fliegen am Tisch bei den Mahlzeiten. Mir graut davor, mich ekelt das alles an.
Ich finde, daß ich genug Schmutz gesehen habe. Alles soll fleckenlos sein. Kupfer und Silber müssen glänzen, auch die Fensterscheiben.

Die Achseln von Kleidern und Anzügen müssen sauber sein. Sehe ich einen Kerl mit gelblichen Flecken an seinem Hosenladen, dann kann ich einen Tag lang nichts essen. Baumelnde Knöpfe sind mir ein Greuel. Ungeputzte Schuhe sehe ich ungern. Menschen, die beim Sprechen spucken oder bei denen sich Schaum in den Mundwinkeln bildet, kann ich nicht ausstehen.
Der Geruch von alten Menschen ist mir zuwider. Es ist der Geruch von ungewaschenen Körpern und unsauberer Kleidung mit altem Urin. Es ist so erbärmlich.
Das alles ist, ich gebe es zu, ein wenig pathologisch. Sollte es nicht erlaubt sein, nach diesen Bergen von Kot, Urin, Eiter und Verwesung?

Es lebe die Freiheit Von der Gefangenschaft habe ich eine fast krankhafte Angst vor dem Eingesperrtsein zurückbehalten. Es ist keine echte Phobie, wie Psychiater sagen würden. Es ist ein allgemeines und fortwährendes Verlangen, frei zu sein, frei von allem und jedem. Das führt im gesellschaftlichen Leben gelegentlich zu Schwierigkeiten.
Sitzungen, formelle Essen und andere Versammlungen, bei denen man mehr oder weniger festhängt, sind mir besonders zuwider. Das kommt in unserer Zeit, in der man fast bis zum Sterbebett von Versammlungen verfolgt wird, sehr ungelegen.
Übrigens bin ich davon überzeugt, daß Versammlungen selten etwas von Bedeutung hervorbringen. Sie gehören zur Demokratie, und damit muß man sich abfinden, auch wenn man in keiner Weise davon überzeugt ist, daß die Mehrheit immer recht hat (manchmal hat nur ein einziger Mensch gegenüber tausend anderen recht). In der Geschichte häufen sich Namen großer Individuen, die Höchstleistungen vollbracht haben. Sitzungen, Kommissionen und so weiter erbringen keine kreativen Leistungen. Das in einsamem Ringen schöpferisch tätige Individuum hat ein Recht auf respektvolle Würdigung. Es besitzt Farben, Organisationen sind grau.

»Ja im Krieg hat's hier wohl so ein Judenlager gegeben«, sagt uns, nach einigem Drängen, ein älterer Beamter des Polizeireviers in Vaihingen/Enz bei Stuttgart. Viele Jahre sind vergangen, es ist Sommer, und meine Frau und ich sind auf dem Weg in die Schweiz. Es gießt. Mit viel Mühe und Rangieren parke ich das Auto in einem breiten Tal voller Schlammpfützen. Ich erkenne die Umgebung; das Lager selbst ist weg, futsch. Auf dem Hügel, dort, wo das Massengrab gewesen sein muß, sehen wir hinter den Regenvorhängen Umrisse von Baracken und ein grelles Licht. Geduckt rennen wir hinauf. In der Tür einer Baracke steht ein Mann in Düffel und Gummistiefeln. »Guten Tag«, sage ich. »Bonjour«, sagt er. Es ist ein französischer Arzt, der im Auftrag der Kriegsgräberfürsorge das Massengrab öffnet. Anhand der von den Hinterbliebenen ausgefüllten Formulare, auf denen das menschliche Skelett ›in exploded view‹ abgebildet ist, soll der Versuch einer Identifikation unternommen werden. Unter einem großen Vordach liegt auf einem Gerüst eine lange Reihe schwarzer Kistchen.

Wir nehmen uns von den Arbeitern Gummistiefel – es ist Samstag – und begeben uns mit dem Arzt in ein weiträumiges Plastikzelt. Darin sind, von rot-weiß-karierten Landvermessungsstangen markiert, Stufen und Terrassen gegraben, waagerecht, senkrecht, fein säuberlich. Überall im Sand sehen wir bleiche Gegenstände glänzen. Der Regen rauscht wild auf das Zeltdach.

Danach gehen wir zum Vordach und schauen in die verschiedenen Kistchen. Wie klein sind doch Menschenknochen! Vor allem das Brustbein, die Rippen, die Schulterblätter. Aber es sind auch größere Knochen dabei, bestimmt Oberschenkelknochen von Holländern. Am ehesten kann man sich an die Gebisse halten, sagt der Arzt. Beinahe hundert Überreste hat er schon identifizieren können. Aber in Vaihingen saßen vor allem polnische Juden, die häufig keine Angehörigen für die nötigen Angaben haben.

Der Arzt kann übrigens nicht garantieren, daß jedes Kistchen wirklich alle Mittelhandbeinchen, alle Ellen und alle Schienbeine enthält, die zu dem Schädel passen. Wenn der Schädel identifiziert ist, muß man für ein Skelett sorgen, das so komplett wie möglich ist, c'est tout.

Ich schaue hier und da einem Schädel in die leeren Augenhöhlen. Könnte das Visser gewesen sein oder van Brakel, Bommezijn, Bijleveld? Ist in diesem Gebein noch etwas übriggeblieben von ihrem entsetzlichen Leiden? Ihrem Jammern, ihrem Stöhnen, ihren Schreien, ihren Gebeten – habe ich Schreie aus diesen Ober- und Unterkiefern gehört? Hat hinter diesem kleinen, graugelben Brustbein das Herz eines guten Freundes, eines edlen Kämpfers geschlagen? Ach, es hat keinen Wert. *Ossa humiliata.* Sie weilen nicht mehr unter uns.

Man macht sich die Mühe, diese Kistchen per Bahn nach Frankreich,

Belgien, in die Niederlande zu überführen. Dort wird der Inhalt wieder der Mutter Erde anvertraut, werden die menschlichen Überreste wieder zu Staub.
Wir verabschieden uns von dem Arzt, stolpern hinunter, den schlüpfrigen Pfad entlang, besteigen eilig das Auto. Beschlagene Scheiben, Lehm und Schlamm auf dem Boden. Beim Wenden schleudert der Wagen. Wir setzen unsere Reise in die Schweiz fort. »Jawohl, im Krieg hat es hier wohl so ein Judenlager gegeben.«

Die moralische Polarisierung Jedes Jahr am 4. Mai gedenkt man in den Niederlanden der Toten des Zweiten Weltkrieges. Ich habe den Eindruck, daß dies in großem Umfang geschieht, daß sich auch Menschen, die erst nach 1945 geboren sind, der Umgekommenen erinnern. Das ist erfreulich. Getrübt wird der positive Eindruck durch die Tatsache, daß der 5. Mai als Nationaler Befreiungstag nur einmal in fünf Jahren gefeiert werden darf...
Bei Gedenkfeiern werden immer Standardsätze zitiert. Bei Totengedenkfeiern hört man wohl immer und überall Worte wie diese: »Wir werden die gebrachten Opfer nicht vergessen, die Opfer dürfen nicht umsonst gewesen sein.« Begreifen wir eigentlich, was wir sagen?
Zu allererst sollten wir bedenken, daß nicht alle, die im Krieg ihr Leben gelassen haben, *vorsätzlich* ein Opfer gebracht haben. Ihr Leben wurde ihnen einfach genommen. Viele, vor allem am Anfang, hatten überhaupt keine Ahnung, daß sie ihr Leben aufs Spiel setzten. Viele, auch in meiner Gruppe, waren tödlich bestürzt, als sie merkten, daß die Deutschen ein ziemlich harmloses Vergehen mit dem Tod bestraften. Die Strafe stand in keinem Verhältnis zur Tat – wenn man überhaupt von einer Tat sprechen konnte. Manchmal war es mehr eine Gesinnung.
Zweitens ist ein echtes Opfer – in dem Sinn, daß jemand bewußt sein Leben im antideutschen Widerstand riskierte – natürlich niemals vergeblich, auch wenn niemand der Toten gedenkt. *Sub specie aeternitatis* betrachtet, können Taten, die heilige Entrüstung, Abscheu vor dem Unrecht hervorbringen, nur positive Folgen zeitigen. Das ganze Evangelium weist in diese Richtung. Niemand bringt ein größeres Opfer als der, der sein Leben für seine Freunde hingibt.
Aber von weniger hohem Denkniveau betrachtet: Ich bin mir nicht sicher, ob viele der aus Überzeugung gebrachten Opfer, ›mit unseren

weltlichen Maßstäben gemessen‹, nicht vergeblich gewesen sind. Manchmal habe ich, wenn ich um mich blicke, das Gefühl, daß wir – auch ich – nichts dazu gelernt haben und alle Wege weiterbeschreiten, die zu Kriegen leiten. Dafür gibt es mehr als genug Beweise. Wieviele Kriege sind nach 1945 nicht schon wieder geführt worden? Und wieviele werden noch geführt?
Vielleicht könnte man sagen: Eine ›Polarisierung‹ macht sich bemerkbar. Das Gute und das Schlechte sind deutlicher erkennbar. Der Nebel hat sich gelichtet. Die Besessenen treten schamloser auf, sie nehmen sogar begangene Verbrechen für sich in Anspruch. Die Gutwilligen scheinen sich ebenfalls deutlicher zu manifestieren.

Verfälschung In den Jahren seit 1945 ist von verschiedenen Gruppierungen in den Niederlanden gelegentlich der Eindruck erweckt worden, als wäre der anti-deutsche Widerstand in der Hauptsache, ja größtenteils vom rosaroten, roten, feuerroten, kurzum »progressiven« Teil der Niederlande organisiert worden. In diesen Kreisen werden selten die Worte »Deutsche«, »Nationalsozialisten« oder »Nazis« gebraucht; man spricht von Faschismus, Faschisten und Faschistoiden, ohne daß der kritische Zuhörer erfährt, was darunter verstanden wird. Kein Wunder, denn jene, die diese Worte im Munde führen, sind meistens kaum dreißig, manchmal erst zwanzig Jahre alt, und sie wissen nicht, wovon sie reden. Ich habe den Eindruck, daß sie unter »Faschisten« politische Gegner verstehen. Also ein neuer Sprachgebrauch. Aber Einfalt ist nicht immer das Kennzeichen der Wahrheit.
Ich nehme für mich das Recht zu reden in Anspruch und möchte nachdrücklich darauf hinweisen, daß der antideutsche Widerstand in den Niederlanden keineswegs das Monopol linker Gruppierungen war, wenn ich auch mit Respekt vor allem den – disziplinierten – Kommunisten eine außerordentlich aktive Rolle einräume. Allerdings waren sie nicht die einzigen. Aus meinem Bericht geht hervor, daß auch Katholiken, streng Reformierte, Reformierte, Liberale, Geistliche, Soldaten, Geschäftsleute, Studenten und Beamte oft leidenschaftliche, treu nach ihren Prinzipien handelnde und heldenhafte Widerstandskämpfer waren – unter ihnen ausgesprochen ›Rechte‹, zugleich ausgesprochene Anti-›Faschisten‹. In der Besatzungszeit waren Widerstandskämpfer von grundverschiedener Art oft durch ein starkes, ideelles Band verknüpft. Einträchtige Zusam-

menarbeit leisteten vor allem Geistliche, Kommunisten, Soldaten, Sozialisten, überzeugte Christen und so fort.
Wer es anders darzustellen versucht, verfälscht unsere Geschichte in einer sehr üblen Weise. Oder … er hat von ihr überhaupt nichts begriffen.

Dachau ist schon seit Jahren eine Gedenkstätte. Das Museum dort befindet sich in gutem Zustand. Drei Kirchen und ein Kloster stehen auf dem früheren KZ-Gelände. Viele Baracken sind verschwunden; der Appellplatz hat dadurch ungeheuere Ausmaße angenommen. Ein großes, niedriges, breites Denkmal aus Metall steht dort. Man erkennt stilisierte Gestalten im Stacheldraht. Bei dem Monument sind die Worte zu finden:

> Plus Jamais
> Never Again
> Nie Wieder
> Nikogda Bolsje

letzteres in kyrillischen Buchstaben.
Ein unglaublicher Zynismus. Die UdSSR stellt sich in Deutschlands ältestem KZ Dachau zusammen mit anderen Nationen hinter ein Denkmal, das zum Gedächtnis an die Opfer des Nationalsozialismus errichtet wurde und hinter den Wunsch: niemals wieder. *Hat die UdSSR nicht fast dreihundert Konzentrationslager in vollem Betrieb?*

›Dissidenten‹ Ich begreife nicht, daß Menschen wie Amalrik, Solschenitzyn und Sacharow es gewagt haben, öffentlich das Regime in ihrem Vaterland, der UdSSR, anzugreifen, denn nimmt der KGB (GPU, NKVD usw.) nicht eine Stellung ein wie SD, Sipo und Gestapo unter Hitler und Himmler im Dritten Reich?
Wie konnte dies geschehen? Nachdem sich diese Dissidenten einmal einen Namen in der ganzen Welt gemacht hatten, war es klar, daß man sie nicht ohne weiteres mundtot – oder ganz tot – machen konnte, ohne die öffentliche Meinung in allen Ländern gegen sich aufzubringen. Aber davor? Beim geringsten Anzeichen von Widerstand hätte man sie für immer unschädlich machen können. So, wie das die Deutschen taten.
Tritt also der KGB, oder wie sich die russische Staatspolizei nennt,

tatsächlich weniger grausam auf als die Gestapo? Wie dem auch sei, ich hege für diese Helden die größte Bewunderung – Helden der Sowjetunion, das sind sie in der Tat.

Vergangene Existenz – zukünftige Existenz Ich kehre regelmäßig, etwa alle zwei bis drei Jahre, nach Natzweiler zurück, manchmal mit meiner Frau, manchmal nehmen wir auch eines unserer Kinder mit. Offen gesagt – am liebsten fahre ich alleine. Ich bin dann meistens auf dem Weg in die Schweiz, nach Italien oder auf der Heimreise. Wenn ich mich dem Lager nähere, wird das Wetter immer schlechter, und ich werde immer nervöser. Wenn ich oben angekommen bin und das Auto parke, befinde ich mich in leichter Trance. Ich hülle mich warm ein in Mantel und Schal und melde mich beim Kartenverkäufer als *ancien déporté*. Ich darf dann gratis und ohne Fremdenführer in das Lager. Meistens ist es – glücklicherweise – ausgestorben, manchmal sehe ich irgendwo unten ein Grüppchen mit dem Fremdenführer herumstreifen.

Ich betrachte den Himmel, die Berge und Täler und Wälder der Vogesen, das Tor, das Lager. Ich lausche, atme tief ein und aus, lege meine ganze Konzentration in meine Sinnesorgane: Augen, Ohren, Nase. Ich lasse das Lager und seine Umgebung so stark wie möglich auf mich wirken. Ich hole mir die Gesichter und Stimmen meiner Freunde ins Gedächtnis zurück, der toten und der lebenden. Ich versuche, meine gegenwärtigen Schalen abzustreifen, wie man Kleidung abstreift, und wieder so zu sein, wie ich 1943, 1944 war. Ich versuche, das KZ in all seinen außerirdischen, himmlischen und höllischen Aspekten aufs neue zu erleben. Ich durchlebe dann das Phänomen wie einen Blitzschlag. Eine Entladung von Hochspannung, die man – seltsam genug – übersteht. Es kann geschehen, daß ich, nicht länger als einige Sekunden, im KZ bin. Weg von der Erde. Weg aus der Gegenwart. Aus mir herausgetreten. Zurück. Diese psychische Erfahrung ist unbeschreiblich. Es ist, als hätte man ein außergewöhnliches Medikament eingenommen, heilsam und todbringend zugleich. Man ist ›außer sich‹. Es ist nicht Glück, es ist nicht Unglück, es ist Betörung. Dieses Phänomen geht gepaart mit physischen Begleiterscheinungen vor sich. Von oben nach unten überläuft mich ein Schauer, drei oder vier Mal. Ich zittere. Ich schwitze sehr stark. Mein Pulsschlag ist beschleunigt. Ich fühle, wie sich meine Pupillen erweitern. Ich werde vollständig von etwas aufgesogen. Ich bin vollkommen unter eine Macht geraten. Es ist nicht angenehm, es ist nicht unangenehm, es ist über irdische Wertungen erhaben, über das Menschsein erhoben, auch wenn man Mensch bleibt. Es ist nicht erlaubt, ebenso wenig verboten. Es ist die Flutwelle, die in das lang ausgetrocknete Kanalbett zurückströmt – eine vergangene Existenz, eine zukünftige Existenz. Wie sehr ich es auch versuche, ich kann es nicht erklären. Niemand kann sich von dem, was ihn nach dem Tod erwartet, eine Vorstellung machen. Ich denke manchmal: So muß es sein, so wie dies.

Anmerkungen der Übersetzerin

Nederlandsche Unie Niederländische politische Gruppierung, gegründet im Juli 1940. Ihre Gründer waren J. Linthorst Homan, Oberregierungspräsident in Groningen; Mr. L. Einthoven, Polizeipräsident in Rotterdam; J. E. de Quay, Professor in Tilburg (das sogenannte Triumvirat). Ziel der Niederländischen Union war es, angesichts der veränderten Verhältnisse in Zusammenarbeit mit den niederländischen Behörden und der Besatzungsmacht eine Gesellschaft auf breiter nationaler Basis, mit harmonischer wirtschaftlicher Struktur und in sozialer Gerechtigkeit zu schaffen. Rund 400000 Niederländer traten der Niederländischen Union bei. Sie sahen in ihr eine ›gute‹ Alternative zur NSB und glaubten, daß sich die Niederlande mit dem Triumvirat als Führungsspitze eine gewisse Selbständigkeit bewahren und allmählich die Freiheit wiedergewinnen könnten.
Gegner der Niederländischen Union kritisierten sie in folgenden Punkten:

1. Defätismus (Annahme, daß die deutschen Siege unwiderruflich seien).
2. Keine nationale Einstellung (s. Zusammenarbeit mit den Besatzern) und Geringschätzung der parlamentarischen Demokratie.

Die Deutschen gestanden der Union lange Zeit große Bewegungsfreiheit zu. Die Weigerung des Triumvirats, Deutschland im Krieg gegen die UdSSR zu unterstützen, führte zur Auflösung der Niederländischen Union im Dezember 1941.

CDA = Christen-Demokratisch Appel. Ein im Jahr 1973 gegründeter Verband der drei großen konfessionellen Parteien (Protestanten und Katholiken) in den Niederlanden:
Katholieke Volkspartij (KVP), Anti-Revolutioniere Partij (ARP) und Christelijk-Historische Unie (CHU). In ihr sind Katholiken und Reformierte (Protestanten) zusammengeschlossen. Vergleichbar der CDU in der BRD.

Bibliographie

Bakels, Floris B. *Verbeelding als Wapen* (Phantasie als Waffe), 2. Aufl. Elsevier, Amsterdam 1979

Bastiaans, J. *Psychosomatische gevolgen van onderdrukking en verzet* (Psychosomatische Folgen von Unterdrückung und Widerstand), Noordhollandse Uitgeversmaatschappij, Amsterdam 1957

Berben, Paul *Historie du camp de concentration de Dachau 1933–1945* (Geschichte des Konzentrationslagers Dachau 1933–1945), Comité International de Dachau, Bruxelles 1968

Cohen, E. A. *Het Duitse concentratiekamp, een medische en psychologische studie* (Das deutsche Konzentrationslager, eine medizinische und psychologische Studie), H. J. Paris, Amsterdam 1952

Dogger, G. A. *De vierkante maan* (Der viereckige Mond), Elsevier, Amsterdam 1979

Hartog, Jan de *Het Koninkrijk van de Vrede* (Das Königreich des Friedens), vier Bände, Elsevier, Amsterdam 1975

Hazelhoff Roelfzema E. *Soldaat van Oranje 40–45* (Soldat von Oranien 40–45), Zuid-Hollandsche Uitgeversmaatschappij, Amsterdam 1975

Hitler, A. *Mein Kampf,* zwei Bände, München 1926–1929

Jong, L. de *Het Koninkrijk der Nederlanden in de Tweede Wereldoorlog* (Das Königreich der Niederlande im Zweiten Weltkrieg), in zwölf Bänden (wovon 1979 neun erschienen sind). Staatsuitgeverij/Nijhoff, ’s-Gravenhage 1969–1985

Band 1 *Voorspel* (Vorspiel)
Band 2 *Neutraal* (Neutral)
Band 3 *Mei ’40*
Band 4 *Mei ’40–maart ’41*
Band 5 *Maart ’41–juli ’42*
Band 6 *Juli ’42 –mei ’43*
Band 7 *Mei ’43–juni ’44*
Band 8 *Gevangenen en gedeporteerden* (Häftlinge und Deportierte)
Band 9

Kleffens, E. N. van *Juggernaut over Holland* (Die Überwältigung der Niederlande), New York und London 1940

Kogon, E. *Der SS-Staat,* Bermann-Fischer Verlag, Stockholm 1947

Lieve, H. L.; K. R. ter Steege *Predikant achter Prikkeldraad* (Pfarrer hinter Stacheldraht), Callenbach, Nijkerk 1946

Webb, A. M. *The Natzweiler Trial* (Der Natzweiler-Prozeß), W. Hodge, London 1949

Weber, E. P. *Gedenkboek van het Oranjehotel* (Gedenkbuch des Oranien-Hotels), Zuid-Hollandsche Uitgeversmaatschappij, ’s-Gravenhage 1947

Bitte umblättern:

auf den nächsten Seiten informieren wir Sie über weitere interessante Fischer Taschenbücher.

Zeitgeschichte: Ein schwieriges Vaterland

Zeitgeschichte im Fischer Taschenbuch Verlag

Alfred Grosser (Hrsg.)
Wie war es möglich?
Die Wirklichkeit des Nationalsozialismus
Band 3426

Sebastian Haffner
Anmerkungen zu Hitler
Band 3489

Anton Hoch / Lothar Gruchmann
Georg Elser: Der Attentäter aus dem Volke
Der Anschlag auf Hitler im Bürgerbräu 1939.
Neuausgabe. Band 3485

Wilhelm Hoegner
Flucht vor Hitler
Erinnerungen an die Kapitulation der ersten deutschen Republik 1933
Band 3420

Justiz im Dritten Reich
Herausgegeben und eingeleitet von Prof. Dr. Ilse Staff
Überarbeitete Neuausgabe
Originalausgabe. Band 3409

Jochen von Lang
Der Sekretär
Martin Bormann: Der Mann, der Hitler beherrschte
Band 3430

Hermann Langbein
... nicht wie die Schafe zur Schlachtbank
Widerstand in den nationalsozialistischen Konzentrationslagern
Originalausgabe. Band 3486

Richard Löwenthal
Gesellschaftswandel und Kulturkrise
Zukunftsprobleme der westlichen Demokratien
Originalausgabe. Band 3424

Alexander Mitscherlich / Fred Mielke (Hrsg.)
Medizin ohne Menschlichkeit
Dokumente des Nürnberger Ärzteprozesses. Neu eingeleitet von Alexander Mitscherlich.
Originalausgabe. Band 2003

STEFAN ZWEIG IM FISCHER TASCHENBUCH VERLAG

Balzac
Eine Biographie
Band 2183

Das Geheimnis des künstlerischen Schaffens
Band 2288

Der Kampf mit dem Dämon
Hölderlin, Kleist, Nietzsche
Band 2282

Die Hochzeit von Lyon
und andere Erzählungen
Band 2281

Die Welt von Gestern
Erinnerungen eines Europäers
Band 1152

Drei Dichter ihres Lebens
Casanova. Stendhal. Tolstoi
Band 2290

Drei Meister
Balzac, Dickens, Dostojewski
Band 2289

Europäisches Erbe
Band 2284

Joseph Fouché
Bildnis eines politischen Menschen
Band 1915

Länder, Städte, Landschaften
Band 2286

Magellan
Der Mann und seine Tat
Band 1830

Maria Stuart
Band 1714

Marie Antoinette
Bildnis eines mittleren Charakters
Band 2220

Menschen und Schicksale
Band 2285

Phantastische Nacht
Vier Erzählungen
Band 45

Schachnovelle
Band 1522

Sternstunden der Menschheit
Zwölf historische Miniaturen
Band 595

Ungeduld des Herzens
Roman
Band 1679

Verwirrung der Gefühle
und andere Erzählungen
Band 2129

Zeit und Welt
Band 2287